——谨以此书献给
中华人民共和国化学工业部成立 40 周年

接过父辈们

手中的纤绳

历史的负荷在我们肩上

显示出绮丽的凝重

380 万化工儿女

在 960 万平方公里的版图上

合力雕塑——

化学工业的钢铁林莽

1996.6 北京

编委会主任：顾秀莲
编委会副主任：李士忠
主　　　编：李寿生
副　主　编：温　洪　于万夫

中国化工风云录

李寿生 主编

化学工业出版社
·北京·

这是一部以四十多年化工发展史中有重大影响的历史事件为题材,以人物活动为主线,旨在反映一种时代精神的大型报告文学。从20世纪初民族实业家范旭东、吴蕴初先生艰难的创业,到建国初期一大批新中国化学工业奠基者的跋涉与奋斗、今天的社会主义企业家在改革开放中努力开拓的苦辣酸甜;从化工部历任部长决策的部署,到大批基层干部职工为实施这些决策做出的惊人业绩;从科技专家们创造发明的巨大成就,到平凡而又寻常的化工工人默默无闻的无私奉献,我们可以从这一个个平凡的故事中,寻找挖掘出许许多多催人泪下的闪光点。本书是以文学的形式记述的一部活生生的化工史,是行业发展不可缺失的文化力量。

图书在版编目(CIP)数据

中国化工风云录/李寿生主编. —北京:化学工业出版社,2017.1
ISBN 978-7-122-28828-8

Ⅰ.①中⋯ Ⅱ.①李⋯ Ⅲ.①化学工业-工业史-中国 Ⅳ.①F426.7

中国版本图书馆CIP数据核字(2016)第316639号

责任编辑:赵媛媛　　　　　　　　　　　　　装帧设计:尹琳琳　韩　飞
责任校对:王　静

出版发行:化学工业出版社(北京市东城区青年湖南街13号　邮政编码100011)
印　　装:北京瑞禾彩色印刷有限公司
710mm×1000mm　1/16　印张35½　字数510千字　2017年1月北京第1版第1次印刷

购书咨询:010-64518888(传真:010-64519686)　售后服务:010-64518899
网　　址:http://www.cip.com.cn
凡购买本书,如有缺损质量问题,本社销售中心负责调换。

定　价:168.00元　　　　　　　　　　　　　　　　　　　版权所有　违者必究

继往开来　永铸辉煌

——写在《中国化工风云录》再版之际

再版序言

　　时间过得真快啊，转眼间，1996年出版的《中国化工风云录》已经过去20年了！

　　记得当年为了纪念化学工业部成立40周年，受《中国地质拓荒录》一书的启发，我给当时的化学工业部顾秀莲部长建议，也以报告文学的形式，写一本反映新中国成立以来中国化学工业创业发展的史书，顾秀莲部长极其重视并大力支持这一创作活动。由于时间很紧，当即就成立了以顾秀莲部长为主任，李士忠副部长为副主任，我为主编，温洪、于万夫为副主编的编写委员会。在顾秀莲部长的支持下，我们组织了行业内15位文学骨干，开始了这样一件既十分有意义，又十分艰难的创作工作。"以文学的形式记述一部活生生的化工史，这是行业发展史上一项很有意义的探索，也是一项前无古人的事业"，这是团队成立后大家在讨论中形成的共同认识。这个团队以极其认真、极其刻苦的拼命精神，用了一年多一点的时间完成了这部近50万字的报告文学书稿。《中国化工风云录》出版后，不仅在行业内获得热烈反响，而且文学界的领导和专家也给予了高度的评价。时至今日，每当我翻开这本书时，当年这个团队在一起讨论研究写作大纲、夜以继日奋笔疾书、初稿讨论修改、采访创作中的调侃趣事等等，依然历历在目。对于整个创作过程，温洪同志在第一版的编后记中有一个完整的记载，我不再重复。还十分令人欣慰的是，我们这个团队在这本书的创作中结下了深厚的友谊，出了不少"名人"，也涌现出了不少"新著"，不少人还成了终生的朋友。而且在这本书出版后，中国化工作家协会也宣告诞生了！

　　20年后的今天，仍然有不少人找我寻求这本已经泛黄、但已无库存的老书，从他们的眼神中，我看到的不仅仅是真诚的渴望、急切的需求，更看到了他们对历史的珍惜、对行业精神的仰慕！历史是不应忘记的，也是不能忘记的。因为历史是现实的根，也是未来的魂。"忘记历史，就意味着背叛"，这句话确实是布尔什维克人的真理！为了满足现在仍然寻找这本书读者的需求，也为了给现在行业的年轻人提供一本不忘行业历史的史料，我同化学工业出版社周伟斌社长商量，能否由化学工业出版社再版《中国化工风云录》。这个建议得到了周伟斌社长的肯定和支持。我和周伟斌社长商量，再版时要保留原书的全貌，不做一字改动。因为这本书的书稿是经原化工部党组集体讨论定稿的。仅在原书的最后，收录了中国化工作家协会、化工博物馆研究员叶建华同志在近期为中国民族化学工业先驱者范旭东写的《大厂传奇——范旭东等前辈在南京卸甲甸旁激荡的历史风云》，原上海化工局局长符卫国同志写的《实业救国　蕴志兴华——缅怀吴蕴初先生》和我最近撰写的《渤海湾畔的丰碑——重读百年"永久黄"那段令人难忘的历史》，三篇报告文学新作和纪实文章。我希望这三篇新作的收录，可以给我们行业发展史增添一些历史的厚重。

从2010年开始，中国就已经成为世界石油和化学工业第二大国、化学工业第一大国。"十三五"期间，中国石油和化学工业又开始了新的发展征程，"十三五"行业规划提出了"由石油化工大国向强国跨越"的宏伟目标，这一目标将会创造中国石油和化学工业发展历史上又一个辉煌。在由石油化工大国向强国跨越的过程中，仍然需要牢记我们行业实业报国、艰苦创业、创新发展、以人为本的优良传统，仍然需要继承和发扬大庆人"有条件上，没有条件创造条件也要上"的精神和吉化人"严细实快"的作风。行业精神作风和优良传统是一个行业最宝贵的财富，是行业发展不可缺失的文化力量！我认为，在"十三五"行业发展新的历史时期，再版《中国化工风云录》是一件很有现实意义的事情。

历史永远是未来的起点，未来永远是历史的期望。在一代又一代人的传承中，在一代又一代人的开拓中，中国石油和化学工业将会永不停步、永续发展、永铸辉煌！

《中国化工风云录》再版时，我又邀请中国书法家协会秘书长潘文海同志再次给本书题写书名，潘文海秘书长爽快答应，在此深表谢意！

李寿生

2017年1月

沿着奋斗的足迹
走向二十一世纪的明天

——庆祝化学工业部建立 40 周年
兼贺《中国化工风云录》出版

序 言

1996 年 5 月 12 日，是一个值得纪念的日子。

40 年前的这一天，为了适应新生的祖国经济建设迅速发展的需要，全国人大常委会做出设立中华人民共和国化学工业部的决议，同年 6 月 1 日，作为全国化学工业最高领导机关——化学工业部正式成立了。

40 年寒暑，弹指一挥间。机构几经分合，部长八易其人，化工部却始终在化学工业的生产建设、改革发展与不断壮大的实践中发挥着重要作用。

其间，新中国的化学工业走出了一条具有中国特色的发展之路。经过四十多年的建设，我国化学工业已经形成具有相当规模、门类比较齐全、品种大体配套、并基本可以满足国内需要的工业体系，为九十年代乃至二十一世纪的发展奠定了坚实的物质技术基础。

四十多年的辉煌业绩，凝聚着无数化工战线干部职工的智慧和心血。历届化工部党组、部领导班子，在党中央和国务院的正确领导下，根据党的路线、方针和政策，为推进化学工业的发展做出了许多重大决策；各级地方化工部门和企业，在实施这些决策的过程中，创造性地开展工作，取得了显著的成绩。四十多年的光辉历程，留下了化工行业 380 万职工艰苦奋斗的脚印，留下了无数动人的事迹，也留下了许多宝贵的经验。把历史曾经发生的那些感人的场面记录下来，是我们后来者的一种责任；而把千万化工人开拓、进取和艰苦奋斗的精神提炼出来，必然会鼓舞人们继续在新的起点上向新的高度奋进，从而进一步增强行业的凝聚力，团结和激励化学工业广大干部职工沿着建设有中国特色的社会主义道路，去创造更加辉煌的明天。

为此，部党组决定，在纪念化学工业部成立40周年的日子里，组织化工系统的部分作者，撰写了这一部《中国化工风云录》。

这是一部以四十多年化工发展史中有重大影响的历史事件为题材，以人物活动为主线，旨在反映一种时代精神的大型报告文学。它是一本历史性和可读性兼而有之的好书。翻开这本书，人们可以在字里行间发现一种丰富的蕴涵。从本世纪初民族实业家范旭东、吴蕴初先生艰难的创业，到建国初期一大批新中国化学工业奠基者的跋涉与奋斗、今天的社会主义企业家在改革开放中努力开拓的苦辣酸甜；从化工部历任部长决策的部署，到大批基层干部职工为实施这些决策作出的惊人业绩；从科技专家们创造发明的巨大成就，到平凡而又寻常的"小人物"默默无闻的无私奉献……我们可以从一个又一个平凡的故事中，寻找挖掘出许许多多催人泪下的闪光点。认真读一读这本书，可以激发人们热爱化工、为化工献身的精神；而掩卷深思，我们又可以感受到一种历史特有的凝重。

化学工业四十多年发展的历史经验到底有哪些？什么是我们需要保留和汲取的？哪些是需要我们警惕和摒除的？这一本四、五十万字的报告文学不可能给我们以全部答案，但多少可以留下一些启迪，使后来者从中受到教益。同时，这也是我们对曾经为新中国化学工业做出贡献的人们的追思和纪念。

现在，我们距离二十一世纪越来越近了。二十一世纪是中国化学工业充满希望的明天。化学工业跨世纪的"九五"规划和远景蓝图已经编制出来，目标已明确，航道已开通。希望全行业广大干部职工继续发扬优良传统，沿着奋斗的足迹，取得更大的成绩。

愿贯穿全书的行业精神和作风，能够成为化学工业向新世纪进军的一份宝贵精神食粮！

愿380万化工职工在向新世纪的进军中，再创造一部全新的历史诗篇！

顾秀莲
(1996年6月)

目录

引言：站在拂云的塔顶向世界高唱　　　　/ 1

第一部

第一章　黎明，有群星在闪烁　　　　/ 9
第二章　大地，编织自己的梦　　　　/ 33
第三章　旗帜，飘起共和国的理想　　　　/ 63

第二部

第四章　走向希望的田野　　　　/ 85
第五章　为生命装点亮丽　　　　/ 108
第六章　负起特殊的使命　　　　/ 128
第七章　不息的黑色旋风　　　　/ 148

第三部

第八章　当代"神农氏"的壮歌　　　　/ 173
第九章　东方"得墨忒"的传说　　　　/ 188
第十章　点燃"亚速尔"的火炬　　　　/ 203

第四部

第十一章　来自峡谷的回声　　　　/ 223

第十二章	谁持彩练当空舞	/ 246
第十三章	盐碱滩上的崛起	/ 264
第十四章	聚合裂变的结晶	/ 281
第十五章	青山绿水的呼唤	/ 307

第五部

第十六章	拉启"新长征"的大幕	/ 323
第十七章	插上腾飞的翅膀	/ 355
第十八章	弹奏五大洲的乐章	/ 382
第十九章	巨舰驶向海洋	/ 419
第二十章	托起明天的钢铁林莽	/ 453
第二十一章	扬起跨世纪的征帆	/ 481

尾声 / 498

再版补录

补录一	渤海湾畔的丰碑——重读百年"永久黄"那段令人难忘的历史	/ 503
补录二	大厂传奇——范旭东等前辈在南京卸甲甸旁激荡的历史风云	/ 518
补录三	实业救国 蕴志兴华——缅怀吴蕴初先生（代序）	/ 538

第一版编后记 / 546

站在拂云的塔顶向世界高唱

引 言

睁开眼睛,人们看见的是一片荒凉。

太阳依旧如约地升起,执着地把强烈的光铺在大地,面对太阳的光芒,大地的形象却有些羞惭。

呼唤太阳,向往太阳,高唱着对太阳的礼赞,我们在坎坎坷坷的路上逆进。太阳的光色彩斑斓,让人产生与现实绝不遥远的梦想。

闭上眼睛感受梦境是幸福的。撩开眼帘,依旧的蛮荒变成硕大的石头沉在心里。可是,可是太阳毕竟如约地升起来了。这情景让人想到旧中国民族化学工业的凄凉。而在这凄凉中奋力前行的人们,留下的却不仅仅是一片沉重。

天地间不能没有化学,人类起码的生存也离不开化学呀!

中国古代有一则神话。说的是在天地开辟之前,宇宙不过是混混沌沌的一团气,里面没有光,没有声音。这时候出了一个盘古氏,用大斧把一团混沌劈了开来。轻的气往上浮,就成了天;重的气往下沉,就成了地。

以后,天每天高出一丈,地每天加厚一丈,盘古氏本人也每天长高一丈。这样过了一万八千年,天就很高很高,地就很厚很厚,盘古氏当然也成了顶天立地的巨人。后来,盘古氏死了,他的身体的各个部分就变成了太阳,月亮,星星,高山,河流,草木……

这就是开天辟地的神话。谁能说这不是化学的反应呢?

中国上下五千年的文明史中有化学的显赫功绩!我国的化学工艺,历史可谓悠久。先秦时期,即有炼丹术的发明。古代造纸、火药、指南针、印刷术四大发明,其中造纸和制造火药就是运用了化学的方法。马王堆汉墓出土文物,反映了我国汉代染料和油漆业的高超技艺。还有那钻木取火的传说，硬木能钻出火星来，燧石可敲出火花来……如果说人工取火是一个了不起的发明，那么属于化学的别致的反应更为人类的文明与进步聚合出一份耀眼的辉煌。

那个距今算不上久远的时代，还深深地烙印在记忆中：洋油、洋蜡、洋火、洋漆盆……冠以"洋"字的东西实在太多了。在那不是飘雪的季节却仍然凄凄冷冷的日子里，每一个有良知的人似乎都会做出这样的思索：在这个"洋"字的后面蜷缩的是什么呢？

诚然，就像有人在夜里最先发现黎明一样，有人在旧中国贫瘠的土地上发现了光明。

历史的预言家将一把他那尺把长黑白掺半的胡须，面对三山五岳扑来的热风，压低了世界上所有江河湖海的喧哗，大声地宣称：

中国民族化学工业的黎明来了！

二十年代之初，上海。

民族化学工业的先驱者在雾一样朦胧冬一样寒冷的局势中傲然挺直了脊梁。我们是中国人，我们不能再继续容忍外国人的欺凌。

外国人的"味之素"在中国大地上横行。

一颗民族之心为此而久久地颤动不停。于是经历了想象不到的种种痛苦之后，一个人终于开心地笑了。中国有了自己的"味精"。人们为之欢呼雀跃。他是谁呢？

又是谁创办了天原化工厂，开中国电化工业之新纪元？

上海，不过是民族化学工业的缩影。

从天津长芦盐滩到南京卸甲甸，一位爱国志士往返如梭，肩头的责任使他行色匆遽。洞穿漫漫的长夜，看到了未来，也看到了希望。这哪里是一个人的身影，分明是一代人的行动。

"伯乐识马"的故事又一次得到印证。是谁那样爱惜人才，对远在美国学习的中华赤子穷追不舍，热切地希望他学成回来，共同创办中国的碱业……

接受了坦诚而热切的邀请，有个人在遥远的大西洋彼岸激动不已，他知道这是祖国的召唤。

旧中国的民族工商业为新中国的化学工业发展奠定了基础。公私合营使本来很虚弱的民族工业一天天变得强大了。

支持工商业,收购产品,提供周转资金。"不管什么困难,随时相告,政府一定全力解决……"这是周恩来的指示。

毛泽东同志接见民族工业先驱,听了关于对复兴工业的意见及发展化工的宏伟设想,他高兴了,语重心长地说:"革命是我们的事业,而工业建设就要看你们的了!希望共同努力建设一个繁荣富强的新中国。"

我们懂得,中国革命的胜利是鲜血凝成的。但谁能说这胜利中不含有我们化学工人的功绩呢?默默无闻的精神,本身也是一种牺牲。

解放战争前线告急,需要炮弹!

大化是生产无烟火药的主要工厂。贺龙将军来了,他的声音是那样洪亮:"人民解放军要过江,需要你们每月生产出 20 吨火药……"于是"后方多流汗,前方少流血"变成了每个人的自觉行动,斗志昂扬地为前方英勇的战士提供胜利的保证。为生产无烟火药,有 6 位同志献出了年轻的生命,他们未能看见祖国的解放……

开国大典的礼炮是化学工业凝聚的誓言。隆隆的声响在东方地平线上颤动,世界的每一个地方都产生了经久不息的回声。我们说,豪言壮语不过是感情冲动的喷发,而这凝重的声音却响彻了整个天宇!

历史在嬗变。

我们的化学工业不再是柔弱的。

共和国的三大化工基地——吉林化学工业公司、兰州化学工业公司、太原化学工业公司,旋即掀起了大建设的高潮。

哨声、夯声、金属的碰撞声在蓝天下构成最美妙的交响,这里还鸣响着一组清亮的音符,那便是松花江的欢歌,汾河水的轻唱,还有古黄河的咆哮……

九百六十万平方公里的土地上,化学工业正进行着合理的布局。

沿海基地发挥了历史性的作用，大连、天津、青岛、上海、广州等沿海城市，一方面新建化工厂，一方面对老厂进行革新、改造、挖潜，使这些老化工基地对发展全国化学工业起到了重要作用。

吉林、兰州、太原、江苏、辽宁、北京、上海、天津、山东、湖南、广东……这些省份的联合企业成为中国化学工业的骨干。全国各地的化工发展如火如荼。

大布局如同一次播种，从此在这丰腴的土地上驻足了一个永恒的秋天！

化学工业的使命是光荣的。

负载着民族的希冀和历史的重托，化工战线上的全体职工在每一个岗位上散发着光和热。化工本身就是科学，千变万化奥妙无穷，每一个实验室都是大生产的主战场。

国防工业离不开化工。

我国爆炸原子弹、氢弹、发射人造地球卫星所需要的稳定性同位素、推进剂、密封材料、特种涂料、高性能复合材料等，这一切均由化学工业研制成功并配套供应。从1964年我国第一颗原子弹爆炸成功，到1984年4月8日，我国试验通讯卫星成功发射，化学工业提供了无数的化工原料和材料。由此我们会想起许许多多的人来……

民族感光工业的崛起便是化学工业敢于向高精尖技术挑战的一个佐证。世界为研制彩色感光材料花了近百年，而中国感光工业的全部历史不过30年！用30年去追赶百年，这个距离太大了！

敢于拼搏就有希望！

我国感光材料的彩色化，是从电影胶片开始的。五十年代后期便投入了技术力量，独立自主，自力更生地发展民族感光工业是一条别无选择的奋斗之路！彩色电影胶片、照相胶片、印刷胶片、X射线胶片、缩微胶片、航空航天遥感胶片相继问世。民族感光工业振起了腾飞的翅膀……

化学工业已发展成为共和国国民经济的重要支柱产业！

发达兴旺的化学矿山工业，为化工产品提供着丰富的矿产原料，地下的宝藏看见了曙光并为人类造福！世界石油化工发展的高潮在华夏大地上也荡起了漩涡。

化肥居占首位！此外，合成纤维、合成橡胶、染料、医药、化学试剂、精细化学品、有机化工、无机化工……太多太多了，大概不会有任何一个人能把所有的化工产品诉个明明白白，化学工业自有它的玄奥之处。

类似于土作坊陈旧式操作的岁月已一去不复返了。现代化正在向我们迈进！

厂房鳞次栉比，座座银塔刺破青天！诗歌不能解释世界，但诗的感受是最真切的：

> 许久许久的翘望和期盼
> 由朦朦胧胧
> 变得五光十色
> 我们走在五光十色中
> 眉头锁住了打不开
> 这绝不是悠闲的徜徉
>
> 在红地毯上精心地踱步
> 眼睛却有几分酸楚
> 指示灯迫使我们
> 破译一千种蝇头大的暗示
>
> 轻轻地掀动旋钮
> 赶走了装卸场上的安谧
> 唤起内燃机，和
> 巨轮的吼叫
> 就这样不知不觉地
> 走进《世界之窗》
> 电视屏幕上，我们
> 看到了自己
> 富有力度的脊背……

诗，既是情感的沉淀，也是激情的喷发。感受诗的意境是美好的。短短40年，中国化学工业变得如此强大！努力平静一下心绪，便会发现我们所面对的世界，正以一种从未有过的惊诧的目光注视着我们……

坦然地领悟之后，我们的身上又注入了新的力量！

不能固步自封！

打开国门，荡出的是五颜六色的罡风。我们需要世界，世界更需要我们。

孟加拉国吉大港。刚与柔的奇妙组合，蓝天骄阳，碧波荡漾。椰林黛绿，海风轻曼。一派秀丽迷人的热带风光。

中国化工工程携着雄风走出国门，在这里写下了雄壮的诗章！

改革开放为发展化学工业提供了最美好的契机。壮阔的阵容和聪颖的智慧，还有先进的装备，这一切的一切都是国力的证明。这是因为，从某种意义上讲，化学工业是一个国家发达的重要标志！

寻一方方竖石，立于广袤的时空。

站在和煦的阳光下面，我们更加缅怀为中国化工发展做出奉献的人们，他们是我们的父亲，也许是我们父亲的父亲。几代人前仆后继的拼搏，是为了祖国，也为了化学工业的振兴。

我们，无愧于他们凝重的嘱托！

看见了大海，看见了高山，也看见了海和山的那一边，一切都在我们的脚下，这是因为我们以青春的名义站在拂云的塔顶。

这塔啊，便是走向二十一世纪的桅杆！

第一部

"三酸两碱"在简陋的作坊中升起袅袅青烟,民族化学工业于襁褓中诞生。"南吴北范"——吴蕴初、范旭东,怀一腔赤诚创建伟业。

公私合营,奠定了民族工业的基础。

大化学家侯德榜开联合制碱业之先河!

化学工业部成立。旗帜,飘起了共和国的理想……

第一章
黎明,有群星在闪烁

与气度恢宏的厦宇相比,这个楼阁太简朴了。

身材矮胖又结实的侯德榜站在那儿,情绪多少有点激动。开国大典的礼炮仿佛还在耳畔回响着,但他此刻的心情并不仅仅是兴奋。

他想到中国化学工业的现实:1949 年,化工总产值仅为 1.77 亿元,占全国工业总产值的 1.6%。

"这是一个让人害羞的数字!"他想着。

旧中国化学工业行进的脚步太慢了。

第一次世界大战以前,外商在华投资,能算得上"化工"的,只有一个硫酸厂,这就是英商美查洋行所办的上海美查制酸厂,最高产量不过千吨……

甲午战争以后的 20 年,确切地说,也就是从 1895 年至 1913 年间,尽管外国在华设立大型工厂的投资比此前 50 年增加了 13 倍,但基本没有化学工业。只是一些投资少获利大的"轻化工",如饮料、化妆品,其中包括肥皂和火柴……这成了他们的拿手好戏!

一战期间,民族资本有过难得又短暂的一度繁荣。此后,中华大地诞生了两位化工骄子:"南吴北范",飘起了天原和永利两面旗帜。

阁楼在徐徐上升,不断加快速度……侯德榜置身于上面,产生了这样一种真实的幻觉,似乎所有的厦宇都在脚下沉淀为海。

神思和凝望便穿过了无限的时空。

2

从武汉开出的江轮上，吴蕴初和妻子吴仪依着船栏，静静地看着远方。风大，吴蕴初的衣襟被吹得不时地扬起，他一只手捂着头上的礼帽。妻子穿着一身淡蓝色的素花旗袍。

"人家刘沪生老板看得起你，请你回上海当皮胶厂的厂长，这个位置也不容易了。"

"混口饭吃自然是足够了。可事业……化学工业的基础是三酸两碱，这在中国还是一片空白呀。我做梦都想开底盘，办工厂，制造盐酸和烧碱。"

"那要多少钱啊？"

"起码要几十万大洋的资金喽。"

"要是碰上个财神爷，那就好了……"

确切地说，十里洋场的上海滩是外国冒险家的乐园，而吴蕴初则属于穷光蛋。他1891年9月诞生在江苏嘉定。父亲吴萧舫是个前清秀才，给他起名——蕴初。蕴者，才能蓄积而未显露，初者，长子也。

吴蕴初从小聪明、胆大，10岁读私塾，因家境清贫，常被老师无端斥责，一气之下扒开老师家草屋屋顶，朝里面撒了一泡尿，于是被赶出私塾。后来，离开嘉定到了上海，进了方言馆，一年后因贫困辍学回家，当了小学英语教师，养家糊口。

这时，听说上海兵工学堂可以半工半读，于是考进了该学堂，成为高材生。1913年兵工学堂停办，吴蕴初一度去天津办厂，未成。辗转汉口，正遇汉阳铁厂试制矽铁和锰铁失败，吴蕴初接此重任，终于获得成功，一时成为小有名气的人物。不久，被兵工厂招聘，得了一个炮兵少校的头衔。由于化工原料短缺，樊昌火柴厂在汉口办酸钾公司，要利用兵工厂的废墟生产氯酸钾，聘吴蕴初为工程师兼厂长。

大战结束后，国产氯酸钾受外货冲击，被迫停产。后来又与人合办牛皮胶厂，出任厂长。但他总觉得牛皮胶工业发展前途不大，感到自己早年在兵工学堂学到的化工专业没有用武之地……

十足的闯荡！他像一个苦行僧，在艰难地寻找着什么。其实，冷酷的大上海没有给他一丝温情。

一天，吴蕴初徘徊在闹市街头。看见日商"味之素"的巨幅广告比比皆是，日本人声称是他们独家首创，显得极为神秘莫测。吴蕴初感到奇怪，掏钱买了一瓶，反复看了半天。他感叹，这玩意儿，我们中国人就不能制造吗？顺手揣进口袋，回去要弄个明白。

上海一条狭窄的弄堂里，一间朝北的亭子间。

里面堆满了各式各样的瓶瓶罐罐，其中包括吃饭用的饭碗，这些器皿太简单了。

一盏昏黄的灯彻夜地亮着。屋内不时地散发出刺鼻的怪味儿。

"这家人在搞什么鬼呀？"邻居纷纷抱怨。

他们在好言好语地向人道歉的同时，用麻袋和厚布把窗子和门堵得严严的，把痛苦留给自己。妻子吴仪是实验的好助手，她几次被熏得晕了过去。

吴蕴初终于明白了，神秘的"味之素"就是谷氨酸钠，1860年德国人曾从植物蛋白质中提取过。

经过一年多的反复试验，终于做出了几十克白色结晶的成品。成功的喜悦，既带来了用国产调味品取代日货的美好憧憬，也带来了如何把试验成果转到工业生产上去的无限惆怅。

1921年春的一天，上海聚丰园饭店。

吴蕴初简单地要了几个菜，然后从怀里掏出一只小瓶，往汤里倒了一些白色的粉末，津津有味地吃起来。同桌的一位顾客见吴蕴初神神秘秘的，脸上还带着喜悦，问道：

"你汤里放什么，喝得那么起劲儿？"

"侬阿要试试看。"

吴蕴初顺手往那人的汤里也倒了一些。不料那人暴跳如雷。邻桌坐着一位30岁模样的商人，见状忙凑过来：

"你们别吵,别吵,让我尝尝看。"说完就舀了一勺喝了,嘴咂了几下,味道美极了。转头对那位顾客说:"这汤算我的,我赔你一碗汤吧。"

俩人很是投机,接着有一席攀谈。

"这白色粉末是我试制的调味品,不比'味之素'逊色。"

"我们的老板对你的调味品会感兴趣的。"

原来这人叫王东园,是张崇新酱园出色的推销员。他的老板叫张逸云,在江浙一带颇有名气,是位拥有十多家酱园、资金雄厚的商人。味精和酱油是分不开的。经王东园介绍,第二天下午,还是在聚丰园饭店,抱负和雄心在一起会晤了。一个资金雄厚、独具慧眼;一个技术扎实,雄心勃勃。俩人一拍即合,张逸云出资银元5000元,合作办厂。

事业,终于有了开端。吴蕴初点燃一支雪茄烟,在屋里来回踱着步子。产品问世了,总得有个名称。他想,最香的香水叫香精,最甜的东西叫糖精,那么味道最鲜美的应叫味精。"味精"与"味之素"搭得上,有利于推销……再琢磨,又从"味之素"的"素"字得到启示。素有肉味,吃素的人最相宜。这些人往往信佛教,佛在天,珍素美味天上有,天上庖厨为天厨,因此取名"天厨味精",并以"佛手"为商标。

不久,在张逸云的几家酱园门前,贴出"天厨味精,鲜美绝伦,完全国货,庖厨必备"的广告。

有人推着彩旗招展的小车,鼓乐齐鸣,走街串巷:

"天厨味精,完全国货!"

"胜过'味之素',物美价廉,欢迎品用!"

这招真灵。车子被购买的人围了一圈,从这熙熙攘攘的嘈杂声中感觉到的是爱国的热忱。随后,天厨味精接连在国内外产品展览会上获奖。

畅销国内,远销南洋,产量扶摇直上。

向美英法等国申请专利并获准。吴蕴初,开创了中国化工产品在国际获得专利之先声……

"天厨味精"盛极之时,吴蕴初的脑海里却掠过一丝惆怅。生产味精的主要原料盐酸国内不能生产,完全依靠日商。味精与"味之素"是劲敌,日商会很轻松地通过控制盐酸来压制"天厨"。这样,一根小辫子总是捏在人家的手里……

吴蕴初为化工出身，深深懂得酸碱是"工业之母"，况且又有从电解槽生产氯酸钾的经验。他开始收集各方面的技术资料，想创办中国自己的氯碱工业。

巧了，1928年秋，吴蕴初听说越南一家化学公司因经营不善，急于出售生产盐酸的全套设备。他迅速前往，终以8万元成交，其中包括爱伦摩尔式电解槽和滚动式漂粉机……

秋天确是收获的季节！

1929年10月，电化厂的筹建工作开始了，取名天原，即为天厨提供原料的意思。设备陆续到货，经过一年的艰辛拼搏，一座颇具规模的氯碱化工厂在上海利南路建成。1930年11月10日，举行了隆重的开工典礼！当时国民政府要员、社会名流、学者纷纷前来祝贺，国民政府实业部部长孔祥熙在致词中高度称赞："吴先生独创此厂，开中国电化工业之新纪元……"

嗣后，吴蕴初戴上一副白手套，操起钢钎，走近炉口。

"呼……"炉膛里立刻燃起熊熊的火！

昨夜，妻子吴仪没有告诉任何人，独自去了很远的寺庙。她跪在那儿，虔诚地祈祷，保佑丈夫吴蕴初明天开车成功。此时，吴仪的心里在默默地感激着那位神灵。

天原电化厂诞生了！

中国，终于有了自己的氯碱工业。

爱国心切啊！吴蕴初那博大的胸怀之中，有一颗非凡的心在怦怦地跳动。"不可为而为之"，可见他为振兴民族工业坚韧不拔呕心沥血的品格；"蕴志兴华，家与国永"这八个字成为吴氏后裔取名的排行。

八个字，透视出一个人的情操！

在吴蕴初之前，还有一个为"蕴志兴华"而献身的先驱，那就是方液仙。1912年，方液仙在上海独自创办了中国化学工业社，生产牙粉、雪花膏。1923年建厂生产味生调味粉，与天厨味精一起将日本味之素挤出市场。后来，拒任伪职，遭到日伪的绑架，不屈而死。

在那个年代，每一个有气节的中国人面对"日货"都会心生愤懑。

面对着日本生产的盐酸瓮，吴蕴初便感到羞耻和痛恨。一气之下，他挥起臂膀，把这些买来的盐酸瓮砸个粉碎。

开会，人不是很多。其中有他的助手和儿子吴志超。吴蕴初的情绪平稳中显得低沉：

"再建两个厂。我们不能再用日本的盐酸瓮了。这个厂取名叫天盛。盛，是盛器的意思，也标志着我们的事业兴盛。还要建一个氮气厂，天原放空的氢气制合成氨，再用合成氨造硝酸。"

"马上吗？"助手问。

"当然，名字我都想好了，叫天利。利，利用废气，利国利民！"

吴蕴初的情绪变得兴奋起来。

"爸爸！"儿子吴志超说，"硝酸是国防工业，投资很大，产品销路还没把握呀。"

"还有，和官方打交道是很麻烦的。"助手也插话说。

"嗯！"吴蕴初站了起来，"我就是看中了国防工业。国防软弱，外国才敢侵犯。我要造硝酸，造炸药，才能立国门之巍然……"

侯德榜从印度的孟买到加尔各答，经泰国到香港，转仁川，冲破重重阻碍，历时五十多天，最后平安地回到祖国的怀抱。

在印度时，他就想过：待这里的公务一完，就马上回去，我的事业在永利……

那些天，隔不了多久就能收到一封电报。上海解放了。塘沽解放时，解放军入厂保护，秋毫无犯，碱厂已于2月11日开工生产……报平安的消息频频传来，侯德榜忐忑不安的心情释然了。

5月下旬，他收到塘沽佟翕然厂长的一封电报，告他中共中央副主席刘少奇亲临塘沽碱厂视察。刘副主席对永利事业非常关心，表示愿意帮助永利渡过目前的困难，希望永利与国家携手合作，共同为建设新中国而努力。刘副主席恳切地说："愿与侯德榜、孙学悟会晤，共商国家化工之大计。"还说："范旭东先生之作风，令人备极仰佩，侯德榜先生也十分令人敬重。国家有大事情和他商量，请侯先生赶快回来。"

这份电报使他久久不能平静。

没想到共产党对永利和他们诸位评价这样高。侯德榜真有些归心似箭了，想快些回国亲眼看看永利的近况，当然更想真切地了解一下共产党对工商业的态度。当他结束了米达甫碱厂的公务后，立即离开了印度。

一踏上天津码头，就受到天津党政负责人的热情接待。到达北京时，聂荣臻同志亲自到车站迎接。

盛暑的一天，侯德榜正在东四七条十六号永利办事处伏案办公，一辆小车突然而至。门开了，下来的竟是周恩来。

这是侯德榜没有料到的。

亲切，热情；握手，问候。

"欢迎侯博士克服困难，胜利回到祖国。"周恩来和侯德榜握手，握了很久。

侯德榜递上一杯茶。周恩来又说：

"我们想请你参加中国人民政治协商会议，共商国是，设计建设新中国的蓝图……这次新政协在永久黄团体中不光请你，还有李烛尘和李承干……"

侯德榜诚恳地笑着，点头应允。

周恩来又说："永利是一个技术篓子，荟萃了很多人才，这些人在新中国的建设中是很可贵的……"

"现在这儿还有什么困难吗？"周恩来问道。

少顷，侯德榜犹豫了一下，坦率地说："永利沽、宁两厂当前的困难，一是原料供应不足，二是产品销路不广，另外资金周转迟滞……"

"这样，政府可以收购产品，提供周转资金。原料问题嘛，待交通畅通后一定尽力。只要对发展生产有利，不管什么困难，随时相告就是，政府一定全力协助……"周恩来的话很干脆。

侯德榜格外激动，他知道这正是开国大典的前夕，周恩来同志有多少事要做呀！

几天后，毛主席又接见了侯德榜，详细倾听了他对复兴工业的意见及范旭东拟建十大化工企业的设想，很高兴。最后毛主席对侯德榜提出了殷切希望："革命是我们的事业，而工业建设就要看你们的了！希望共同努力建设一个繁荣富强的新中国。"

9月，侯德榜参加了在北京召开的中国人民政治协商会议。置身于一种平等、团结、和谐的氛围，体会到了互相谦让、互相尊重、民主协商的作风……侯德榜深信：共产党所做的一切努力，都是为了新中国的繁荣富强，是为人民服务的。

……这时候，侯德榜在怀念一个人，深深地体会着怀念的痛苦。这人就是范旭东先生。

当年侯德榜在美国学习。经陈调甫先生推荐，范旭东对这个没见过面的侯德榜穷追不舍。1921年春天，侯德榜正在准备博士论文答辩，突然接到一封来自祖国塘沽的信。范旭东邀请他毕业后到永利工作。信中详述了碱对中国的重要，洋碱在中国的霸市，帝国主义对苏尔维技术的种种封锁，塘沽发展碱业得天独厚的条件和范旭东本人工业救国的远大抱负。信中还谈到陈调甫对侯德榜的赤诚推荐，祖国的制碱事业和范旭东本人对侯德榜的热切希望，欢迎他学成回来为创办中国的碱业共同奋斗……

字里行间，情真意切，深深地打动了侯德榜的心。可是，侯德榜一直热心制革。4年的心血完全是为将来从事制革事业打基础，尤其是手头的这篇博士论文，使他在制革学术上有了新的建树，导师又很厚爱，实在使他难以放弃……

这一夜侯德榜久久未眠，他想到陈调甫和他不只一次谈话的印象：由于缺碱，祖国的亲人只能穿着没有颜色的土布，北方的人民还在啃着带酸味的馒头，民族工业缺原料更遭摧残，为了学制碱技术，陈调甫在美国，冒着风雪在塞勒求斯碱厂的围墙外转着圈子，根本进不了厂门……

侯德榜又一次打开范旭东的信。范旭东这一切是为了什么？搞制革又是为了什么？不都是为振兴中华民族工业吗？范先生这样有胆有识，热心事业，我怎能推辞他的邀请？这分明是祖国在召唤！制碱事业是值得我为之终生奋斗的！

侯德榜伏案疾书："……承蒙范先生不弃，侯德榜应将制碱有关技术方面，勉力地一肩挑起……"欣然接受了范旭东的聘请。

来到永利，侯德榜如鱼得水，深得赏识且被委以重任。他刻苦研究，突破了技术上的道道难关，确立了联合生产纯碱的新工艺。范旭东深受感动，在厂务会上亲自提议，将这一新制碱工艺命名为"侯氏制碱法"。南京硫酸铵厂曾建有设备齐全的试验大楼，落成后，范旭东为纪念侯德榜的卓越贡献，特命名此楼为"致本楼"（致本是侯德榜的字）。

创业难，在旧中国进行带有革命性的创业尤其难！范旭东经过艰苦卓绝的努力，创办了中国第一个精盐厂，第一个纯碱厂，第一个硫酸铵厂。中国的基本化工以盐为本，长出了碱和酸这两只翅膀，便在艰难中起飞了。侯德榜的思绪似乎也做了一次飞翔，落脚于紫金山下美丽的玄武湖畔，然后又飞向了海河边……

一望无涯的长芦盐滩。

洁白的盐粒在阳光下闪闪发光。

从塘沽到大沽口，只有几个破旧的渔村，人烟稀少，海边上几乎都是晒盐的场地。

碱，人的生活离不开，搞化学工业更不可缺少。范旭东在欧洲考察时，深深地感到，一个国家如无制碱工业，就谈不上化学工业的发展。他所以先创办精盐厂，正是为了下一步变盐为碱，然后去发展制酸工业，孕育强壮的中国"化学工业之母"。

中国工业落后啊，人们食用的天然碱，产在张家口，俗称"口碱"。把天然土碱化成碱水，再凝成碱块儿，加工粗劣，杂质多，很像黄泥土，影响人的健康不说，且不能用于工业。

大约 1900 年，八国联军侵华战争以后，英商卜内门公司的洋碱便开始倾销中国，独霸市场。上海卜内门公司经理李立德头顶光秃，既透出精明也透出狡诈。他太熟悉中国国情了。于是，便雇用中国人挑着洋碱，摇着铃铛沿街串巷地叫卖。这招果然奏效，围观者争先抢购，不论工业用还是民用，都颇受青睐。

第一次世界大战爆发，欧洲战争激烈，交通阻塞。卜内门洋碱供应中断了。库存的洋碱价格飞涨，引来民食和工业用碱的恐慌。

范旭东有些急躁了，心中早已积蓄着创办碱业的宿愿。于是，加快了在坎坷的路上行进的脚步。

事有凑巧，在范旭东开始筹划的时候，陈调甫、吴次伯、王小徐三人从上海来到塘沽，慕范旭东大名，特地拜访，谈了大半天，相互间可谓志同道合。

吴次伯原是在苏州制造汽水的，因见市场纯碱奇缺，有利可图，便想转产；陈调甫大学毕业后曾试制过纯碱，吴次伯邀他一起来筹建碱厂；王小徐曾在英国留学，擅长数学、电工、机械，任上海一家机器厂的厂长兼总工程师，也是随吴次伯来参加筹建碱厂的。三人特地到北方产盐地区考察，选择厂址。最先到了塘沽以东的汉沽，南返时又到塘沽，拜见了范旭东，算是一举两得了。

酒杯碰到一起了。

四名青年的热血在涌动。办厂目的不同，范旭东以为这并不重要。他把酒杯拿在手里，既不喝，也没有放下：

"我以为，在塘沽办碱厂的条件最好。当地盛产原盐，百里之外有唐山的煤，再往东不远有滦县的石灰石。塘沽面临渤海，背靠铁路，交通方便，又有久大精盐厂作支柱，只要大家同心协力，碱厂定能办成……"

"好，为范兄高见干杯。"吴次伯提议。

当天晚上，天津租界的太和里，范旭东的寓所。陈调甫、王小徐和范旭东亲自操作。实验仪器简陋得有些可笑：以木炭作燃料，用老百姓腌制食物的瓦缸陶罐代替容器，实验台是木板钉制的。仿当时世界上最先进的苏尔维制碱法做小规模的试验，居然制出了纯碱。这就更增强了建碱厂的信心。

吴次伯感到厚利在望，自告奋勇回上海募集股金。遗憾的是他所熟悉的富商们多愿干些转手间即得大利的生意，对资金周转慢的多不愿投资，更不考虑什么国家民族利益。吴次伯知难而退，中途散伙。这样，招募股金的担子就落在范旭东一个人身上。

创办久大精盐厂的成绩有目共睹，范旭东的社会声望不断提高。办碱厂的消息传了出去，久大的股东、银行家、盐官及各色人物纷纷投资。久大精盐厂和金城银行是碱厂的重要经济支柱。

范旭东当选为总经理。

1918年，永利碱厂成立了。范旭东派陈调甫去美国学习，考察制碱工业，招聘人才，还要考虑订购设备……陈调甫此次美国之行的任务不轻。到了美国，他首先访问了纽约华昌贸易公司总经理李国钦，请他协助介绍得力的技术人才，其次是寻求设计和认购设备。李国钦了解范旭东的脾气，只要他想办的就一定能成功，所以他相信创办碱厂一定能实现。

永利碱厂的设计是美国专家在美国主持进行的，许多实际工作由中国留学生去做，其中就有侯德榜。这是侯德榜献身中国制碱工业的开始，也是他在为中国和世界制碱工艺作出非凡贡献的历程中迈出的第一步。

1919年，永利碱厂破土动工了。

侯德榜和陈调甫回国后不久，定制的机器也陆续运到塘沽。

盐碱地不再荒凉了。

建筑安装紧张而又繁忙，工地上打夯机、推土机和海河的浪涛汇成壮阔的交响乐。美国专家C.T.李被请到塘沽，指导安装工作。侯德榜和李烛尘作为厂长（每人任职一年），整天忙在工地，陈调甫累得一坐下就不想起来。他们是真正意义上的同仁。

1924年8月13日，永利碱厂正式开工。不料纯碱质量令人大失所望，红黑两色间杂，哪里是纯碱……

怎么办？召开股东大会。此时已耗资200万银元，没人再愿投资。如果停产不干，便意味着彻底失败。继续生产，寻找失败原因，尚有生机，但需有资金赔垫。范旭东坚持干下去。没过多久，四台主要设备干燥锅被烧坏，不合格的纯碱也没办法再生产了，唯一的选择：停工。

永利面临危机，英商卜内门提出投资，企图吞没已经停产的永利，以便控制中国将来的制碱工业。范旭东对此早有预料。永利担负着发展中国化学工业的光荣任务，成败在于自我的努力奋斗，在纯碱制造上决不允许外国人参与。卜内门的阴谋，更激励范旭东誓把碱厂办下去的决心。资金问题，继续由久大扶掖，向金城银行借款。

美国制碱专家C.T.李聘期已满，但他被范旭东和侯德榜百折不挠的创业精神所感动，又续约3年，帮助永利解决技术问题。经过对工艺流程的检查和观察，发现失败的原因是干燥锅质量低劣。当年美国人为永利碱厂绘制图纸时，没拿出先进的方案，故意愚弄科学落后的中国，致使永利遭受极大的挫折。

范旭东当即指示C.T.李和侯德榜一并去美国购买先进的圆筒形干燥锅……

1926年6月29日是永利碱史上难忘的一天。重新开工，洁白的纯碱问世了。从此，打破了英商卜内门纯碱独霸市场的局面。

永利碱厂的事业蒸蒸日上，开工不到两个月，"红三角"牌中国纯碱在美国费城参加了万国博览会，获得金奖，为国家赢得了荣誉。从此，中国纯碱进入国际市场，欧美制碱国家不再蔑视中国了！

喜讯，像长了翅膀，飞越太平洋，到了塘沽，全厂呈现出一片节日的欢乐。人们看到那奖状和"红三角"纯碱样品，在喜庆的气氛中流下了热泪。范旭东激动得嗓子有些沙哑了：

"这么多年的辛勤劳苦，换来了中国人自己制造的纯碱，也换来了大家头上的白发。但求仁得仁，我为诸位祝福……"

庆祝会上，侯德榜握着美国制碱专家C.T.李的手说："你帮助了永利碱厂，也就是帮助了中华民族，我们向你致谢，不忘你的真挚友谊……"

C.T.李高兴地举起酒杯，一饮而尽。

卸甲甸是个好地方。

范旭东站在空旷的荒草地上，眼睛被波光粼粼的江水映得眯成一条缝儿。个子不是很高，那影子却被太阳拉得好长。

他知道，当年王芹生曾对这里进行过踏察。坐人力车到浦镇东门，然后骑驴进卸甲甸。这里砖瓦业颇盛，设有窑业公司，有洋瓦厂，专造新式洋瓦青砖。镇上人口不多，居民颇聪明……且无丘陵，是造工厂的好地方。用发展的目光去看，可利用倪家洼之盆地，三面皆山，一面临江，颇占优势。

范旭东来到这里是最后一站。他走了湖南的下摄司，安徽的马鞍山，还有上海的租界。反复比较，还是卸甲甸最好。这里是沿江滩涂，傍依长江，临近浦江口，水陆交通便利；附近有下关电厂，电力供应充足。土地贫瘠，价格低廉，地质地貌又好，且离国民政府首都南京仅一江之隔，是兴建大型化学工业的理想厂址。这样，范旭东决然择定的脚步就敲在了这片土地上。

冬天夜里的星星显得过于稀少，月亮已偏西，天津塘沽的一所洋房里的灯光还在亮着。范旭东的身影一动不动地印在窗上。他在撰写关于兴办硫酸铔厂的长篇报告，准备呈交国民政府实业部。

天将拂晓，他有些累了。搁下笔，伸个懒腰，想到自己这一生……

范旭东，湖南湘阴人。幼年丧父，靠母亲做针线活糊口，家境十分贫寒。

1898年秋，范家迁往长沙。范旭东入省城读私塾。其兄范源濂为梁启超的得意门生。他与其兄往来于革命者之间，耳濡目染，思想上受到影响，遂一起东渡日本。

求学几经周折，终在日本京都帝国大学理学院深造。在日本留学期间，范旭东看到日本强盛的国势，回顾祖国受外强欺凌、千疮百孔的情景，经常探索振兴中华之道。1911年学成回国，创办了久大精盐公司。1917年，国内洋碱极度匮乏，又与陈调甫、王小徐进行新法制碱试验。募资银洋40万元，于塘沽创办了永利制碱公司。由于工业落后，从事碱业一无导师，二无经验，技术上完全得力于侯德榜、孙学悟、傅冰之他们。今天，又将办硫酸铔厂了，他想到好多好多的困难。

国民政府实业部批准了永利制碱公司总经理范旭东创办硫酸铔（硫酸

铵）厂的计划，限于动工后两年半内建成。受范旭东的委派，1934年春天，侯德榜和陈调甫从天津匆匆奔往南京，对所选厂址进行复查，并在购妥的卸甲甸埋下了角桩，竖起了"硫酸铔厂地界"的标志。

匆匆打点行装，总工程师侯德榜率张子丰、章怀西、许奎俊、杨运珊、侯敬思赴美国进行硫酸铔厂的设计审查和设备采购。

轰轰烈烈的工程建设拉开了序幕！

也许因为这是中国人自己创办的第一个化肥厂，也许因为这里将打破英德垄断中国化肥市场的缘故，受爱国热忱的驱使，国内许多著名的施工单位纷纷赶来。基泰公司率先进驻卸甲甸，各路人马紧随其后。

每日，上千人紧张而有序地忙碌着，平整场地，修建马路，营造码头，浇灌基座……短短几个月，昔日的荒滩野洼和低丘矮坟消失了。大经路、大纬路首先告成。继而编竹为篱，环绕于厂界。铔厂初具规模了。从高空鸟瞰，便会在那竹篱与经纬两路的构成上读出一个"田"字。

历史翻到了1934年9月，各项工程在热火朝天地进行。码头工程竣工了！这是铔厂第一个完成的重大工程，为今后机器设备的接运铺平了道路。18日，办公室落成，范旭东先生邀请国民政府要员、社会各界名流来厂参观，并把这一天定为铔厂成立纪念日。

1935年，铔厂定购的机器设备陆续到货。

这天，德国万吨巨轮载着105吨重的合成塔徐徐靠上2号码头。侯敬思率李滋敏及工友，浩浩荡荡地赶来了。

当初，为使特大重型设备安全着陆，永利公司曾派人费时多日，吃尽千辛万苦，北上南下，去广州、上海、青岛、大连等港口进行调查。当时国内尚无吊装能力在百吨以上的设备，永利铔厂决定自制龙门吊和重型平板车，再由码头铺铁轨至安装现场。技师陆献候接过了这一重任，费时半年，自行设计、制造了一台双杆百吨起重机，起重机的抱杆像巨人的双臂……

起吊！

陆献候的两腮陷出了深深的酒窝，把哨子吹得"嘟…嘟…"的，声音沿江面飞向远方，回音绵绵。他手操指挥棒，傲立江岸：

"小船接绳！鸣放鞭炮！"

人们的欢呼声和鞭炮声交织成热烈的场面。陆献候沉稳敏捷，指挥若定，合成塔从容地吊起，又平稳地落地，创造出长江起重吨位的新纪录，铔厂码头因此成为国内起重吨位最大的工业码头。

全部工程完成之后，1937年1月4日，"远东第一大厂"开始投料试车。机器的喧嚣声划破天空，预示着一个新的未来。2月5日，第一包"红三角"牌肥田粉诞生了。

沸腾了，整个厂！沸腾了，整个卸甲甸！中国建成了自己的化肥厂，整个世界为之震惊。

这时，总经理范旭东和厂长侯德榜长长地舒了一口气。他们站到一块儿，相对无言，眼睛似乎都湿润了。等待他们的又是什么？

肥田粉问世不久，铔厂便遭受了压顶之灾。

1937年7月，抗日战争爆发了。上海沦陷，日寇长驱直下，对南京进行了钳形包围。8月到10月间，永利铔厂三次遭到敌机轰炸。

局势日渐险恶。

南京已成孤城。

永利铔厂惨遭破坏，工人们开凿防空洞，保护自己，保护设备……范旭东不顾个人安危，火速从天津赶来，策划应变措施。整理重要图纸，易装拆的机件立即转运武汉和四川，运不出的图纸烧掉！叮嘱主要技术人员一律携眷西撤。困难当头，员工们依依不舍地回乡去自谋出路……

厂里几乎没人了，只有物料部留下4人看守设备。他们是：周自求、崔荣、刘清文、王占清。这时海口被封锁了，北上铁路也不通了。每天，他们去卸甲甸买几个烧饼，然后到山上去躲避空袭，天黑下来回厂睡觉。

一天，4个人在山后的小树林里合计着：日寇铁蹄践踏了大半个中国，吾辈不能在战场上与敌人一拼高低，可天天在这里啃烧饼也不是回事儿。非常时期，我们能为祖国和人民做些什么？广播里常说，日寇维持侵华战争，最缺乏的就是铜。敌人每攻占一个城市或者村庄，首先抢劫的目标就是铜。凡是铜制品，无论是铜佛、铜壶、铜面盆、铜乐器，甚至铜的门拉手、铜插销儿……只要是铜的，一律搬走拆卸无遗。于是，他们就想到铔厂仓库中尚有美国进口的 20 余吨红铜。这些铜如果落入敌人手中，能制造出无数的枪炮子弹，来屠杀我们的同胞。要是能将这些铜藏起来，不也是为祖国和人民作了贡献吗！

埋入地下最保险。

这活儿不能找别人帮忙，也不能让别人知道，只能自己动手，以防铔厂万一失守被敌人挖出来。时间紧迫，事不宜迟，说干就干。当晚，4 个人打开仓库，在房檐下挖了很深很大的坑，用了 3 个通宵；将库存的铜锭全都埋入地下。

没过多久，敌人果然占领了铔厂。在这之前，为避免所有物资落入敌人手里，曾将汽油、铅管、不锈钢板埋入团山防空洞，并封好了洞口。这时，侯德榜从汉口捎信给李滋敏，说他已同美国大使馆联系妥了，"黄浦号"货轮夜里抵厂，组织留守人员装船。整整 3 个夜里，4 个人忙得精疲力尽，把 150 多台机床和大量枕木装上货轮。

1949 年 4 月，中国人民解放军迫近永利铔厂。毛泽东亲自作出指示："对付永利厂守敌，只能诱至野外歼灭。不能强攻。如果毁坏了永利厂，就是毁了半个南京城。"

南京解放后的第 8 天，解放军进驻铔厂。

周自求回厂的第一件事，就是来到八九年前埋藏铜锭的地方。日寇在上面建了一个临时性的仓库。原地挖掘，铜锭一块不少。后来，用这铜为过世的范旭东铸造了一尊铜像。

海是浩大的。浪涛拍打着船舷。

刘振和秦仲达一行数人，乘一艘不是很大的船在海上吃力地行进。3 天过去，又一个夜晚来临。突然，发现有两艘国民党的军舰正向他们驶来，情况紧急！他们指挥船老大，加快行速，躲开了那两艘军舰，绕路而行。次日，在大连港登岸。

告别了胶东半岛，来到大连海湾，党组织交给他们的任务非常明确，一是恢复生产，二是支援解放战争，三是培养干部，为解放全国做好化工干部的准备工作。秦仲达一行便以工会干部的身份来到甘井子。

摆在眼前的是：一片废墟。

四处杂草丛生，满目荒凉。老工人金光秀拎杆猎枪在厂区穿行，手里常常提只狐狸或其它猎物。追溯过去，当年日本帝国主义为大肆掠夺中国资源，建立了满洲化学株式会社。日寇投降时，毁掉和劫走了大量设备和技术资料。苏军接管"满化"，又拆走了工厂的重要设备。1947年7月1日，苏军对大连化学厂、大连钢厂进行了移交。接收后，成立了有卢素平、宁致远、林华、秦仲达、姜一平共5人组成的工厂管理委员会。

恢复生产已刻不容缓。

到乡下去，把回家种田的老工人请回来，他们是工厂不可缺少的骨干；把老管理人员找回来，发挥他们的一技之长。

解放战争前线告急，需要炮弹！大化是生产无烟火药的主要工厂之一，多生产一吨合成氨，就可以多生产三吨炸药。前方的需要就是命令。秦仲达对着工友说："后方多流汗，前方少流血，我们接收的目的就是为了制造炮弹，支援前线……"

饥饿算不了什么，吃槐树花也能挺起人的脊梁。要么，就到海边去捡些海带和着少得可怜的苞米面充饥。没有一个人抱怨什么，他们在那朦胧的雾色中看到了新中国的曙光。

1949年是全国解放战争夺取最后胜利的一年。春天，贺龙将军来大连化学工厂视察。他的声音那样洪亮："人民解放军要过江，需要你们每月生产出20吨火药，准备过江用……"

贺老总给人的鼓励是巨大的。

无烟火药——硝化甘油试制成功，给人们带来了极大的欢欣。为早日解放全中国，就是豁出命来干也值得！

硝化甘油车间变得神秘了。一切行动紧张而规范，每个人感到自己俨然是个军人。上班排成整齐的队伍。也许是心情的驱使，他们经过的地方总是歌声嘹亮：

"解放区的天，是晴朗的天……"

听到歌声，人们便知道是"军人"过来了。

其实硝化甘油是可怕的，只要超过 60℃ 以上就自爆，一小块落在地上也会产生惊天动地的响声。假如将 3 公斤硝化甘油置于某座桥的中间，只要有硬的东西稍作碰撞，再结实的大桥都会毁于一旦。厂房是破灰板条钉的，里面除一台冷冻机外，其余都是些盆盆罐罐。靠手工，用胶棒均匀地搅动盆里的物料，酸雾把皮肤"咬"得红肿，起泡，流血水。大后方的英雄们就是在这种险恶的环境中，不分黑夜白天地拼命，为前线英勇的战士提供胜利的保证。

1949 年 9 月 25 日。

班长董文英和工友们同往常一样，早早地进厂开始工作。硝化甘油一盆一盆地出来了。突然，生产出现异常，险情严重，爆炸将要发生。在那千钧一发之际，工友们共同采取措施，没有一个人离开现场。"轰"的一声巨响，炸药爆炸了。董文英、仇祥、苏守延、姜锡福、张怀广、陈财顺六人，献出了宝贵的生命。

他们太年轻了，心中对未来有着美好的憧憬，再苦再累都认了，因为他们相信未来的生活会如日中天！

张怀广结婚才一个月，早晨和父亲拌几句嘴，这个时候，老人趴在地上号啕，他追悔莫及；苏守延的母亲本来有两个儿子，大儿子小时候到山上去玩，被野火烧死，二儿子又……怎么就这么祸不单行哪？姜锡福的爸爸一身残疾，儿子没了，他靠谁来养活？陈守顺心里只有一个愿望，等全国解放了，生活好了，他要痛痛快快地吃顿大米饭、猪肉炖粉条……

幸存者李恒秀在爆炸的当时下夜班换衣服，那一瞬间坐在凳子上飞起了好高，又落在白菜地里，醒来时见墙壁白白的……10 月 1 日这天中华人民共和国成立了，医护人员把他扶到高处，去看看欢庆的锣鼓和多姿的秧歌，他禁不住潸然泪下，牺牲的工友能活到今天该多好……

哦，大海作证——

大化，用海带和玉米面喂养了中国化工；

我国著名化学工业专家侯德榜独创的联合制碱法，首先在这里完成了小试和中试，实现大规模投产后，在全国开花结果；

大化，为吉林、兰州、太原及全国各地输出了大批的人才；

大化，先后设计制造了我国第一套空、氢分装置，第一台中压二氧化碳水洗塔，第一套花岗岩结构的稀硝设备，第一台制碱用蒸汽煅烧炉，第一台合成炉冷却用高压容器……

这，或许就是大化人对海的承诺。

顾明背着行装来到锦西，没向组织报到之前，一个人首先来到五里河，在锦西炼油厂转悠着看了半天。

由于遭受帝国主义和国民党的破坏，工厂早已停产。荒草丛生，断壁颓垣。愤懑和自信交织在一块儿，撞击得他心灵有些发颤……

二十世纪四十年代，日本帝国主义为了解决侵略战争中燃料不足的问题，决定在濒临渤海湾位于辽西走廊中部的锦西建一座燃料加工厂，仿效德国，利用煤做原料提炼人造石油，并从东南亚掠运原油进行炼制。1940年建厂，厂址选在距锦西车站五公里处的五里河附近的王屯，并强征土地830万平方米。1945年8月，日寇投降，工厂被国民党行政院资源委员会接收，更名为"东北炼油厂"。三年后，东北全境解放，工厂获得新生，改名为锦西炼油厂，后来又叫锦西化工厂……

"好端端的国土被践踏成这个样子！"顾明想着。

褪了色的军装记载着他的戎马生涯。告别了解放区，受党组织委派，来到锦西，任锦西炼油厂厂长，担负起恢复化工厂的建设任务，他知道这副担子的沉重。

他第一次到东北，第一次搞工业，第一次……但他没觉得怎么孤单。不久，刘子廉、李风受党组织委派作为副厂长，也来报到了。

共和国成立后，锦西化工厂成为恢复时期的重点，不仅派了非常得力的干部，而且也优先配置了颇具实力的技术人才。仅1950年就有两百多名技术人员集于麾下。

信心很足，可残局也明显摆着：日寇投降之前，毁掉了一些重要设备；国民党要恢复，还没来得及就逃了。他们不过30岁出头，每个人都经受了战争的洗礼，每个人都想用热血、汗水和最快的速度播种恢复建设的希望。

顾明匆匆启程了。

去上海等地招聘人才。那时的高中毕业生很珍贵。当地只有初中生，而且不是很多，招高中生就更难了。这样，就只好到大城市乃至全国去招。

恢复工作要求快。没人快不起来，没有技术人才就更不能快。

血气方刚的青年们被招来了，祖国的需要激发了他们青春的热情。

在大城市呆板的生活中，对外部世界总会产生这样或那样的向往和渴望。听说东北工业基地不错，要干的事很多。哪个青年不想干一番事业呢？可东北冷啊，传说能冻掉人的耳朵，撒尿都能冻成冰棍儿。他们害怕，但还是义无反顾地来了。

南方青年最难耐的，就是东北的冬天太漫长了。许久许久见不到绿色，生活中不能缺少它啊！还有高粱米饭他们从来没有吃过，秋天里一望无际的红高粱真好看，但不好吃，吃了总觉得在肚子里面转，不停地转……可想到中国的化学工业，他们又把这些全抛在脑后。苦点算啥，这对青年人来说也是一种锻炼。

恢复工作很快就掀起高潮！

机械分厂里的机器最先转了起来。芮杏文为分厂主任。除了机械分厂本身的恢复工作，还要为全厂的化工生产提供设备。氯气干燥室的纳西泵、交流室的真空泵问世了，还组织力量修复了被国民党破坏的发电厂。

刘子廉组织人力跑营口化工厂拆迁，运来烧碱的主要设备。披星戴月干在现场，几天功夫，便安装水平式隔膜电解槽120台；漂白粉塔竖起来了，漂粉车间投入了运行。

夜已经很深了，化工班上课的灯还亮着。这三十多名学员都是锦西中学刚毕业的学生，他们渴望早一天进入现场，投身红红火火的建设当中，可是，没有足够的知识行吗？

　　刘子廉从现场经过，透过窗子看着这些青年，眼睛都不眨一下，尽管很累了，但他心里很高兴。想想自己，本来也不是搞化工的，在延安时用土办法搞过炸药研究，那是几年前的事了。滔滔奔腾的延河水留下了他和赵占奎的身影。在那岸边的沙滩上挖个洞，然后把装满炸药的炮弹壳装进洞里，上面搞一支温度计……看温度升到接近爆炸时，拔腿就跑。战争逼着人动脑子，想想挺可笑的。

　　李风整天忙在现场，袖子绾得很高，手上泥呀水的全不在乎，和工人在一块儿，看不出她是副厂长。有了空隙和大家席地而坐，讲起革命故事。抗日战争中，日本鬼子抓她，曾贴出布告：李风，山东人，23岁，女……有提供信息者给予奖赏。是一位老乡把她掩护起来，因而才有了今天……讲起这个故事，她总是感激加思念，说忙过了这一阵子后一定要到解放区看看。

　　还有那位叫李玲的川妹子，她是车间里的技术员，是隔膜电解的技术权威……

　　1950年底，烧碱、电解、漂粉车间相继试车。2月18日正式通电开车。从此，电解食盐化学工厂在锦西诞生了。这里凝聚着多少人的汗水！

　　电解要用直流电，如何把交流电变成直流电？老工人袁绍锷带头攻关，终于使两台水银整流器起死回生。

　　锦化，没有辜负党和国家寄予的希望，发挥了全国化工试验基地的作用。几年内，为全国44个大中型企业和政府机关输送了多名领导干部。恢复时期的厂领导顾明后来成为国家计委副主任，芮杏文成为上海市委书记，林殷才当时还是从上海招来的实习生，后来也成了化工部副部长。

　　翻开中国化学工业发展史，锦化创造了了不起的业绩——

　　自己设计、自制设备、自行施工建成了我国第一套水银法烧碱装置，开创了我国生产高纯度烧碱的历史；

　　苯酚投产，是我国有机化学工业史上自力更生迈出的新步；

　　聚氯乙烯问世，好比一颗种子在锦化生根、开花，然后又撒向全国，遍地开花了；

航空玻璃也是首先在锦化诞生的。

己内酰胺经过实验，也在锦化问世。

又一个新产品试制出来，人们激动不已，该叫什么名字？

苏联叫卡浦伦。

美国叫奈尼龙。

我们叫什么？人们议论着。新就任的厂长柏岩在一次会议上说："我们就叫它锦纶怎么样？这里有两层含义，一是对外象征着我们国家的锦绣江山，另一层就是它诞生在锦化。"

"好，真好！"所有人异口同声赞成。

这样，锦纶便在全国叫了出去……

与锦西化工厂的恢复同步，沈阳化工厂、大连油漆厂、大连油脂化学厂等一批日伪时期建设的化工厂陆续"起死回生"，党中央关于恢复东北工业生产的整体部署迅速见效了。

8

李飞打点好行装要上路了。

行前，南京市委工委书记何为一再叮嘱："作为党的特派员到永利宁厂，要摸准那里的情况，注意争取知识分子，协助厂长搞好生产……"

来到永利宁厂，李飞主动协助厂长工作，开导职工，宣传新民主主义及工商经济政策。厂长李承干看到这个年轻人老实厚道，对有些问题颇有见地，有啥事愿意找他商量。一天，他把李飞叫到没人的地方，静了半天，说：

"我要看看共产党的党章，行吗？"

"可以。"李飞答应了。李承干回到住处看了一夜，第二天又找到李飞："里面说得很好。共产党是为人民干事的，这样，我把它作为规章制度宣布，让职工都来执行……"

"这……"李飞想了一下，"党章可以学习，但不能要求所有的人都办到……"。

李承干后来果然加入了中国共产党。

公私合营有了基础。

南京解放的第三天，侯德榜便给中国人民解放军南京军事委员会刘伯承主任写了一份"折呈"，言明原料、运输之难，并求得支持。

军管会立即从华北调拨一万吨焦炭，不但价格低廉，而且先交货后付款。刘伯承司令员亲自指示电告铁道部门，运输上特准优先配备直达列车。当第一批焦炭运至徐州时，蚌埠大桥刚刚建成，任何车辆都尚未通过，这一批直达货车首先被获准……

1950年秋，侯德榜带领黄汉瑞、刘振东向人民政府申请公私合营，很快得到同意。随后，国家重工业部派出10名干部到永利公司总管理处、塘沽碱厂和南京厂了解情况。1952年6月，市委选任原民政局局长冯伯华同志担任合营后的公方代表兼厂长，鲁波、侯敬思、章怀西留下担任副厂长，这是资方没有想到的，他们感受到了从未有过的尊重与信任。

李飞体会到了冯伯华做事认真利落、大刀阔斧的劲儿。这使他想起不久前的一天，南京市委组织部长邱一涵通知他市委的决定时对他说："伯华同志是很早参加革命的老干部，能力很强。"

李飞对冯伯华不相识却早已相知。刚来市委工作的时候，李飞在整理档案中便已知道了冯伯华。履历表上那幅照片给他留下了很深的印象，他打心眼里钦慕这位为中国革命出生入死的人。

冯伯华出生于浙江宁波，家境贫寒，13岁就到上海当徒工。1937年"八·一三"抗日战争爆发的前一年，他毅然走进了革命队伍，参加了新四军。军旅生涯12载，战争锻炼人，也考验人。战乱的年月使他成熟了，成长为一名英勇的战士，举世闻名的百万雄师过大江的队伍中有冯伯华的身影……

长江北岸的大厂镇是个很荒凉的地方。

冯伯华却愉快地接受了组织安排。此时他还习惯地把自己看成是位军人，军人以服从命令为天职，而他的个性更喜欢开拓性的工作，况且这是党的嘱托和信任。

李飞把准备好的一份黄色封面的永利公司宁厂简介递给他。并从厂的历史到现状作了全面汇报。

"永利公司是民族资本家办起的大型化工公司,这次搞合营,中央很重视。资方及永利同仁有爱国传统,办厂经验丰富。职工经过了解放后党的教育。看来不需要派很多干部。免得形成接管的局面。"

他决定一个人到厂工作。

上班的头一天,冯伯华找到李飞,要一套有关宁厂的生产技术讲义,帮助他制订一个学习生产技术的计划。

又过两天,李飞来到冯伯华的办公室:

"当厂长工作忙,我建议你每周安排两三个半天,一面在工作中学,一面挤时间看讲义,还可下车间看实际操作,这样能事半功倍。"

"可以。"冯伯华笑了。

最使李飞吃惊的是,不到一年时间,他不但对压缩机的各段及活塞、密封圈名称,材质以及气体的流程有了了解,而且还掌握了氮肥厂产供销的全部业务。

一天,冯伯华对李飞说:"听南京市委工业部长陆纲说,你希望从事技术工作,这个愿望当然很好。但目前还不行,还得让你当我的助手。"

这样,李飞作为办公室主任,成为冯伯华的好参谋、好助手。

全国公私合营最早的一面旗帜飘起来了。

党中央和毛泽东酝酿已久的对资本主义工商业的社会主义改造已掀起高潮!

公私合营使企业的生产关系发生了一次从来没有过的变革,发育不良的旧中国的化学工业被注入了新的血液,现出了多彩的光泽,开始扶摇直上了。

新中国的化学工业,也正以巨人的姿势站立起来,掠一股雄风,踏上了起跑线,让整个世界感受到一种震颤的力量。

人民生活,衣食住行,谁能离开化工啊?

轮船航海,卫星上天,更不能没有化工。

国家要富强,民族要昌盛,缺少化工将是一事无成。

共和国开始建设自己的化工基础了!

于是,长白山下,祁连山麓,汾水河畔,传来了阵阵愉悦的夯声……

第二章

大地，编织自己的梦

小李走出铁东的"工"字楼。

天冷，雪大。他把那顶没毛的棉帽子摘下来，放下帽沿儿，戴好后，又在下巴颏底下紧紧地系了一个扣儿。

个子不高，鼻梁上架副眼镜。列宁服套在羊皮袄的外面，白羊毛时不时地露出一截儿。走路很快，脚下的雪被踩出"嘎吱嘎吱"的响声。正巧，这时有一辆马车从一旁擦身而过。

"大爷，搭个车行吗？"他问。

"去哪呀，小伙子？"

"去……"他忘记那个地方叫啥名了，"就是要建肥料厂那个地方。"

"上来吧，那叫泡子沿。"

小李上了马车，随手拽过一条麻袋垫在屁股底下，整个身子缩在上面。

天实在太冷了，拉车的马儿从鼻孔里呼出一股股白烟。真没想到坐车更遭罪。冻得不行了，他从车上下来开始跑步。

从铁东到泡子沿有二十多里路，所经过的地方，处处呈现出一片荒凉，寂寞又孤独。

跑着跑着，猛地被什么东西吓了一跳，原来是一只野兔子从蒿草中穿过马路。小李不禁又想起了吉林化工区的过去。

三八年，登龙潭

龙潭山呵泪涟涟

> 眼望祖国好河山
> 日本魔爪来摧残
> 抓来劳工建工厂
> 刮骨吸血盗富源
> 水泥墙中葬白骨
> 电石炉边血斑斑

这首民歌式的打油诗曾经在许多人的口头上流传。它缩写了吉化沧桑的往昔,并给那带血的历史抹上一层防腐剂。

共和国成立后,加快建设化工基地便成了当务之急。1951年年初,吉林化工厂厂长林华,随以姚依林为首的中国贸易代表团到莫斯科与苏联化学工业部门谈判,签订了由苏联派专家援助吉林"三大化"建设的协议;几乎与此同时,东北重工业部化工局夜以继日,开始编制吉林合成氨厂(今吉化化肥厂)、吉林碳化钙厂(今吉化电石厂)、吉林染料厂计划任务书。年底前,以最快的速度报送中央人民政府政务院财政经济委员会审批。

1952年1月13日这天,周恩来总理伏在铺满阳光的写字台上,细心地读了这份文件,抬手从笔筒里取出笔来,在上面写了四个字:"同意,照办。"

吉林化工区建厂筹备处组成,马国治任筹备处主任。筹建工作进入了紧张状态……

小李这次来吉林任务不是很多,但很重要。作为东北重工业部化工局的工作人员,他被派来看看,了解工程建设的进度。站在一个山头上,眼前依然是满目凄凉,但他知道,明天,这里将发生一场辉煌的工业革命,恢宏而壮阔的大建设景色已经为期不远了……

想着想着,小李真的有些心急如焚。

依然靠步行,只是行色更匆遽地向着筹备处的方向走去……

大建设红红火火地进行着。

江北大地,从此彻底地结束了亘古的荒凉和静谧!

春风牵来明媚的阳光铺满大地,四周的树木似乎为此提早地绿了。古老的龙潭山显示出青春的容颜,松花江加速了奔腾的节奏,浪花日夜不停地在欢笑……

共和国把建设吉林化工基地当成了头等大事。

缺干部。一个县长专列在暮色苍茫的时刻抵达吉林。他们背好行装,摆渡过江,到"三大化"筹备处报到。

一支支建设劲旅会师于江城。中央有色金属局第四工程公司,化工局土建安装公司,化工局大连安装公司,冶金部的电装公司、管道公司、金属结构公司、筑炉公司,吉林铁路管理局以及吉林建设公司和六个附属企业组成的吉林化学冶金建设公司……

他们高举旗帜,唱着歌儿,潮水一般涌进工地,荡起滚滚尘烟,好不威风!

化工区的建设震动了当地的人们。

这天,一个17岁的小伙子,见吉林火车站附近的一家旅社前挤了很多人。他抱着膀儿凝视着墙上那张招工广告:吉林化工厂招收苯胺工人和练习生。他向跟前凑了凑:"我报名。"

"什么文化?"招工的人问。

"小学毕业。"

"哟,还是知识分子哪!你学会计怎么样?"

"不,我干笨胺。"话很坚定,愣小子那时还"苯""笨"不分。

其实,他根本不知道苯胺是什么玩意儿,只觉得苯胺这两个字挺神秘的。刚一报到就去沈阳实习,他连行李都没带。正常的伙食费不够用,只好借钱填肚子。几个月下来,欠了一屁股债。回吉林后,生产上竟然是把好手。一次,车间发生火灾,火越烧越大。化工厂着火,谁敢上?他就敢,找两条麻袋,塞到水桶里,再捞上来,披在身上,直冲装置的顶端。把该关的阀门关掉以后,火熄了。

在场的领导和工人没有不夸他的。有个多嘴的人不知是表扬他还是嘲讽他:"这小子欠公家好几百块钱呢。"

说者无心,听者有意,厂长问:"干什么欠的?"

"全免了！"

办个手续，就这么简单。

这人是后来当上了吉化公司党委书记，现任吉林省政协副主席的冯锡瑞。

随着大建设的推进，化肥厂和电石厂有13个工号已破土动工。施工现场呈现出一片繁忙的景象，汽车马车装载着各种建筑器材日夜奔忙。工地上广播喇叭声，混凝土搅拌声，掘土机隆隆声，汽车的鸣叫声……汇合成一支雄壮的劳动交响乐！

时令很快就进入冬季，化肥厂整体吊装白钢排气筒的日子临近了。

此时那庞大的排气筒像一位巨人般卧在地上，身长100米，体重100吨。要把它从地面安安稳稳地立起来，这在中国还是第一次。因而，已经准备了两月之久的人们，显得格外慎重、紧张……

整个施工任务要在年底之前做最后一次冲刺，很多要吊的物件都在急切地等待吊装器械。

1955年12月3日上午，化工局大连安装公司副经理王炳臣来到工棚，给这个工区的百十号人开会。这是位典型的北方汉子，高高的个子，黑黑的脸膛。性格火爆得像干透的柴禾，不点都能着。许是任务重、压力太大的缘故，今天，他往前面一站就火气很足：

"他妈的，排气筒能不能竖起来，就看我们的了。整个工地上万双眼睛等着，反正他妈的不能丢人现眼……"

哪里是开会，简直是在骂人。

"按现在的进度不行，必须要提前，提前到10号，10号……"他故意把10号加重地说了两遍。

"看着！"他的目光死死地盯在工区主任初世灿的脸上："10号这天排气筒吊不起来，我他妈撤你的职！"

坐在下面的初世灿，手拄着下巴，眼睛紧紧地盯着王炳臣。他很冷静，更理解王炳臣副经理的火气。

"好，散会。"

初世灿带领工友们没黑没白地干。连起码的10吨重的卷扬机都没有，所谓的起重工具都是边研究边凑合起来的。这样，准备工作就需要时间，否则就没法保证万无一失！

几百个铆点，上千米的钢丝绳，要一点一点地检查。钢丝绳是6股19丝的，一旦有一根细丝被电焊打了，就容易出现问题。每一根木桩是谁埋的，埋了多深；每一颗螺丝是谁装的，拧紧了没有……

没有卷扬机，4台斯大林800号拖拉机代替。

用一种土法来吊这个庞然大物，必须打破常规，靠旗语口号不行。即便是超八级工匠也可谓巧妇难为无米之炊。为此，初世灿苦心研究，自行设计了一套吊装指挥系统，把指挥台设在"753"号厂房的屋顶，指挥台上有信号盘，几十个岗位和指挥台相连，用红绿灯说话……

8号了，准备工作仍不充分，10号起吊无法进行。初世灿想想，费了好大劲在别的工地找到了王炳臣。

"王经理，10号不能起吊，你撤我的职吧。"

王炳臣想了想，他对进度是有数的，这么大的事可不能操之过急！随后，眼睛眨了几下：

"回去继续准备，要撤也得等吊完了再撤……"

一切准备就绪，起吊定在15号这天。

明天要起吊了！初世灿比平常早了一点回到宿舍，想安安稳稳地睡个好觉，为打赢明天这一仗养好精神。可是，因为心里有事儿，睡不着。凌晨不到3点他就醒了。起身推开门，嚯！不仅冷得要命，风也出奇地大。真可谓冷风暗夜，朔雪飘零。

接近8点了，他来到工地。风力足有7级，现场上风雪弥漫，气温是零下37℃。

赶上这么个鬼天气，吊装成功的把握恐怕要减几分，他心里多少有些担心。

化肥厂第二厂长杨浚拍拍他的肩膀："世灿，开始吧，我们在你身后……"

初世灿顿时增添了信心和力量，大步走了。

片刻，登上"753"厂房的顶端，他那不算很高大的身躯变得高大了。

一尊钢铁铸就的剪影镶嵌在天空之中。

飘舞的雪直往他脖子里灌。他喘了几口粗气，稳稳神儿。靠近指挥台，把麦克风握在手里。

"各岗位集中精力，准备——"

两排红绿指示灯在眼前闪烁。各岗位事先都编好了号，操作者铭记在心。

开始起吊！

"三号起……"

"十二号落……"

"五号定位……"

"八号掌握平衡……"

…… ……

麦克风把他铿锵果敢的命令传了出去，满天都回荡着颤音。

各岗位的操作和起落程度在指示灯上变得一目了然。

4台斯大林800号拖拉机加足了马力，拉紧钢丝绳，一并发出了震天的吼叫……

51米高的抱杆渐渐地带起了排气筒。当与地面形成15度角时，初世灿命令停吊，派葛鸿达、冯哲、何亮三名技术员分头检查，然后再下命令重新起吊。抱杆与地面形成45度角时又稍作停顿，接着三段起吊开始，终于把这个钢铁巨人立起来了！

围观的人们欢呼雀跃，现场的广播喇叭播出雄壮的歌曲。所有的人心里仿佛都漾着蜜甜！

这时工区的一个滑小子见王炳臣乐得像个孩子，拽了把他的衣袖，显得有些诡秘：

"经理，还撤我们主任的职吗？"

"妈的！排气筒都吊起来了，还撤个屁。"说完，把手重重地拍在滑小子的肩上。

工地上车水马龙。

建设规模不断扩大，从化肥厂、染料厂到电石厂，战役一个接着一个。

李名益从这个工地跑到那个工地。刚把硝酸排气筒一次整体吊装成功的消息报告给北京,"680"工程的建设者们又成功地安装了一台水洗塔……

腿勤,嘴勤,整天地忙碌,但不觉得累。他不仅是上级派来的"督察员",也是吉林三大化建设的"义务兵"。

马国治召开党委会,出于礼貌,让他到会给说上几句。作为一名大学生,毕业就扎进大建设工地,来来往往,所见所闻,特别是关于工程方面,有感慨,也有想法,他不客气地参加了会,红着脸也要说上点什么……

隔很长时间他明白了,当初真不该参加这个党委会,自己连党员还不是……他羞个没法。

他太年轻,尽管没有什么官衔,国家三亿多元的投资,却都攥在他手里,要通过他去平衡。杨浚曾笑着向化工部部长彭涛告状:你们那个小李子真是个"吝啬鬼"。

1956年,筹备处上报计划书中需要7台小汽车。李名益说啥也要给减掉一台。杨浚找到他:

"小李子,这车不能不批呀,那是给外国专家用的……"

"用钱太多了。"

"工作需要,钱多也不能不买。"

"工程更需要钱……"

搞这么大的建设,哪儿都需要钱。李名益说不出更多的理由,反正他就是不同意,杨浚也拿他没办法。

冬天的一个晚上,路上下着很大的雪。李名益下班回去,突然发现一台轿车在胜利桥上停下了,下来一个人,把抱小孩的两位女职工让了上去,然后打发那车走了。

他很佩服那人。

走到跟前一看竟是杨浚。

俩人边走边唠着工地上的事情。这时的李名益有些内疚,杨浚工作如此辛劳，今天却走着回去。他心里想，那时多批一台车该多好。

登上龙潭山则是另一番景象了。

松花江像一条飘动的玉带，装点得吉林化工区这颗璀璨的明珠更加光彩夺目。

化肥厂的造粒塔顶天屹立；

染料厂整齐的建筑像起伏的海；

电石厂的电石炉恰如站立吼叫的雄狮；

好一尊大工业立体的雕塑！显然，这也是一幅画，它象征着共和国崛起的化学工业已踏上了新的旅程。

1957年10月25日，是吉林化工区最有纪念意义的日子。

这一天三大化工厂开工投产了！

上午9时，盛大的开工大典开始。

国务院副总理薄一波首先致词。中共吉林省委书记、省长栗又文，吉林市委书记、市长张文海，中国重工业工会全国委员会副主席江浩然讲话。

苏联化学工业部副部长、代表团团长米·依·伊万诺夫以那不很流利的中国话说："祝贺中国，祝贺吉林，祝贺化工了不起的成就……"

国家验收委员会主任、化学工业部部长彭涛十分激动，他要说的话太多了。

是啊！三大化工厂，是我国化学工业发展的一个重要里程碑。

中央及国务院各部委派人来了。

化肥厂第一厂长李艺林满怀深情地表示答谢。徐凯宁、杨浚代表化工区的建设者和生产者向苏联专家献上锦旗，并把第一批产品赠给苏联朋友。

开工盛典一结束，剪彩仪式相继开始……

当天，《人民日报》发表社论，题为《我们要建设强大的化学工业》。

社论说：吉林化工区的建成，对于发展国民经济，对于满足人民生活的需要，对于发展化学工业本身，都具有深远的影响……

新中国的化学工业在曙色中起步了！

晚上，庆祝活动又掀高潮！

5点一过，四处灯火辉煌，鲜艳的旗帜和松枝搭起的彩门被映照得更美了。化肥厂的高跷队扭得最欢……

杨芳远已50开外了，可今天又蹦又跳。凝望厂区，仿佛听到了里面机器的欢唱，心里美滋滋的。他亲手安装的电气设备今天开始运转了。

劳动模范王友仁更是满面春风，总是抿着嘴乐。是啊，混凝土建筑中凝结着他和他的伙伴的汗水……

8点钟，土城子广场，焰火腾空，露天舞会的乐曲把人们引向了新的狂欢高潮。

沸腾了！美丽的化工区之夜。

沸腾了！美丽的松花江之滨！

友谊是最值得赞美的。

友谊是甜甜的思念，友谊也是美好的回忆。130多名苏联专家和我们并肩作战，难忘的600个日日夜夜。他们很能吃苦，也很热爱中国。三大化工厂的每一台机器的周围，几乎都留下他们勤劳的汗水！

看，那不是萨巴乔夫吗，工作之余总是叼着那支斯大林式的烟斗，吧嗒吧嗒地，抽得好香。笑起来，那胡子都跟着颤动。

女专家盖维奇娃走来了。她麻利又泼辣，走路特快，一头金色瀑布般的长发总在身后飘动……

在这苏联专家队伍中，有一位防腐专家，他个子不高，胖胖的，经常穿一身工作服，戴副黑框眼镜，对人和蔼热情。他的名字叫努西诺夫。

努西诺夫快60岁了。为了中国人民的建设，放弃自己的一切，加入了吉林化工区的建设队伍。

一生没有别的嗜好，烟不抽，酒不喝，就是喜欢工作。25岁大学毕业，工作快40年了，越老劲头越足。

努西诺夫来到中国，每天都有许多人围在他身边研究问题。他对工作极认真，无论大小问题都要反复琢磨，一点也不疏忽。处理事情一定先到现场，经过一番检查和了解之后才决定。

1957年8月，正是染料厂建设紧张的时刻。车间的耐酸设备已经装好，可谁能鉴别质量？厂里有个说法，没有结论的设备不能生产。

努西诺夫得知后，急忙赶到现场。

听说专家要自己爬设备，翻译急坏了。黑森森的贮罐台有一丈高，只有边沿有一尺来长的孔。冷眼望去，像个庞大的怪物。

"他年岁大，身子又那么胖……"翻译想着。

"怎么，你害怕了吗？"他望着翻译的神色说。

"没关系，放心好了。孔再小也得想法进去。"他补充道。

他手搭设备，将身一跃，跳到贮罐的盖上。先伸两腿，手摆在两旁，胸围几乎和孔径一般粗。孔口碰到胸部，他深吸了一口气，缩一下身子进去了。

罐里热烘烘的发闷，没干的油漆味儿直冲鼻子。往上看，那孔愈显得小了。进一道白光，给里面一种可怕的感觉。

他小心翼翼地摸着砖的缝隙，抠下点胶泥用手捏着，再用锤敲。

有时，他掏出一支红铅笔，在一块砖角旁端端正正地划个圈儿。这圈儿表示不合格。

别看圈圈小，在砖后胶泥的空处，都是大的祸根。

一个小时后他出来了，浑身沾满了污泥，鼻尖凝着汗，显然很累了。

"请专家歇会儿。"

"不，我没有权利休息，还有好些设备等着检查呢！"

…… ……

1958年1月10日，苏联专家告别化工区，要返回祖国了。

朝夕相处的人们依依不舍，化工区的领导也到车站送他们回国。列车启动了，彼此眼睛都湿润了。挥着手和专家们告别，不知是谁道出了两句诗：

> 海内存知己，
> 天涯若比邻。

正规化的大生产开始了。

彭涛部长又一次来到吉化。这一次他有一个想法，那就是把染料厂、化肥厂、电石厂联合起来，组建一个公司。

组建吉林化学工业公司的担子责无旁贷地落到了李艺林的肩上。化工部任命他为吉化公司经理兼党委书记。

公司成立后，困难和难关一个接着一个地来了。六十年代之初不光人吃不饱肚子，工厂也面临着严重的饥荒。

煤炭断档了；

用电几乎全停了；

汽源也枯竭了！

经历过抗日战争，并在冀西游击战中出生入死的李艺林面对这种险恶的局面，却显得格外沉着、果断。

新中国成立后，李艺林在中央书记处第二办公室作巡视员，谭震林是主任。后来这个办公室撤销了，组织上安排他去搞外贸，他对此不感兴趣。当年在太行山相识的彭涛听说了，找到李艺林。

"大个子，到化工部来怎么样？"

"行啊！"

李艺林过去没在工厂干过，又不懂化工。但对于搞工业早已是情有独钟了。

"化工部刚成立，机关缺人手。"

"不，我到企业去。"李艺林说出了心中的愿望。

彭涛默默地赞成这一选择。心想，像李艺林这样拿得起、放得下、信得过的人，应该作为顶梁柱安排在一个重要的合适的地方才是。他想到化工行业的那个宝贝疙瘩。

"那就到吉林吧，那里的三大化建设很重要。"彭涛说得很兴奋。

于是，李艺林踏上了北上的列车，这是1959年2月27日。

车经河北大地，刚刚落了一场不算很大的雪，斜掠而去的地垄呈现着点点斑白。村庄、树木一闪而过。李艺林想到了生他养他挚亲挚爱的土地和诞生在这片土地上的故事。1938年年初，他在冀西游击队只身潜入东南民团，在吴村、胡里等村庄，冒着生命危险做抗日工作，后来使这个民团终于成为冀西游击区司令部的一个直属区队……

火车隆隆行进，他知道自己的脚下已是吉林的土地了。天很冷，他心却是热的。吉化该是一个什么样子？破土动工两年了，现在即将投产。不是很了解化工，但他能想出一番热闹的景象来。人这辈子说不准自己能干什么，到吉林是他从没有想过的。搞战争和搞建设是一回事儿，它不但吸引着你，也要求你只能打赢，决不允许败下阵来。想到这儿，40多岁的人好像青春的血在身上奔涌着……。

来到吉林江北岸，大建设恢宏的景致远远超过了他的想象。奔涌的松花江拒绝冬天的封条。人们也好像在向冬天挑战，隆冬季节里的雪国大地回荡着不息的春潮。

工厂建设已有了规模，几个装置陆续开始单体试车了……

两年多的时间过去了，他对公司的生产早已形成了全局性的指挥。可眼下的形势是没有想到的。

化工厂离开了煤、离开了电、离开了汽，就像人身上突然断了血液一样，生命难以维持。况且各种原材料也发生了极大的缺口。

总工程师杨浚实在没有招儿了，赶到铁东招待所，找到正在生病的李艺林。

"生产开开停停，原材料没有，上面又要产品，可咋办哪？"由于急切的关系，杨浚说这番话中间没有一点儿停顿。

李艺林思考了一会儿。

"除焦炭炉外，其余的全停。营城运来的煤，我们一点不留，全给电厂，保设备要紧。"

"这……"

"不要紧，这责任我来承担。"

其实这是没办法中的唯一办法。

不久，李艺林到北京开会，碰见了彭涛部长。彭涛赞佩中打趣地说："大个子，你胆子不小，生产说停就停了。"

李艺林笑了："道理很简单。留得青山在，不怕没柴烧。零下40℃，我没冻坏一台设备。"

彭涛也笑了。

渡过了饥饿和痛苦之后，形势转好，吉化又开始昂首挺胸了。

大生产带来了大效益，日日夜夜为共和国创造更多的财富。周恩来总理视察吉化，殷切希望全体职工再接再厉艰苦奋斗，把工厂建设得更好。他给人们送来的是力量。

李国才着魔了。

一个个未知数无时无刻不在他脑海中旋转。特别是对机械，他有着浓厚的兴趣。天上飞的、地下跑的、水里行的，都在他琢磨之列。

隆冬时节，从化肥厂通向电石厂的一条2.5公里长的管线冻结了。电石厂被迫停产，化建公司上千名职工搁下别的活儿，投入大会战。挥锹舞镐，隔几米就挖个坑，点燃木头，试图使冻管内的积水融化。然而流出的汗水换来的是寒风肆虐的嘲讽。

烧那么多木头，李国才心疼啊。他想，得赶快琢磨个招法。晚上回家，累得一头栽倒在炕上，可脑子里还在想着。怪了！烧了那么多木头也没个结果？对，热是向上去的。在管子上面烧能传多少热呢？

他家住草房，做饭要拉风箱。他见妻子又做菜又拉风箱忙不过来，便拖着疲惫的身子走过去，接过风箱拉了起来。强大的风力吹得炉膛烈焰熊熊，他猛地觉得眼前一亮，冲妻子说了一声："我不吃了！"拔腿就跑了出去。

他把工友找到加工班，几乎干了一夜，一台火焰喷射炉制成了。第二天运到现场，炉膛喷出的烈焰像一条长长的火龙飞进管道，坚冰开始融化了，结果一天就给吹开了。

被誉为"矛盾乐"的李国才攻关成瘾。

化肥厂耐酸塔本是白钢制成的，当时到国外买不来，国内又没有。怎么办？李国才想用瓷砖代替白钢。这就带来了矛盾。

要砌耐酸塔，就要把瓷砖切断。试试看，十块砖保不住一块，眼看白花花的瓷砖打碎一地，实在叫人难受。用电焊割，气焊切，烘炉烧，都不行。李国才根据热胀冷缩的道理，终于研究成功了一台瓷砖切割机。一次能切几十块，齐齐的，像豆腐，一块都不坏。

后来又碰到了切瓷管的矛盾。

"国外有切瓷管机，进口一台一万七千多元钱，快订货吧。"有人说。

"别说是一万七，就是一百七也不要，咱们走自力更生的路。"李国才不干。

根据同样原理进行改进，不到两星期，就造出两台切瓷管机。总共才花 3 元 7 角钱。用进口设备切一个管口，要 30 分钟，而李国才的土机器 3 分钟就完活。

耐酸塔便落成了。

李国才成了闻名遐迩的革新迷。

一天，一家工厂请他去做报告。俱乐部里黑压压地坐满了人，他有生以来第一次经历这样的场面，终于鼓足了勇气：

"我是个大老粗，不会讲话，只能说点实的。我琢磨着：干活，干活，就是要把活儿干活。苦干加苦干，顶多吃一肚子苞米面；苦干加巧干，生产才能大提高，生活才能大改善。搞革新这玩意儿，谁也别说谁不行。行不行，实践是度量衡；好不好，汗堆里去找。这么说吧，劲使足了，汗出透了，时间到了，笨，多学一点，成功就排着队找你报到了！"

话音未落，掌声雷动。他着急还想接着说，不行，掌声还在响着……

侯德武是以创造喷洒盘而著称的。

当完成了一百多项革新之后，感到浑身没劲儿，他不相信自己是累的。

从扫盲班上学会写自己的名字。然后，他又读完了初高中课程，现在正在攻读大学功课。

学校在吉林火车站附近，而他家在 20 里路远的江北。几个孩子都在上学，家里生活拮据。尽量节衣缩食，把多一些的饭菜留给孩子。他中午带饭，不过是能当水喝的一点稀粥。六十年代初，有多少人在饿肚子。

由于头晕，险些摔倒。

到一家传染病院去诊断。

队排得好长，一群瘦弱的病人。"嗳，你知道吗，要多吃一些金鱼胆，肝炎病就能好得快。"

侯德武排着队，下意识地揉了揉自己的肝部，隐隐地一阵胀痛。

"肝炎。"医生盯了一下枯黄面孔的侯德武，在诊断书上写下这两个字。

往回骑车时，他想了许多。自己是公司的劳动模范，在染料厂大小是个头儿，况且现在建设这样紧张，唉，就这样按医生说的歇上3个月吗？

他把那诊断书悄悄地藏起来，照样上班，班后照样奔往夜校。

可他确实很累，觉得身体有些挺不住了，便想起那个人说的"金鱼胆"来。

"买金鱼胆可得花不少钱哩。"他盘算了一下，"普通鱼胆不行吗？"

假日他骑车来到碧水荡漾的松花湖。岸上三三两两的卖鱼人在大声吆喝着。他上前买了两条回家，把鱼胆剥出来，蘸点糖，悄悄地吞了。两条鱼几块钱，这一回行了。如果再花几次钱买鱼，恐怕那盒稀饭也带不成了。

"咋办呢？"他在松花湖岸上悄悄地盯着那一条条活蹦乱跳的鱼儿。

他来到一个饭店门外，看见店主正在给鱼开膛。凑上去笑眯眯地："我来帮忙。不过，我求你们一点事儿。我想要你们扔的那些鱼下水，我要用鱼胆治病。"店主一愣，看他那朴实的样子："那好说，你把鱼胆拿去吧！"

这一回得到十几个鱼胆。他挺高兴，不用花钱就弄到鱼胆了。这以后，他又到职工食堂和老师傅商量，再也不用到松花湖了。

几百个鱼胆就这样被他吞到肚子里去了。

3个月后，他觉得眼睛格外明亮。抽空到那家医院找医生复查。医生吃惊地说："咦，你的肝炎恢复得很快呀，再歇1个月就可以上班了。"

侯德武一天都没休过。他暗自笑了，还歇啥1个月，再吃些鱼胆就妥了。

滔滔汾河。

巍巍吕梁。

历史，被历史的创造者们写在起伏的山脉，那山脉有巉岩凸出，多像英雄的脊梁。

汾河，那样动情，蹦着，跳着，哗哗地流着，把那并不十分久远的凝重的故事讲了一遍又一遍，岁岁如斯，月月如斯……

刘老工程师受组织委派，从南京到太原的第一天，望着这山这水和这片即将耸起工厂的土地，着实动情了好一阵子。

他今年已经68岁了。这个年纪，正是在家中抱抱孙子，下下棋，享受天伦之乐的时候。可今个儿站到这儿，总觉得好几十年前的青春一下子又回到身上了。他想到当年在永利宁厂任工程师时，和范旭东、侯德榜一起创业的艰辛。解放后，他亲身感受到党和政府在拯救工厂、公私合营中所做的努力……特别是把像他这样的老知识分子当成了"宝贝"，他真的感慨良深。

听说太原要建设大化工厂，他心里漾着愉悦。

恰巧，中央重工业部化工局的领导看中了这位几乎一辈子从事地质勘测和土建施工的老工程师。

"我去吧，为了新中国的化学工业，扔了这把老骨头也认了……"

于是，他敲开了工地筹备处办公室的门。大家对这位高个子老头儿还都不认识。

"自我介绍一下，我叫刘声达，是来这里工作的。"

"啊，刘工程师！"

人们期待的人来了。刘老工程师笑了，笑出了很慈祥的样子。

这是1951年的冬天。从这一天开始，刘老工程师便带起人马，走临汾，下洪洞，跑运城，对10个地区进行勘察。资料一无所有，设备又十分简陋，给勘测工作带来相当大的困难。

"困难是块顽石，只要你用力去敲，总会把它敲碎的。不过话又说回来，没有困难还要我们这些人干什么？"遇到这样或那样棘手的活儿，刘老工程师总是这样对周围的同志们说着。他的话里更多的是力量。

刘老工程师是大家尊重又爱戴的老人，稳重而又执着。走路时脚步迈得很轻。话并不是很多，可说出来人们就爱听。整天忙个不休，那把身骨像重新注入了生机一样。他穿着并不讲究，限于条件也讲究不起来，藏青色的土布大衣不离身。使他最爱惜的是鼻下的那撮呈"八"字形的胡子，总是用剪刀修饰得工工整整的。"老爱胡须少爱发"，在刘老工程师的身上得到了验证。

到农村勘察，向农民了解情况，吃在农民家里。老乡们把好吃的东西留给他，说他一大把年纪了，东跑西颠的真不容易。中午到了无村子的地方，提早用张纸把一块高粱面饼子和几只醋渍辣椒包好，掖进怀里，到时弄点干柴点把火烤烤就打发肚子了。

野外风餐露宿，时闻野狼嗥叫。备尝艰辛的刘老工程师不顾体弱年迈，风吹雨淋也好，山高壁陡也罢，总是坚持在现场指导测量。

还是在他没来的时候，由于人们建厂心切，厂址最初选在晋祠以南的王郭村。

土地买了，水井买了，连树木都买了。

建筑材料也运来了。

刘老工程师进行实际勘察并对水文地质等方面做了研究，觉得这不是建工厂的地方。理由是土层太薄了，不足两米深的地下就是厚厚的流沙层，搞建筑就要打桩，桩子打不了几下就落下去了，这哪成啊。大家也好像突然地明白了什么似的。

毫无疑问，厂址要重新选择。刘老工程师根据建设大化工区的规模要求，最终选定在太原市南堰一带。

于是，"一五"期间156项工程中的太原化工厂、太原磷肥厂和为之配套的电厂拉开了大建设的序幕！

还有多少土建工程等待着刘老工程师去设计去指挥啊，可让人痛心的是他的身子不行了。1954年8月，刘老工程师不幸逝世。临终前老人还不忘太化的建设。他对周围的人说："我死后把我埋在晋祠，我还要看看太化的将来。"

老人带着遗憾走了，也带着如愿离去。出殡这天，8个抬棺人都是与他一起搞勘察的青年，他们以泪洗面送别老人。每个人心中几乎都想着，今后工作中再碰到难事去问谁呢？

路，长长的，宽宽的，上面挤满了人，前面有喇叭哀挽，后面是人声哭泣。人群中有职工，也有与他相熟相知的村民和喊他爷爷的孩子。

从此，在晋祠难老泉边多了一座坟茔。

大建设不断地掀起高潮。晋泉引水工程破土动工了。

晋泉当然和晋祠有关。传说古时候，有一个年轻媳妇整天担水。婆母故意刁难，一担水不管前桶后桶，只要脚步行进时带进一点儿泥土，一担水就要改成两担。天老爷感此不公，送给媳妇一个宝物——如鞭杆那么粗的木棍儿。只要把梢儿这端插进缸里，水缸永远是满的，婆婆也就没了挑剔。一天，媳妇回晋源娘家，婆婆见这缸里插根棍子，伸手拔出，顿时水泻如注。盖好缸盖，婆婆一屁股坐上，水流却是越来越大，由此便形成了难老泉……

如今难老泉造福于后人，成为化工建设的血脉！

晋泉引水工程是太原化工区最大的厂外工程之一，需要将8.62公里长、直径1.25米的预制钢筋混凝土管埋设在地下，技术要求高，所经地区复杂，任务十分艰巨。3000多名施工者在绵延数里的战线上投入了开工以来的第一场战斗。

天很热，开坦克吊的孙景耀脱光了身子只穿了一条裤子，在吊车上一坐就是3天3夜。

哨声，红绿旗。施工人员一天天，一夜夜，栉风沐雨地奋战在现场，完全忘记了什么是疲劳和困倦。这项工程只用了119天就完成了任务，比计划提前23天，很快就正式试水了。

到1958年，太原化工厂大部分装置已具备了投产条件。继硫酸装置和氧气站提前试车之后，7月10日，太化建设史上激动人心的时刻到了。当晚22时，随着试车总指挥一声令下，电解开始送电，至次日20时30分，氯气纯度已上升到96%，完全达到了设计标准。同时，合成盐酸车间的氯化氢合成炉点火。

太化人实现了保证一次试车成功的诺言。

汾河西畔的另一个战役——太原化肥厂的建设进入了攻坚阶段。

不到两年时间，在1000多亩土地上耸起了座座厂房。从1958年4月

1日破土动工到1960年年初就使全部生产进入了正常运行状态。这，不能不让人钦佩，那该是怎样的速度啊！人人都有一个心愿，要像建设自己的家一样把工厂建设好。至今在化肥厂还流传着这样一个故事：

他叫吴外保，当年27岁，从农村来城里念书。太原第一化学工业学校毕业后，来到硝酸车间当了一名操作工。

个子不高，身体瘦小的吴外保戴副眼镜，天生是个少言寡语的人。那是吃不饱肚子的年月，好多人饿得跑回了农村。吴外保一心想学门技术，强忍着饥饿在现场跑上跑下。见了外国专家那神气劲儿，他心里总有种不服的感觉。

上班想问题，下班后躲在简陋的住处就写东西，写他的操作技术总结。饿得实在不行了，趴在案上眯一会儿，用睡眠充饥。既是同学又是同室的曹纯见了，悄悄跑出去，用自己的钱买来一碗豆腐渣给他。外保感激得差点落了泪。

透平压缩机在"洋人"的手里很不老实。车开了一次又一次，直到第13次，感到头疼的专家一气走了，回宾馆睡觉去。

一次次开不起来，轴瓦老是被烧。那昂贵的轴瓦是用飞机从兰州运来的，吴外保心疼得嘴唇有些发颤，他想说……但又能说什么哪？

轴瓦剩一块了，只有最后一块。

厂长刘刚来了。他知道吴外保勤学苦练技术上是把好手。琢磨了好一会儿。

"外保，咱们自己开，来它个一锤子买卖怎么样？"

吴外保没说什么，只是自信地凝视着厂长点了点头。

"好！由吴外保控制油门。"厂长分外果断。

要知道，所有的技术和难度全部集中在那只手柄上了，此时这只手柄已紧紧地握在吴外保的手里。

准备，检查，万无一失。

人员各就各位。厂长高喊："推闸送电！"

吴外保这位平时怯生生的小伙子，此时格外冷静沉着，手握油门，节奏舒缓，上上……下下……

"嗡……"声音由弱到强,透平压缩机终于放开了它那美妙而动人的歌喉,在厂房内回旋。

"成功了!"

"成功了!"

人们忘形地欢呼着,蹦得很高。这时吴外保笑都没笑,眼睛盯着压缩机的那个关键部位,泥塑的一般,两行热泪在流淌。这是另外一种激动。

和吴外保一样年轻的另一个人,名字有点怪,叫武六毛。

武六毛本来有个很文雅的名字:武进林。

山西人有个习俗,娃子生下来起个乳名总离不开猫猫狗狗的。武六毛按叔辈排行老六,自然叫六猫。武六猫8岁丧母,13岁丧父,后寄养在姐姐家,不幸姐姐也去世了。

到了能干活的年纪,也实在受不了饥饿之苦,想到城里找个工作。于是,到县政府开介绍信。开信人和他是同村,一声也没问,就写上了武六毛。他拿着信,拎起一个粗布八叶被卷来到了太原。这时他才发现怎么能叫武六毛哪?想回去改名,兜里只剩5元钱,盘缠都不够,心想先对付着叫吧。

这样武进林就成了武六毛了。

武六毛在水汽车间干上了管工。看到那刺破青天的高塔和密密的管线,心里美滋滋的。心想这要是爹活着多好,六猫今个儿当工人了。

如果给武六毛画像,离开肯干和苦干的笔触也就没戏了。他说,化工厂里有甲醇、乙醇、煤气、盐酸、硫酸……干管工必须要弄清楚每一条管线里淌的是什么,要不就没法干活。你焊这条管线,旁边的那条碍不碍事?比如氯气电解出来去哪了?从这个工号到哪个工号去了。一根一根地,不是一个车间,而是全厂的每一条管线都要做到心中有数。地面的搞清楚了就去搞地下的,地下的更是交叉重叠,上水、下水、工业两水、有机水、无机水、粪便下水,还有轻易不敢触碰的电缆。

"干管工的,不管地上还是地下,有管线漏了,你处理不了,损失不说,也丢人哪!"

由于酸碱腐蚀,下水果真不通了。人们焦急中看见武六毛匆匆地赶来了。他左瞅瞅，右转转，用脚尖敲了敲地面。

"在这儿。"他说。

按他的指点，地被掘开。果然不错，是"四合一"重叠交叉的管线坏了。

酸盐下水漏了最是麻烦事儿。夏天还好说，脱光身子，抹上凡士林油，钻进地井，但关两圈阀，就得把身子探出去呼口气……冬天什么都不穿说啥也不行，而穿上皮裤出来走不了几步腿就弯不下了……

吴俊明16岁就跟武六毛学徒，如今已是水汽分厂的厂长了。

"徒弟跟我受了不少罪。过去厂里活儿多，礼拜天待不消停。我常去找他，'走吧，厂里有事'，说走就走，徒弟跟着。"

"真不愧为'四抢管工'武六毛，脏活、累活、难活、险活，没有他干不到的活儿。看见哪儿跑气漏水，真的比他自己丢了钱还着急。"徒弟说。

1995年武六毛退休了。在这之前他找了两个大学生在厂里转了好大一圈儿，把"地面活地图，地下活字典"的本事毫不保留地交给年轻人。这是一位20多年老劳模的希望。

当年，武六毛作为太化的一面旗帜，至今没有褪色，其精神依然在感染着今天的太化人……

兰州每天每夜都能听到一种音乐。

兰化人把这种音乐当成奋进的旋律，那就是黄河的咆哮。

多少年，多少代了，祖祖辈辈的农民，在黄河岸边的这片土地上晨出暮归，春耕秋收，克勤克俭地过着没有多少色彩的日子。

应该说，大自然对于人类是善良的，问题在于我们如何去领悟。许是人们的悟性表现得过于迟钝了。终年喧嚣的黄河从西南部的山间呼啸奔来，在这里划了一个酷似问号的弧形，又匆匆忙忙地向东流去，它似乎有意告诉人们点什么，或者向人们提示着什么。然而，别说纯朴的农民，就连历代才子、达官贵人也都没意识到大自然的启迪，他们只是鼓励老百姓修筑既高且厚的城墙。人们希冀着在这城墙的保护下安居乐业，繁衍生息。以致使这里的地名都成了坚固城墙的缩写：西固城。

真正懂得黄河语言的是年轻的共和国和她的建设者们。

该如何无愧于黄河的嘱托？最好的方式乃是用智慧铸就一枚惊叹号，然后交给黄河。说到底，这也是黄河儿女的责任。

1952年秋天，兰州郊外。

一挂马车在山间颠簸行进，把长鞭甩得啪啪直响的车夫，头戴白色礼拜帽，显然是位回民。他最熟悉这里的路了。刚从河口出来，要去达家川。车上坐的是中央人民政府重工业部化工局派来的厂址勘测小组的人。4天了，行进不足百里。他们在进行地形踏勘，收集各方面的资料。路太难走了，几乎见不到绿色，到处都是白色的石头。可车上的人却充满了乐观，不管厂址定在什么地方，大化工厂将在西北高原上耸起。

戴白色礼拜帽的车夫被他们的情绪所感染，哼起了西北民歌：

老北风

吹得土发黄

发黄的土地哟

奔跑着牛和羊

……

车进靖远北湾，突然马被在稀疏的林木里出没的野兽吓惊了，立时四蹄扬空，疯了一般，车被一块石头撞翻，人被甩个东西不一，车轮不偏不倚地从李复生的腿上碾过。

李复生是位年轻人，天生活泼。

感觉中疼痛难捱，送到附近医院诊断：骨折。开始他没太在意，一个年轻人，大不了养几个月就是。不料，越来越糟……厂址选定在最为理想的西固城，这个时候他的一条腿做了高位截肢手术。

至今，兰化的开工元老们还念念不忘，李复生为兰化最初的建设所做出的牺牲……

1956年春，荒芜沉睡的西北高原黄土地刚刚解开一层冰凌，几千年来空旷寂静的西固黄河滩开始沸腾了。

开发大西北。

建设大西北。

向大西北挺进！

北国江城的吉化建设者移师西北，没等抖去征尘便匆匆赶往工地；

身上还沾着海腥味的大化支援者也来并肩作战了；

还有最可爱的人——志愿军部队复员的官兵……

他们在荒凉的西固城安营扎寨，开始了改天换地的建设者的创业生涯。

坦率地说，没有一个人愿意来。俗话说："老不走东，少不走西"。意思是说，东面"棒子手"多，去那儿说不准碰上什么；西面是没有人烟的地方，有去无回……

就说大化人吧，他们不恋别的还恋海哪！兰州有海吗？当时有这样一则笑话，大化人生在海边，爱吃鱼。到了兰州，听说有卖洋芋（鱼）的，求人买了一袋子。人家给送到家，才发现原来洋芋就是土豆。

为了建设大西北，他们毕竟还是来了。还有什么比祖国需要更重要的吗？祖国要什么，我们给什么，我们是她的儿女呀！

西固，真是荒凉得可以。没有一条正规的马路，建设者们从驻地到工地，天天要在崎岖不平的乡间小径上步行十几公里；生活用水是从黄河里舀上的黄泥汤，一碗水沉淀出半碗泥；晴天扬（洋）灰路，雨天水泥地……

就是在这样的环境中，在这样的条件下，人们一头扎进工地，有谁道过一声苦哪？

不夜的灯光，一座座小山似的建筑材料，数不清的设备、物资，川流不息的建设人群，热火朝天的劳动号子，不时传来报捷的锣鼓，还有那欢快奔腾的黄河水，绘成了一幅绚丽多彩，激动人心的画卷。

1957年4月，化肥工程开始主厂房建设。全国有300多家厂矿企业为工程建设赶制了数以千计的配套设备和备件；兰州5万军民在省长邓宝珊的带领下参加挖掘管沟的义务劳动，其规模和声势在甘肃省年鉴大事记中留下了重重的一笔；仅用半年时间，就使30多万平方米的建筑面积具备了安装设备的条件。

"立体交叉平行流水作业法"在工地上全面铺开，具有高压、高速、深冷分离技术的空气分离装置75天建成；"多段安装一次找正法"的实践，使单件体重为260吨的两台大型卧式往复压缩机28天安装就位……对此，苏联专家惊讶不已。这样的建设速度不能不使人叹为观止。

人们在和时间赛跑啊。1958年在兰化历史上，够灿烂辉煌令人刻骨铭记的了。

"五·一"空分试车；

"七·一"造气烘炉，压缩试车；

"十·一"生产甲醇；

"十一·七"生产出合格的硝铵！

看出来了，他们差不多为共和国的每一个节日都呈上了一份厚礼！

在往分离塔装矿渣棉时，装置已经开始升温，人们身披防热服，脚穿耐热胶靴，冒着摄氏三四十度的高温，抱着矿渣棉钻进钻出。没一会儿，身上的内衣就拧出汗水来。

5月1日，空分装置高压压缩机按时正式开车，送出了合格的氧气，胜利完成了兰化建设的第一个战役。紧接着，后三个战役也一个接一个地传来胜利的捷报。

全部工程提前实现了预定的目标！

西北的三月，春天该来了，大地上仍存有冬天的余韵。凉风嗖嗖有些袭人。友谊宾馆里却温暖如春。

兰化肥料一期工程交工签字仪式在这里举行。国家验收委员会主任焦善民、副主任吴亮平在验收书上郑重地写上了自己的名字。

第二天，1959年3月16日，人们盼望已久的投产剪彩典礼开始了。

标语，锣鼓，唢呐，更多的是笑脸……

焦善民以洪亮的嗓音向大家报告："兰化是甘肃，也是西北人民的骄傲……这样一个现代化的大型工程，原计划三年建成，实际只用了一年半的时间。在保证工程质量的同时，还为国家节约投资 3700 多万元、钢材 5000 余吨……"

焦善民稍作停顿："国家验收委员会认为，工程质量达到了设计要求，验收的总结论是优良！"

台下，掌声持续了很久，还没有停下来。

面对这样的场景，苏联国家化学委员会驻中国专家技术局局长纳乌莫夫实在抑制不住心中的高兴，他耸了耸微微前探的鼻子，显出不可等待的样子，几步走向主席台，抓过麦克风："请允许我们为你们的巨大成就而欢呼！"

掌声，掌声……

"并祝你们在工作中取得新的更大的成就！"

掌声，掌声……

那会儿，好多人不知不觉地流下了泪。

也许是阶段性的历史使命已经完成，厂长袁荣调至北京工作，化工部任命江浩然为党委书记，郭宜民任厂长，芮杏文、慕守忠、惠彦祥任副厂长。

技术革新、设备挖潜、改进工艺流程和大生产一块进行。党委一班人提出：要通过一系列的攻关，使合成氨生产在原设计能力的基础上再翻一番。

这口号像铁铸的，敲一下都会有声响。

苏联设计的这套生产装置年生产能力只有 5 万吨。按年运行 8000 小时计，平均日产只有 149 吨。

改造，增产……

增产，改造……

时间像黄河的浪花，一闪即逝。从 5 月中旬至 8 月末，仅仅 3 个月的时间，合成氨果真创日产 308.6 吨的好成绩。

1960 年，这个年份给人的痛苦太多了。它留给父辈们的是由于饥饿和其它原因所造成的身心不良症。这种创伤靠医治已经无法奏效了。

按合同，苏联援助合成橡胶分厂的开工专家于元旦一过陆续来华……

这个时候国内反右倾斗争的硝烟尚未散去。兰化的"一班人"被打成反党集团，党委书记和厂长被撤职，班子瘫痪了。

企业陷入了混乱。

没多久，苏联大使馆指示：在合成橡胶分厂工作的苏联开工队专家全部撤回。

兰化人最珍惜自己创下的业绩，在这风云动荡的日子里，他们在做些什么……

酒精法制丁二烯系统开始试车；

苯乙烯生产正式试车，且是全国最早生产的乙苯装置之一；

5月20日下午2时20分，第一批合成橡胶问世了，结束了我国不能生产通用型合成橡胶的历史！

大生产一开始就屡屡受挫。由于酒精库存不足，化工部不得不指示兰化丁苯橡胶系统减产运行。

甘肃的经济生活更糟，职工体质下降，患病人数剧增。有30%以上的人患有浮肿、肝炎、闭经等病。兰化为此开办了营养食堂，但这可怜的补救太微不足道了。为什么会这样？还不是缺粮食嘛。连人都填不饱肚子，生产原料用粮就更难保证了。原料没有了，兰化几乎达到了停产的地步。

形势严峻！

"能不能不用粮食？"党委书记金崇治在思索，厂长石志达、副厂长林殷才也在思索。他俩分别担任合成橡胶厂的正副厂长，装置停车的压力使他们夜不能寐，不约而同地想到了那套5000吨乙烯装置。

那套苏联设计的5000吨乙烯装置，自进厂以后一直没有开起来，原因是人们依赖粮食法酒精，曾以为偌大的中国粮食会取之不尽，用之不竭，谁想到今天真会到了"弹尽粮绝"的境地？

吴嘉祥、吴经城、武官英组成的"三吴"（武与吴谐音）攻关小组成功了，那套5000吨乙烯装置投入开车，中国终于有了自己的乙烯，终于生产出了丁腈橡胶，不仅满足了当时军工的急需，更重要的是迈出了以石油化工为原料生产合成橡胶的第一步。

副经理、总工程师林华失眠了。他想到兰化职工的现实生活和企业今后的发展，乃至于中国化学工业的前途。想着想着，翻身起来，拧亮灯，把纸铺开了——

> 梁副部长并党组：兰化合成橡胶主要原料严重匮乏，目前，已发展到与民争粮的程度，供应实在困难，致使开车后不能正常运行……目前世界石油化工大有勃兴之势，我意兰化应向石油化工全面转变。
>
> 建议也应考虑我国化学工业如何走上石油化工的道路，此事越来越迫切了，请斟酌。
>
> ……

签上名字。

写下时间：1962年3月9日。

没几天，化学工业部副部长梁膺庸接到了这封信。他佩服林华。石油化工确是未来的发展方向。这种超前想法的孕育是对中国化工的贡献。

梁副部长把这封信转给了部党组，部党组旋即上报中央。

中南海对此非常重视。立即组织赴西欧考察团，对英国、瑞士、法国、荷兰、比利时进行考察。团长林华回国后，提出引进12项成套装置的建议，由国家计委报送周恩来总理。

仅隔两天，副部长李苏带着林华，向周总理作了口头汇报。周总理听了十分高兴。那双富有力度的大手拍板了！批准引进12项石油化工生产装置（后来其中5项装置建于兰化），并指示由柴树蕃、李苏、李强、沈鸿、张有萱组成5人小组执行。

此时似乎已经听到了裂解炉发出蝉翼般的鸣叫了。

石油化工，像英俊少年摇举灿烂的花束组成壮阔的阵容，用绚丽的色彩为自己编织未来的梦……

从硝酸岗位来到空分装置现场的郭宜民，见几个人正抬着一根粗大的钢轴，赶忙跑几步把肩膀伸了进去。大家知道劝他别干是徒劳的，所以有意地给他腾出个位置。习惯了。

只想往自己的肩上加更多的重量，总是舍不得让自己的工人去吃更多的苦。

从开工那时起，他当过党委书记、厂长和经理，是位备受尊重的人。可谁能看得出他是位领导呢？黑黑的脸膛和那身穿上就不想脱掉的工装，即使毛料制服也当工装穿，时间久了，脏兮兮的不说，那上面总要有几个被烟头烙下的洞痕……如果有人提问谁对兰化感情最深，不少人算来算去，无论如何也不会漏掉郭宜民的。

他1938年参加革命，山西洪洞人。

八年抗战给了他一身铁骨。共和国成立后，进军大西北，成为兰化的奠基者。从青丝到白发，把自己的一生都交给这片黄土地了。

下棋，是郭宜民唯一的爱好。他常常把兰化看作一只偌大的棋盘，走一步，看下步，大建设宏伟的蓝图上融进了他的心血。

和工人一道流汗。

安装设备，郭宜民的手上沾的油污比工人还多。

郭宜民是五六十年代企业领导者纯朴的缩影。

历史和人开起玩笑来往往是冷酷的。1965年，郭宜民调任中国医药工业公司党委书记，没过多久，突如其来的文化大革命革得他一身轻飘……

这时，被军管的兰化生产连连下跌。为挽救局面，化工部派刘祺瑞来兰化担任革委会主任。刘祺瑞来了，对设备、人员和这里的一切尽管不是很陌生，但要真正搞好这么大的企业，不是一个人的事儿。于是便请示部里，点名道姓地要郭宜民回来。

离开不到两年，郭宜民没想到工厂会变成这个样子，大部分厂处级干部正在寻找调离的出路。这怎么能行呢！当过党委书记、厂长的郭宜民曾经不止一次地扳着手指如数家珍一样向别人细述兰化有一批好干部，他们是兰化的财富啊！如今他们要走了。

"什么，初世灿要走？"

"不是要走，而是发配。"

"去哪？"

"青海，调令都开了。"

素以平易近人著称似乎从没脾气的郭宜民发火了。

这个初世灿正是当年在吉化吊装硝酸排气筒的总指挥。郭宜民太了解这位 35 岁的年轻人了，当过化建公司副经理，基建设计处副处长，曾作为援助阿尔巴尼亚中国专家组组长兼总工程师，受到国外好评。还到云南解放军化肥厂帮助搞设计，并兼贵州剑江化肥厂技术指导……人才难得啊。

晚上，他来到初世灿家。

一个大木箱子里塞满了书籍和杂物。看来马上就要起程了。

"世灿，不走行吗？"郭宜民恳切地说。

"郭书记……"这位生于北方长于北方，几乎从没落过泪的汉子落泪了。年初，初世灿刚从阿尔巴尼亚回来，军代表找他谈话，要他支持并参加"红三师"造反派。初世灿想了想说："支持可以，"他不敢不支持，"要参加我不干……"后果便是刁难，停止工作，乃至于到了发配的地步……

"好，不走了。咱们一起建设兰化的明天！"

俩人谈得很投机，直到月挂中天。

其实，绝不止一个初世灿，先后有 30 多名处级干部解放了，又回到岗位，情绪饱满地投身于忘我的工作之中……

追溯往昔，更难忘六十年代初，《40 小时会议纪要》在兰化史上呈现出很重的笔墨，那是兰化以江浩然为首上报省、市委的一份协调企业与地方政府关系的会议纪要，没想到被打成反党纲领。中共兰州市第三次党代会变成了批判会，当时郭宜民身为市委委员在主席台就座。

有人指令他：必须承认江浩然是反党的，否则就退出主席团。

"江浩然有缺点，但是个好同志。"

"那好，请你离开主席台。"

离开就离开，他一身正气地走了下来。

工作组进入兰化了，集中处级干部揭发江郭反党集团，每人每天 3 张大字报。最后又集中了 400 多名党员科级干部……

这天，郭宜民来到厂门前，一坐就是好几个小时。

厂里正常生产时他听惯的那些声音没有了，再这样下去工厂就垮了。咬咬牙对自己说：承认了吧，历史会弄清楚的，这样好让干部和职工下到生产岗位上去，让机器转起来……

为了他酷爱的工厂的生存，违心行事是他当时唯一的选择。

1973年，郭宜民的身体一天天衰退，吃东西总感觉在心口窝堵着。去北京协和医院治疗，确诊为胃癌，并且已是晚期了。术后回兰州这天，接他的人很多。下了车他对身边的人说：

"你们弄个车，拉我到厂里转一圈看看。"搀扶他的经理、副经理心疼地阻拦："先到医院去休息，明天我们带你去。"

第二天，车子停在医院门口，当大夫得知人们的意图，摇摇头："不行了。"

赵文秀来看他。

郭宜民知道他俩将来是亲家了："能不能把孩子的事办了？"郭宜民只有一个儿子。

"好！"赵文秀说。

翌日，两个年轻人毕恭毕敬地来到郭宜民的病榻前，施礼，共同喊了一声："爸爸。"

郭宜民笑了笑，随后便闭上了眼睛。

这位为中国革命出生入死，为兰化建设鞠躬尽瘁的人，一生从没向组织提过任何要求，生前还住着两室的房子。屋里两只木箱子，那把破了又缝上帆布的旧藤椅（中间还连根绳子）好多人都坐过……而今他那唯一的再简单不过的要求就是要最后看看兰化却没有实现。

所有的人都在哭泣。

流泪最多的是副经理初世灿，因为他还想到了好多往事……

第三章
旗帜，飘起共和国的理想

本不是天空的渴望。

是一个民族、一个国家，经历了痛苦的思索和对未来做出果敢抉择之后那粲然的笑靥。

这样，历史便赋予它责无旁贷的使命：可以不去装点天空，但对贫血的大地必须投之以深情，做出流光溢彩的染涤。

这，同样是一面旗帜。

1956年5月12日。第一届全国人民代表大会常务委员会第四十次会议通过决议——设立中华人民共和国化学工业部。

于是，毛泽东在他中南海的办公室，挥起了饱蘸浓墨的笔，签发了第34号主席令，任命书的全文为：

根据中华人民共和国第一届全国人民代表大会常务委员会第四十次会议决定，任命彭涛同志为中华人民共和国化学工业部部长。

北京和平里一幢红色的大楼。

6月1日这天，挂上了中华人民共和国化学工业部的牌子。和煦的阳光铺在上面，显得庄重、新颖而又富有朝气。

调整，搬家，桌椅板凳的响声……几天的忙碌过后，大楼变得安静了。微微一笑或点头示意，算是相见。彼此毕竟还不熟悉，甚至陌生。人们分别来自原重工业部的化学工业管理局，轻工业部的橡胶工业管理局和医药工业管理局。可谓"五湖四海"的相聚，毕竟在很短的时间内完成了一次新的组合。

人们，被那面旗帜呼唤得热血沸腾！

进入办公状态之后的程序并不特别。召开机关干部大会，许多人第一次见到彭涛：40岁出头的年纪，个子不高，敦敦实实的，鼻梁上架副眼镜，中山装的风纪扣扣得整整齐齐，给人的印象，真有点大将风度。手中拿个讲稿，讲起话来又几乎一眼没看。幽默、风趣、侃侃道来……化工部的任务和使命，以及对机关干部的希望、要求。话不是很多，但很精练，很鼓舞人。台下，人们的眼睛睁得圆圆的，闪烁着激动的光泽，好像每个人为有幸从事化工事业都很骄傲，身上顿时增添了亟待迸发的力量……然而，知道这位新部长来龙去脉的人不是很多，他是从国家计委副主任的位置上调来的又无人不晓。

到会党组成员们也都很振奋，只有他们了解彭涛——

大名鼎鼎的"一二·九"学生运动的领导人；

太行山、大别山区的彭政委……

从今天开始，他就是我们的"班长"了。

朱曾惠听说彭部长要找他，没见面就显得有些局促不安。

敲开房门，他怯生生地站在彭涛面前：

"彭部长，您找我？"

"啊，朱曾惠。"彭涛的目光从文件上移到这位青年人身上。没问，就叫出了他的名字。

"你是哪个学校毕业的？"

"重庆大学化工系。"

"重庆大学？那我们是老乡啊！我也是重庆的。"他看着朱曾惠疑惑的样子，追问了一句：

"哪年毕业的？"

"1952年。"

"那难怪了。1952年我刚到重庆,你都毕业走了……不过,那我们也是半个老乡。"

朱曾惠不知道彭涛1952年到1954年曾任重庆市委第二书记这段历史。

彭涛又说:"我要你当秘书,干不干?"

朱曾惠大学毕业后给李一非局长当秘书。现在他想搞业务,但自己刚刚入党,更何况面对这么一位和蔼可亲的首长。那个"不"字无论如何说不出口。

"李一非跟我介绍了你的情况。干吧。我不懂化工啊,你的主要任务就是帮我学习化工知识。"彭涛的话说得很诚恳。

从此,朱曾惠就同何直林一起给彭涛当秘书。朱曾惠管业务,负责部长的学习。

那还是化工部没有开始运转的时候。一次,彭涛向周总理汇报工作,周恩来说:"化工部很重要,是原料工业部门。化工很复杂,要好好学习,认真去抓。"

这是党的指示,这是组织的重托。彭涛自上任开始,时刻都没有忘记"学习"二字。向书本学习,向实践学习,向知识分子和群众学习。

朱秘书上任后,部长交办的第一个任务,就把他难住了。"从下星期开始,每天晚上学习一小时,你安排吧。"彭涛对他说。朱曾惠为此请教了张珍副部长、李苏部长助理和李一非局长,给彭部长讲课怎么讲?

是啊,彭涛知识面很宽,是位理论与实践都有很深功底的高级领导干部。这课怎么讲呢?

朱曾惠拿出了一个"教学计划"。

"我们分两个阶段进行,先学高中化学,掌握基础知识,然后再请专家讲专业知识。"

"可以,就这么办。"彭涛点头了。

北京,北太平庄一号院。彭涛家的书房,变成了"教室"。从周一到周五,每天晚上9点到10点,风雨不误。彭涛听课很认真,准备了两个本子,一本是笔记,一本是作业。为了教学方便,朱秘书也搬进了这个大院。

学习,需要一种刻苦精神。

彭涛每天都要带好些文件回家处理,但不管怎么忙,学习的时间必须保证。化学分子式听起来难,一遍遍地背,又一遍一遍地写在本子上。秘书老师讲起课来很严肃,这位部长学生听起课来眼睛睁得很大,满目期待和渴望。

"彭部长,今天讲到这儿吧,您还有好多文件要处理。"朱曾惠看了一下表:午夜11:35。

"不,一定要把这章讲完。"彭涛很坚决。

朱曾惠没说什么,只是看着彭部长床头的那瓶安眠药愣了一会儿,又接着讲课……

彭涛一到南京,就要求下厂,到下面去了解情况,他早就说过:"水平低不要紧,就是不能犯官僚主义。"

化工部刚刚成立不到3个月,彭涛的脑海里曾经翻腾着无数个画面,这些画面有时是重叠的,有时又是奇妙的组合……渐渐地清晰起来。在办公室里,有时一站就是好半天,一边吸烟一边思索,眼前出现偌大的版图,上海、北京、吉林、兰州……他更像一位战场上的指挥官,面对一幅作战图,苦思冥想如何出奇制胜,吹响进军的号角……他想,搞建设和打仗虽说是两码事,但也有一点是相同的,那就是需要胆识,更需要战略。中国的国情就是人口太多,又一穷二白。发展新中国的化学工业,关键要有一个合理的布局,光靠中央不行,"156"项里有12项化工,远远不够。地方化工太少、太小,有些省几乎还是空白……此行他亲自南下,带了几位司局长和专家,根本目的:去完成化学工业的大布局。

彭涛迈出了发展化学工业战略的一步,同时,也是新中国化学工业发展史上关键的一步!

南京，彭涛在这里一蹲就是一个月。规划化工发展大计，解决亟待解决的问题。

发现液压机制约了塑料加工业的发展。"这不行。"他连夜拨通了电话，对远在北京的副手梁膺庸说："250～500公斤压力不太复杂，请你与二机部谈谈，他们的工厂是否可以试制一下。"

在南京化工厂，发现车间里劳动条件不好，职工的健康无法保证。他当机立断，亲笔写信给梁膺庸："过去这方面投资太少，重视亦不够，今后应逐步改善"，"在五七年技措费用中保留一些作为改善工厂劳动条件用"。

他发现，新成立的化工部干部作风亟待改进，有的甚至到了让人无法容忍的程度——南京市工资改革委员会对南京化工厂的工资工作提出意见，化工部有关科室竟以组织名义答复人家："南化工资标准是经研究决定的，如市委有意见，可向国务院提。"

"好大口气！我彭涛也不敢这么对市委讲话呀。"南京刚解放时彭涛曾当过几个月的军管会办公室主任兼工委书记，同市委几位领导很熟，但他对他们至今都格外尊重。

这件事给彭涛敲了警钟。

他向南京化工厂领导征求意见，又了解到"同样一件事下达几次指示"，以及有些公文完全"不必要下达"的问题。

10月9日，夜已很深了。

灯下，彭涛给坐镇北京的化工部其他领导写了一封长长的亲笔信。他严肃指出："行文制度的紊乱，不仅使下面工作极不好做，同时还影响我们与各方面的关系。"

10月16日，北京。梁副部长将此信批转"各司局负责同志"，并落实了整改措施。

上海，中国工业的摇篮。

彭涛离开南京，带领大队人马从10月14日到11月13日，在上海一蹲又是1个月。同上海市委派出的几十人一道，分塑料、染料、油漆、试剂、溶剂、医药、橡胶、基本化学、科学研究、设备仪器等十多个专题，进行调查研究。还在上海展览馆召开化工化学专家招待会，听取各方面建议。

他看了"天原"、"大中华"这样一些老厂、大厂，又用很多时间走街串巷，到弄堂去看了很多家庭工厂。有一次，在弄堂里看见精美的橡胶制品，他高兴地说："在上海的弄堂里能生产这么多这么好的东西，其他省为什么不能搞地方化工？"

上海，使他坚定了完成"大布局"，加快地方化工发展的信心。

又到了广州。

夜里睡不着觉，他静静地望着泛着粼光的珠江，红波绿影多像星罗棋布的灯盏，再现了大化工美丽的布局。不知道这时在北京坐镇的副部长们，是不是跟天津联系过了，那里是必去不可的！

渤海在召唤！

渤海之滨是发展化工的好地方……

列车疾驰。

彭涛坐在临窗的位置上，窗子开了一半，风吹着墨绿色的帘布，在他头上抖动。

他放下手中的书，在想着什么……

"是啊，大布局不是件容易的事儿，中国这么大，更不是一朝一夕能办到的。但人多力量大，只要有群众，有中央，有各省的支持，大化工的蓝图不是幻想。"

车窗掠过一幅幅画面。农民在田野里忙碌着，老老少少，男男女女，彭涛仿佛听见了他们的说话声，到处都是翻身农民的欢乐图。

"乡亲们怎么样了？"彭涛见景生情，想起了他的太行山、大别山，想起了他的战友……

1935年，作为主要领导人之一，直接组织、指挥了震惊中外的"一二·九"爱国学生运动之后，根据党的指示，彭涛在残酷的抗日战争中辗转于第一线，同李雪峰等同志一起，作为党的高级干部活跃于晋、冀、豫一带，开展大生产，巩固根据地，支援打日寇，领导全区的群众运动。

1940年彭涛担任晋冀豫三分区党委书记兼军分区政委，驻地在武乡县。

"自从来了彭政委，家家户户日子美。"武乡县当年还有这样的民谣。

想到这里，彭涛笑了。

火车在中原大地继续疾驰，却打不乱彭涛缠绵的记忆。

他想到了太行山区那位庄稼汉——李马保。

日军占领了蟠龙镇，从敌占区撤出来的难民越来越多，解放区真有些招架不住了。多亏了那些刚过上安稳日子的老百姓，面对拖儿带女、流离失所的人，他们没有袖手旁观的。树辛村的李马保将村里积存的20多石粮食全都分给难民，还发动他们种菜度荒。彭涛知道了这件事，一定要去树辛村看看。

听说彭政委要来，树辛村像过节似的，开锅了。扫街道，修道路，家家户户窗明几净，生产热情顿时高涨，就连难民也跟村民一起，搞起了副业，跑上了运输，甚至深夜跑到鬼子炮楼底下去抢种抢收。

在马保家的院子里，彭涛头一次看见这位壮实的汉子。

"李马保，你家门坎高，怎么不快点让我进去呀？"彭涛说。

"彭政委，只要你不嫌俺家土气，你就是住上十天半月我也欢迎啊。"

"李马保，说话可别后悔，我真要长住了。"

"长住就长住，没的说。"李马保更爽快。

彭涛看中了李马保的南厢房。马保说啥也不干。那个屋太窄，土炕不到5尺，躺下伸不开腿。马保要把正屋让出来。彭涛说："别，就住这屋。房子虽小，咱心对心，给你们找的麻烦不少了，关键是搞好工作。"

从此，彭涛把李马保的那个破茅屋当成了家，来来去去，一住就是几年。马保的老婆对八路军真是把心掏出来都行。彭涛一来，总做面条招待。一次，彭涛夺过和面的盆，脸上没了笑容："咱生活比过去是强了点，但这年月吃顿白面不容易。我又不是什么稀客，常来常往，客气啥！"

李马保见彭涛真心实意，对老婆说："听彭政委的，从今后咱们吃啥他吃啥。"

吃啥？马保的家常便饭就是把南瓜、豆角、山药蛋，再少加点小米或玉米，一锅煮，叫"和子饭"。

此时彭涛很想再住住那间南厢房，再吃顿"和子饭"……

在韩壁村，彭涛吃派饭，区干部看他东一家西一家的跑，打算安排在村公所吃，彭涛知道了坚决不肯："那怎么行，多跑几家，这是在接近群众，把情况了解透，工作才能干得更好。"

锄地、送肥、割麦，他什么活都干过。他常说："干部蹲到田里头，才能把话说到老乡心里头。"

有一次彭涛夸李马保家的山药蛋个头大，马保说："这还不是大的，大的有一斤多重。"

在马保家的窑洞里，堆着刚从地里刨出来的山药蛋，真有不少是一斤多重的。看见这么多、这么大的丰收果实，彭涛连连点头："好哇，马保，多打粮食多种菜，支援军队打胜仗。咱们多流汗，前方少流血，军民心连心，黄土变成金。"

憨厚的马保拍着胸脯说："我听彭政委的，一定要当个大生产的模范。"

李马保说话算话，在村里组织了 5 个劳武结合的互助组，1944 年每亩增产 5 大斗粮食。他还带领群众挖了一孔能隐蔽 500 名乡亲的战斗窑洞。太行三分区各县都推广了他们的经验，在区生产大会上选他为劳模，并奖励给马保一头牛。

李马保出名了，成为太行山区远近闻名的甲等劳动英雄。

有一天，上级通知李马保参加太行首届群英大会，并叫他准备发言材料。

马保急了，去找彭政委。

"老彭，多生产多打粮我能行，叫我准备材料，这不是赶鸭子上架嘛！"这个李马保虽说是个老实人，这时也耍上了小心眼儿，"如果一定要写，就你彭政委给俺写吧。"

在太行山区敢叫彭涛给写发言材料的人能有几个？李马保得算一个。

李马保的发言提纲，还真就是彭涛亲自动笔给写的。

一晃10多年过去了。历史告诉我们什么？

没有劳苦大众的支持，没有几亿农民的帮助，就没有日寇和蒋家王朝的失败，就没有中国革命的伟大胜利。

社会主义建设也是一个道理，还得走群众路线。把地方化工搞起来，新中国的化学工业才有希望。

这时，彭涛再一次想到那次重要的谈话。化工部组建不久，毛泽东主席面示彭涛：你化工部不是直属企业部，你们是中华人民共和国的化学工业部，是管全国的。

如果说主席的这次谈话是一次批评，还不如理解为一针见血地指出了问题之后，提出了解决问题的办法。当时，化工部原有和在建的大中型企业都是部属企业，有经验的管理人员、技术专家大多数集中在部属企业和设计、研究机构中，地方上化工人才奇缺。

每当想到这里，彭涛的心头总要升起一股焦急和烦躁，这次更不例外。

当党中央把发展化学工业作为一项重大任务提到全党面前的时候，彭涛不再犹豫，果断决策率先响应中共八大二次会议提出的社会主义建设总路线和两条腿走路的方针，一个"大家办化工"的蓝图在他胸中首先形成。彭涛向部党组郑重提出帮助地方发展化学工业的建议。

大布局带来大下放。

彭涛的第二步战略又开始行动了……

1958年，真正的夏天还没有来，天已开始下火了。

"鼓足干劲，力争上游"的人们已经举起了总路线、大跃进、人民公社的旗帜。重庆的天气更让人焦虑不安，热得喘不过气来。

施增琦没来过重庆。他本想多待一天，看看八路军办事处和中美合作所。但一想自己还有很远的路要走，便把刚萌生的念头打消了。

换上长途汽车，离开山城，驶入山区，钻进山沟，爬上山坡。呵，西南真美呀！

化工部机关抽调300多名干部，组成了6个工作团，27个工作组。自己所在的云南工作组已经在崔子英局长带领下出发了。自己虽说是因公落伍，但必须马不停蹄地去追赶大部队。他想起了机关干部大会上，一位想不通的姑娘让彭涛部长批评了："那个'小辫子'哭了，哭也得去。"想到这里施增琦忍不住笑了。他认识那个"小辫子"，是设计院的。年轻人经常下去跑跑，我看比在机关好。他自己对这件事能想得开。

尽管起得很早，却不困。窗外的西南风光多像一幅流动的画。从北京到重庆，火车足足跑3天3夜。再赶到昆明还有5天的路程。

汽车喘着粗气。爬到半山腰水箱就开锅了。司机年纪很大，车况不好，弄得满身油污，又掀开了机器盖子。路真是不好走啊。有一天，他看见了那个雄伟壮观的黄果树瀑布，那飞泻而下的瀑布洁白、晶亮、闪光。施增琦顺势望去，看不见源头，似乎是天上飘下来的。

他真想写首诗，一时又没合适的词儿，只怪自己学错了专业。

汽车又上路了。

施增琦这位刚刚30岁的小伙子，是化工部基建司工程处的处长。从重庆到遵义，到贵阳，到昆明，他找到了部工作组。组长崔子英，化工部销售局的副局长，已带一支小队伍先期到达。组建云南省化学石油工业厅的工作热火朝天。牌子没挂，不少人已经开始办公了。崔局长简单交待了一下，施增琦就被派往玉溪地区。对此，他没别的想法，只求找个伴儿，崔局长笑了。

"小施啊，你看我这里哪有人？去吧，要不是那里正在筹建一个化肥厂，我还不放你去呢！我真想把你留在厅里给我当个帮手。"

崔子英是河北人，慈眉善目，和蔼可亲。他自己也没想到，当年8月份云南省化工石油工业厅成立，他当上了代厅长，在云南一干就是20年！

在玉溪，住在招待所。不管怎么说，施增琦是"朝廷命官"，北京来的。地方上的领导拿他很当回事儿。看地皮，选厂址，建装置，没有施增琦到场，地方上不管多大的官儿心里没底。这倒不是迷信权威，当时别说地区，就是省里能有几个懂化工的？他还要去抓边陲开远市的大化肥厂——解放军化肥厂的建设。

解放军化肥厂规模不算小，地委书记和专员亲自抓，部队一位师长更是整天在现场指挥。施增琦毕竟是之江大学毕业的，懂化工，懂设备，搞过几年大厂建设。在西南边陲，搞化工建设，他一时成了"主心骨"。

1958年，化工部从800人精减到500人，有15名司局长和一大批技术干部被派往各地，有57个企业下放给地方管理。

于是，25个省、自治区、直辖市主管化学工业的厅（局）相继宣告诞生！

一大批懂技术、会管理的干部在各省工作极为出色，成为一方化工事业的奠基人。他们像火种，播在哪里哪里就长出蓬勃的希望。他们的功绩，在中国化学工业发展史上将是开篇的序言。

施增琦整整忙了一个夏天。

当他被召回北京的时候，一路上已经出现小高炉，全民炼钢的烽火开始点燃。

回到化工部，他被基建司从工程处调整到综合处当处长。有一天，张珍副部长找他。他拿个本，带支笔，推开了张珍办公室的门。

"你给我写个东西。"张珍连坐都没让就布置任务。施增琦也习惯了。1956年化工部成立以来，他就常给张珍副部长写东西。

施增琦自己找个位置，在副部长对面坐下。

张珍放下了手头的工作，一板一眼地开始部署："钢铁元帅升帐，其它工业让路。化学工业不能再让路了。我们保不了大炼钢铁，更保不了其它部门，现在化工基建项目上不去，化工产品严重不足的局面再不能继续下去了……"

施增琦端着本子，一字没写。他不敢写，心里嘀咕："张珍副部长今天这是怎么了？"

张珍明白这小伙子的心态。认真补充说："部党组已经研究过了，这是彭部长的意见。"

后来才清楚,彭部长及化工部党组全体成员,于1959年1月15日曾向少奇主席汇报了这个问题。毛泽东主席看了彭涛的报告很赞赏。他在中共中央成都全会上表扬了化工部:"我看了中央38个部门的报告,除了化工部,没有一个提出问题的。"

这是中国最高领导人对化工部的首肯!

烟雾把空气染得有些微微发蓝。许是深深的思索使大脑感到疲倦了。彭涛捏灭了半截烟蒂,摘下镜子,揉了揉眼部和前额,尽可能让自己轻松一些。

施增琦起草的那份文件这时已经放在了他的眼前。几经修补,旗帜鲜明地定名为《化学工业不能再让路了》,彭涛在作最后的润色、敲定。片刻,他叫来秘书,签上自己的名字:

"呈送党中央和毛主席"。

彭涛一进办公室,就叫来秘书:"通知一下党组成员,今天开会。"

秘书转身要走,彭涛又叫住了他:

"特别告诉李苏一声,务必到会。"

这是1958年5月的一天,北京春夏之交特有的好天气。温暖的太阳,和煦的春风,处处透露着旺盛的生机。

北京化工设计院东楼一间会议室,部机关自成立就暂住这里,国务院房管局为化工部所盖的办公楼还未交付使用。

党组会开始了。

"同志们,"彭涛语气里既兴奋又沉重,"很多部门,各省领导,都跟我伸手要人,遍地开花的小化肥、小化工,更是急需技术人才。可是,前天,我参加了中央政治局的一次扩大会才知道,眼下,国务院只剩下两个部没有自己的大学了。一个是轻工部,一个就是我们。"

部长助理李苏，一听这话，马上说：

"我们部虽然还没有自己的大学，但是，1957年冬，我们就曾打报告给中央，要求适应全党大办工业的形势，各省都要办一所自己的化工专业院校或在大学里设化工系，中央是很支持、很赞赏的。"

"我们那一步是迈得早，迈得对。可是，现在却明显落后于形势了。办咱们自己的大学，培养尖端人才，势在必行，不能再拖了。"彭涛说着，笑着看看李苏，说："怎么样，老李，就委托你去办这件大事吧！"

"什么时候？"其实李苏早有这个设想，当然希望党组早下决心。

"要办，就快，今年就开学。"彭涛说得坚决、干脆。

我的天哪！3个月就要办一所大学！

蔡耀宗正在准备参加下派的黑龙江工作团会议，忽然有人捅了他一下：

"老蔡，李苏同志叫你去！"

李苏很快就把谈话切入正题：

"老蔡，黑龙江你不要去了，部党组根据中央的指示，决定在北京创办一所化工学院，让你作筹备处具体负责人，怎么样？"

蔡耀宗是浙江大学土建系毕业生，作过中学校长，又做过温州工业学校副校长，现在是教育司的一位处长，办这件事有些经验。如果没有这件事，已经36岁的老蔡就要到黑龙江省去"开花结果"了，这事使他与化工部的第一所大学结缘，一结就是30几年。

"啥时开始工作？"他问。

"原定今年筹备，明年开学，可形势逼人哪！部党组定了，今年就招生！"李苏说得很肯定。

上过大学、办过中学的老蔡有点懵了：

"我们有招生计划吗？教委那里可是早就下完了！"

"没有，要靠我们去跑！"

"有教师吗？"

"没有，也得靠我们去找！"

"有校舍吗？"

"也没有……"

一切都是零,只有"需要"这面响鼓,在咚咚地猛擂。

部长助理李苏对大学并不陌生。1936年,他就毕业于金陵大学化学系。参加革命后,又在延安自然科学院作过首任化工系主任。他何尝不知道这三条是办一所大学最起码的条件。可共产党人干革命,也不是啥都具备才行动,没条件,去创造条件嘛!

李苏、蔡耀宗像上足了发条的钟,上上下下奔忙起来。

"招生计划早下完了,你们可以去下边想想办法。听说北京市委工业部要委托北师大培养100名大学生,你们不妨试试。"教育部的门坎快让蔡耀宗踏断了,总算没有白费功夫,讨来了这么个看来"有点门儿"的主意。结果,北京市委满口应承,连北师大老师也拐过来十几位。

蔡耀宗又折回教育部,从北京、河北、上海、江苏调来300个名额,再从部属中专毕业生弄来150名,二机部又送来20名。行了,570个招生名额,刚开办的大学,够规模了。

7月的一天,蔡耀宗带着满身的疲惫又坐到李苏办公桌前:

"招生计划总算跑下来了,教师也有了着落。清华大学、北师大、农机学院都挺支持,部里又决定从设计院请一批。可这校舍,我跑遍了北京城,实在是浑身解数使尽,也没头绪,请部里拿主意吧!"

李苏几天来也被校舍问题搞得焦头烂额:"正好,明天开党组扩大会,咱们只好把问题上会了!"

1957年7月的一次部党组扩大会,彭涛再次拍板了:

部机关办公地点暂时不动,国务院房管局新交工的一栋五层楼拨化工学院使用。

彭涛开玩笑地对李苏说:

"坐落在和平里东街口,元朝大都城垣遗址上,大学嘛,该有点文化风水。怎么样,老李?"

"关键的关键,迎刃而解!"李苏这才一块石头落了地。

1958年9月14日,化工部第一所大学——北京化工学院,敲响了隆重庆贺诞生的锣鼓。开学庆典虽说借的是劳动部礼堂,但气氛依然十分隆重、热烈。

彭涛带着部党组全体成员前来祝贺。

已成为化工学院教务处长的蔡耀宗站在会场里，使劲儿鼓掌。3个月办所大学，真是奇迹，他好高兴，好激动，眼睛有点湿润了。

中国化学工业的第一所专业大学，虽说是那样简陋，诞生得那样匆忙，可是，在中国化工高等教育史上，光芒却是那样耀眼！

忆往昔，公元1903年，清政府才在《奏定学堂章程》中规定，大学堂工科中应设应用化学门。从这年开始，国内先后有浙江工业专科学校于1920年设应用化学科，浙江大学于1927年建立化工系。继之，中央大学、南开大学、金陵大学都相继设立化工系，可是规模都有限，中央大学化学工程科1929年才有毕业生5人。虽然到解放那年，全国已有30所院校设立了化工系，可是专门培养尖端化工高级人才的大学仍是空白。

北京化工学院的诞生，是新中国化学工业史上的一座里程碑。

第一堂实验课，好新鲜！

无机系的学生们嘻嘻闹闹、兴高采烈地走过来了。

忽然，后边的觉得前边的同学不动了，像被什么东西粘住了，急着喊：

"别聚堆儿呀，还有一帮人没进门儿呢！"

待他们进了实验室，也都立定了。

一个长方形的大桌案，立在大伙面前，这家伙挺特别，两头云卷翅，抓地虎爪腿，紫檀色的漆面，斑驳破旧。

"这是实验台吗？"

"我看，像我们家那个摆祖宗牌、放供品的祭台！"

教师进来了，接过话茬儿：

"同学们，说对了，是个旧祭台，眼下也就是我们的实验台。学校草创，条件很简陋，桌椅不够，这是从旧市场买来的。可是，我们的学习，就要从这里开始，能妨碍我们什么吗？"

语气很平和，一点儿也不豪壮。

没有人再笑，也没有人再说话，各个实验台前，一双双专注的青春眼睛，喷射着炽烈的渴望……

在北京化工学院，人们亲切地称首届学员为"58级"。他们自1963年第一批从这里走出去，如今，有的已成为部级领导干部，有的则成为大型化工集团的总经理，还有的成为重点研究院所的总工程师，更有的留在母校，成为世界驰名的教授。可是，在他们攀登事业巅峰的时候，回首望去，总也忘不了那张漆色斑驳的祭台……

他们的事业就是从这里起步的！

27岁的金日光走出北京火车站，后面跟着他的妻子，抱着刚满6个月的儿子。

这是1960年初冬的一天。从东北春城过来，顿觉还是北京暖和，就是风大。金日光在唐敖庆教授的指导下，完成了四年副博士生学业，在北京化工学院有机系主任王丽云的极力敦请下，举家进京了。

一辆绿色的吉普车停在他们面前。

"您是金老师吧？我是北京化工学院来接您的！"校办公室的小关跳下车说。金日光成为北京化工学院第一位加入教师队伍的新中国培养出来的副博士。

"到哪儿？"司机简洁地问。

"南大楼！"

"都往南大楼塞，往哪儿装呀！"司机嘟哝了一句。

"走吧，眼下就这条件！"小关也摇摇头。

南大楼就是彭涛部长决定借给化工学院的那栋五层小楼，北京化工学院唯一的建筑物，集宿舍、教室、实验室、图书馆、运动场、礼堂、饭厅于一身。一座小楼几乎装进这所大学的一切。

车进和平里东街口了。

前面出现一队学生，每人肩上挎个马扎式的小板凳。

金日光纳闷。

小关看出他的神情，解释说：

"眼下学院还没有像样的会议室，有大会要到对面的大席棚子去开。开始大家都席地而坐，现在学校给每个学生、教工作了一个三块木板钉在一起的马扎式的板凳。周围单位一看这阵式,就开玩笑说,'马扎大学生'又要集合了……"

"不过,"小关又补充说,"咱们学院的建设工程去年底就开工了。好宏伟的一个建筑群落。用不了几年,一切都会好的!"语调热情而富感染力。

金日光一家住进了南大楼拐弯的一个夹壁间,没有窗户,只有门,长乘宽正好六平方米。

冬天虽说冷点儿,但对东北图们江边长大的朝鲜族青年金日光来说,没啥难的。盛夏可让金日光感到了窘迫。外面酷热,里面闷热。金日光还是个足球迷,报到没几天,就联络几位校工,成立了业余球队,有空便踢上一场,这一身汗可够受的……

不行,得搬个地方。

楼下有个地下室,挺凉快。与妻一商量,好,去看看吧!不行,老鼠早在那儿扎下营盘,已是祖孙几代了。

他们一家又搬到楼顶去睡。白天都上班,晚上还凉快。嘿,挺好!

就从这个屋顶起步,金日光与他的同事们创建了我国第一个高分子学科,在全世界首次提出了《流变相态学及群子统计理论》。

彭涛要到庐山参加中央工作会议。

这些天,他身体一直不好。咳嗽,有时是缓不过劲地咳嗽。临行前,妻子高惠如给他带了一些药。

高惠如,这位"一二·九"运动时与彭涛相遇相知又相依为命的伴侣,如今是医药局副局长。她不是个嘴碎的人,但看彭涛疲劳憔悴的样子,不能不叮嘱几句:

"老彭,千万要按时吃药呵。"

彭涛一面"呵,呵"地答应,一面把几份文件塞到皮包里。此时,他心里琢磨着如何利用这次庐山会议的机会，在党和国家的最高领导层里进一步宣传化学工业，如果有可能还要向总理、向主席进言。在他主持化工部的 5 年里，以部党组或个人名义，向党中央、毛主席写了十几份报告，取得了强有力的支持。

8 月下旬，庐山很美。

高耸到天上的青峰，飘逸在脚下的云海。而那松树，则站在峭壁上向天外张望，给人灵气，也给人启迪，不倦地讲述着发生在这里的一个个故事。

没到庐山，彭涛就向往庐山了。

来到庐山，彭涛一直很兴奋。会议要讨论工业七十条并作出《关于当前工业问题的指示》，随着化学工业艰难而辉煌的起步，他胸中仿佛庐山云海，又像长江黄河般飞腾、奔涌。

不行，咳嗽太厉害，连开会都无法坚持。

经医生检查发现，右肺中叶不张，怀疑是支气管癌。

"小彭得了癌症！"这坏消息在庐山，在当时中国最高领导层中引起了不小的震动。

赶快回北京。

不，马上就近去上海。

上海华东医院诊断：右侧支气管癌，并有转移。到北京再查，与上海的诊断完全一致。

他太年轻了，仅仅 48 岁。人们企图瞒着他，但"他太聪明，会分析，当然瞒是瞒不住的"，李雪峰同志这样回忆说。

彭涛知道属于自己的时间不多了，而刚刚成立 5 年的化工部还有那么多事情没办。他不想住院，也不能住院。回到北京以后，他继续批阅文件，继续开会，都在他家的书房里。秘书来家里办公，护士来家里打针、吃药、按摩。

女儿们知道爸爸病了。

家里从此失去了歌声，没有了笑声。但没有歌声和笑声的日子是无法忍受的。星期六，彭涛带上 4 个漂亮可爱的女儿去政协礼堂看电影。电影散场的路上，彭涛给女儿讲故事，讲笑话，女孩的笑声像铃儿，一路响来。

天真的孩子不知道爸爸得的什么病。

疼得实在不行了，胳膊提不起裤子，两条腿走不了路，他不得不住进了协和医院。

病情急剧恶化。

中共中央书记处书记李雪峰坐在彭涛的床头，紧紧地紧紧地握着战友的手，眼里含着泪，说什么呢？

"小彭，会好的，会好的。"

一丝苦笑掠过嘴角，彭涛轻轻地摇头。

"小彭，你想吃什么？"

李雪峰感觉到了，彭涛的手在他的手上紧了紧，像是说"谢谢"，又像是说"别费心了"。是呵，从进太行山，到如今，彭涛同李雪峰一起共事，几乎从没分离。在庐山，听说小彭得了癌症，李雪峰"只希望庐山的检查是不可靠的"。眼看爱说爱笑、性格刚烈的战友被癌魔折磨得日渐消瘦，李雪峰日夜不安，就连弄偏方的招儿都想了。一个内蒙古的人让大量服用黄芪，人们不信，李雪峰焦急地决策："吃，试试总比不试好。"吃了，结果无效。

听说小彭想吃活鱼，北京买不到，李雪峰亲自把电话打到天津。活鱼送来了，彭涛却吃不进去。

有一天，彭涛把一封写好的信郑重地交到李雪峰手中：

"请转报中央，这是我对化工部的最后一个责任。"

这封信是用毛笔写的，字很大，很漂亮。李雪峰边看边点头："我照办，你放心。"

照办了，中央批准了。但原信李雪峰却留了下来，作为永远的纪念。

赴安徽化肥厂的开车队回来了，人们吓了一跳，几月不见彭部长怎么瘦成这个样子？

彭涛无力地坐在沙发上，用力地睁开那双眼睛，目光在询问，大家心里都知道他想问什么？

"彭部长，化肥厂开车成功了，是用我们自己的压缩机……"

仿佛打了一针强心剂，彭涛兴奋起来，但说话已不再有力气："咱们要再建一大批这样的装置，国家太需要化肥了……"

他休息片刻，清瘦的脸上始终挂着喜悦。

"快把这消息报告党中央、毛主席！"彭涛恳切地看着坐在沙发旁的功臣们。

人们离去了，彭涛还在微笑。

……

在他卧床的十余天中，他和高惠如说的话只有两句："孩子们还小"，"化学工业还没有搞好"。

死神真的太无情了。

1961年11月14日中午12时零3分，彭涛闭上了再也睁不开的眼睛。

他还有好多好多的事情没做呢！新中国的化学工业已经迈出了可喜的一步，还有第二步、第三步……他知道化学工业的兴旺，与国家的繁荣昌盛是息息相关的。怀着依依的眷恋，他带着遗憾走了，匆匆又匆匆……

中国共产党中央委员会、全国人民代表大会常务委员会和国务院送了花圈。

毛泽东、刘少奇、周恩来、朱德、邓小平及党和国家其他领导人送了花圈。

越南共产党中央主席胡志明发来唁电并送了花圈。

周恩来总理在中山堂主持公祭仪式。

李雪峰致悼词。他含泪对彭涛说："我们所有的同志将永远记忆着你"，"你所献身的事业，将永远胜利发展"。

这声音在空中回响！

这声音彭涛听见了吗？

第二部

给田野注入葱郁,给生命添加亮丽。

田野的禾苗与人的生命离不开化工的滋润。轮船航海,卫星上天更离不开化工的推动。没有化工,这一切都将成为空谈。

胶林飘香?不。九州大地上荡起的是人工胶的旋风……

第四章

走向希望的田野

1961年，杭州。

西子湖畔是美丽的。四月的阳光格外温馨，冷热适宜的气候培育出灿烂的色彩，装点着这座迷人的城市。

这天早晨，一辆辆不同颜色的小轿车沿着铺满阳光的岳坟街，驶进杭州饭店。

化工部主要领导率领权威人士来了。

一机部领导带的人不是很多，但很精干，既是设备制造业的专家，又都是决策人物……

他们相继跨出车门，经过饭店的正厅，鱼贯进入一间小会议室。

国务院副总理兼中央化肥领导小组组长陈云已提早来到这里，坐在了主持人的位置上。他主持召开这个会，专门研究中国化肥工业发展大计。

化工部汇报几年来化肥工业发展情况和今后的设想。

一机部汇报化肥成套设备制造情况和时间进度。

陈云同志细心地听着、记着，不时地插话……

粮食是个大问题。上海刚解放时，所谓的"两白一黑"就是白面、白米和煤炭紧张，当时毛主席就提出，无论如何起码要有8个月的粮食储备。如今，在勒紧裤带的情况下，充其量也不过只有几天的存粮。粮食问题已引起中央的极大关注。粮食要增产，靠的是什么？

想到这儿，陈云同志用手指了指化工部的领导，头和身子探了出去，半开玩笑地说："今后，我就向化工部要吃要穿了！"

大家都笑了。

其实这不是玩笑，这是一种责任，一种使命。化工部的领导确实感到责任的重大。增产粮食,最急需的就是化肥。

化肥!

化肥!!

化肥!!!

这是纯朴的农民和土地共同的呼唤。

是啊,中国化肥工业已经到了必须疾速起步的时候了!

历史性的杭州会议制定了发展化肥工业的方案,突出地解决了三个问题:一是成套设备问题;二是进口特殊材料问题;三是集中力量打歼灭战,首先集中力量建设衢州、吴泾、广州三个"大"氮肥厂。一场化肥工业发展史上规模宏伟的大战役发出了总攻的号令。

运动场上的百米冲刺,是以运动场外千米、万米的苦练作铺垫的。中国氮肥工业在起步之前,同样付出了艰难探索的代价。

1958年,春。

侯德榜到上海建2000吨小化肥示范厂,采用我国在世界上首创的碳化法工艺。

这是根据党中央、国务院关于化肥工业必须加速发展的指示作出的一个重大决策。

兵贵神速,雷厉风行。

3月6日,化工部县级氮肥示范厂筹建组成立。侯德榜担任组长,坐镇上海,直接指挥设计、建设。当天下午,设计工作便在上海化工研究院开始。

3月12日,我国第一套县级氮肥示范厂的第一根高压管投入安装。

几天前,上海市委专门召集来了十几个局长和上海几十家企业负责人开会。

会上,上海市政府宣布成立以机电局局长李广仁为首的基建施工办公室，同时，由市委和市计委协同基建局组建了一只强大的设备制造和安装队伍，几乎囊括了上海所有知名度很强的企业。

那次会议开得让人激情奔涌。市领导挨个点将：

"建设中国第一套2000吨小氮肥厂，需要大家协同作战。机电局怎么样？"

"要什么设备，需要哪家企业，保证准时报到！"

机电局立即表态。

"物资局呢？"

"仓库大门敞开，需要什么物资，保证及时供应。"

"仓库主任来了吗？"

"来了。仓库24小时开放，随用随拿！"

"食堂呢？人是铁，饭是钢！"

"24小时开饭，随到随吃！"

……

一个个部门，一条条战线，一路绿灯。

会开完没几天，位于普陀区的上海化工研究院便热闹起来。

几十条焊枪喷着炽热的火舌，在工地撒下纷飞的火雨。多工种齐头并进，上百个工人分成十多个平行作业小组，轮班作业，交叉进行，整个工地一片热火朝天。

50个不平常的日日夜夜。

侯德榜几乎每天都与工人一起守在工地上。

1958年5月1日，傍晚。洁白的碳铵像雪花，像珍珠，流泻出来了。此时，侯德榜也赶来了。白天，他到市里参加五一庆祝活动去了，临行时，他还到工地问："今天出碳铵没问题吧？"

"侯老，你放心向上海人民汇报吧！"

1960年，盛夏。

一天，安徽省合肥市城郊的江淮化肥厂来了三个人，一色的干部装束，一色的大厚片眼镜。他们都是化工部派来的，肩负着一项艰巨的使命。为首的是基建司施增琦处长。另两位，一个叫魏立藩，原是大化机械厂的工程师，曾担任全国第一台 2400 马力压缩机的设计负责人，现已调到部化机研究所任总工程师；另一位叫章用中，是大连化工厂的总工程师，是从永利宁厂出来的化工专家。

几天前，化工部领导把施增琦叫到办公室。施增琦知道，大化金家街 800 吨小氮肥和上海研究院 2000 吨小氮肥都已成功地出氨，这是部里按毛主席的指示抓小化肥示范厂，准备推向全国，逐步做到县县有化肥。可是，全国铺开建设上百套装置，真正开起来的却是寥寥无几。尤其是安徽省动工几十套，一套也没成功。毛主席去视察的江淮化肥厂开车不久也停了。形势的确很严峻。

"老施，准备派你作队长，再调两个专家，管工艺和设备的，做你的助手，组成开车队去安徽，一定要把流程打通，开不成功别回来。"

施增琦是在解放前国民党白色恐怖下走进革命队伍的，温和斯文的外表之下，有一颗坚韧不拔而又充满激情的心。这一次任务，关系到祖国化工的发展，关系到亿万人民的吃粮，一种责任感和使命感在他胸中油然升起。

施增琦带来了由南化抽调组成的开车队，齐刷刷的棒小伙儿，外加一位年轻的女工段长小韩，都是合成氨系统的操作骨干。经过几天准备，开车队配套上岗，各关键岗位跟班操作，各就各位，点火开车。

一个星期下来，一会儿这儿漏了，一会儿那儿又坏了。800 吨的小装置也确是够小的，稍有泄漏，压力便降下去了。整个装置就像一头拼得筋疲力竭的黄牛，无论怎样鞭打，就是趴着不想动了。

魏总看这架势，知道是设备安装不过关，建议说：

"这样盲目开车不行，得把装置从头到尾重新检修一遍，有好设备才能保证压力、温度、各项工艺步步到位。"

施增琦与章总也想到了这儿。

一场更为艰苦的检修会战开始了。

由于缺粮，许多职工营养不良，浑身浮肿。但是，大家热情很高，指哪儿打哪儿。可是检修机具、检修材料没有，人们近乎赤手空拳，这可难坏了大伙儿。施增琦、魏立藩、章用中再加上厂里的领导、省厅的技术人员，几乎天天和职工干在一起，动脑筋，想主意。没材料，能代则代；没机具，人拉肩扛；没备件，能修就修。一个多月的时间过去，整个装置检修一新。

重新试车开始了。

点火，升压，升温，原料气突进。

啪，一台设备停了下来。机械事故。

再一次检修；又开，再检修……

次数已经数不过来了。

新的问题更加严峻，开车启用的液氨快用完了。要取，得去几百里外的南京拉，安徽尚不能产氨。又一次全面停车迫在眉睫，是背水一战，还是等些日子再干？

施增琦和大家仔细检查了装置，认真分析了局面。装置经多次试车和检修，逐步打通，已接近出氨，再坚持一下，就有成功的希望。不能再等，利用少量存氨，再冲一次。

苦战 4 个月，江淮小氮肥厂终于出氨了。而施增琦他们已是 4 个多月没回家了。

江淮在苦战，全国的上百套小化肥装置都在苦苦摸索，完善设备，打通流程，千辛万苦为夺氨而战。

江苏丹阳化肥厂的攻关历程，格外让人瞩目。

公元 740 年，诗人李白顺京杭大运河来到丹阳。他喝着美酒，诗兴大发，挥笔写道：

"兰陵美酒郁金香，玉碗盛来琥珀光，但使主人能醉客，不知何处是他乡。"

这酒便是丹阳黄酒。以后，这酒，这诗，便成了名传天下的美谈。

1000 多年后的一天，又有两人沿着大运河来到丹阳。这两人引来一支大队伍，也要在这丹阳大地书写一篇大文章，那就是要建设一座 2000 吨规模的化肥厂。规模虽小，却是世界上首创的新工艺。

这两个人叫林桂荣、于绍凤。林桂荣来此之前是扬州市委宣传部副部长。于绍凤是镇江地委粮食局副局长。

林桂荣在丹阳已经大刀阔斧地干了几个月了，妻子还以为他在省里为官哩。这天，全家辗转从江苏泰兴搬来丹阳。妻子带着五个孩子和年迈的姨母一下车，便见一座不高的小土山，山上茅草萋萋，坟茔点点，山前一溜旧平房。

"这是啥地方？"妻问。

"丹阳马家山。"他答。

"你不是奉命调省工交部报到嘛！"

"是的，办了手续，又学习了几天，就分到这儿来建化肥厂。"停顿一下，他又补充说："这是一件让老百姓吃饱饭的事业。"

妻子默然了。

几个月来，林桂荣忙得也顾不上给家捎个信儿。可万万没想到，这娘儿几个突然地就来了。大都市的生活妻子并不追求，可把家安在这荒凉的地方，她也是万没想到。

林桂荣看出妻子内心的不高兴。几个月来，他选厂址，抓材料，招兵买马，组织基建队伍，准备开工建设，事儿太多了，别说回家看看，就连坐下来写封信也没顾得上。

林桂荣满脸歉意地笑道：

"别看眼下这儿荒凉，明天就将有一座新型化肥厂建起来。"换了口气，他又玩笑地说："这还是块出帝王的风水宝地呢。当年秦始皇听说丹阳有帝王之气，便命囚徒把丹阳的道路掘得弯弯曲曲，所以城名叫曲阿。可就这样，到了南北朝还是出了梁敬帝等13个帝王，你看这风水多好……"

妻子也笑了，嗔道："别犯傻了，快搬家吧！"

当时，像丹阳小化肥这样的生产装置，化工部在全国有13套。丹化并不在这13套之列，是江苏省委考虑对化肥的急迫需要，力争自己干的。就在丹化建设进入高潮之际，其他各省的几套装置纷纷传来讯息：

这项新流程，进入规模生产遇到一大堆技术难题，无法连续生产。

"丹化还继续上吗？"

问号，一个个送进党委书记林桂荣的耳鼓。

在一次关于新流程还要不要坚持的干部会议上，林桂荣用下面的话作了结论性发言：

"刚出生的孩子，不会一生下来就奔跑如飞。左摔一跤，右跌一跤，摔摔打打，终会有站起来、跑起来、运动自如的一天。"

全国此类装置都处在能不能走下去的重要关头。

丹化坚持走下去的决心，振聋发聩。

1961年4月的一天，喜鹊唱枝头。

车间送来一个消息，全天生产正常，产量超过设计水平。

林桂荣与厂长于绍凤、副厂长周思为带上一批干部下了车间，看设备、查记录，找当班技术员、工人询问情况。

这昙花一现，让人激奋，说不准规律就在这"一现"之中。

侯德榜来了，竟一发而不可收，七旬高龄，七下丹阳。他鼓励丹化要"化尖锋为平顶"。

省化工厅副厅长徐以达和总工程师陈东也来了。厅里的工程师李兰炎更是干脆，搬进工人住的草棚子，与工人同吃、同住，一起观察、试验，一个一个地给生产技术难题排队。

副厂长周思为为了弄清一个操作指标，同技术干部、工人一起攻关，从白班跟到夜班，再从夜班跟到白班。日复一日，月复一月，坚持半年时间。每半小时测定一次，一共收集了8160个操作数据，终于摸索出了新的操作指标。

制肥车间主任王国兴为了查清一台设备上的缺陷，连续3个月，天天守在这台设备旁，耳听，目测，手记，积累了百多条数据，并立即组织人力对这家伙进行了开膛手术，把设备毛病摸得一清二楚，提出了改造方案。

操作工周思敏，为了解开设备时而堵塞、时而不堵之谜，坚持爬到十几米高的塔上观察，一天连续爬上爬下30多次。

烈日喷火，晒得他头冒油，脚生烟；

骤雨如鞭，抽得他脸生疼，脚打滑；

任凭什么环境，周思敏都坚持天天上塔观察，天天总结，天天分析，终于从众多偶然不堵的现象中,找到让塔长期不堵的操作方案。

1962年,春节。

职工食堂门口贴上了一张大红告示:"今日每人供应3个精粉馒头"。这消息,差点没让一帮小青年蹦起来。多少日子没尝过这玩意儿了,每天几两饭,莴苣蘸酱油,今儿得好好解解馋。

午休时间到了。几个馒头不在话下,三下五除二,各个饭桌上早已风卷残云。

林桂荣在饭堂角落里看着呢!工人吃得那么高兴,他心里甜呢。工人的心思他也看在了眼里。可是,上班的时间到了,丹化攻关已到了节骨眼儿上,一分一秒也耽搁不得呀!他酸酸的心终于狠了狠,走到大家面前:

"同志们!"他向大家深鞠一躬,"我知道大家生活很苦,深深体谅大家。可是攻关到了最紧张关头,眼下不容许我们耽搁分秒。请大家忍耐一下,回到工作岗位,拿下新的生产指标。"

还说啥呢!大家呼地一声,奔出了饭堂。

那一天,又是一个新的生产纪录。

就从这年春节以后,丹化生产逐步走上正常,日产量每天都是设计水平。

碳化法小化肥装置终于闯过了技术关。

1963年,丹化全年生产合成氨2600吨,生产碳铵1万吨,大大突破设计水平。

1964年,丹阳全县施用化肥比1951年增加6倍,粮食总产量增加78.6%。

《人民日报》发表评论员文章向世界宣布,我国首创碳化法化肥生产新流程,在丹阳化肥厂不仅闯过了技术关,而且更上一层楼,再过经济效益关。

历史公正地把成功交给了那些不屈不挠的奋进者。

合成氨的关键设备,高压容器,巨型压缩机,一座座钢铁巨汉,成群结队，车载船运，浩浩荡荡地开进了吴泾、衢化、广氮。

可是，人们永远也不会忘记五十年代中期，那制造我国第一台大压缩机的探索和第一台高压容器的突破，那是中国化肥工业艰难起步的嘹亮序曲。

1954年，春节刚过，辽东半岛大连湾。早到的春潮，惊涛拍岸。汹涌的碧浪排着整齐雄壮的阵容，腾着，跳着，呼着，叫着，冲向沙滩，撞向岩岸，卷起堆堆白雪。

坐落在大连湾的大连化学厂，似乎也被一个比春潮还振奋人心的消息激动着。上上下下，人们奔走相告，车间里外，工人们三个一群两个一伙儿，谈论的几乎都是一个话题：

"要干大压缩机了，听说了吗？"

"第一台，全国第一台！"

这一天，厂休日。一片艳丽春光，春风暖融融的。

老车工蔡正芳早被这消息搅得浑身发热。可议论归议论，任务还没正式下来。

他寻思着，拿起鱼杆，找到前屋小贺："快把鱼杆拾掇好，钓海去！"

蔡师傅人倔，脾气躁，可从小灵气十足，学啥都快。他14岁进工厂学徒。日本人怕中国人掌握技术，重活、脏活叫他干，到干技术活时，便把他支得远远的。别看蔡正芳脾气挺倔，却是个有心计的人，加上腿脚勤，脑子灵，天长日久，学就一手车工"绝活儿"。那时还没有千分尺之类的量具，他凭卡尺、靠锐眼，搭一眼，让你咋干，保证"没冒儿"，上下差不出三道。你要不听话，干砸了，好家伙，准喷你满脸唾沫星子。

蔡师傅喊的小贺，叫贺义信，才26岁，刚成家，也是挺有本事的车工，与蔡师傅住邻居，俩人很投缘。

俩人扛起鱼杆奔了海边。

"这回，咱俩可要钓它个大个儿的？"

"对，钓就钓它个全国最大的！"贺义信早像是孙悟空钻到牛魔王的肚子里，把他的心思看个透。

"你也听说了？咋样，有把握？"

"放心吧！干砸了，你就用唾沫星子给我洗脸！"贺义信说得斩钉截铁。

"好小子，今儿约你来，咱俩就算是开赛了，走，钓那全国最大的去。"

……

全厂都憋足了劲儿要干的那个"全国最大的"。此时，任务已交到新上任的厂长徐义满手上。

前一天，还是大连化学厂工会主席的徐义满被叫到厂长秦仲达的办公室。

"经研究，让你到机械厂当厂长。"秦仲达开门见山地说，"你知道搞大压缩机的意义。搞不出来，不仅大化，而且中国的合成氨工业也没法发展。国外订货很困难，必须把我们自己的机械厂搞起来。"喝口水，他又说："大压缩机立即上马，我想派魏立藩工程师和他的助手郁祖悟负责设计，副总工程师翁盛光同志负责制造，你马上组织人力干起来。"

当时，大化机械厂是个啥水平，徐义满清清楚楚。说是铸造、机械、特殊设备制造三个车间，其实条件非常差，其中一个车间，不过是一间石棉瓦的房子。起重设备没有，压力设备没有，冲天炉虽有两台，但加一起也出不了 10 吨铁水。而大压缩机机身重 18 吨，这么一个庞然大物，就靠这么简陋的设备来制造……难啊，不是一般的难。

试制会战开始了。整个机械厂像一炉沸腾的钢水，桥式吊车隆隆地来回奔走，冲砂机像机关枪似地爆响着，冲天炉炉火熊熊，出炉的铁水喷射出夺目的金花。

工程师魏立藩深入到车间，设计图纸铺到各工序工人的面前。挑剔，研究，修改，工人们不客气，魏工凝神细听。秦仲达回回亲自到场。

一个个部件，一道道难关，一个个地过，一道道地闯，18 吨大机身的铸造终于不客气地像条大拦路虎，蹲在前进路上。

全厂只有 3 吨、5 吨两台冲天炉，却要浇铸 18 吨大铸件，怎么办？上上下下像开锅一样议论开了。工程师提想法，工人们找措施，你一条，他一招，终于有办法了。

两炉同时点火，连续浇铸，加氧送风加快熔炼时间。再预备一个大号的铁水包，熔一炉倒进去，然后再熔一炉倒进去，两炉合一，轮番浇铸，问题就解决了。可是，这种工艺要求熔炼、加氧、出炉、装包，一环扣一环，要严密配合，一个环节慢了或快了，衔接不上，都有不堪设想的后果。

炉火熊熊，金星飞迸。铸造车间主任刘远长吹哨子，手执红旗站在指挥位置上。值班长芦长顺、组长朱长敖，早已各就各位。为准备这次关键性的浇铸，他们已在现场奋战了几个昼夜，眼睛熬得通红。

秦仲达、徐义满、魏立藩、翁盛光都来到了现场，他们挨个检查了各个工序，同意开始。

一场非凡的战斗开始了。

铁水包隆隆地开过来了。

冲天炉加氧送风呼呼叫着。

一道又一道红色的铁流奔出，金花夺目，飞迸四溅……

两包铁水顺利地连续进入一个铁水包，连续浇铸成功了。两座小冲天炉，18吨大铸件，当时真是个了不起的奇迹。

蔡正芳、贺义信团结一帮车工伙伴，"蚂蚁啃骨头"，车出了机身、主轴、活塞、活塞杆和气缸1、2、3、4逐段，大小各异的部件精密度全部符合要求。

钳工郑凤春、孙凤举率领20几个伙伴，凭着双双锐眼，双双巧手，颗颗细而又细的心，把950多个部件，一件件组装到一起。

合成氨装置的关键设备，能产生200公斤以上压力的2400马力压缩机，在翻身解放的中国工人阶级手里诞生了。这是中国化工设备制造史上划时代的开端。

1955年3月14日，大压缩机在大化正式投产了。一个多么让人难忘的日子啊！

1953年6月的一天，一封信，落在了重工业部化工局局长张珍的办公桌上。

信，是永利宁厂厂长冯伯华转来的。信中的决心和胆识，使张珍顿觉眼前一亮，格外兴奋起来。信中所叙之事，使他有种不谋而合之感。他急切地看了一下写信人的名字："姜圣阶！"

他了解这位当时在化工界小有名气的人物。姜圣阶1936年毕业于河北工学院机械系，同年投奔永利宁厂，在当时任永利宁厂总经理的侯德榜的麾下，与英国工程师一起搞锅炉安装工作。1947年，侯德榜决定送姜圣阶赴美国哥伦比亚大学研究院留学进修。此时，风华正茂的姜圣阶，在享乐主义横行的美国社会里，却扔掉了一切娱乐，直到学成回国，连一次最平常的交际舞会都没参加过。他几乎每天都与书为伴，常常挑灯到深夜。每逢假日，人们就见他胳肢窝夹几本书，急匆匆地朝实习工厂跑。1950年7月，姜圣阶谢绝了美国校方的挽留，乘上一艘开往新中国的货船，辗转10几个国家，颠簸了3个多月，终于登上祖国的海岸。

"用自己的力量造中国第一台高压容器。"他在信中语气十分肯定："我们不仅应该，而且一定能做到！"

作为氮肥主成分的氨家族，其成员氮和氢，性情各异，一个急惰，一个活泼，单独相撞，一万年也很难联姻，非高压不能令其连手，而那压力每平方厘米得达320公斤。能让氮与氢联姻的家，也就是容器，便必须能承受得起这样高的压力。

五十年代初，刚刚在战火中挺身站起的年轻的共和国，工业是那么稚嫩，尤其是氮肥机械设备制造毫无经验，就连号称亚洲一流的永利宁厂，也从来没干过高压容器。当时厂里有的几件高压容器全是美国进口的。当时，美国在太平洋设下层层封锁线，恨不能一朝把年轻的共和国扼死在摇篮。有这个山姆大叔的大棒拦路，一些国家也不敢与中国接触。想进口这种设备根本不可能。可没有这种设备，生产化肥只不过是纸上谈兵。

这局面怎能不让时时把亿万人民的生活装在心里的党和国家各级领导深深焦虑？

这局面更刺痛了时时不忘报效祖国的热血男儿的心。

姜圣阶义无反顾地把自己制造高压容器的决心捧出来了。

他主持召开了上百次的研讨会，汇集成百上千份资料，决心参考美国多层钢板缠绕焊接法制造高压容器。

1955年冬，这是树立起中国机械设备制造一座历史丰碑的冬季。中国第一台高压容器试制开始了。

这一天，坐落在长江岸边的永利宁厂机械分厂突然热闹起来。几百个工人，围着几台电焊机，摩拳擦掌，跃跃欲试。

焊花飞溅，弧光闪闪。

以姜圣阶挂帅的试制领导小组在这里张榜考试，选拔参加试制组的能工巧匠。

经过焊接专业的严格考试，徐长志、李玉柱、陈文俊等20人入选。都是正当壮年的铁汉子，你捶捶我，我拍拍你，禁不住臂膀挽臂膀地欢呼跳跃起来。

这台高压容器，将用21层钢板缠绕焊接在一起。焊接完成，断面切开，要和一整块钢板一样。不能有丝毫差异。试制工作一开始，各种各样的难题，就像长江前呼后涌的波浪一样，铺天盖地压过来。

试制高压容器的主要专用工具——精密检测仪，没有；

足够设计压力的水压机，没有；足够设计强度的钢板热处理设备，没有；

拉紧机，没有；成圆机，没有；高级焊条，还在苏联……

永利宁厂试制高压容器的消息不胫而走。这项前无古人的开创性事业，也牵动着上至国务院下至各个协作厂无数工人、干部的心。

大连化学厂不仅送来了X光检验机，而且派来了操作手协助工作；

大冶钢厂送来了刚从国外进口的高压表；

沈阳443厂送来了很难锻造的底盖锻件；

华东航空学院送来了精密的检验仪器；

……

徐长志、李玉柱、陈文俊等二十几条正当年的铁汉子，家与厂咫尺之距，又都有妻儿老小，却都像一群没成家的"光棍儿"，穿着几个月也没洗过一次的满是油污的工作服，没日没夜地忙在厂里，全把家抛在了脑后。

姜圣阶，这位开创事业的主帅，更是熬红了双眼，跑肿了双腿。他亲自动手作应力理论计算，车间——试验室，试验室——车间，两点一线，像一只梭不断地来回穿奔。

第一批焊件出来了。

徐长志摘下焊帽，一张满是汗珠的大脸，虽是在笑，也不免紧张。

大连化学厂操作 X 光机的王师傅立即进行检验。

姜圣阶就站在王师傅身后。

结果出来了。

"姜总！"王师傅凑近姜圣阶，说："我检测过难以计数的焊件，像这样一点儿毛病也没查出来的，还真不多见。"

姜圣阶深情地说：

"曾经有人问我，你为什么敢做这个高压容器，弄不好会炸死人的。我告诉他，我心里有数。这数，就是我有一批技术高超的工人！有他们为我撑腰，我不怕。"

5 月，江南的梅雨季节刚过，天就开始热起来。这天，呼呼拉拉来了几百号人。他们要亲眼目睹我国自行设计自己制造的第一台高压容器的爆破试验。

小试已在 3 个月前获得成功。小试就是先做一个压力只相当于三分之一，体积很小的容器进行爆破，那一仗打得漂亮。

这回可是有 4000 毫米长、800 毫米粗的庞然大物，而且按要求要达到使用压力 320 公斤/厘米的 4 倍以上，才算成功。

这个钢铁巨汉，静静地躺在特制的平板车上。在其周围，铁板和满装沙土的麻袋筑成一道防护墙。

姜圣阶下达了命令："开始试验！"化工部副部长张珍、永利宁厂厂长冯伯华、国务院第三办公室主任孙致远都站在他的身后。此时此刻，他的心情，是激动，是兴奋，也不无担心。毕竟这是中国开天辟地第一回呀。

压力表的指针轻轻移动起来，一步一步爬升。200，300，480……

"姜总，压力已超过 320 公斤的使用压力，达到小试水平。"

"继续升压。"姜圣阶毫不犹豫地下达二步试验的命令。人群立即嗡嗡了一会儿，旋即又恢复平静。只听得压力泵的转动声和着人们激动紧张的心跳。

压力继续爬升。500，600，850，1000……

压力表突然不动了。就守在水压机旁紧盯着压力表的孙贻直工程师紧张地喊了一声。

1000，这不是要达到的目标。姜圣阶不顾危险与孙贻直一起朝充满了巨大压力，更充满了危险的高压容器走去。

他们仔细地检查了容器，一切正常；又检查水压机，处理了压力表上的一个小故障。姜圣阶拍拍手上的灰，更加有力地说：

"继续试验！"

打压水泵，这次像是前线战士接到最后总攻的号令，猛劲吼叫起来，1100，1200，1250，……

压力表指针指向1265公斤。设计压力，追求的压力到了。

姜圣阶和在场的每个人的心里都在欢呼！

"轰——"的一声，容器爆裂，高压水喷向空中，像节日施放的礼花。

是礼花。这是成功的礼花，胜利的礼花，向无垠的天际伸展着中国化肥工人百折不挠的冲天志气。

消息报到国务院，周恩来总理亲自签名，发来奖状，盛赞"这是我国机器制造工业技术上的一个巨大进展，对于促进我国氮肥工业将起重大作用……"

1958年冬，一条不起眼却不平常的载货船，沿黄浦江上溯百里，巡弋了两次，终于停在了吴泾。

这是一次不平常的航行。

这条船载着的六七十人中，有华东局书记魏文伯、上海市委书记陈丕显、市长曹荻秋等人，其余全是上海市委、市政府各口的头头，建委、财委、机电、化工、电管、邮电、港务、公安、卫生等十几个部委的正副主任、正副局长，还有设计院院长、总工程师。

上海最高层次领导集体出动，为一座"大"化肥厂勘测厂址。

他们手划着圈圈，圈住了吴泾。

这一圈也把一个人圈到了这里，他就是吴泾化工厂筹建处主任、第一任党委书记陈一功。

陈一功认为，这是他的运气，从此他便认定自己与化工有不解的缘分。

陈一功，1918年在广东梅县呱呱坠地。悲惨的是，在母腹中时，父亲就被地主武装打死。是舅父带他长大，又带他出洋去印尼谋生。国内抗日战争爆发，他待不住了，由一位已是地下党员的表姐介绍回国到重庆，辗转去了革命圣地延安，成为以李富春为院长的延安自然科学院化工专业第一期也是最后一期学员。抗战胜利，他转入地方工作，后来，便成了吴泾第一代创业者的领头人。

他庆幸这缘分。

陈一功与他的搭档率领建设大军，举着红旗，唱着战歌开进吴泾。

吴泾，原是黄浦江中游一个不通汽车的偏僻小镇，村落零星几个，几十户贫苦农家，两座小庙，供的是关帝和龙王。沿江滩涂芦苇丛生，时有野兔、雉鸡出没。

陈一功他们的开进，打破了这里的平静。关帝和龙王被请走了，小庙成了建设者最早的营房。破土开工震天的锣鼓声，惊走了野兔和水蛇。誓师、会战漫卷的红旗，映红了浦江水。激情是火热的，条件却是意想不到的艰苦。没有公路，没有宿舍，没有电灯和自来水，更谈不上浴室、食堂。借民房，住草棚，睡地铺，点油灯。

国家连续几年的自然灾害，经济上遭受的重大挫折，使得吴泾的建设也受到影响。开工3年，只打了土建与硫酸工程几个前期战役，合成氨系统一直没有全面铺开。

1961年春天，杭州氮肥会议以后，上海市委确定由市委常委李干成、生产委员会主任顾训方挂帅,组织全市大协作。

吴泾合成氨工程火爆起来。

除夕之夜。合成氨的"心脏"高压机水泥基础仍在连续浇灌。

"不好,水泥用完了。"

工地主任正嗷嗷叫着:"水泥,快,水泥!"

这高压机立起来,好似一座小铁山,一个大飞轮就有两层楼房高。转起来,地动山摇,需要极牢固的基础。每个基础,包括牛腿支撑,要灌下去3000吨水泥,而且必须连续作业,一次浇完,决不允许中断。基础稍有差错,"心脏"就会出毛病,后果不堪设想。

材料员急得一屁股坐在冰冷的雪地上,哇哇大哭起来。

工地指挥叼着哨子,呼扇着满是水泥点子的棉大衣,大踏步奔过来,一脚冲材料员屁股踹过去:

"哭个屁,快叫人去运哪!"

刚下白班的工人,被工地主任的吼叫惊醒,睡意全消。这个鲤鱼打挺,那个鹞子翻身,像战士听到了冲锋号,奔出工棚。

霎时间,一道用百十号人的激情和意志拧成的水泥运输线搭起来了。水泥源源送上工地。工地主任尖厉的哨音一直响着,叫出了一轮新的太阳。

1962年,11月20日。

秋高气爽,艳阳高照。

吴泾化工厂第一任厂长薛永辉,这位从抗日烽火中走出来的新四军太湖游击队司令,像当年接过革命火种,要把抗日烽火点燃一样,郑重地点燃了第一根合成氨系统造气炉点火火炬,投进炉中去,投去了希望,投去了创业者积蓄多年的热情和力量。

火焰熊熊,原料气呼啸着钻入各自的管道,高压机铿锵鼓劲加压,合成塔不负使命,悉心将氮、氢拉在一起。

晶莹、洁白的化肥,像珍珠,像银练,瀑布般倾泻下来,缓缓走入长长的运输带。

我国自己设计、自己制造设备、自己组织生产出来的化肥,跃上史册。

黄浦江水，波翻浪涌，一浪接一浪地拍击江岸，哗哗哗哗，使劲地为创业者们的成功鼓掌、呐喊、祝贺。

古人云：山不在高，有仙则名。这浙西重镇衢州的衢字是四通八达的大道的意思。衢州也真是四省通衢。它北接江苏，西连江西，南挂福建，东扶上海，交通便利。城不大，城郊有一座不高的小山，相传有一个樵夫砍柴，发现一个山上有两个童子对弈，便忘了归家。待看完一盘棋，斧柄都烂了。回到家中，家乡早已时过境迁。这便是那个"洞中方一日，世上已千年"的美丽传说。

烂柯山上真有一洞，险峻、幽深，宛如仙境。

衢化，就在这烂柯山下，千塘畈上。

衢化，也正以比传说还要快的速度，一日千里，迅猛发展。

衢化筹备处主任刘德甫、党委书记孙文成，徒步行走十余里，到现场勘察厂址。

荒凉的千塘畈，一片烂冬田。

有几个小青年远远地走过来，问：

"听说，这儿建了大工厂，在哪儿呀？"

"你看，那不是？"刘德甫手一指。

"哪儿呀，就几间茅草屋。"

"对喽，今天只有这几间茅草屋，明天就会变出合成塔、造气炉、大烟囱，管架如织，塔罐林立……"

突然，一阵大风吹来，卷起了沙尘，天骤然变脸，大雨哗哗下了起来。他们没带雨具，顿时个个都成了落汤鸡。

回到七八个人共同挤住的一间大屋，孙文成突然觉着肚子痛得厉害。阑尾炎，得手术。刚上阵就挨了一刀，孙文成心里感到窝火。躺在病床上，看刘德甫和副厂长张惠胜他们忙得不可开交，手术还不到一星期，刀口还血丝丝的，他就下床，奔了工地。

杭州氮肥会议开过，衢化本来就是毛主席点过头的，浙江省委第一书记江华的掌上明珠，如今成了全国化肥重点项目，更如顺水船，又加劲风吹，进度更快了。

深秋的一天，在一列风驰电掣的列车里，人们发现了一节特别的车厢。这本来是一节货车厢，却孤零零地载着一个"旅客"。

顶秋风，冒冷雨，列车从辽宁锦西出发，向浙江衢州急驰。

每到一站，这"特殊车厢"里便钻出一人，把件油渍麻花的大衣往身上一披，就连跑带颠地奔值班室，推门便讲：

"我叫宋士悦，有件事请帮忙！"原来他是建设中的浙江第一座大化肥厂——衢化的押运员。车上押的是一台工地急需的造气炉。这可是化肥厂的龙头，早一天运到，就能早一天产出白花花的化肥。

于是，各站一律铺道放行。

宋士悦是解放军炮校刚转业的准尉军官，分到衢化就被派到永利宁厂培训，中途接到北上催发造气炉的任务。这造气炉直径 4 米，长 6 米，重 40 吨，铁路称之为超限货，若是在哪个小站一耽搁，少则几十天，多则半年就甭动窝了。

宋士悦一听这情况，就铁下一条心：

"押车，我跟着，一定要让它人到货到！"

宋士悦揣上几个窝窝头，披上唯一的一件旧军大衣，冒着北方初冬凛冽的严寒，钻进四面透风的造气炉。

四省两市十几个编组站，走走停停，2000 多华里。别说洗脸、洗澡，有时连饮水也很困难。他凭着超人的毅力，拼过了孤独难耐的 40 个日日夜夜。

到厂的时候，人们把他从造气炉膛里接出来。健壮魁梧的宋士悦，大衣里外虱子翻蛋，像个野人，头上都长了癞痢。

衢化合成氨心脏高压机安装开始。省建筑安装公司张志岳小组承担主攻。

高压机安装的精密度要求非常高，尤其是组装机身汽缸中心点，误差不得超过半根头发丝。安装时，一只汽缸只能容一个人侧卧里面，手拿千分尺，一头紧贴缸壁，一头与横在中间的细钢丝相碰，头戴耳机听声响，分辨倾斜度,而且必须连续操作,一间断就前功尽弃。

这样冷的天,虽是南方,与冰铁块子拥抱也不是滋味儿,何况只能穿件卫生衣,几个小时下来,张志岳已是牙齿打架,咯嘣直响。

"师傅,吃饭吧!"

"不行,不能让前边的功夫泡汤!送个窝头进来就行了!"

突然,张志岳在里面喊起来:

"糟糕,来尿了!"

"师傅,出来吧,别憋坏了!"

"不行啊,就差一节了,快给我找个家什!"

"啥家什?"还是徒弟小王机灵,顺手从土建工地找出一根长竹筒,边往里送便喊:

"师傅,顺这儿尿吧!"

完活儿那天,张志岳收工两字还没喊出来,几个可爱的小伙子的眼皮说啥也吃不住劲了,都呼呼地到梦里庆功去了。

1962年,春节。

广州,素有花城的美誉,到了这时节,更加艳丽、热闹。整个城市沉浸在一片花的海洋里,红、粉、黄、紫、黑、蓝,各色鲜花都涌上街头,竞相开放,争奇斗艳。

化工部副部长吴亮平带领基建司的一位处长和设计院一位总工,此时正在广州市副市长孙乐宜、省化工厅厅长何世镛的陪同下,沿珠江驱车穿行在这花的海洋里。

他们刚从北京到上海,看了吴泾化工厂的建设,又到了衢化。两家氮肥工程,摽着劲儿干,打得很苦,但都很顺利。已临近春节了,他们仍无回京念头。这一站又来到广州,看看广州氮肥厂的建设。这几年,广氮、吴泾、衢化,吴亮平是穿梭般往来,扎到哪家,一住便是一个月二十天的。这三个厂是我国自行设计、自己制造设备,自己组织安装,还将自己组织安排生产的第一批2.5万吨氮肥企业,可谓六十年代初化肥建设中的"天之骄子"。每次,他都带几个经验丰富的化工专家,指导建设,指导安装，帮助解决问题。

此刻，他们要去珠江二沙头畔的一座小楼，拜访中南局书记兼广东省委第一书记陶铸同志。

在陶铸同志的眼里，那可是"广氮、广氮，广东的宝贝蛋"，从国务院、化工部决定把一座年产2.5万吨的合成氨、10万吨硫铵的化肥项目放在广州，陶铸同志便把它放在了心里。他常被近几年广州人的"逃港"现象搞得十分恼火。他发誓，共产党既能把老百姓从三座大山的压迫下解放出来，更能让老百姓过上丰衣足食、幸福美满的好日子。首先得让人民吃饱。要吃饱，没有化肥不成。现在，广东也要建设第一座这么大的化肥厂，他能不高兴吗？

1957年一立项，陶铸立即调兵遣将，摆下最强有力的干部阵容：省工交部部长刘田夫任筹建处主任，陶铸的夫人、广州市委书记曾志，市长焦林义，副市长孙乐宜任副主任。

省化工厅厅长何世镛清楚地记得：1959年春夏之交，他突然接到省委办公厅的通知，去汕头参加省委常委会。他愕然。何世镛是黄埔十期学员，年轻时就在叶剑英引导下走进革命队伍，在董必武同志直接领导下，名为广东省盐务总督，实为我党地下战士。解放后，他成为广东省第一任化工厅长。可虽说是革命资深，也没资格随便参加省委常委会呀！"是不是通知错了！"他又打电话询问。省委办公室这回更干脆："没错儿，是陶铸同志点名让你参加的，专谈化肥问题。"

车到陶铸同志家，还有一段路，何厅长谈起这段往事，几位都不由地笑起来。

"广氮进展怎么样？"吴亮平副部长不忘此行宗旨。

"陶铸同志直接管。要人给人，要物给物。"孙乐宜回答得挺干脆。

"广州市一大半基建队伍都上了广氮，这都是陶铸亲自过问的。"何厅长忙补充，"原来广氮那地方是'马鞍山，一池水，一间破屋几百人，田野四周蟋蟀叫，无灯无火月荒凉'，如今可是大变样了，眼看着一座现代化肥城就要成型了。"

"莫乐观，吴泾、衢化可是抢在你们前头了，你们都是一班车，全国头一批。"吴亮平副部长有意激老何。

"有段小插曲，有点误事。"何厅长不无感慨。

这事出在1961年夏，广氮进入安装高潮。

一天，厂技术监督科科长陈家文到工地检查安装质量。高压设备合成塔，是他格外瞩目的目标，这家伙弄不好，可是个大炸弹，一点儿马虎不得。

突然，他在塔内壁见到一条细纹，不由得一惊。

打开手电细照照，用手细摸摸，可了不得，真是一条裂纹。他赶紧汇报给总工程师张炳驹。

张总一听也是大吃一惊，他知道这是东欧进口的设备，如真有问题，谈判，鉴定，索赔，更换，可是件大麻烦事。然而，就是再麻烦，也丝毫不能掉以轻心。

张总虽已年过50，仍领着几个小伙子钻进合成塔，用砂纸、砂轮打磨，试验。真是有条裂纹。测定了长度、深度，立即向部里作了汇报。

请来东欧一位当了多年化工厂厂长的专家鉴定，对方仍不明确表态。

艰难的谈判。

侯德榜也听说了此事，立即来到广州。已有72岁高龄的侯老，亲自钻进合成塔。这位世界知名的化工专家做出了鉴定，对方无话可说，同意赔款。

接着，侯老决定合成塔由首创我国第一台高压容器、经验丰富的南化机械厂承制。

何厅长讲完，仍心有余悸："多危险，那玩意儿若是蒙混过关，一旦开车，还不得把广州人民千辛万苦建起来的'宝贝蛋'送上天哪！"

大家没再说话，各自都沉入了思索。

车进了陶铸同志住地。

一席非常有特色的广州风味晚餐。一番中央与地方齐心协力办化工、办化肥的非常融洽的谈话。

待陶铸同志把吴亮平等几位送出家门，广州城灯火通明，春节花市已到了高潮。

广氮也如这花市一般正掀起新的建设热潮。

焊花比鲜花艳,锤声比爆竹响。

1963年3月4日,广州市委书记焦林义、省化工厅厅长何世镛亲自为广州氮肥厂造气炉点火。

4月22日,第一袋完全符合国家质量标准的化肥冲出了运输线。

至此,吴泾、衢化、广氮全部投入运行。

历经千辛万苦,中国氮肥工业终于开始大片灿烂辉煌。

第五章

为生命装点亮丽

1958年2月，正是北京城里刮风的季节。料峭的春风一阵紧似一阵地扬起弥天沙尘，让人睁不开眼睛。

张亮匆忙赶到国务院。在小会议室的沙发上刚刚落座，大厅屏风旁的一扇侧门就被轻轻推开。脚步稳健但也是匆匆地走来一人，浓眉下深沉的目光端详着急忙起立的张亮，温厚有力的手握住了他。

"张亮同志，彭涛部长已经同你谈过了吧，坐下，坐下谈。"

说话的人是周恩来总理。

"是的，彭涛部长已经同我谈过了。部党组决定调我去华北制药厂。"

几天前，彭涛部长曾找医药局局长张亮进行过一次长谈。彭涛说：

"毛主席、周总理十分关心并经常过问华北制药厂的建设。为加快工程进度，我同河北省委书记林铁同志进行过磋商。林铁建议调你去兼任厂长，因为你曾是冀中七区专员、军区副司令员，后来又是地委书记，在石家庄地区打了好几年游击，对那里的人员和情况都比较熟悉。"

张亮接受了部党组的决定，准备立即启程。昨天，部党组通知，周总理要亲自接见他。

周总理对张亮说：

"毛主席对华北制药厂的建设非常关心。华北制药厂是关系全国人民身体健康的重点企业，主席曾经指出，它的进度太慢了，需要搞得快一点。"

张亮望着总理，心头涌起一股热浪。

"总理",他站起身来。周总理轻轻地举起手,示意一下,然后说:

"你的情况,彭涛部长已经向我介绍了,现在去比较合适,特别是几个方面的统一指挥和协调工作,需要加强。"

周恩来离开沙发,来回踱着步子,详细地介绍着所了解的情况,甚至对具体的解决办法也提出来探讨。当他再次把目光投向张亮时,稍稍提高了嗓音,说道:

"张亮同志,我等着你的好消息!"

第三天的早晨,当阳光洒满石家庄那块人嚣马嘶、沸沸扬扬的建筑工地时,张亮已经来到了刚刚完成的淀粉车间,正细心察看着施工现场的情况。

张亮把毛主席的关怀和周总理的指示迅速传达给广大干部和职工,大力宣传青、链霉素对国计民生的重要意义;深入工地同工人一起大干,掌握第一手材料,有针对性地进行指挥和协调。

影响工程进度的主要问题是甲方单位、乙方单位、设计单位三方矛盾突出,常常在一些具体问题上互相推诿,困难和矛盾重重。

晚饭刚刚吃过,张亮打算再到工地转转,华药筹备处主任沈万山气呼呼地闯进办公室:

"老张,他们只同意完成三层主体结构,其它说什么也不行。"

"别急别急,到底是怎么回事?"张亮放下手里的工装,给沈万山倒了一杯热水。

"分装车间一共有五层楼,为了保证顺利投产,工程进度要求9月份完成主体结构。乙方算来算去,最后答复说只能完成三层。我跟他们解释进度跟不上就要影响试车,他们竟跟我吵起来了。你说,这活儿怎么干……"

"那不行。"张亮斩钉截铁地表态:"五层主体结构必须完成!"

张亮及时会见从北京来到石家庄的建筑公司副经理,请他帮助做好乙方的工作。这位副经理出面协商,给乙方增加了产值计划,才使问题圆满解决,保证了工程进度。

面对着这样一个个具体的困难,张亮征得化工部的同意,并取得建工部和河北省委的全面支持，在石家庄市委的统一领导下，将甲、乙、丙三方联合组成统一的筹建指挥部和联合党委会，统一领导建厂工程，把矛盾消化在内部，从而克服了拖拉扯皮和延误工期的现象。

春节在红红火火的工程收尾和试车阶段中来到了。

街上乒乒乓乓地响着鞭炮，厂部会议室里也热闹非常，张亮在大年初二就把总工程师陈博君、总工艺师陈佑才和总机械师马士杰都召集来，互致拜年的问候之后，马上转入正题：

"咱们今天就讨论链霉素发酵液的综合利用问题，拟订出从废液中提取维生素 B_{12}。"

马士杰跟张亮是邻居。当时正值发酵工艺试车，空气压缩机不太正常，经常掉闸。每当发生事故，张亮总拉上他赶到现场。

"老马，又掉闸了，走，去现场吧。"一天半夜，张亮拉马士杰去处理事故，走出家门，张亮长叹一声，动情地拍了拍马士杰的肩膀。

"总这样也不是办法呀。"张亮找到发酵车间主任齐谋甲："小齐，能不能想个办法。"

"我看，首先应当解决保持罐压的问题。大空气压缩机掉闸时，能有个小空压机启动补充就行。"齐谋甲提出了自己的建议。

"对呀！我马上去办。"张亮拍手叫好。

没几天，张亮从化工部第八机械安装公司弄来一台小空压机。交给齐谋甲时，还开玩笑说："小空压机给你弄来了，这回你可别三更半夜打电话叫我了。"

吴维娜入厂的时候，还是个蹦蹦跳跳的学生。基建尚未完成，为了抢时间，部分车间的生产准备工作已经开始了。根据实习表现，她被指定为青霉素提炼车间化验室组长。

可是临近投产，车间党总支突然又任命吴维娜为结晶工程的工段长。

车间主任臧君伟问吴维娜："有没有信心？"

"有。"吴维娜不假思索地回答。

走马上任的第一天，任务就下来了：要在一个月的时间里，把 29 台不锈钢设备和 200 多米长的不锈钢管道，一件件、一根根地用钢丝刷子里外打光，露出不锈钢本色；400 多平方米的厂房地面和墙裙上的每一块瓷砖，也要擦拭干净，物见本色。

偌大个工段，只有不到 10 个人，完成任务谈何容易。他们年轻，没考虑那么多，说干就干。

干得简直是昏天暗地。一个月的时间眼看就要过去了。工段的面貌也明显改观了。

每天吴维娜和伙伴们都是很晚才收工。每天吴维娜都同沈梅婷、杨瑞芳、张雅亭她们几个值班长累得腰酸腿疼才能回宿舍。一天深夜，吴维娜刚刚入睡就被叫到厂里。原来苏联专家总代表检查时，认为吴维娜她们的工作不合格，批评得很严厉，并责成吴维娜立即排出每小时的工作进度。

一切都是从头开始。厂部的各级干部也组织了支援队伍。

连续奋战，昼夜突击，专家总代表露出了笑容。吴维娜悬着一个月的心，总算放下了，望着已经血泡累累的手，止不住的热泪终于滚落了下来。

一个庄严的时刻来到了。

一项神圣的使命落到发酵车间菌种室顾宝根身上。

亚洲最大的抗生素厂的第一个向工艺罐里安放菌种的任务将由顾宝根来完成，将要宣布华北制药厂正式开工投产的仪式在车间里进行，张亮厂长、董绍杰书记，全苏医药管理局格丽莎柯娃局长，以及很多重要人物全都到齐了。肃穆而庄重，热烈而紧张。

顾宝根穿着白大褂，戴着无菌帽，像捧着圣火一样，手持菌种瓶和酒精灯，在众人注目之下，一步步地走向 102 罐。兴奋、紧张、强烈的责任感交织在一起，反而弄得他有点慌乱。

当接菌种的程序有条不紊地准确完成时，一片掌声雷动。领导们纷纷围拢住顾宝根和他握手，还说"谢谢"，把顾宝根弄得身上直冒汗，眼睛也不由自主地模糊了。

青霉素菌种是从苏联买来的,甚至青霉素小罐接种的小米孢子,也要用飞机运来。青霉素是人类发现的第一种抗生素,青霉素菌种自 1928 年被发现时,生产能力只有每毫升 2 个单位。经过漫长的 15 年,达到了每毫升 20 单位。就是因为工业化生产过程艰难,旧称盘尼西林的青霉素价格比黄金还高,穷苦百姓是根本用不起的。

陶静芝是个倔强的人。

每天打开培养箱检查那些小小的菌种培养瓶,看着瓶中的小米粒上慢慢被培养起来的菌种,陶静芝总感到有一种难言的压抑感。特别是花 3 万美元从美国引进的标称是一万单位的高产菌种,验证结果与其自称相去甚远。

陶静芝发现,培养出来的菌种看似一样,但生产能力却并不相同;又想到齐谋甲改变青霉素培养基配方,用玉米麸子、玉米浆、花生饼粉混合然后加氨液,提高发酵单位 30% 以上。难道我们不可以自己培育吗?

她为自己突然冒出的想法吓了一跳。

上海第三制药厂 1952 年开始首次在中国生产青霉素,菌种也是从国外引进的。当时年产只有几十公斤。

然而,那个念头时时萦绕在脑际,使陶静芝寝食不安。正因为我国青霉素生产起步晚,从事菌种培育工作的人员几乎是空白,这对青年技术人员倒是个锻炼的机会。她按捺不住心底的冲动,向领导讲出了自己的想法。

一石激起千重浪,首先苏联专家提出了反对意见:选种、育种这样高技术的课题,是科研单位的工作,工厂里最大的可能也仅仅是搞搞自然分离。我们自己的同志也有怀疑。但厂领导挺支持,菌种培养室的同志同陶静芝一样为这个想法感到兴奋。

投产试车的工作不能耽误,选种、育种的试验照样进行,只是苦了陶静芝她们这些年轻人。没黑没白地查资料,节假日也全利用起来。功夫不负有心人,陶静芝总算掌握了菌种培育的规律。

几个月过去了,育种试验有了起色。900 倍显微镜下,淡绿色的菌株,搭构出一幅幅极有生命力的画幅。终于有一天,计算结果使陶静芝欣喜若狂：试生产发酵单位提高近20%；用于生产后新菌种的潜力得到充分发挥，发酵单位提高了34.6%。

中国的第一株青霉素菌种，终于诞生在太行山东麓、滹沱河岸边。

计算结果使苏联专家十分惊愕，反复查看，直至确认无疑时，才笑笑："学生超过老师了。"

1961年，在中国历史上是一个严峻的年代。天灾人祸交织在一起。华北制药厂的建设和生产，正值红火之际，劈头一盆冷水泼来。尚新华、董绍杰等厂领导眼看着一起为建厂、开工尽了全力的工友们和自己一样日渐消瘦，心里的滋味很不好受。

饥饿并未使职工们气馁，生产在继续进行。有一个叫黄瑞琴的女工的事迹，让尚新华和董绍杰激动得不能自已。

黄瑞琴家在藁城。春节假期，她探亲回家，原定初三晚上坐火车返厂，可事不凑巧，这趟火车临时停运。第二天厂里就上班了，等车就得误工。黄瑞琴一咬牙：走回厂里！

母亲不放心，指着阴沉沉的天空说："八十多里路呢，一个姑娘家黑天半夜的怎么行？"

"咱们工人一个顶一个，各有各的任务，我今晚不回去，明天生产会受影响呀！"

女儿终于不顾母亲的劝阻，走了。

当她冒着热汗走到车间时，抬头望望门口的时钟，正好6点。

这是多好的工人啊！怎么能忍心让他们饿着呢？

"车间试着搞人造肉，进度还应再加快一点。"尚新华每当想起这些忍饥挨饿还坚守岗位的职工，就想起人造肉，虽然知道搞成了也不见得顶什么大用，但有总聊胜于无嘛。

"看看去。"董绍杰说着同尚新华走出了办公大楼。

还真不含糊，利用小罐生产人造肉，大罐生产啤酒的试验果然搞成功了。

职工的困难得到了一些缓解，但生产用粮却更加紧张。

1961年5月5日,朱德委员长来厂视察,尚新华、冷自生、陈博君、唐孝宣在陪同参观时如实做了汇报。

"玉米供应紧张,恐怕要影响生产。"唐孝宣讲过之后,有点后悔,这些具体困难怎么好劳朱德委员长操心。

"是啊,巧媳妇难做无米之炊。"朱德点了点头。

朱德看了一些车间和岗位,又询问一些情况,青霉素包装车间的姑娘们跟朱德握过手,简直高兴得无法形容,当即写了首"诗",登上黑板报,唯此才可以抒发她们心中的喜悦:

> 朱德委员长,百忙抽时间,
> 视察来我厂,人人都喜欢。
> 领袖关心咱,咱们加油干。
> ……

唐孝宣正为原料玉米将要断档焦急的时候,玉米专列进厂了。来人说,这是按朱德指令发来的,唐孝宣这才深刻理解汇报时,朱德眼中一直流露着的那种沉重与忧虑的神情。

梁铨新从北京大学医学院医学系毕业,走进东北制药总厂时,肺结核病正流行在中国这块古老的土地上。可怕的痨病曾夺取过无数刚刚当家做主的劳动者的生命。

防痨治痨的号召来自中南海。

雷米封是抗结核的首选药物,而雷米封的原料4-甲基吡啶却需要进口。仅此一项,我国不仅每年要花费近千万美元,而且买方竟提出了使人无法承受的反常条件:多买反而加价!因为他们知道,中国不能生产。

1959年,化工部把研究4-甲基吡啶的合成方法作为国家迫切需要解决的问题正式提了出来,而这样重似千斤的担子,竟一下子落到了梁铨新的肩上。

梁铨新预感到这项工作一定十分艰难。然而没有想到，想象中的艰难竟与现实还差得远。

劳动条件恶劣，恶劣得使人无法置信。

设备异常简陋，简陋得近似原始社会的刀耕火种。

而这种原料却是由乙炔同氨合成的，爆炸燃烧的情况随时都有可能发生。

梁铨新没有退却。他晚上学习，白天试验，经过3个月的试验，成功了！

4-甲基吡啶的样品试制出来了。消息传到北京，立即得到反响：北京市化工局局长，北京制药厂厂长立刻把梁铨新接到北京。

化工部决定：小试放大，在北京制药厂进行。

放大试验只进行30分钟，触媒就被烧坏了。

作为这个项目的负责人，梁铨新急得像火上房。他知道，不仅身边有十几双眼睛在盯着自己，而且全国结核病患者的眼睛都在盯着自己。

梁铨新记起文献上介绍过的流动床新型传热反应器，适合这种放出热量大的反应，但需要一种氧化铝做催化剂。听说北京有个单位正在研究这种催化剂，本想交流一下，但这个单位的人说这是绝密，无论如何也未能看到。技术的封锁和感情上的压抑使梁铨新承受了巨大的压力。而这时，一股更大的寒流又向他慢慢地袭来。

"老梁啊，中试进行得怎么样？有进展吧？"厂里有人打来长途电话。

"还行！基本有了眉目，只是设备还有些问题没完全解决。"梁铨新如实汇报，他甚至有些感动，厂里有人关心着自己的工作，于是诚恳地对着话筒说："真谢谢家里的关心，谢谢……"

"是这么回事，厂里有点事，你回来一趟。"对方有点不耐烦，听口气有点急。

"什么时候回沈阳呢？"

"就明天吧！"

"什么事这么急？"

"你回来就知道了。"

梁铨新琢磨不出什么事，胡思乱想着返回了沈阳。

结果被告知，因为其父被镇压的问题，以及海外关系的原因，他被精简下放了。

眼看就要成功的中试项目和流化床的研究被放弃了。

10个月过去了，化工部两次电话催促让梁铨新返京。这回梁铨新真犹豫了，如果试验不顺利，引起爆炸，伤了自己还好说，伤了别人，把事情往政治上扯，怎么办？

然而化工部的信任和希望，以及自己对医药事业的追求，还是战胜了心头的彷徨。

当拿到成功的样品时，梁铨新激动极了，因为我国医药工业第一台硫化催化反应器诞生了，4-甲基吡啶不用进口了。

研制4-甲基吡啶是冒着生命危险完成的，而丙炔醇的研制则是与死神的决斗。

丙炔醇是由乙炔加压合成的。乙炔极易爆炸，所用触媒为乙炔铜，其爆炸性与雷管相似。因此，做此试验无疑是摆弄雷管和炸药。

试验进展得十分缓慢，原因是没有乙炔压缩机。在大量研究文献资料的基础上，梁铨新大胆提出了一套不用压缩而获取高压乙炔的方案。

试验那天，梁铨新和另一位支持这个方案的同志都把心提到了嗓子眼儿上。当常压乙炔吸收饱和后，高压釜夹层通入蒸汽。随着汽流的"滋滋"响，俩人趴在窗户下面，眼睛紧盯着高压釜上的压力表。

黑色指针慢慢旋转，压力在徐徐上升。

5公斤……10公斤……15公斤……20公斤！

当高压釜内的乙炔压力达到每平方厘米20公斤时，高压釜依然如故，试验成功了。

梁铨新坎坎坷坷地往前走着，身后却留下了一行坚实的足迹。成功的喜悦使人陶醉，而只有浸沉在陶醉中的时候，才可能使人忘却曾经历过的磨难。

丙炔醇、丁炔二醇及其专利产品脑复康、合成黄连素、磷霉素等研制开发成功，直至东北制药总厂发展的历程，还记载着沈家祥和马承志的名字和事迹。他们的忠诚，他们的执着追求，都融进了对中国医药工业的贡献之中。

毕业于上海圣约翰大学的郭丰文，33 岁的时候由上海生化制药厂来沈阳支援东北化学制药厂的筹建。在沈阳，郭丰文先后组织和指导攻克了 DDT、百乐君、合霉素、维生素、硝硫氰胺以及磺胺类多种原料和中间体的试制。

东北制药总厂的维生素 C 试制，以山梨醇为起始原料。由于原料无以为继，便进行葡萄糖催化加氢和山梨醇生物氧化的研究试验。

葡萄糖催化加氢需要的高压釜没有着落，而且是短时间内无法解决的。

专题负责人是中科院大连物化所的王大耜。设备问题使大家一筹莫展。试验工作受到影响。他比谁都急。

按工艺设计，需用耐压 100 公斤以上的 100 立升卧式高压釜。

厂内闲置一台耐压 50 公斤以下，1000 立升立式的高压釜。

郭丰文看在眼里，记在心上。他琢磨立式、卧式没多大关系，大点小点也没什么关系，只是耐压差得太多。要求是 100 公斤以上，这个只有 50 公斤以下。如果不满足釜内压力，加氢就无法进行，而提高加氢压力，釜又承受不了。

"能不能降低压力加氢呢？如果能行，岂不是两全其美。"郭丰文心里暗暗地想。

从有了这个念头时起，郭丰文就格外注意加氢原理研究。加压的目的，是加强气体与流体的混合程度。

他把自己的想法和发现同邝宗濂讲了，俩人不谋而合。

说干就干，试验条件很快就具备了。正式试验时，来了不少人，在液面上组合应用了一个导气罩和一个鼓风叶轮。想象中，有叶轮吹，有导气罩罩着，应该差不多可以把气体吹进液面以下。试验开始后，大家都鸦雀无声地看着。可气量很少，进入液体也很浅。试验的结果：没有实用价值。

人们渐渐散去，只剩下郭丰文和邝宗濂两个人还在那里愣着。

"想法应该说是没错，怎么没试成呢？"郭丰文像是对自己说，又像是对邝宗濂问。

"好像是吹得不够劲，气、液接触面积不够。"邝宗濂边思索边说。

"要是加个搅拌棒，把液体搅动起来，接触面积不就大了嘛！"

"对啊！试试！"

增加一个锚式搅拌机，试验结果：有进步。

再增加一个固定的逆向导轮，试验结果令人欢欣鼓舞。

再增加一个离心涡轮机，试验结果，更加理想。

……

一连几个月的试验、失败、再试验以及改进，再改进，一种复式气液搅拌器终于诞生了。在倒置的玻璃镜罩下，可以观察到这种搅拌器在运行的时候，一方面搅起沉重的镍触媒，悬混在整个液体之中；一方面又把气体循环不息地从导气罩吸入，分散成细小的气泡，在液体中扩散。

再通过 10 立升、100 立升高压釜葡萄糖催化加氢试验，证明在每平方厘米 30～40 公斤的压力下，加氢反应可以顺利完成。

试验成功了。

那一刻，王大耜激动得和郭丰文、邝宗濂又是拍肩，又是握手。

闲置的大高压釜用上了。维生素 C 的起始原料山梨醇生产出来了。维生素 C 生产出来了。这种搅拌器改变了氢化工艺的条件，走出了我国独特的路子。

独特就是创造。

1964 年，复式气液搅拌器被命名为液面透平机，获国家科技发明三等奖。

1952 年的春节刚过，北京大学医学院药学系的学生安静娴背着简单的行李，拎着一捆书走出沈阳火车站。

安静娴是位山东姑娘。红润的脸庞和齐耳的短发，愈发使她显得朝气蓬勃。而一双充满智慧的眼睛，流露出共和国培养的第一批大学生的聪明才智。

安静娴是到东北制药总厂进行毕业实习的。

实习岗位定在三分厂,环境相当艰苦。3个月的实习时间很快就过去了。安静娴接到学校的通知:暂时不要返校,在东药等待分配。又干了3个月,学校的毕业分配通知寄到了安静娴手里:

"你的毕业分配单位:东北制药总厂。"

"嘿!这下可以安营扎寨了。"安静娴喜欢得像个孩子,手舞足蹈地向工友们报信。

条件确实艰苦。厂房破烂,设备陈旧,实验工具简陋到不能再简陋。可是安静娴却在这里迈开了科研工作的第一步。

生产磺胺噻唑的磺酸车间,冰析后的母液利用课题,分配给了安静娴和小田俩人。书到用时方恨少。眼看着别人的课题都进展很快,而自己的课题却进展得极不顺利,两个姑娘急得面对面地好一通哭。

光哭是不能解决问题的。安静娴感到学习的知识与实际生产还有一段距离。而缩短这段距离的唯一办法,就是向实践学习。

厂长龙在云上班来得很早,到厂后先要在厂里转一圈,差不多每天都能在实验现场见到安静娴。一次,龙在云问安静娴课题进度情况:

"差不多了吧?"

安静娴老老实实地回答:

"总是超出理论量。"

"能不能试试提高一下温度?"

"想过,没敢试。"

"怕什么。"

有厂长壮胆,试一下,效果真有好转。沿着这条路反反复复,左改右改,利用硫化物分离的母液代替盐酸中和氨苯磺酸钠课题终于成功地攻克了。

利用石灰氮,不经硫脲直接缩合成磺胺噻唑的技术难题,又被攻克。虽不轻松,但毕竟不如上次费力。

这位爽朗的山东姑娘,天性中承袭了某种倔犟,通过查阅资料,发现了一条磺胺噻唑新路线。为了尽快走通新路线,并摸索出安全反应条件,她又进行了多次实验。

实验刚开始,只听"轰"的一声,爆炸发生了。

现场设备被烟火熏烤得面目全非,震碎的玻璃片散落满地。安静娴理了理头发,实验接着进行。

新路线终于被摸索出来。

1958年6月30日,《人民日报》摆在案头,毛泽东燃着一支纸烟,随手拿起这张报纸,如往常一样从头版开始浏览。一则消息使他的目光顿时凝重起来,再看时,竟使毛泽东兴奋得霍地站了起来,扬起报纸叫来秘书。

报纸上是一则关于余江县消灭了血吸虫病的报道。

江西省东北部的余江县,有信江支流白塔河流过。邓家埠镇是余江的县城。南朝陈置安仁县,1914年改为余江。农产主要有稻、棉、杂粮和豆类。

余江县人民长期被血吸虫病所折磨。解放后,在各级政府和血吸虫病防治部门的共同努力下,终于在全县境内消灭了血吸虫。人民群众感激党和政府,并用增加生产的实际行动来报答党和政府的恩情。

从早到晚,毛泽东一直为这则报导而激动不已。他彻夜难眠,激情澎湃,写下了一首光辉的诗篇——

送瘟神
一九五八年七月一日

读六月三十日人民日报,余江县消灭了血吸虫。浮想联翩,夜不能寐。微风拂煦,旭日临窗。遥望南天,欣然命笔。

绿水青山枉自多,
华佗无奈小虫何!

> 千村薜荔人遗矢,
> 万户萧疏鬼唱歌。
> 坐地日行八万里,
> 巡天遥看一千河。
> 牛郎欲问瘟神事,
> 一样悲欢逐逝波。

一首甫毕,感到犹未尽,他重又蘸墨挥毫,写下了第二首。

> 春风杨柳万千条,
> 六亿神州尽舜尧。
> 红雨随心翻作浪,
> 青山着意化为桥。
> 天连五岭银锄落,
> 地动三河铁臂摇。
> 借问瘟君欲何往,
> 纸船明烛照天烧。

毛泽东的《送瘟神》公开发表后,在上海医药工业研究院的雷兴翰教授读诗时心潮澎湃。真没想到毛主席在日理万机中,竟对血防工作给予了这么大的关注。

雷兴翰教授是血防战线上的一名尖兵,任南方13省市自治区血吸虫病防治委员会副主任。

25岁在清华大学化学系毕业后,雷兴翰留校任教5年。

向往着汲取更多知识的雷兴翰,终于在不懈的努力下考入了美国威斯康辛大学药学院。仅一年时间,便取得了硕士学位。又刻苦学习了两年,获得了博士学位。

几年的寒窗苦读,使雷兴翰如虎添翼。报效祖国的热情灼烤着他的心。远涉重洋回到祖国后,任国立药学专科学校教授,并兼任重庆大学等学校的教授。然而,国民党统治下的中国,要想摘掉国人"东亚病夫"的帽子,是根本行不通的。他在极度苦闷中,迎来了新中国的诞生。

1951年4月，雷兴翰以其在中国化学药物研究方面的成就和专长被轻工部医药局授以年轻共和国的第一批专家称号。奉献才智和力量的机会，终于在不懈的追求中来到了，雷兴翰被任命为华东人民制药厂厂长兼总工程师。

经历过新旧社会变迁的雷兴翰既目睹过劳动人民饥寒交迫的惨况，也亲手救治过贫病交困的患者。药物依靠进口以及价格昂贵的现状，济世治病以及救患者脱苦海的愿望，时时激励着雷兴翰废寝忘食地拼命工作。

雷兴翰深切地感到，在中国，血吸虫病是危害最烈的寄生虫病。染病面积相当广泛，危害人群数量很大。多少人由于"小虫"侵害痛苦万分，丧失了劳动能力，有的甚至命丧黄泉，造成家破人亡的悲惨景象；有许多村庄是一片萧条，一片悲歌。

雷兴翰也知道，治疗血吸虫病的酒石酸锑钾，不但价格绝非劳动群众能承受，而且该药易引发阿斯综合症，不太安全。

既要消除不安全因素，又不能消除治病的成分，酒石酸锑钾这条路就被彻底堵死了。

然而，雷兴翰毕竟是雷兴翰。

在常人看来枯燥无味的实验、分析、筛选，恰恰是雷兴翰驰骋的自由天地。雷兴翰所从事的研究工作，是为千百万劳动人民群众解除痛苦、保护劳动生产力的伟大事业，他愿为此贡献一切。

通过广泛筛选，雷兴翰发现硝基呋喃丙烯酸类化合物有抗血吸虫的作用。1961年，研究成功新药呋喃丙胺，并以代号F—30066命名。世界上第一个口服非锑剂药物的诞生，引起了国内外医药界的注目。1962年12月，F—30066在上海大众制药厂投入大批量生产，开创了治疗血吸虫病的新局面。国家科委为此颁发了创造发明一等奖。

建国初期，山东省一带黑热病流行，治疗很困难，死亡率极高。即使是倾家荡产也未必能救治出一个病人。"斯锑姆霜"能治疗黑热病，但价格昂贵，副作用大。在雷兴翰指导下，新的药物的研究进展很快。华东新华制药厂的厂长方人麟聘雷兴翰到厂指导，"斯锑黑克"在新华制药厂和华东人民制药公司化学制药一厂投产了，为防治黑热病起到了重要作用。

雷兴翰所工作的上海医药工业研究院是中国医药工业界人才济济的地方。共和国诞生之初，群贤毕至。与雷兴翰同被第一批授以专家资格的童村亦在此院。

上海解放后，在陈毅市长的关怀下，童村主持青霉素的研究工作，并负责上海第三制药厂的筹建。

在华北制药厂建设之前，中国生产青霉素仅此一家。既遭到外部封锁，又无内部经验可借鉴，童村是在完全黑暗的甬道中穿行，所遭遇的困难简直无法想象。

青霉素投入工业生产后，经常发生染菌问题，不仅威胁着生产，还浪费大量粮食。早年毕业于燕京大学的童村，在北京协和医学院获医学博士。当赴美在约翰霍甫金斯大学获公共卫生学博士后，他毅然回国从事青霉素研究工作。染菌困扰着青霉素的生产，心急如焚的童村完全沉入了染菌罐批的原始记录上，力图从不同角度来揭示青霉素发酵染菌之谜。在与上海第三制药厂沈义的合作之中，童村解开了青霉素生产中染菌的原因，使世界抗生素界侧目的专著《抗生素发酵染菌的防止》，成了抗生素生产中制服染菌的经典文献。

青霉素终于生产出来了，虽然年产量仅是几十公斤，但其意义远远超过它的数量。

六十年代，对抗生素特具禀赋的童村，在试制青霉素的同时，开展了青霉菌、链霉菌、金霉菌菌种的选育工作，不断提高抗生素的生产技术水平，并研究推广了土霉素、新生霉素的生产工艺。

童村把全部心智和理想统统奉献给祖国的抗生素事业了。祖国的抗生素事业，在像童村这样一大批痴迷的事业朝圣者艰苦卓绝的奋斗下，得到了长足的发展。到六十年代中后期，曾与黄金等价的青霉素已经降到每支6角钱左右。

当童村已经具备了充分的依据和条件时，他开始对抗生素生产和应用领域进行更深层次的研究。

在童村的领导和主持下，抗生素深层培养技术推广应用于轻工、农业和其它工业。特别是酮戊二酸短杆菌北京 2990—6、谷氨酸产生菌、鲁保一号菌,以及农业用苏云金杆菌的工艺取得成功,为谷氨酸生产和生物防治农作物病害所需药源,开辟了崭新的途径。

中国幅员辽阔,疟疾的发病区域十分广泛。染上疟疾的人,发作时突然发生寒颤,继以高热,每日或间日发作,痛苦异常。有效治疗的药物是奎宁。

奎宁还有一个很好听的名字:金鸡纳霜,是从一种叫金鸡纳的树皮中提炼出来的。中国没有这种树,所以全部依靠进口。

经过考察发现,云南的屏边县气候与金鸡纳树的生长条件相似,于是决定试种。

树苗栽上不久,竟被人全部拔走。刚刚解放不久的屏边,临近中缅边界的"金三角",种树的举动引起了土匪的注意。不知是土匪误认为金鸡纳树为发财之物,还是"侵犯"了他们的地盘,种植人员安全受到威胁,种植的树木遭到破坏。

周浩然是西南公司经理,他被气得火冒三丈,求援部队剿匪,并给种植人员发枪,用武装保卫生产。

虽然土匪的骚扰被平息了,但一场霜冻却摧毁了90%的金鸡纳树苗,试种失败了。

围绕着抗疟药物的研制工作,在全国展开。

昆明制药厂生产出少量奎宁;

东北化学制药厂研制并试出抗疟药百乐君,并由东北第六制药厂投产;

西南制药厂研制成功了抗疟新药环氯胍;

上海葡萄糖厂在上海医药工业研究院的指导下,试生产出抗疟新产品磷酸氯喹、磷酸伯喹和乙胺嘧啶。

"三喹"的生产,在全国抗疟起了相当重要的作用。然而一次严重的生产事故,不仅夺去一名职工的生命,而且烧毁了主要设备。"三喹"被迫停产。

在上海,发轫于1888年的中西制药厂陆岐松副厂长立即向上海市医药工业公司请缨，要求进行"三喹"生产。

中西药厂曾经在相当困难的时候，群策群力，研制并攻克了有机合成"香兰醛"的难关，医药公司批准了陆岐松的要求。

这一转变，彻底改变了中西药厂的命运，从此中西药厂走上了以抗疟药"三喹"为主导产品的发展之路。

然而这一转变，对中西药厂来说，困难也是巨大的。技术资料不完整，技术设备不完备，甚至最基本的原料二甲呋喃也不能保证供应。

上海葡萄糖厂将设在研究院合成室的"三喹"试制设备撤交给中西药厂，并抽调原试制技术人员到中西药厂协助工作。方军浩、祝友勋、唐万育、王春煜同时来到中西药厂。

困难重重，但干劲十足。

紧张繁重的改扩建工程，在夜以继日的努力下，很快就完成了。伯喹在卫生部最急需的时候，从中西药厂及时送了出来。

"三喹"中的"一喹"有了着落，而病区的急需有待另"二喹"尽快投产。氯喹的上马在第二年紧锣密鼓中提到了中西药厂的日程。

陆松岐在进行简单的动员之后，同上海医药工业公司技术科长李荫瑞、上海医药工业研究院王其灼、耿国武工程师一起重点抓氯喹试制工作。

朱善言是氯喹试制队的成员，正在上海医学院学习，学制三年，已经念了两年，差一年毕业，却回到了厂里，参加抗疟药的攻关。朱善言把参加攻关战斗看得很重。他们甚至还举行了类似宣誓一样的仪式，口号是：

> 工作艰巨，
> 我们来承担；
> 困难更大，
> 我们来克服；
> 一定要把"三喹"生产出来，
> 为人民群众造福！

试制工作是在一个简易工棚中进行的。试验中没有高压锅炉,只能用低压锅炉代替。而加热有困难时,唯一可行的办法,是用煤球炉来解决。

氯化后的固体半成品要放在甲苯中加热到200℃,设备仅是一口大锅。大锅很容易烧漏,燃爆和灼伤的事经常发生。

一次夜班,还原釜发生爆炸,队长曹根源骨折,朱善言脸部烧伤。未待伤病痊愈,他俩就又出现在试制现场。

困难一个个被克服。在付出了许许多多代价后,1962年,"三喹"在中西药厂全部试制成功,陆续投入生产,在防治疟疾和当时的抗美援朝战争中发挥了重要作用。

疟原虫对喹宁和氯喹产生了抗药性,寻找新的抗疟药迫在眉睫。已是东北制药总厂分厂厂长的安静娴,顶着文革中别人给她贴大字报、说她是白专典型的压力,以一个共产党员对事业的忠诚,和研究所的同志组成了代号"523"的科研小组,通过大量中间合成和广筛,发现了一种化合物在鼠疟模型上显示了很高的疗效。

还在人们欣喜之中,却发现有文献记载,它的毒性很大。

怎么办?

有人劝她:"算了吧,危险太大,代价太大。"可她却摇摇头说:

"危险也许会很大,但总要有人去试,在关键时刻应该向前。"

在安静娴的带领下,"523"科研小组迈着坚定沉着的步子,继续向前人没有尝试过的禁区挺进。

5年风和雨,一路志气歌。

多少不眠之夜,多少次失败后的探索。

安静娴终于摸清了这种化合物的毒性,掌握了反应规律,成功地拿到成品"脑疟佳",并通过大量临床实践证明,它是一种高效、速效、无耐药性的抗疟新药,疗效超过了美国王牌"氯喹",被人们称为中国抗疟王牌。

安静娴成功了!

六十年代,是新中国人民奋发图强的年代,也是中国医药工业蓬勃发展的年代。毛泽东主席和党中央非常关心医药工业在人民防病治病中的巨大作用，重视医药工业的发展。于是一个重要的决策诞生了。它给中国的医药工业注入了强大的生命力。

1965年1月1日。

北京和平里。

中国医药工业公司筹备就绪，正式挂牌办公。化工部副部长张亮任公司党委书记，副书记袁荣，经理龙在云。一批熟悉、热爱医药工业的领导、专家和工作人员云集在和平里七区六号楼里，开始了对全国医药工业产、供、销、人、财、物的统一指挥和运作，迎来了医药工业新的春天。仅仅一年的时间，全国医药工业的产值、劳动生产率和利润都增长30%以上，可比产品成本降低15%，有39个新品种投入了生产。

然而，风云突变。1966年开始的文化大革命，把医药工业公司"彻底砸烂"了。人员绝大多数去了干校劳动。

十年动乱中，医药工业遭到了严重破坏，千疮百孔，不堪重负，事故不断发生。中央被惊动了。于是在5年之后的1974年4月1日，燃化部医药局宣告成立，仍在北京和平里。负责人有齐谋甲、龙在云、卢雁修、井振元、臧君伟、高惠如。

1978年7月22日，国家医药管理总局正式成立。12月26日，化工部李艺林、陶涛副部长，国家医药管理总局高惠如副局长在确定移交原则后，紧紧握手，互祝事业有成。

今天，我国已成为世界上药品生产大国，其产量仅次于美国。技术装备水平也达到了世界八十年代先进水平。凡是国外有的品种我们基本都能生产。我国原料药的生产不仅满足国内市场，而且有50%出口，成为世界上原料药出口的重要国家。

第六章
负起特殊的使命

中华人民共和国成立后的第七个年头,毛泽东主席宣布:"我们现在已经比过去强,以后还要比现在强,不但要有更多的飞机和大炮,而且还要有原子弹。在今天的世界上,我们要不受人家欺负,就不能没有这个东西。"毛泽东的声音,释放出了蕴藏在人民中的巨大能量。

因为是尖端技术,一切都在绝密的情况下静静地进行着。

因为是共和国的需要,一切都在生龙活虎地进展着。

沈阳化工研究院加快了电解交换法制重水的研究,有机硅和环氧树脂等迅速研究成功并推广到全国。火箭、导弹的推进剂在几个科研单位和工厂火速开展研制。上海两个不足百人的小厂,鸿源化学厂和北洋化工厂竟然搞起聚四氟乙烯和聚三氟氯乙烯来。合成材料的品种非常之多,好多单位积极地开始研究。我国第一块氟橡胶的小小样品在国庆十周年献了礼。北京化工厂猛攻高纯试剂,橡胶制品厂坚决要做成原子弹和导弹用的几百种橡胶零件……许许多多过去没有做过、甚至没有听说过的化工新材料,只要国防军工需要,就坚决去做,而且一定要做成功,为祖国争光,为人民争气。

1956年10月,聂荣臻经过三年休养和治疗,健康状况有所好转。邓小平找到他:"中央对你的工作有三个考虑,一是抓科学技术;二是当北京市长;三是管国防工业和部队装备。"

聂荣臻略加思索,对邓小平说:"我不想当市长。对科学技术工作倒很感兴趣。"

聂荣臻总结了三年科技工作的经验，深知新材料已成为突破国防尖端技术和发展国防科技的关键，于1959年冬给中央打了报告，提出了自力更生解决新技术材料问题的意见，迅即得到中共中央批准。报告中指出，化工任务很重，如果不能加快发展可能成为薄弱的一环。

聂荣臻在报告中提出了需要5600种新材料，其中化工材料803种，有439种已经能够生产。另外新增基建后才能生产的有175种，尚需研究试制的有207种。

光荣而艰巨的任务，一次又一次地落到化工部门。上海、北京、天津以及有关省市的化工厅局，迅速把任务一项一项地安排到基层。所有的工厂、科研院所、高等院校以及他们的科技人员，在接到任务后都无比兴奋，感觉到无上光荣和自豪，认为这是党和国家对自己的信任，是自己报效祖国的极好机会，纷纷投入到热火朝天的试验研究中去。

仅仅有10岁年龄的共和国，正在承受着不曾有过的重荷：

1957年10月15日，聂荣臻、陈赓、宋任穷等同志率领的代表团在莫斯科签订的在火箭、航空等新技术方面援助中国的协定，随着两国分歧公开化而成一纸空文。1960年8月，苏联片面撕毁合同，把专家全部撤走。中国刚刚起步的核工业受到了沉重的打击。

苏联援助的撤销，抗美援朝的付出，自然灾害的影响以及一系列国际国内的政治变故……共和国赤诚的儿女们，在忍耐着饥饿和寒冷的情况下，用唯一传统的方式——一不怕苦、二不怕死的革命精神来工作，以表达对祖国的热爱和对事业的忠诚。

吉林化学工业公司化肥厂运出了第一车30吨液氧，为近程地地导弹的地面试验创造了条件；兰州化工厂为发射试验提供了液氧。

天津河北制药厂研制出符合技术条件的高浓度过氧化氢产品；

北京化工研究院研制出高锰酸钾催化剂；

……

1960年11月5日。这是一个极为晴朗的日子。9时，一枚硕长挺拔的火箭脱离起落架腾空而起。凝聚着中国人的志气和毅力，在苏联专家半路撤走的情况下，全凭自己的力量制造的第一枚导弹轰然而起，刺破青天。

化工部部长兼国防科委委员彭涛，主管军工的副部长李苏，所有在自力更生研究开发化工新材料方面贡献了力量的人们，无不为此感到欢欣鼓舞。

他们意气风发，准备迎接新的、更重大的任务。

1962年10月，中国人民解放军总参谋长罗瑞卿呈送中央一份报告，建议成立中共中央专门委员会，从更高层次加强尖端技术事业的领导。

11月2日，邓小平在报告上批示："拟同意，送主席、刘、周、朱、彭核阅。"

11月3日，毛泽东主席用力撑乾坤的手写上一笔永彪千秋史册的批示："很好，照办。要大力协同，做好这件工作。"

11月17日，中共中央专门委员会成立。周恩来总理任组长，另外有7位副总理、7位部长参加。刚刚上任5个月的化工部部长高扬成为中央15人专门委员会中的一员。

搞原子弹需要铀，可是铀矿的开采、分离和提炼，需要多种化工原材料。用于过滤与防护放射性尘埃的过氯乙烯超细纤维，提取铀的各种萃取剂，离子交换树脂，设备检漏和保护用的纯氦，耐腐蚀、耐辐照的橡胶制品，反应堆热工实验用的特种绝热涂覆材料等等，都相继开发成功，投入小量生产。

1964年9月16日、17日，周恩来总理主持召开了第九次中央专委会，综合大家意见，提出：争取1964年进行我国的第一颗原子弹试验。

9月21日，他写信给毛泽东主席："如决定今年爆炸，以10月中旬到11月上旬为好。"

9月23日，征得中央常委同意，中央专委决定10月15日至20日期间进行首爆。

10月14日周恩来亲自下达了核装置就位的命令。

10月16日，周恩来、贺龙、聂荣臻坐镇北京，亲自等候在连接试验现场的电话机旁，听着现场的指挥口令和倒计时的声音。毛泽东和刘少奇等人也在各自的办公室密切关注着这次试验。

15时，中国西部一声巨响，火球光芒四射，升腾翻滚，变成一朵巨大的蘑菇云。

第一颗原子弹爆炸成功了。

1961 年 4 月 30 日。

北京的节日气氛已经相当热烈。

桂纯却攥着火车票，挤上了去大连的火车。

随着节奏强烈的车轮声，悠悠往事开始萦绕在她的脑际。

1955 年，桂纯从大连工学院来到北京，三机部安排她迅速前往沈阳化工研究院，参加一种国防工业急需的重水产品的研制工作。

沈阳化工研究院的老院长王琳和梁波热情地接待了她。上海交大的高才生刘天化、桂纯和她的同学周以芬组成一个小组，化学专家吴冰颜担任组长，重水试制小组立即进入角色。

3 人中桂纯是党员，自己处处注意起带头作用。苦和累算不了什么。按理说，作为一个专业性的化工研究院，试验条件应当相当优越，然而时代背景却决定了这里仍然缺东少西。虽然组织上并没有提出过时间要求，但他们心里却在抱怨时间过得太快，而成果太少。整整一年，小试刚刚成功。

不久，桂纯被调回北京，并由北京化工研究院安排赴苏联实习。

莫斯科和列宁格勒留下了桂纯的足迹。苏联"老大哥"翻脸，使桂纯的实习地点分散，而且全是些风马牛不相及的东西。

她的心绪很乱，恨不得马上离开这里。

她思考最多的依然是重水。小试虽然成功，毕竟还没有拿出急需的 10 公斤。

远在异国，特别是这种背景下。

归心似箭的桂纯，终于回到了祖国，"重水中试将在大连油脂化学厂进行"。听到这个消息,她激动得几乎一夜没能睡着觉,第二天就踏上了驶往大连的列车。

桂纯走进厂区的时候,忽然止步伫立良久。她听到直流电机运转的声音,立刻判断出水电解槽正在正常运行。

在这里,桂纯曾参加过一次重水的扩大试验,那些亲切的面容她都很熟悉。

这次中试规模更大,人们的热情更高。桂纯沉浸在热气腾腾的氛围之中。她下定决心要求到大连工作。

回京后,桂纯第一次向领导提出要求:跟重水走,到大连工作。

领导舍不得她,但又不能不佩服她对重水的执着。

收拾行装,她来到了大连。

国家对重水试验非常重视,组织全国的力量进行攻关,三十年代就从事研究重水的北京大学张清莲教授、天津大学余国琮教授都赶来了。桂纯毕竟是从小试中走过来的,老教授喜欢聪明伶俐的桂纯,经过紧张的七百多个日日夜夜的艰苦奋斗,中试再次成功。

中试的成功和设计人员的努力是分不开的,陈鉴远这个曾留学美国的博士,冲破重重阻挠,于五十年代初回到祖国。1958年,他成为化工军工设计的总负责人,带领一支年轻的设计队伍,第一次做重水的设计,中试的成功给他们带来了莫大的喜悦和鼓舞。

自力更生为主,争取外援为辅。当重水的技术开发紧张进行之际,听说国外有出售重水装置的可能,当然要去试试。一个出国代表团组成了,由外贸部朱局长带队,团员中有陈鉴远。此行的任务之一,购买重水装置。如若不卖,就购买重水。如果还不卖,则购买重水生产技术。

结果是全落空了。

1963年4月,7名黄皮肤的中国人被彬彬有礼的外国主人请进一个相当别致的宾馆。一天的参观活动,在主人相当周密的安排下结束了。在宽敞明亮的会客室里,陈鉴远直至听到明天将由几家工厂联合为中国客人送行,才弄明白考察活动即将结束。

"尊敬的中国客人的光临,为我们的工厂增添了荣耀。"

精明干练的接待人员威尔正握着中国代表团朱团长的手,脸上带着夸张的笑容。

陈鉴远和朱局长相互递个眼色,走了过去,客气地打断对方的话:"对不起,威尔先生。可以提一个问题吗?"流利的英语,让威尔略略一惊。

"陈先生,你有什么问题,只管说吧,我会尽最大努力来帮助您的。"威尔的脸上堆满了诚恳。

"计划中还要参观氮肥厂,不知贵方安排在哪一天。"

"啊,啊——,是这么回事,我给您解释一下。"看得出威尔有点紧张,也有点尴尬。所以脸上的诚恳被表现得更加夸张。

"这个装置,只是做实验用的,而且只做了有限的几次,显然是不完善的。我觉得,完全可以不去看。"镇静一下之后,威尔沉稳地回答。

"可是计划中有这项内容,还是去一下好。"

"真对不起,那套装置已被我们拆除了。"

"这样的话,我们只好同那些曾参加这项研究的人员交流一下了。"陈鉴远不失时机地进一步争取着。

威尔耸耸肩:"真抱歉,他们不在。"马上又补充说:"美国,去了美国。"

威尔的回答使陈鉴远有些沮丧,但他不太甘心,接着问:"据我们了解,贵国的核电站是采用重水堆的方法,那么这些重水是从哪儿来的呢?"

"美国——买美国的。"

出访任务没有完成,陈鉴远提出延长考察时间,为自行建设重水厂购置国内还不能制造的设备和材料。

当天,中国驻外大使将陈鉴远的建议传到国内。

当天,国内通知此行延长两个星期。

陈鉴远与外商谈判购置大型电解槽、压缩机、阀门和耐腐蚀材料,收获不小,总算不虚此行。

一个月后,陈鉴远坐在国防工办刘柏罗副秘书长的办公室里。汇报到最后,他提出自行建厂的建议。陈鉴远心中有数,电解交换法的中试运行已经成功,建厂是有把握的,双温交换法在中试建成后,建大厂也有成功的希望。

"好!把详细的情况打个报告来,中央会认真考虑的。"刘秘书长对陈鉴远的建议充满信心。"不过,现在可急需500公斤,无论想什么办法,都要尽快拿出来。"

李苏召集陈鉴远和军工局局长吴振刚、副局长陶涛一起研究报告内容。

"考虑第一批重水的急需,宜采用技术较为成熟的电解交换法。由于此法能耗大,成本太高,大量的重水供应仍需靠建设双温交换法生产装置来解决。"

6月份,部长高扬签署了这份共和国国防化工史上意义深远的报告。

8月份,报告获中央专委批准。

国家决定在吉林建设一套重水的工业化生产装置。陈鉴远主持重水工程的设计。桂纯再次被调到北京,参加了重水工程的设计。

吉林化学工业公司经理李艺林、副经理杨浚,吉化公司工程公司经理徐宝华,认真负责地领导了工程的建设。中国人民解放军工程兵的800子弟兵也来参加施工。工程不分昼夜紧张而有秩序地进行着,进度快得惊人。

1965年1月16日,桂纯作为工程设计代表来到吉化。

检查,验收,这一切都结束后,桂纯却没有走。她实在是离不开重水了。她又向领导提出要求,要跟重水走,没有几个月,她毅然把户口迁到了吉林,在吉林化学工业公司安营扎寨了。

桂纯是满族人。也许是努尔哈赤家族剽悍刚毅、正直勤劳的传统造就了她的性格。

桂纯对自己的决定很是欣慰。

带着自己的经验和试验数据资料,桂纯伴着重水走过了小试、中试,如今又如愿以偿地走进了工业化大生产。1965年6月,生产装置送电试车成功。

因为采用的是电解交换法,技术问题加设备的缺欠,使试车过程异常艰难，随时都有着火、爆炸的危险。作为车间副主任的桂纯，整天吃住在车间，和大家一块进行了几十项较大的技术改进。

国外资料介绍，电解交换法生产工艺过程必须经过12至18个月的平衡时间，大连油脂化学厂中试也进行了11个月。桂纯依据中试的操作数据和经验，合理安排工业化生产的试车进度，尽量减少滞留量。在部分国外设备未到的情况下，果断采取半负荷试车方案，边出料边平衡，仅用4个月就拿出合格的重水产品，使工程提前一年半建成投产，产品迅速满足了需要。为此，国务院专门来贺电，感谢重水工程的建设者。

1967年6月17日上午8时20分，我国的第一颗氢弹在祖国的西北部上空2960米高度爆炸，顷刻间碧蓝的天空出现强烈的闪光，一个巨大的火球显现在天空。随后，一朵非常壮观的蘑菇云形成。中国首次氢弹空爆试验取得圆满成功！

重水的新工艺、新技术接二连三地出现，桂纯一次又一次地冲锋在前，攻克新工艺首次投放生产的技术关。战无不胜、攻无不克，她的战绩辉煌。

为了重水，桂纯搭上了自己的青春。年轻时忙于干事业，等别人劝她考虑一下婚姻问题时，她已是满鬓银霜了。然而她没有丝毫懊悔之意，在工人中总是谈笑风生，意气风发，同年轻时一模一样。

陈鉴远在领导电解交换法工业生产工程设计的同时，还领导着双温交换法制重水的中间试验装置的设计和大厂预设计。一切工作都加速度地进行着。

1965年的春天，经过无数个白天黑夜的鏖战，中间试验成功。

陈鉴远这时已是化工部第六设计院院长了，他没有忘记在国外的遭遇，在决定设计方案时，在周密调查研究的基础上比较了多个方案。

试算求解由素有"神算"美称的孙铭进行。

孙铭编制了数学模型。

如同在数学海洋中搏击一样，孙铭游过了160个公式的长长距离，数字精确到8位。标准动作和必须全部到位的刻板的泳姿，使孙铭在游到对岸时，几乎精疲力尽。

1970年的6月,大西北的春天里,在一个傍晚,一座寓意着无限光明的化工厂里,流出了工业化的重水。

重水,这种天然水中丰度只有七千分之一的精灵,能在东方脱颖而出,远不只陈鉴远、桂纯、孙铭等几位专家的努力,朱谨彝、孙酣经、郭树发、洪小灵、刘祖高以及许许多多的领导干部、专家学者、技术干部、工人,为重水付出了难以言喻的辛勤劳动,中国科学院以及冶金、机械、建设等部门,还有许多高等院校为重水的研制成功和投放生产发扬了大力协同的精神,提供了许多无私的援助。

1957年的2月,上海正值春风拂面的时节。鸿源化学厂刚刚度过春节的假期,便又恢复了往日的繁忙。

高曾熙工程师在一堆报纸信件中,抽出一封兄弟从国外寄来的信件:得悉国外已有聚四氟乙烯的生产。

高曾熙知道,有机氟材料,具有耐高、低温,抗化学腐蚀、高绝缘、难燃、耐气候性好,低摩擦系数和不粘等优良性能,而聚四氟乙烯是有机氟材料中最重要的一个品种,号称"塑料王"。这种性能独特的好材料,还是国际军工和国民经济急需的新材料。

高曾熙心想,做聚四氟乙烯需要氟致冷剂作原料,而鸿源化学厂就生产氟致冷剂,也就是说有条件做聚四氟乙烯。

高曾熙想要试验生产聚四氟乙烯的方案,得到了领导的支持,试验小组旋即成立。

人是齐了,但设备却连影子都没有,试验人员束手无策。还是高曾熙主意多,反正裂解必须在裂解炉的炉管中进行,没有裂解炉,管子还是能找到的。

弄一根最耐燃烧的石英管,两头搭在炉灶上将炉火烧旺,通进原料气,这头进,那头出,就算进行了裂解。

显然，这种没有充分准备的试验，失败是难免的。

多次失败，使高曾熙他们聪明起来。裂解管管壁的温度控制在700～800℃时，才真正实现了比较满意的裂解。这一点经验是在多次失败中被反复验证了的。而控制裂解管管壁保持在这个温度下，困难虽然依然很多，但毕竟可以做到。

经过千难万险，聚四氟乙烯单体终于被试制出来。

裂解被攻克了，聚合试验的危险性更大，冒着生命危险，试验人员投入了聚合的试验中。

聚合最大的危险是爆炸。

既然有爆炸的危险，就不能不采取防范措施。

聚合釜确定用一个小钢瓶来代替。把这个小钢瓶放在土壕沟里，壕沟旁的土墩作掩体，试验人员趴在掩体后。

一根铁丝从小钢瓶一直连到土墩掩体后的试验人员手里，有节奏地拉动这根铁丝，是为了搅动瓶内的物料。

"轰"的一声巨响，小钢瓶飞上了天！

冲出掩体，找回钢瓶，大家聚在一起研究一番，是什么原因爆炸？把讨论的结果记录下来，作为改进的依据，试验继续进行。又是"轰"的一声，小钢瓶上天。再找回来，再讨论，再试验。

春去秋来，试验有了进展，终于获得了一点点白色的粉末，这点粉末，确确实实是聚合物，但却不能加工成型，也就是说，还没有实用价值。

1958年7月，上海市化工局根据国家技术委员会和化工部的部署，组织中国科学院化学研究所、上海有机化学研究所、北京化工设计院、北京化工研究院、复旦大学、上海化工厂等单位的人员，集中在鸿源化学厂共同攻技术难关。以后清华大学也作为一支重要的力量加入攻关会战。

大家积极性很高，一定要自力更生拿出这种国防军工急需的而西方对我国严加封锁禁运的产品。为此，帮助鸿源化学厂解决了高压聚合釜、镍裂解管、冷冻机、色谱分析仪等关键性的试验设备。大家群策群力，9月底即研制出了可以加工成型的聚四氟乙烯样品，向国庆节献礼。

为了加快研制开发的进程，1959年3月上海市化工局受化工部委托，召开含氟塑料攻关会议，总结交流经验，商定继续协同攻关的课题。同时派陈大猷到鸿源任技术副厂长以加强攻关的领导，并给该厂调配了技术力量。

1961年3月，国家科委副主任刘西尧、化工部副部长李苏联合主持召开了全国第一次含氟塑料会议，听取了各单位的试验研究报告，仔细分析讨论了攻关中存在的问题，确定了57项技术攻关任务，各单位分兵合击。1962年鸿源化学厂建成一套年产3吨聚四氟乙烯的装置，经一年多的鏖战，新装置小批量生产的合格产品，供应了国防工业的急需。

1964年春，年产30吨聚四氟乙烯中间试验车间建成。化工部军工局局长曹波声十分重视这一工程的建设，在试车前夕派副局长陶涛到现场蹲点。陈大猷带队负责验收试车。研制人员仔细检测，一丝不苟。第一次查出设备及安装不符合要求的问题和泄漏点共有300多处，立即由施工队返修。经反复三次检查，确保了设备安装质量。接着进行试车，大家不分昼夜守护，连吃住都在现场，随时准备抢险。

有一次聚合釜管道堵塞，压力表失灵，操作人员立即冒险进入防爆室处理。在松动阀门时，发现压力已超限，调整已来不及了，立即退出。在刚刚关好防爆门的瞬间，聚合釜即爆炸，幸未造成伤亡。经过检修，并采取相应措施，使流程畅通。

1964年5月20日顺利地生产出质量优良的聚四氟乙烯产品。

五十年代，生产氟化氢的上海北洋化工厂，一直存在着设备腐蚀、毒气泄漏、环境污染的问题，职工意见很大。

负责人袁垒堂满心焦虑，他想，如果能够找到些氟塑料填片，问题就好解决了。

1957年的一天，他经过旧货市场时偶然看到一堆黄色的塑料卷像垃圾一样堆在路旁。捡起一片看看，软硬适中。带回厂里做酸碱和溶剂腐蚀试验，抗蚀性很好。放在酒精灯上焙烧，到很高的温度时才开始发软。这不正是资料上介绍的氟塑料吗！

袁垒堂像得到宝物一样,一溜小跑又朝旧货市场奔去,心里暗想,那堆破烂可别让人买去!

老远就看见那堆黄色塑料卷还在原处堆着,袁垒堂一颗悬着的心才算落了地。定一定神,擦一擦汗,装得漫不经心的样子,踱到那堆黄色塑料卷前,指一指冲货主说:

"啥东西?"

"有用的东西。"货主也不知道是啥东西,便随便答应一句。

"弄回去垫一垫啥也许有用……,侬贱卖些好吗?"

"给钱就卖给你。"

双方讲妥了价钱,袁垒堂说:"这一堆我全买了。"把货主弄得如坠雾里,百思不得其解。心想,要不就是这堆东西是好东西;要不就是这个人有毛病,始终没能搞清到底是怎么回事。

袁垒堂把买回的塑料试用在管道阀门上做填片,防腐蚀和密封性能都很好,彻底解决了厂里长期不能解决的问题。

然而,这批填片用完后又怎么办?他开始产生自己研制氟塑料的念头。于是到处搜集有关氟塑料的资料,但都以性能介绍和应用指导为主,涉及制造工艺的极少,只能靠自己摸索。制造聚三氟氯乙烯需要一种氟致冷剂作原料,而这种氟致冷剂是需用氟化氢来制造的。

1958年,袁垒堂等在简陋的条件下开始了聚三氟氯乙烯的研制试验。厂里除有氟化氢外,没有其它原料,市场也买不到。于是试验就从制备原料的原料做起。反应釜是用一个旧氧气钢瓶改制的。为了预防反应过程中发生爆炸或废气外逸,试验在露天石棉瓦棚中进行。经过两个月的试验,原料的原料研制了出来,增强了大家的信心。接着准备合成三氟氯乙烯单体的试验。厂里没有钱购买不锈钢设备,就尽量利用废旧设备,单体贮罐是利用从旧货市场买来的军用潜水员供氧瓶。厂里抽出力量安装了一套单体试验装置。三氟氯乙烯单体的制备试验虽然艰苦,但还算顺利。关键是以后的聚合试验,他们遇到了真正的技术难题。一次次聚合,一次次失败,多方面改进聚合配方和工艺都没有明显的效果,已经三个月,仍查不出问题在哪里,全厂的职工都焦急起来。七嘴八舌,试试改变聚合的方法。第一次第二次试验也未能成功，第三次是在一个严冬的晚上，经过10小时的反应以后，打开聚合釜，物料全变成了白色粉末。终于成功了！成功的喜悦驱走了深夜的严寒，也驱走了夜以继日的疲惫。1959年的春节就跟不是假日一样，大家都来到试验室里，每次开釜前，他们犹如产妇的亲属，在焦急地等待着心爱的小生命出生。

然而千辛万苦得来的聚合物含杂质多，分子量低，这是单体质量不够纯所致。大量的试验又得从头做起。一次在露天进行反应试验，在旧钢瓶改装的反应釜中加料后开始升温，当温度升到100℃时，突然一声巨响，反应釜不知去向，大家都被惊呆了。几分钟后，附近的一个农民送回一块反应釜炸裂的钢片，是落在500米外田野里的。这次爆炸幸无伤亡，但惊动了地区消防队、上海市劳动局、上海市化工局和塑料工业公司，很快来人查问爆炸的原因和经过。

坏事变成了好事。当上海市化工局和塑料公司领导得悉他们正在研制国防军工急需的聚三氟氯乙烯时，立即指示将研制工作正式列入计划。这一次爆炸，使聚三氟氯乙烯的研制获得了经费和装备，充实了技术力量，加强了领导，从而加速了科研开发的进程，直到投入生产。

上海化工研究院早在五十年代末就开始研制高压聚乙烯。在化机室主任段纯洁的主持下，杨庆鸿设计了1500多个大气压的压缩机，高家驹负责高压密封，由院化机厂制造设备，自力更生建成了高压聚乙烯试验车间。工艺技术由张锡卿负责。试验工作克服许多困难，终于取得成功，为放大试验提供了设计依据，并生产小量产品供应国防工业的急需，但供不应求。

吉林化学工业公司设计研究院负责建设放大的高压聚乙烯试验车间，在冶金部、一机部的各有关工厂和研究院所的大力协同下，解决了设备的钢材冶炼、热处理、金加工及高压压缩机、高压容器、管道和阀门、仪表的研制，试验车间终于建成。

1964年，奚正煌由吉化公司化肥厂调转到公司的设计研究院高压聚乙烯试验车间担任副主任。这位天津大学化学系的毕业生，担任过高压聚乙烯试验车间的项目设计负责人和工艺设计负责人。到车间工作后，抓紧开车试验。

试验在紧张地进行着。

"阀又坏了，快停产！"不知谁喊了一声，奚正煌忙去停车。

试验装置停下来，大家七手八脚更换损坏了的超高压阀门。奚正煌看看手腕上的表，自言自语地说："这只阀也是使用不到3个小时……"

连接聚合反应器与分离器的超高压阀门，每只平均使用寿命只有3个小时。也难怪，阀前是1500公斤的压力，阀后是300公斤的压力，如此大的压差，再加上每秒400米的流速，超高压脉冲交变负荷，使阀门损坏极快。

试验生产只好随着这只阀门的寿命——3个小时左右的周期开开停停。

卸下来的阀门堆在墙角。奚正煌一只只拆开，细细比较，发现损坏的部位全在一个地方。

找出损坏的部位，也就找出了造成损坏的原因，也就有了改进的办法。奚正煌从改进阀门的结构下手。

把阀头改为组装式，延长了阀门寿命一倍；

把阀座改为镶装式，又延长寿命一倍；

把阀头、阀座全堆焊成钴铬钨合金，阀门的难题解决了。试验生产再不因超高压阀门的寿命短而开开停停了。

超高压阀门难题的解决，使超高压压缩机气缸寿命短的难题暴露出来。同超高压阀门损坏相似的原因，使加工十分困难的超高压气缸的寿命只能停留在330小时左右。

奚正煌虽然不能像拆阀门那样细细分析损坏的气缸，但有阀门的经验可以借鉴，结构改造措施详尽具体，改造后的超高压压缩机运行到1188小时后，试验生产结束。

罗志锦是属于精明干练的那种人。中等偏瘦的身材，配一副近视眼镜，越发显得精明。1962年2月18日化工部下达丁锂橡胶的试制任务时，他刚好在兰州化学工业公司研究院，任务就落实到这个院里他所在的室。

1959年，他们曾做过小试。

做丁锂橡胶离不开金属锂催化剂，东北尚有一小点可以提供。实际上，用量也不很多，用克计量也就可以了。

一个年轻同志被派去东北取回来。看看也就是一小盒，加上包装也装不满一个旅行袋。

双方进行了严格的手续检查，他拎起旅行袋就登上了火车。乘务员擦地板，让他挪一挪放在地上的旅行袋，他说动不得。

"什么了不起的东西，怎么就动不得。"说着，乘务员就用拖把去捅。"住手！一动就能爆炸。"乘务员真要动手，可把他吓坏了。

不成想这一声喊，惊动得满车厢的乘客也炸了锅，你推我抢地朝别的车厢跑。转眼之间，整个车厢里只剩他一个人。

乘警是拎着枪过来的。

小伙子弄出一身冷汗，忙向乘警解释是怎么回事。

乘警确实负责任，检查了小伙子的证件，看了实物，搞清楚了军工项目急需的情况，和车长又商量了老半天，最后决定由两名乘警分坐小伙子前后，五排之间不准有人靠近，直到了兰州车站，轻拿轻放，保护着这位小伙子出站，才长出一口气。

这点有惊无险的东西，保证了试验的进度，小试、中试都成功了。但在投入工业化生产时，问题出来了，气相丁二烯专用鼓风机怎么鼓捣也不行，请来沈阳鼓风机厂的同志检查，倒是高手，三调两弄就好了。

1964年8月，生产装置建成，并生产出合格产品，无论谁想卡我们也没有用了。

军工任务一个接着一个，新的合成橡胶的任务来得更急，施工的场面真叫壮观，没有几天功夫，平地拔地个三层楼。施工现场人欢马叫，晚上灯光通明，根本就没有上班、下班的概念。工人是三班倒，领导是连轴转。

人人眼睛都熬得通红。按时按量完成了任务。

又一个新任务下来了，要求 2 个月内拿出产品。

任务是下来了，可设备、材料却全没有。因为是军工任务，只要知道什么地方有所需的设备，保证能弄来。人员也是临时从各个岗位上抽来的，边设计，边施工，自己挖地基，自己安装，土法上马，集中力量打歼灭战。一个月的时间就完成了土建和安装，紧接着就投产试车。这项工程的危险性更大。

罗志锦在控制室里发现反应釜的温度上升太快，忙朝外看，只见小杨正在釜前检查设备。

罗志锦大喊一声："反应釜有危险！"

喊声未落，就听轰的一声巨响。

整个厂房里弥漫着刺鼻的物料味。

巨大的气浪冲破了车间里所有的玻璃，小杨被冲出五六米远，要不是护栏的角铁栏杆挡住了他，说不定能把他贴到墙上。

小杨清醒过来，发现罗志锦正拉自己往外面走。可一看罗志锦满脸都被碎玻璃划得鲜血淋漓。

小杨顾不得自己了，架起罗志锦朝卫生所跑。

伤口处理完，俩人又返回生产现场检查设备，原来是防爆膜爆破了。换一个防爆膜，设备还是完好的。

回到家里，小杨朝椅子上坐，椅子硌的慌，站起来看看，椅子上啥也没有。再坐下，还是硌。一摸后屁股口袋，摸出一枚 5 分硬币，拿手里一看不要紧，把他吓了一大跳。

5 分硬币被折成 90 度。

这气浪的冲劲有多大！要不是栏杆拦挡一下，脑袋碰到墙上，准连命都没了。

来一个任务，完成一项。……每当一种导弹发射之前，这里总要忙上一大阵，每当发射成功，这里准能接到上级的表彰。

钢丝编织的耐高压的航空胶管，制造技术和原材料原来都是苏联提供的。1960 年苏联片面撕毁协议，停止供应原材料，使胶管的生产陷于困境。当时只好尽量改用国内试制的原材料，抓紧找替代原料并进行配方和工艺试验，尽力为航空工业提供产品。

但是使用单位不久就发现输送燃料的胶管有的内胶表面有鱼鳞状隐蔽裂纹，因而不敢使用；有的装上金属接头扣压后缓缓渗油。输送液压油的胶管进行高、低温循环寿命试验的结果也令人担忧。这些问题，关系着飞机上的使用安全，如不解决，直接影响飞机的停产和停飞。

事关重大，国防工办副局长宋良甫、三机部副司长油江、化工部军工局副局长陈自新迅即组成联合工作组，到生产胶管及组装和使用胶管的工厂现场调查产品出现问题的原因，并协同解决问题。联合工作组要求生产、使用胶管的双方各自严格要求，从自己方面多找原因。生产厂经过仔细分析研究，发现配方自身存在着不少矛盾，使胶管存在先天性毛病。于是他们跳出苏联配方的框子，结合国产原材料的生产供应情况，从实际出发设计了新配方。新胶料的性能指标比原苏联配方的优越。胶管使用装配单位也从金属接头的制作和组装方法上进行了改进。因胶管缘故使飞机面临停产和停飞的问题得到了较好的解决。

1960年，航天飞行器需要一种隔热涂料，涂在钢板上薄薄的一层，能使钢板一面在承受800℃高温几分钟后，保持另一面的温度在一百几十度。这个高难度的任务落到天津化工研究院刚刚分配来的战凤昌等几个大学毕业生的头上。

没有现成的资料可供借鉴，只有自己来从头摸索。首先，必须解决测量仪器，能测出钢板两面差异很大的热流量。经过他们的艰苦努力，一种叫作水冷式热流计的仪器终于研制成了，为试制这种隔热涂料解决了前提条件。

攻克涂料的过程历尽艰辛。他们通过多种技术路线的探索，最终选用了消融防热法。它的原理就像陨石从太空坠入大气层中，靠自身消耗来保护自己到达地球上的办法。对祖国的忠诚和对社会主义的热爱，迸发出巨大干劲和钻劲，他们制成的隔热涂料，比陨石保护自身的消融效果更好，满足了航天飞行器的需要。

导弹、火箭和人造地球卫星需要各种化学推进剂和化工产品。

1980年5月18日10时，矗立在西北导弹试验基地发射场上的洲际地地导弹，一声轰鸣，从浓雾烈焰中拔地而起，几秒钟后，转弯，沿着预定弹道，向东南方向飞去，终于准确地落到了以东经171度33分，南纬7度0分为中心，半径为70海里的圆形海域。中国向南太平洋发射试验洲际地地导弹获得圆满成功。化工部门为此提供了96种化工材料。

中共中央、国务院、中央军委向参加研制、生产和试验的全体科学工作者、工程技术人员、工人、解放军指战员发出贺电。

装载着运载火箭的潜艇驶入大海，直下龙宫。1982年10月12日15时1秒，火箭以雷霆万钧之势跃出发射筒，穿过深深的海水，飞腾而出，随着巨大的轰响，带着亿万人民振兴中华的宏图大志，向天际飞去，准确溅落在预定海域。从水下发射潜地导弹获得成功。化工系统为此提供了67种化工材料。

1982年10月16日，中共中央、国务院、中央军委向参加研制和发射试验的全体同志发出了热烈的贺电。

1984年4月8日，西昌发射场区。傍晚，伴着雷鸣般的巨响，长征3号火箭尾部射出高温烈焰，载着试验通信卫星，扶摇直上，刺向苍穹。经过二十多分钟的飞行和轨道变换，火箭把卫星送到了预定的地球同步转移轨道，长征3号火箭发射成功。4月16日18时28分，卫星准确定点于东经125度赤道上空，进入同步定点轨道。4月17日18时，卫星通信试验正式开始，中国自行研制、发射的第一颗试验通信卫星获得圆满成功。

化工部门为此又提供了136种材料。

1984年4月18日，中共中央、国务院、中央军委再一次向全体从事研制、试验的科学工作者、工程技术人员、工人、干部和解放军指战员发了贺电。聂荣臻在贺信中指出：中国的国防科技事业，从一张白纸到能发射地球同步卫星，这是了不起的飞跃。

每次中共中央、国务院、中央军委发出贺电时，化工部门的许多工厂、科研单位都能收到。这些单位的领导干部、技术人员、工人的喜悦之情，是难以用语言来表达的。

化工部的历任部长，都为保证国防军工的需要，全力以赴组织人力、物力，从物质到精神，鼓励国防化工战线上的全体工作人员，必须确保万无一失，圆满地完成任务。

偏二甲肼是发射导弹和卫星都大量使用的化学推进剂燃料，早在六十年代中期已建成了一套生产装置，产品提供给国防军工部门使用。只因这种生产方法需要使用贵重的原料，成本较高，因此在六十年代初期，化工部就安排了另外一种新工艺制偏二甲肼，由李俊贤主持进行研究。试验的过程是曲折的，李俊贤和他的同伴们反复研究，终于找到并解决了关键问题，试验获得成功。陈鉴远率领设计人员到中间试验现场，参加试验，同时求取设计数据，进行大厂的设计。偏二甲肼的原料二甲胺的中间试验，在金经真的主持下，同时获得成功，一起进行大厂的设计和建设。当时，正值"文化大革命"动乱的时期，建厂工作进行得非常困难，代部长徐今强在自己遭到严重磨难的情况下，千方百计保证偏二甲肼工厂的建设，终于在1968年初全部建成投产。

液氢是在发射通信卫星的长征3号火箭的第三级氢氧发动机上使用的，液氢的沸点很低，是零下253℃。

生产液氢必须掌握一系列的深冷技术，解决深冷的特种设备。

从六十年代初开始，赵明山、张光弟两个尚不满30岁的小伙子，就开始猛攻液氢的技术关。经过几年的努力，先后攻克了原料气纯化、深度冷冻、正仲氢转化、产品质量的检测，以及液氢的贮存和运输等许多技术难关。

陈鉴远带领设计队伍进行了工业生产的设计。七十年代液氢产品已开始提供给氢氧发动机做试验。八十年代发射通信卫星，为了保证万无一失，秦仲达部长规定，每次发射通信卫星需用液氢时，化工部军工局必须派人到液氢厂，深入现场监督生产，装入槽车，直到安全运出为止。

当时间的长河奔腾着流到 1995 年 12 月 28 日 19 时 41 分，在西昌卫星发射基地，中国为"艾科期达一号"卫星运载发射成功，贵宾席上的中外来宾，特别是为发射成功做了贡献的贵宾们高兴得拍手叫好，脸上洋溢着难以抑制的自豪的笑容。

国防化工，以它的特殊使命和地位，继续为国家的强大默默地耕耘……

第七章
不息的黑色旋风

北京的春天是凉爽的。

1965年5月4日,刚被宣布为中国橡胶工业公司总经理的林源在化工部的走廊里碰见曾是彭涛部长秘书的朱曾惠,两人紧紧握手,相互道别。

此情此景,使林源想起了什么。

已经是深夜了,林源依然毫无倦意。他想得很多,从建国后橡胶工业的坎坷,到今天的发展规模。忽然他眼睛一亮,9年前也是春天,也是在走廊里同朱秘书握手。思绪清晰起来,就像是昨天一样。

1956年6月15日下午4点钟左右的时候,和平门的一幢红砖楼房里格外静谧。

半个月前才组建起来的中华人民共和国化学工业部橡胶管理局刚刚在这里运行。临近下班了,已经有人把脱下的套袖搭在椅背上。这时林源从办公室里推门而出。

林源手里捏着一厚叠文件。显然是刚刚油印出来的,浓浓的油墨味,在空旷的走廊里扩散。

在二楼部长办公室门前,林源停下脚步,先是托了一下有些下滑的眼镜,然后轻敲了几下房门。

开门的是彭涛部长的秘书朱曾惠。

林源对朱秘书说:"彭部长让我们橡胶局在半个月内把我国橡胶工业情况详细汇报一下,我们刚整理出来。"

朱秘书接过这份用8开白糙纸油印的,有80多页厚的文件,在内部收文簿上登记:

绝密

第一次向彭部长的汇报

——"一五"计划执行情况、长远规划及几点意见

化工部橡胶工业管理局

林源返回办公室时,武养民、边伯明、周小鼎、孙以谨、王文郁都还端坐着等他。林源本想说几句大家忙这份文件受累了一类的感谢的话,然而他坐下来,说出来的却只有两个字:

"下班。"

彭涛细细研究了一遍橡胶局的《汇报》。把重要段落和数字全部摘录在笔记本上。毛泽东主席在2月末听取轻工业部的汇报时,曾提起过这些内容。那次汇报是薄一波通知的。一天一个部委,一共谈了32天,随后不久,化工部便成立了。

彭涛在深思时有轻敲笔杆的习惯。

朱秘书几次进里屋时,都看见彭部长在轻敲着笔杆。

彭涛在《汇报》上用铅笔划上记号,又在笔记本上摘写下以下几行:

"——沿革。1915,广州、上海。1927,上海义昌→1930正泰。1928,大中华。1929,山东中威。……"

正是这几行文字,浓缩了中国橡胶工业的发端。

广州兄弟创制树胶公司成立后,上海正泰的前身义昌橡胶厂、大中华橡胶厂、威海的中威橡胶厂相继问世。

全国解放后,几经努力,橡胶工业走上了虽然坎坷但还是不断发展壮大的道路。

中央重视橡胶工业的发展。

1949年12月,橡胶工业划归刚刚成立的重工业部领导;

1950年1月又划归轻工业部。3月3日毛泽东主席、周恩来总理视察沈阳橡胶一厂。

1950年7月在北京召开了首次全国橡胶工业会议。10月,抗美援朝开始,部分橡胶厂开始战略转移,沈阳的一、二橡胶厂和辽阳的九厂合并

迁到牡丹江桦林。安东的八厂迁到长春。沈阳的六厂迁到哈尔滨。

从战略角度考虑,东北地区南部的一半橡胶厂转移到北部,完全是抗美援朝的需要。在中央直接部署下对这些橡胶厂进行大规模搬迁,这是罕见的。橡胶工业对国计民生太重要了。

"橡胶工业……橡胶工业……"彭涛自语着合上笔记本。他从《汇报》中弄清了我国橡胶工业的底数。显然,他也在心中升起了希望。飞机轮胎我们都能造,还怕别的什么胶皮轱辘?

朱秘书曾对林源传达过,彭部长说,看了这份《汇报》,对橡胶工业的发展路数胸有成竹了。

闫田宝工程师有提前上班的习惯。

同往常一样,他7点刚到就到厂了,本想同往常一样到车间里转一转。但厂长张洪却把他喊到办公室里。

"你去趟局里,局长找,有事。"张厂长直截了当地对闫田宝说。

"啥事?"

"电话里没说,好像挺急。"

一个小时后,闫田宝走进东北人民政府轻工业局梁成恭副局长办公室。

秘书是个女的,挺热情,还给倒了一杯茶水。梁副局长从里屋走出来,跟闫田宝握了一下手。弄得闫田宝挺紧张,感觉穿的棉袄有点厚了。

弄不清梁副局长是哪里的口音,闫田宝听着有点费力。但意思能听明白,想让沈阳橡胶三厂试制飞机轮胎。

"啥,飞机轮胎?"闫田宝知道没听错,可还是重复问了一遍。自己的三厂是个生产自行车轮胎的厂,飞机轮胎连见都没见过,能行吗。

"飞机轮胎!"梁局长肯定地点点头。

闫田宝没敢答应,他说,我得回厂跟张厂长商量商量。

张厂长是从部队来厂的,他知道这就是命令。

第二天,《总字第 407 号命令》到厂。同命令同时到厂的,还有一支严密包裹的旧飞机轮胎,外国造的。

命令橡胶三厂,限期 2 月 5 日前完成试制产品 4 条。并酌情继续试作。

扳指头一算,9 天!2 月 5 日正好是春节。

闫田宝急坏了。

4 个车间主任被召集到厂长室。闫田宝关严门,急急忙忙说清了任务。

成型车间主任李庆文憋不住了:"飞机轮胎见都没见过,任务又这么急,这可咋整?"

闫田宝说:"咋整也得整。"接着,他又把梁副局长的话重复了一遍,"在朝鲜战场上,我们用苏联飞机,轮胎老是坏。过去苏联答应供应,现在有点'抹套子'了,你说怎么不急。"

电话响了,张厂长啊啊了半天,撂下话机说,又催了,快干吧。

从那天开始,这 5 个人就没回家。没黑没白地干起来了。先用手刷把旧轮胎刷开,一层一层数,一层一层量,照葫芦画瓢画出个图。

两天后,按这个方案设计的成型机从橡机厂运来了,模子也运来了。帘子布是沈阳纺织厂织的柞蚕丝布,橡胶五厂挂的胶。

边干边改,边改边干。

5 天过去了,5 个人眼瞅着都瘦了一圈,凑合总算成型了。

可是谁也没想到,拿不下来。

许是谁撬得劲大了,成型的半成品,给活活弄坏了。全傻眼了。

"怎么回事呢?"大伙琢磨来琢磨去,总看着毛病在机头上,像个西瓜似的机头要是能分瓣也许能行。

闫田宝回家扛回几块榆木,请车工车成几个瓣,对上这个木头机头一试,成功了。

4 条成型的半成品全制出来的时候,已经是 2 月 4 日晚上了,嘴上已经急出泡的闫田宝对大伙说,看来我们不能回家过节了。

在年轻共和国的第二个新春佳节里,沈阳铁西区的一间工厂中,有那么5位生产自行车轮胎的普普通通的人,凭着对共和国的忠诚和对共产党的热爱,创造着一项奇迹。

硫化是晚上才开始进行的。

闫田宝、刘庆文、李明增、高玉久、栗宝元在午夜时分,实在饿得不行,都有些支持不住了。刘庆文说:"闫工程师,能不能弄点吃的?"

"要不我回趟家,看能不能弄来点。"闫田宝也是饿得不行,有气无力地答应着。

高玉久是这个车间的主任。他想起平时职工们常带米来放在工具柜里,中午蒸饭。他想找找看,反正有火炉,要能找到就省得跑路了。

高玉久的建议使大家对吃饭更感到急切。大伙七手八脚翻车间里的工具箱,甚至连别带撬,把上着锁的也打开了,结果,只找出一小袋高粱米和一瓶咸菜。

高粱米就高粱米吧。栗宝元拎来一个小铁桶,高粱米饭的香味很快就弥漫了整个车间。

吃过了一顿用小铁桶蒸的高粱米就着咸菜的年夜饭,取出最后一条硫化完的飞机轮胎,也是共和国的第一批飞机轮胎。

天亮了,梁副局长果然来了,小吉普车进院子他就喊张厂长。

当他知道飞机轮胎试制出来了时,立刻就要看一看,看了之后就和大伙握手。

小吉普装上这4条轮胎,一溜烟跑了。

不久,上级机关奖励沈阳第三橡胶厂一面锦旗。

橡胶工业是化工部的一个重要行业,产值占三分之一,利润占四分之一。

高扬在中央工业工作部任副部长时,曾被定为右倾机会主义分子,下放贵州工厂锻炼，1962年平反后，被派至化工部任部长。当时，部机关各部门向他汇报的内容很多，但他印象最深的，除了化肥重要，就要数橡胶具有举足轻重的作用了。

高扬毕业于东北大学经济系。多年来一直在党务部门工作，当过两年辽东省政府主席，从未同化工打过交道。"哪个重要就先抓好哪个。"抓起来才发现，问题远远不止这些。有的司、局的文件相互矛盾，甚至连文法语句都不通，看来要想搞好化工部的工作，还需要从基础抓起。整顿文风势在必行。

一位学中文的女大学生，扎两条小辫子，来到化工部办公厅秘书处。

接到分配方案时，她心里多少有些别扭。

学中文被分配到工业部门，专给各种文件把文字关，这岗位虽很重要，高扬部长又很重视，亲自交待任务，提出要求，但每天干的不过是给各种公文改改错别字和标点符号。她觉得大学毕业干批"作业"的事，心里有些委屈。但她是党员，不应该讲条件。没办法，只好干下去。

没想到这项工作挺忙乎人，不少文稿有文字上的毛病，甚至有一直逗号到底的。高扬看着挺生气：

"把这些文稿挑出来，搞个公文展览。"

没几天，她在老科长的带领下，按高部长的要求，找出几十份有毛病的文稿，挂在了201会议室里。高扬叫来所有司、局长，让他们看看被批改过的"作业"。

很快，机关文稿规范化了，文风也有较大转变，因为高扬反对空洞无物、八股语连篇的公文。年纪轻轻的她从中悟到的不仅仅是文风严谨的重要，更重要的是做人的认真。

高扬很快又发现，由于新中国建立的时间不长，许多机关和化工企业的领导干部都是在炮火烽烟中摸爬滚打出来的，真正具备专业知识的管理人才严重匮乏。在某种程度上，这已成为阻碍行业发展的一大突出矛盾。

高扬身先士卒，请来了化工学院的老师，利用晚上时间上化工基础知识课。他还亲自组织编写了10本化工基础知识教材。自己刻苦认真，一丝不苟地坚持学了一年半，不仅读书求甚解，而且还要做习题。

在高扬部长的带领下，机关干部人人学政治，学文化知识，学化工基础知识和技术。整个机关，热气腾腾，蓬蓬勃勃。

部机关一步步走向正规、高效。下边的"事故"却还是不少。

但高扬部长深深懂得，仅仅抓机关干部专业技术素质的提高是远远不够的，如果不切实抓好广大基层干部技术素质的提高，要生产高质量的化工产品是绝对不可能的。

胶鞋厂出的鞋，穿一个星期就掉底，群众称为"礼拜鞋"。

橡胶厂出的雨衣，总往别人身上沾，群众称为"多情雨衣"。

这些质量事故的生产厂厂长大多不懂技术，他想促进一下专业知识的学习，便安排了一次独到的测验。

按高扬部长的布置，利用召开厂矿长会议的时机，向到会的每一位厂矿长都发了一张试卷。

试题比较简单，但还是有相当比例的厂长答不上来，有的厂长甚至连水的成分都不知道，高扬开腔了：

"……当不当官都要有真本事，绝不能光知道咋咋呼呼！"这几句浓重的东北口音，曾经使不少人无地自容。

一个以文化专业知识为重点的学习高潮在全国化工系统内形成，从机关到企业，学习蔚然成风。

高扬下去蹲点了。对他来说，这不仅仅是促进工作和解决问题的需要，而且也是另外一种形式的学习。生产出"多情雨衣"和"礼拜鞋"以及其它事故的工厂，他都蹲过点。每次蹲点都能解决一些问题。每次蹲点也都有许多收获。

1965年8月5日，一辆黑色的"伏尔加"驰进了沈阳第四橡胶厂。车上走下一位身材瘦长，平头短发，戴着眼镜的中年干部。厂长刘英迎上去握手，他知道高扬部长这次来带着重要使命，将在四厂工作20天。

会议室的气氛很热烈，高扬部长每天都要详细听取刘英厂长、几位副厂长、李润良总工、宗庚辰副总的汇报。说到关键的地方，高扬总要进一步核实，甚至还要到现场看看。

按市里的安排，不让住厂子的招待所，而是到一幢叫"总领事馆"的楼里住，说是张学良的什么房子。高扬是不喜欢这一套的。正好李宗仁到沈阳，房子让给李宗仁，这才从"总领事馆"脱身。

临回北京前，高扬向橡胶四厂严肃地交待了任务，并从全国抽调100名大学生，充实四厂的技术力量。

这是他继提出"不唱天，不唱地，就唱化肥这台戏"，确定了化肥工业发展目标之后，为发展我国橡胶工业采取的一项重要措施和步骤。

送行的厂领导一一同高扬部长握手。

20天的时间在历史的长河中是短暂的。然而正是这20天，决定了沈阳橡胶四厂历史性的转折。随后的日子里，四厂发生了根本性变化。新的产品、新的设备、新的人员陆续到厂。橡胶四厂以崭新的面貌迎接着未来。

然而，历史却莫名其妙地在这个时候打了一个漩涡。

"文化大革命"开始。

1966年7月29日，首都机场上空阴云密布，7月的闷热使人喘不过气来。高扬率领的中国共产党党的工作者代表团从罗马尼亚回国。刚下飞机，就被揪斗。几天后一伙造反派便穷凶极恶地将他拉到万人大会上批斗。

曾经向高部长详细汇报沈阳橡胶四厂生产设备和能力的宗庚辰已被提任副厂长兼总工程师，同共和国的部长一样未能幸免于难，也被迫下放到胶管车间劳动改造。

在雨路泥淖中行走，要花费更大的力气。共和国的忠诚儿女，却用赤诚表达着忠贞。

宗庚辰在劳动改造期间，同技术人员、工人们一起，经过上千次试验，竟研制成功高压钢丝编织胶管无芯法生产新工艺，使胶管长度由过去的2米，一下延长到上百米。

历史，也许十分沉重；但对所有的历史缔造者毕竟还是公正的。

吴亮平翻译过《反杜林论》，那是他任化工部副部长之前。

他对"托拉斯"这个词很熟悉。

他还能讲解资本主义企业体制由自由化、卡特尔、辛迪加、托拉斯、联合体到集团化的沿革过程及发展趋势。

在任化工部副部长期间,他调查过研制出飞机轮胎的沈阳第三橡胶厂以及沈阳市所有的橡胶厂。他发现,沈阳共有11个橡胶行业企业。2个中央管,2个省管,7个市管。纵横交错且关系复杂,经济秩序难免有些混乱。

后来,吴亮平调国家经委去了。

后来,国家经委草拟了《关于试办工业、交通托拉斯的意见报告》,其中提到了沈阳橡胶行业的例子。

1964年8月17日,中共中央和国务院批转了《国家经委党组关于试办工业、交通托拉斯的意见报告》,正式决定建立12个托拉斯,化工部有2个,其中就有橡胶行业。

广州的6月,已经是人们穿短袖衬衣的季节了。可橡胶厂炼胶车间里的情况正相反,不但人人厚衣裹身,而且头上全系风帽,再戴上大口罩,只有两只眼睛露出来。也有人戴着风镜,连眼睛全遮严。原因很简单,为了挡住黑灰,只能忍耐燥热。

炼胶机是二三十年代的设备,早该淘汰了。

下去调查的人回到北京,大家都问他广州怎么回事。

"设备不行。"

"能不能改造一下?"滕玉彬处长听完汇报,沉思着捋一下头发,像是征询也像是决定。

也就隔了一天,十多个橡胶机械厂的产品信息报告上来。上海橡胶机械厂有20台,不过准备出口。

"全留下来,先调广州。"滕玉彬果断地决定。

广州橡胶厂的改造非常成功。

橡胶公司又派人到了湖南。到几个胶鞋厂看过,打鞋眼还在用脚蹬打眼机;又到沈阳看过,沈阳已经用上了电动打眼机。把情况和建议汇报上去,很快就批下来。跑沈阳一次订货200台,一家伙就把主要胶鞋厂全改过来了。

橡胶工业公司设备改造的上亿元资金全派上了用场：

装备过广州。

装备过贵州。

装备过广西。

装备过山东。

这些厂彻底改变了面貌。

可惜，十年动乱使托拉斯半途而废。

1978年，重组化工部，可一旦提起橡胶托拉斯那一段经历，人们依然会情不自禁地述说：

"人财物、产供销、党政工九统一；集中领导，分级管理，服务班组；炭黑会战；轮胎会战；胶鞋前后十项经验；……"那一幕幕激动人心的场面，一曲曲振奋激昂的旋律，以及那纯朴忠诚的干劲，全深深铭刻在橡胶工业公司每一个人的心扉上了。

1960年的春天。

春意萌动的上海外滩。人流中匆匆走着一位清瘦的老人，圆圆的镜片在阳光下闪烁着光亮，略略谢顶的额头更显出精神矍铄。他就是上海大中华橡胶厂的总工程师刘学文。

刘学文是赶到上海市化工局参加已进行了两年的轮胎里程试验数据分析会的。

1958年，大中华开展赶超英国"邓禄普"轮胎的活动。

"邓禄普"是英国老牌汽车轮胎，历史悠久、实力很强。要战胜这一强劲对手，并不是轻而易举的。上海正泰橡胶厂、中南橡胶厂闻风而动，三雄结义，成立了联合行动委员会。

在联合行动委员会中担任副主任的刘学文，凭借着自己精通日、英、俄三国语言的本领，跑遍了上海的各大书店，甚至托人从世界各个角落里收集资料进行翻译和整理，从技术角度不断改进自己的轮胎。

经过浩繁的资料对比，刘学文终于理出了头绪。

"赶超'邓禄普'，我们有十大有利条件！"刘学文扳着指头一一讲述，直讲得大家眼睛发亮，信心更足。

"不过，赶超'邓禄普'尚有许多方面需要改进……"每一项差距都需要具体的措施来完善。

刘学文完全沉浸在赶超"邓禄普"的活动之中，他先后提出了一百多条建议，几乎每一条都是行之有效的。

进行了两年的里程试验，数据即将在今天揭晓。刘学文有些激动，所以步履匆忙，显示出内心的急切。

临近汉口路110号这座洋房时，刘学文已经有些气喘吁吁的了。他熟悉这座曾是一家外国银行的建筑，那在当年曾辉煌一时的欧式古典楼房，现在是上海市化工局。轮胎里程试验数据定时汇集到这里来，今天是最后一批。

整整一个上午，刘学文完全埋在数据报表的统计之中。将近中午时分，最后一组数据整理出来。捧着这组数据，刘学文欣喜若狂：

"邓禄普"第三；

"双钱"第一！

"双钱"啊，"双钱"！倾注了刘学文全部心血的"双钱"牌轮胎，终于赶上并超过了"邓禄普"。激动得刘学文不断摘下圆圆的眼镜揩擦，而红红的眼圈中却滚动着几乎要滴下来的泪水。

1963年年底，刘学文不幸病逝。他在逝世前，曾骄傲地向来探望他的厂领导回忆说："当把里程试验数据整理出来后，我才算一块石头落了地。阿拉'双钱'好样的。"

接任刘学文的人叫邓行文。

1943年毕业于重庆中央大学化学系的邓行文，是个性情平和的人。一双细眯的眼睛在眼镜后面总荡着笑意。他在战乱的年代选学化学，纯属偶然。高二时，他跳级提前考大学时，适逢化学课程全部学完，便报考了化学系。他与化工从此结下了不解之缘。1944年进了重庆中南橡胶厂。当年，随厂搬迁沿江而下来到上海，任上海中南橡胶厂厂长。之后，调往大中华任副厂长兼总工程师，是命运给他的契机。

厂里新产品有待加速发展，邓行文正准备大干一番事业。

然而文化大革命这场浩劫，竟把他弄到啼笑皆非的境地。

邓行文被称之为"刘（学文）邓（行文）路线"的推行者。

当时大中华三位厂长姓氏分别是邓、胡、廖，上海方言谐音正好是当时全国"共讨之、共诛之"的邓（拓）、吴（晗）、廖（沫沙）。这样，他又成了"三家村"的"黑帮"之一。至于那张他的由"中央大学"校长蒋介石签发的毕业证书，被造反派们抄出来后，更成了他"反党、反人民、反社会主义"的铁的"罪证"。于是，他被下放到车间里被监督劳动。

邓行文一生中创造力最旺盛的时期，有二千一百多个本可给轮胎发展技术带来飞跃的日子，却被荒废在繁重的体力劳动之中。

在那个不堪回首的年代，邓行文在监督之下劳动，可那颗紧系"双钱"的心却不能平静，直至有一天，上级部门宣布各项指标曾超过"邓禄普"的"双钱"为"落后产品"时，他那颗异常沉重的心立即被深深地刺痛了。他主动请缨，主持修订了全厂工艺规程，恢复了生产的秩序。

当邓行文重返副厂长兼总工程师的岗位时，已无暇回顾那些痛苦的往事，迎接他的是严峻的挑战。

他与其他厂领导经过二十多年辛勤耕耘，共同抓出了三大系列名牌产品——尼龙斜交胎、全钢丝载重子午胎以及丁基内胎，并且一步步使"双钱"逐渐走到了全国轮胎行业的前列，直至900-20尼龙载重轮胎拿下国内轮胎行业的第一块金牌。

一株青青的橡胶树，一任风吹雨打。一旦成熟了，将会把胶泪一滴滴地奉献出来。遍体鳞伤的橡胶树，只要生命未曾枯竭，奉献是不会停止的。

一个偶然的机会，邓行文认识了厂内的一个年轻人。这人叫隆有明。

那年，我国发射一颗人造地球卫星，隆有明根据报纸上提供的数据，准确地计算出卫星下次经过上海上空的时间和地点。

邓行文以为隆有明是学数学的。

"我是四川大学物理系学理论物理的。"隆有明却回答说。

"那怎么在硫化车间当工人呢?"话一脱口,邓行文才觉问得多余,自己不是也在这里当工人吗,而且尚被监督着劳动。

隆有明如实讲述了自己的经历。1967年毕业时,正赶上文化大革命,本来要留校搞科研,结果等待了半年,分配到大中华。厂里也在搞文化大革命,于是他"接受再教育",到硫化车间当了工人。

面对诚实腼腆又才华横溢的隆有明,邓行文惜才之情油然而生。他对隆有明说,轮胎设计很复杂,有许多问题难以解答。他还出了道题让隆有明思考。

当隆有明离开硫化车间时,却被阴差阳错地安排到市里驻厂肿瘤调研组里。隆有明倒是泰然处之,以严谨的科学态度积极地投入了调研工作。无心插柳柳成荫。他和小组成员的研究成果,却获上海市科技工会授予的上海市重大科研成果奖。意外的收获,更增强了隆有明搞科研的信心。

已是总工程师的邓行文很器重这位聪颖、富有进取心的年轻人。当时大规格斜交胎胎肩泡较多,胎肩部位需要重新计算。

邓行文将这道难题交给了隆有明。

邓行文的话不多,脸上的表情也很平和:

"侬试试看。"

隆有明从心里感到,那平和的脸上充满信任和厚爱,给了他奋进的力量。

很快,通过帘布层压力等部件的计算,重新演算出大规格轮胎的胎肩数据。隆有明没有辜负邓行文的期望。

他虽然没干轮胎专业,但有些科技人员却找上他,提出一些急待解决的问题,请求帮助计算。他也迷上了轮胎这个圆圆的世界,一些难题常在他的脑海中闪现,甚至时时让他牵肠挂肚。直至被调到大中华轮胎研究所,搞子午胎结构设计时,他才有机会集中全副身心,用出众的才智和勤奋,构筑起一个新的圆的世界。

到了轮研所，隆有明对科学执著追求的精神与日俱增。在了解了国内外轮胎工业发展情况与趋势的前提下，分析了大中华的企业现状，根据自己的特长，明确了研究方向。

六十年代，大中华一批老科技工作者奋力开拓，首创了国内全钢丝子午线轮胎。作为后来者，隆有明知道自己有责任在此基础上不断进行发展和完善，他要向这一新技术更深领域进发。

当隆有明从北京橡胶研究院轮胎结构设计学习班回来后，通过查阅和了解国内外轮胎结构方面的大量资料，对结构设计理论上的突破心中已经有了底数。

凭着扎实的数学和理论物理的基础，运用内功原理，结合大中华厂生产子午胎的实践经验，隆有明日以继夜地紧张工作，终于推导出具有独到之处的一整套计算公式，使子午胎设计有了理论依据。适逢化工部下达研制新产品的任务，隆有明负责结构设计，这是检验自己研究成果的绝好机会。

30条试制胎出来了。

经检验，没有一条是副品。

经长春第一汽车厂试验，考核数据均与设计参数相吻合。

隆有明的《子午胎箍紧数的计算原理和方法》在全国轮胎技术交流讨论会上发表，在国内首次提出无带束子午胎的重要几何特性，把箍紧系数值从事后试验测得，变为在结构设计阶段进行选取控制的重要力学参数，并与实测值相符。

关于箍紧系数计算方法，国际上尚无报道。

于是，"全钢丝子午线载重轮胎新技术的开发及其在 8.25R20 中的应用"这一项目，获得上海市科技进步一等奖。

于是，隆有明获得全国有突出贡献的中青年专家的殊荣。

于是，隆有明走上大中华橡胶厂副总工程师的岗位。越是对轮胎了解得多，越是有一种紧迫感和责任感。为了能赶上时代前进的步伐，隆有明和大中华人，决心用自己的才智和心血，为圆的世界编织新的经纬。

1968年。

上海知识青年被大批大批送出,走上上山下乡的道路。此时,一种现象在上海出现。

一种"回力"牌球鞋格外畅销,甚至时常断档。许许多多"知青"家长连买几双到邮局寄给远在他乡的儿女。

据孩子们的信上说,非常需要。

实际是孩子们所到的那些地方的人们需要。

"回力"在那里被普遍喜爱或羡慕,却只有很少的人才能真正穿在脚上。因而,有时脚穿回力鞋甚至成了身份的象征。"回力"也是那里人们心目中的上海的象征。

杨少振知道"回力"鞋被抢购的现象,一颗备受"文革"摧残的心感到了一种慰藉。这位曾在解放前为正泰苦心经营、历经磨难的人,关不住记忆的闸门,在脑海中断断续续浮现出当年的情景。

17岁的杨少振进了正泰学徒。3年练习生的生活,把他培养成了干活实在、心眼灵活的人。因此,受到厂方的青睐。20岁的杨少振被派往日本,作为企业代表,负担采购橡胶原料的重任。24岁回国后,连续8年从事正泰的供销工作。当薛铭三受聘来正泰任经理后,两人配合融洽,决心共同创出名牌产品。

浙江美术专科学校毕业不久的青年袁树森应征投寄来的设计图案,使杨少振爱不释手。

商标上设计了一个弯弓搭箭的古希腊勇士的形象,配以"WARRIOR"的英文(原意为战士、勇士、斗士),薛铭三用中文谐言译为回力。从此"回力"牌以其独特的生命力正式问世。

为了"回力"商标的知名度,薛铭三、杨少振他们玩了一个小小的伎俩。

先在一份很有影响的报上登一则广告，声称正泰厂悬赏征求商标译名，并附印上"回力"牌商标图案，许诺"如有更好之译名，应征采用即酬谢现金百元"。

大约两周后，同一报上刊登出"征求改名揭晓"的《声明》，称来信15312封，其中有343人坚持勿改，理由充足。经再三考虑本厂仍取原名为商标。奖金平均分配给最早发信者5人，其他338人各赠以回力球鞋一双，聊表谢忱云云。弄得上海市民沸沸扬扬，"回力"牌子不胫而走，差不多达到了家喻户晓。

上海的冬天，因为潮湿而十分阴冷。

1953年11月23日却是一个难得的好日子。阳光透过多日不散的阴霾，洒满了大街小巷。

杨少振出门比往常早。他要参加正泰厂第33次董监事联席会。

会议的内容是划时代的。10月份以来，党中央向全国人民公布了党在过渡时期的总路线和总任务，要求在一定时期内，把私人资本主义有计划地引导到国家资本主义的轨道上去，并逐步地使初级的国家资本主义向高级的国家资本主义——公私合营发展，以便创造条件，最后变国家资本主义经济为社会主义国营经济。

董监事联席会开得很顺利。

在场的董监事们纷纷表态。

一个半月后，正泰厂代表刘汉麟、程厚坤、周镛、洪福楣、杨少振、刘汉荣、洪福荣等8人，与上海市人民政府工业局代表梅洛正式签订了"公私合营上海正泰橡胶厂股份有限公司协议书"。

1955年2月17日，正泰厂的气氛有点异乎寻常，保卫干部特别忙碌和紧张。

杨少振办公桌上的电话铃响了，通知半小时后到厂门口迎接市里的首长。

厂门口人头济济。

几辆吉普车鱼贯驶进院子。

李革偕众人迎上去，并一一向陈毅介绍："……，这位是杨少振副经理。"

"杨先生,久仰久仰!"陈毅市长握住杨少振的手久久没有松开:"我陈毅无事不登三宝殿,还请杨先生不吝赐教唯。"

"哪里哪里,请陈毅市长多多指示。"

正泰厂合营有一年的光景了。作为第一批被批准的轻工业合营的重点企业,有哪些经验收获,取得哪些成绩,还有哪些工作需要改进和加强……陈毅带着中央领导同志的委托,带着陈丕显、李广仁、顾训方等市区领导,到厂视察。

进厂后,陈毅并未进办公室,而是直接到各个车间、工段、班组。

炼胶车间是橡胶厂的重要车间,劳动强度大,设备又比较差,混炼中的白粉黑灰满天飞,噪声震耳。陈毅顺着生产流程一道工序一道工序地仔细查看,还不时停下来,比划着向工人了解情况。

在厂部会议室稍事休息时,陈毅向大家讲了橡胶工业的重要地位和战略意义。充分肯定了正泰厂的成就及对国家的贡献。特别对当时的私方人员能在私营期间克服重重困难,千方百计地生产战略物资,满足国内交通运输的需要,表示赞赏。

陈毅忽然指着桌上的白色台布说:

"你们当厂长的,在办公室办公,干净清闲,与炼胶车间工人的生产条件简直无法相比。"停一停又说,"共产党领导工厂,就是要随时改进,解除工人的疾苦。"

陈毅向杨少振招招手:

"杨先生,请坐近点,我有个感想,你们很不容易啊!"

"……"杨少振有些不知所措。

"我不是随便这么说的。'正泰'走过来的路,很不平坦,要与敌伪周旋,又要受三座大山的压迫,你们能把工厂保存下来,容易吗?"

杨少振感到温暖。他心里暗暗想,毕竟是共产党的高级干部,见过世面,了解历史和民情,说话就是切合实际,就像亲眼看见"正泰"是怎样走过来似的。

"听说解放前夕国民党拉你去台湾,英国人拉你去香港,可你哪也不去，硬是留下来迎接解放，杨先生，这也不容易嘛!"

杨少振感到鼻子阵阵发酸。

"杨先生，我们共产党没带来什么财产，我们带来的只有一颗心，为人民服务的心，怎么样，我们互相交交心可好？"

"那当然好，当然好!"

"我这里有一份名单，是我邀请的客人。从明天起，每天开半天座谈会，连续开两天，要谈就谈个痛快。"

陈毅话声刚落，秘书宣读名单，有私方人员，有技术人员，还有老工人。

"好了，我告辞了。"

杨少振急忙上前："陈市长，便饭已经准备好了。"

"杨先生，我不说客气话。工作需要，到各处走走，如果到处吃饭，三盆六炒，那行吗？"

"可是就清茶一杯，未免……"

"哎——你们用西湖龙井招待，规格已经够高的了。明天你们来市委作客，我恐怕要请你喝白开水呢。"

开会地点在延安西路33号。

人到齐后，果真每人一杯白开水。

"好，我陈毅诚心诚意征求意见，大家可要给我一点面子哟，哪位先带个头？"

有人打破冷场，大唱高调，说赎买政策如何如何好，自己如何如何开心。

陈毅发话了："明摆着有缺点不讲，只讲好听的，这不利于我们的建设事业嘛。"

陈毅的目光是真诚而殷切的。

杨少振觉得不讲不行了："我讲两件小事。"

第一件事：帝国主义封锁，炭黑来源断绝，"正泰"自力更生办个炭黑厂。合营不久炭黑厂发生爆炸，那是因电焊工操作不当造成的。但上级派来的一位工人干部当厂长，他不懂技术，硬说办的是危险厂，又说工程师是私方人员,被他撵走了,炭黑厂也下马了。

"杨先生,你调查过?"陈毅问。

"是,我参与筹建炭黑厂,也调查过这件事。"

陈毅点点头:"这不是缺点,是错误。这个人不能当厂长,要马上调走!"

杨少振害怕了:"陈市长,这位同志年轻,缺乏经验,是不是原谅他这一回……"

"他不懂政策,也不会算账,这样的人当厂长怎么行!杨先生,请讲第二件'小事',我看事情不小,大得很!"

第二件事是一位留学美国的专家,专业不对口,有了点牢骚,结果被派去做鞋子。这位专家不服,交通大学正好需要他,但公方代表又不肯放。

陈毅让秘书记下这位专家的姓名。

不久,陈毅调中央工作。

数天后,那位专家接到调令,去交大当教授。

"这就是陈毅!了不起!真了不起!"

杨少振的眼睛湿润了。

从"正泰"建厂初期直至1959年,鞋类产品是当家产品。从1957年起,"回力"胶鞋大量出口。首次出口苏丹,而后出口数量猛增。行销地逐渐扩大至亚、非、欧、美、澳洲的几十个国家。

1956年,国家体委、化工部找上门来,为了配合我国出席世界运动会篮球比赛的需要,必须尽快研制新型的篮球鞋。

陆丹萍、赵静安、俞仁大等工程技术人员接受了任务。

很快,5种类型的篮球鞋相继研究设计出来了。

上级来人,提出一些意见。按意见改进;上级再来,再提一些意见,再改进。经过反复的改进,一种565型最后被选中。

中国篮球代表队穿着"回力"走出国门。中国的"回力"565也冲出了国门。它轻便,不滑,弹力好,跳跃灵活,美观大方,穿着舒适,成了这次比赛中最为显眼的"技术装备",大爆了一个冷门。从此,国外的订单接连不断。1958 年，"正泰"厂大批量生产，当年销出 11.3 万双。以后逐年上升，苏联、捷克、罗马尼亚、加拿大、澳大利亚、印尼、英国、瑞士、瑞典、新加坡、科威特等四十多个国家和地区，以及国内的各专业篮球队，大多穿用这种鞋。

1962 年，"回力"565 产量达 48 万双。

陆丹萍立了一大功，当年被评选为全国劳动模范。

1959 年 5 月，根据上级指示调整产品结构，鞋类全部转到二厂和三厂生产，而正泰一厂从此成为轮胎专业厂。

单瑞琴刚刚 20 岁那年，毕业分配到沈阳橡胶三厂。

厂长显然是对知识分子格外看重，不然不会亲自介绍工厂的情况。

单瑞琴有点拘束。看厂长如数家珍般地介绍着厂里的产品，如坠雾里，又不便发问，只能双手放在膝上，静静地听着。而眉飞色舞的厂长越讲越来劲。讲完了光荣厂史和产品的重要性已近中午。单瑞琴差不多是汗流浃背了，走到走廊的转角，才掏出手帕来擦去脸上的汗水。

同单瑞琴前后进厂的有二十多个学生。当时大学生不多，主要是中专生。这个厂已经发展到不但做汽车轮胎还做飞机轮胎。学生们入厂，很快就分散到各个车间，如同一桶水倒入大江里，转眼就无影无踪了。然而这批有文化知识的年轻人，很快就崭露头角了。

飞机轮胎不比汽车轮胎。

单瑞琴感到好奇，看不出它们之间有什么区别。她找到赵国钧去询问。

赵国钧学问大，二十多岁就接替闫田宝当了工程师，推导公式有一套，所以讲起话来逻辑性特别强。

他讲，汽车轮胎承重一般在 3 吨左右；而飞机轮胎要承重 18 吨左右，特别是降落着地时的冲击力。

他还讲，速度高摩擦就大，摩擦大轮胎就发热。

"总之一句话，技术含量高。"

技术含量高，必须要学好技术。单瑞琴暗下决心，力争要掌握技术，为飞机轮胎的制造多出一把力。

从此，单瑞琴对轮胎技术有了浓厚的兴趣。虚心好学，进步很快。

艺高人胆大。飞机轮胎的橡胶配方源于苏联。在中苏关系十分亲密的年代，改动是决不允许的。而1962年的一天，上级要求摆脱掉苏联的配方。因为苏联停止了配方中的原料供应，而我们的飞机不能没有轮子就上天。

要求是苛刻的：第一步，仅给一个月时间，要攻克52号配方。

一个月确实是太短了。

单瑞琴全身心地投入到新配方的研制中。

很快，第一个配方拿出来了，刚刚拿到压延工序，一看不行。马上挖下一块，再补上，继续压延，还是不行。影响硫化速度。

翻来覆去，一遍一遍地试，一遍一遍地改，任务没完成哪敢下班，即使到了晚上八、九点钟，也吃不上饭。

总算在改到53号配方的时候，做出了一只像模像样的飞机轮胎。任务完成了，人也累得掉了好几斤肉。

"这种办法不行！"单瑞琴狠狠地想。水多加面，面多加水，总不是办法。她亮出了自己的想法，对原配方必须进行分析，有了分析结果，我们改进就容易多了。

单瑞琴的想法得到了领导的支持，自己的配方作了一百多个。从中选了两套拿去试飞，成功了。另外一个配方稍加改进，也投用了。

1966年的时候，苏联的配方全部被淘汰。

1968年，新飞机研制出来，速度的提高，使原有的轮胎全部显得黯然失色。试试原来苏联的，也是不行，冒烟，着火。

单瑞琴细细琢磨，终于找出了原因，在设计上有个帘子布的角度没有调整好。改动了角度，速度果真上去了。国产的最新式飞机可以自由翱翔蓝天了。

1965年，试制一种全新的轮胎：无内胎航空轮胎的任务，又落到了这个厂。

结构设计和配方都是从未有过的。厂里为此成立了试制组，只有四五个人。单瑞琴被划到这个组里。试制工作进行得很辛苦。

内部密封膜使用什么材料？涉及到技术保密，没有任何技术资料。单瑞琴开始查资料，抠英文，只要与此有关的文字，全在单瑞琴翻阅之列。

一天，临近中午吃饭的时候，一本美国《化学文摘》有一篇介绍橡胶新工艺的文章吸引了单瑞琴。顾不上吃饭，一路译读下去。越看越兴奋，直至看到气透性能指标时，一向持重的单瑞琴竟喜不自禁，笑出声来：

"丁基溴化，你让我找得好苦哇。"

然而，国内没有这种材料。

眼看着接近了目标，可目标一下子又飞远了。

"不行，无论如何得试试。"单瑞琴倔强起来。领导支持她的看法，干脆自己对丁基橡胶进行溴化。

溴是一种强腐蚀剂，不但气味使人难以忍受，而且不小心熏到皮肤上马上掉皮。单瑞琴的手掉下一层皮，试验却成功了。

小孩送回娘家，同车间工人一起起早贪黑地拼命，赶制出样品送到机场。试飞也成功了。

机场上空勤、地勤的首长都很高兴，打量着这位文弱的女子，想怎样感谢她呢？

忽然有人问："你坐没坐过飞机？"

"没有。"

"那今天奖励你坐坐飞机！"

单瑞琴心情忐忑地坐进机舱。设计研制这么多年头一次坐进飞机，既兴奋，又紧张。

只飞4个起落，单瑞琴就吐得头昏脑涨，一塌糊涂。

单瑞琴不得不承认，看来乘坐飞机这个福分自己是没有了。

厂子爆出有史以来最大的新闻：孙德洪揭榜领衔，要对正在研制的特别安全胎攻关。厂里的招贤榜为这个攻关悬资奖 1 万元。

孙德洪是一个车间工人，只有 6 年文化。

安全胎是一种防弹胎。国内尚无先例。

能不能行，谁也没把握，但厂长李汝源认为行。

他认识这名工人，也知道小伙子有"钻"劲儿，听说孙德洪的全套家具都是自己打的；还听说，家用电器他也自己组装不少。

之所以要张榜招贤，是因为厂里的设备不行，孙德洪却另辟蹊径。他提了三个方案，一个比一个简单。

其实孙德洪做过试验，他知道这项研制任务的重要性。揭榜时他已经借调到研制组里了。看着支撑体这道难关久攻不破，他有过想法，只是没被注意到。

试验是采用磨口瓶模拟预热箱来进行的，效果不错。而预热箱与做试验用的磨口瓶，只是大和小的关系。他有成功的把握。所以，当方案批准下来后，他先搞了一台预热箱，对支撑体先行加热到摄氏 60 度。结果真在第 8 次试验的时候就成了。

支撑体是研制成功了，但怎么弄进外胎却又成了难题。好比大小几乎一样的坛子，怎么把一个放进另一个里？

孙德洪一次一次地"过招"，变换着方法进行试验，总是招法不灵。李汝源看孙德洪满面愁容，也跑来出谋划策。他们不断总结失败的教训，打开新的思路，采用新的方法，终于把这个"坛子"放进了那个"坛子"里！

安全胎难关终于被攻破。

部里正式立项。

那 1 万元奖金，孙德洪没敢要。拿这 1 万元可不好花。厂子也没说非要给，只是认认真真地郑重地发给孙德洪一个奖状。

不久，孙德洪被提升为车间主任。

第三部

古希腊神话中的谷物神降临于华夏大地!

化学工业堪称"当代神农氏"。飘飘洒洒如雪的粒子给土地以生机与活力。

发展现代化工不能没有石油化工。

点燃"亚速尔"的火炬。听,裂解炉开始如蝉翼般地鸣叫了……

第八章

当代"神农氏"的壮歌

春风又绿江南岸。大地回春,农事繁忙。

一架银燕翱翔在蓝天。一位个子不高,宽宽额头,一脸慈祥的忠厚长者在机舱中临窗而坐。他就是燃化部党的核心小组副组长徐今强。今天,1972年4月17日,他要去福建漳州参加全国第一次小氮肥生产经验交流会。

他把讲话稿又仔细看了一遍,作了几处修改。放下笔,俯视冰山雪海般的云层,万千思绪,绵绵而来……

1966年9月7日,他从石油部调到了动乱中的化工部,受命于危难之中,任化工部代部长。

化工生产千头万绪,条条与国民经济和人民生活息息相关。特别是化肥生产这根敏感的神经,上通党中央、毛主席,下连几亿农民。毛主席说:"手中有粮,心中不慌。"粮食关系到人民生活和国家安定的大局。而"庄稼一枝花",又"全靠肥当家"。可眼下,国外势力封锁,国家外汇紧缺,靠大量进口化肥是不行的。国内现有的中型化肥厂,能力又很有限;再加上动乱的干扰破坏,生产上不去。

农民要化肥,国家缺化肥。农民着急,中央和国务院领导也着急。为此,主管工业的余秋里同志曾大发"雷霆"。

"全国那么多煤矿,偏偏搞不出煤,究竟什么原因?"

"造反派……"有关领导有苦难言。

"你不要管别的,只管把煤炭开挖出来,没有煤,怎么造化肥?"

"有煤无车皮,我也无能为力。"

听了这话,余秋里利剑般的目光很快就移到铁道部长身上:"煤炭为什么运不去?"

"眼下干扰太多,铁路运输十分紧张,许多紧要物资运输都很困难……"铁道部长无奈地说。

没等他把话说完,老将军便拍案而起:"我要你把煤炭运到化肥厂,如果铁路有阻拦,你这个部长就亲自去押车!"

大厅内寂然无声,静得出奇,四周空气仿佛凝固了似的。

少顷,余秋里缓口气:"化肥上不去意味着什么,会带来怎样的可怕后果?周总理焦急,毛主席焦急。……"

当时,主管石油、化工的部领导也"挨了骂",被指着鼻子下了军令状。

想到这里,徐今强有些激动。他解开中山装的衣扣,喝了一口茶,让心情平复一些。他感到肩上担子的沉重。

中国这么大,办化肥必须"两条腿走路"。

自力更生办小化肥,是一条重要的路子。

这条路子已经摸索好多年了。而且已经走通了。侯德榜等老一代化学家开发的碳化法合成氨制碳酸氢铵新工艺,符合我国的国情,投资省,见效快,地方和县里都办得起。

县长出面了,县财政动起来了,亿万农民也动起来了。为了集资办化肥,有的老大娘把卖鸡蛋的钱都交出来了。"勒紧裤带办化肥,支援国家"成为许多人的心声。多好的人民,多好的干部。徐今强心中涌动着一股热浪。

更使徐今强感动的是党中央和国务院及有关部门对小化肥的大力支持。经国家计委安排,由上海市每年生产 100 套小氮肥成套设备,支援全国小化肥建设,连续 3 年不变。这为小氮肥的建设插上了金色的翅膀。

全国小化肥蓬蓬勃勃地发展起来了。一千多个小氮肥厂遍布神州大地,像一颗颗耀眼的珍珠,备受农民群众的青睐。

但是问题接连而来。块煤供应紧张。铁路运输紧张。许多小氮肥厂

"无米下锅",停产或半停产了。急坏了厂长,急坏了县长,更急坏主管化工生产的徐今强。

政策从实践中来,办法从群众中来。燃化部从各地抽调了一批骨干和专家,组成7个调查组,开始了对全国小氮肥的大调查。他们行程万里,不辞辛劳,进工厂,下车间,查原料供应,查工艺流程,查设备运转。当各调查组风尘仆仆地回到北京时,徐今强亲自到燃化部东郊招待所,听取各个厂情况汇报。他仔细地听着,不时地询问着,记录着。情况越来越清楚了,政策和指导方针也越来越清晰了……

"听说福建永春化肥厂能生产碳化煤球,不知情况如何?你赶快去看看"。徐今强按捺不住急切的心情,命令李穆欣赶快前往。"情况属实",李穆欣回来报告,并详细介绍了情况。"马上派人去总结经验",徐今强又下令了。

这次到漳州开会,就是要推广福建省永春化肥厂、长泰化肥厂等单位利用本地煤炭资源,制作碳化煤球,自力更生解决小氮肥原料问题的经验。

当徐今强一行来到漳州时,来自全国各地的一千多名代表已汇集此地。福建省委书记谭启龙出席了会议。会议开得非常成功。明确提出了一整套解决小氮肥原料问题的方针政策:"就地取材,有啥吃啥,粗粮细作,吃饱吃好。"

看起来似乎平常的8个字,可它倾注了徐今强的许多心血。

夜,很深了。徐今强办公室的灯光依然亮着。他坐在宽大的办公桌前,对面坐着起草会议文件的王裕桂。

"语言概括要准确,形象,生动,好记。"徐今强细声慢语地说着。

"对,就是要这样。"小个子,灵脑瓜,文笔生动的王裕桂直言快语。

他们反复推敲,反复归纳,把群众的经验提炼,升华……

实践的经验,正确的政策,产生了巨大的效应。

小氮肥厂能吃饱了,不再"忍饥挨饿"了,不再开开停停了。

愁眉苦脸的小氮肥厂厂长乐了。

严、细、狠、准、认真、扎实、一丝不苟,雷厉风行,这是徐今强;

朴实、谦和、平等待人、温文尔雅,这也是徐今强;二者在他身上达到了那样和谐完美的统一。

他常常身披一件军大衣,在宁静的夜晚,坐在调度员身旁,亲自听取生产调度情况。化肥用煤告急,他心急如火,李穆欣还没有吃完年三十的饺子就被叫到办公室。小氮肥厂有了一条好消息,他兴奋得夜不能寐。为化肥生产,他呕心沥血……

他太累了,太紧张了,人瘦了,肝脏指标出现了异常……

妻子心痛了。秘书紧张了。其实秘书周永奎也跟着累得够呛,多病缠身。

"徐部长,看看病,休息休息吧!"秘书几乎在请求。

"哪有时间哪!"他温和地说,"事情太多了"。

还是没黑没白地干。妻子怪嗔了:"这样下去要累死的"。

"没关系,累死了叫王裕桂写悼词,嘿嘿!"他冲着王裕桂对妻子幽默地说。谁知真是言中了。当他积劳成疾,带着对事业、对同志、对亲人的无限眷恋离开这个世界的时候,真的是王裕桂起草的悼词。每当言及此事,王裕桂眼中含满了泪水……。

抓得不紧,等于不抓。要抓就抓到底。1973年3月至1973年12月,徐今强两次南下,主持召开了第二次和第三次全国小氮肥生产经验交流会。进一步推广"吃饱吃好"的典型经验,完善小化肥发展政策。

小氮肥厂的路子越走越宽了,生产形势越来越好。

1974年元月,燃化部在北京召开了全国化肥会议,贯彻国务院领导同志的批示:"还是横下一条心,今年生产3000万吨化肥,靠自己,不靠进口。"会上,小氮肥厂豪迈地提出:"化肥不进口,全靠自己干。横下一条心,拿下三千万,小厂挑一半。"小氮肥厂言必行,行必果。他们艰苦奋斗,顽强进取,经过努力,终于顶起了中国氮肥工业的"半边天"。

小氮肥发展的成功经验,得到了中央和国务院领导同志的首肯。周恩来总理在与斯诺谈话中提到化肥时说,3000万吨化肥可能是够用了。但化肥还要进一步发展。……磷酸盐和尿素还不够。我们的化肥厂主要生产碳酸氢铵,小型化肥厂起了很大作用。由于建造了这样的小型工厂,我们在自力更生的道路上已经大步前进。

人民大会堂，庄严神圣。1975年6月15日下午3点半，国务院领导同志李先念、华国锋、王震、余秋里、谷牧健步来到人大会堂主席台就座，亲切接见参加全国氮肥会议的代表。李先念、华国锋、王震作了重要讲话。一批化肥企业，包括河南辉县化肥厂、福建长泰化肥厂、辽宁台安化肥厂等小氮肥企业代表登上了主席台，受到了表彰。广大化肥企业职工受到鼓舞，胸中盈满激情。小氮肥企业昂首站立在中国化肥工业之林。

典型的力量是巨大的。

福建省永春化肥厂，位于人灵地杰的闽南。

山不在高，有仙则名；厂不在大，有贤则灵。只有六七百人的小厂，却是藏龙卧虎之地。朱定国、丁希烛、杨运藻3名大专毕业生跨进永春化肥厂后，一直在造气岗位工作。为了解决粉煤成型问题，他们开始了艰难的跋涉。先是用沥青、炭渣、纸浆作粘结剂，虽然制成了煤球，但不仅原料来源不多，价格贵，更重要的是煤球强度差，活性低，造气不理想。

于是他们把眼光又放在了遍地皆是、价格便宜的石灰石上。因陋就简，利用破旧的厂房和一些瓶瓶罐罐，自己动手，砌碳化窑。不论是潮湿阴冷的冬季，还是酷暑闷热的夏季，他们都要穿着厚厚的工装和胶靴，整天跟石灰水打交道。女技术员翁玉玲手脚都被石灰水腐蚀得溃烂了，却不叫苦，不退却，仍然坚持实验。

没有奖金，没有休息日。日复一日地苦干、巧干。实验，失败，再实验……。有志者事竟成。用熟石灰（氢氧化钙）作粘结剂，与粉煤混合成型，经烘干制成的碳化煤球，其机械强度和化学性能都达到了理想的要求。

朱定国们成功了。这是小氮肥工业解决吃粉煤问题的一场革命，为小氮肥的发展开拓了广阔的道路。

上级拨款 25000 元,要他们在 45 天内建成碳化煤球车间,进行批量生产。

25000 元太少了,杯水车薪,根本无法购置必要的设备。困难压不倒朱定国、蔡清坚等人。他们从废料场找来一个报废的氨水槽,一分为二,一半改造成煤气罐,另一半改制成碳化罐。没有钢筋支柱,便用山里运来的巨大的石头垒砌成石柱代替。电焊工黄忠麟在现场连续干了两天三夜,最后昏倒在碳化罐旁。厂长、书记行动起来了,他们带领全厂的白班职工参加义务劳动。

人争一口气,佛争一炉香。永春化肥厂的职工大都来自农家,他们对农用化工怀着一片赤诚之心。经过昼夜奋战,终于在 1969 年 5 月建成了一个年产 9000 吨的碳化煤球车间。它的意义远远超过了碳化煤球车间本身。

位于永春之南的长泰化肥厂,"近水楼台先得月。"恰逢厦门大学化学系高才生孙鸿斌分配进厂。年轻的大学生,往返永春,七进七出。他们在永春的基础上作了改进,提高了工艺和技术水平,终于制成质地优良的碳化煤球,发气量达到了同种块煤的水平。

"满园春色关不住,一枝红杏出墙来"。消息飞快地传到了北京。永春、长泰的经验推广到全国。全国千余家小氮肥厂,有 800 多家使用了碳化煤球。永春化肥厂的朱定国作为碳化煤球的创造发明者,出席了 1978 年在北京召开的全国科技大会。

小氮肥能吃粉煤了,小氮肥能"吃饱了"。可是消耗高,亏损大,管理混乱,仍然严重地束缚着小氮肥厂前进的步伐,因而急待巩固提高。"吃饱管好,重点是管好"。

化工部部长孙敬文的心头沉甸甸的。负责管理全行业的小氮肥处的同志们心头也是沉甸甸的。

走出去，到实践中去，到小氮肥厂中去，发现好的苗头，总结典型经验，以点带面。这是孙敬文部长的工作方法，也是小氮肥处历任处长刘尊三、王心芳、曹恒武、苏玉芳、孔祥琳等的工作方法。

刘尊三，这位淳厚朴实的大学生作了小氮肥处的第一任处长。虽然所学不是氮肥专业，但他干一行爱一行，钟情于自己所从事的工作，不管有什么困难，什么压力，决不动摇。他虚心学习，深入工厂车间，调查研究，从实践中丰富自己，提高自己。为了总结经验，推广典型，他跋山涉水，不辞辛苦。他和他的同事们，把自己全身心地溶于中国的小氮肥事业中。

浙江桐乡化肥厂创造出"三管一算"（原料管理、工艺管理、设备管理和经济核算）的先进管理经验，像一缕和煦的春风，吹进了部机关大楼。小氮肥行业的管理者振奋了，马上迈开双脚，走进了桐乡化肥厂的大门。

位于长江三角洲嘉湖水乡的桐乡县，阡陌纵横，水网交错。京杭大运河穿境而过。伫立石桥凭栏眺望，河水波光粼粼，静静流淌；河面白帆点点，渔歌阵阵，好一幅绚丽多姿的江南水乡图画！

桐乡化肥厂1966年8月建成，刚投产便碰上"文革"，生产停顿，亏损严重，县委焦虑。好不容易投资兴建的化肥厂竟闲置起来，怎不令人心疼而焦急？情急之下，县里把三十多名刚从部队复员转业来的军人调进了工厂，把一些"造反"捣乱，不好好干活的职工调出去。这一进一出使工厂稳定下来，开始了复苏。厂领导抓住契机，从整顿管理入手，向新的目标迈进。

抓原料管理。厂里号召大家："惜煤如宝，爱煤如粮"，煤气炉排出的炉渣，工人们用手拣出尚未燃尽的煤核儿，重复利用。每班用煤从进炉开始计算。用多少煤，产多少气，出多少氨，精打细算，毫不含糊。按阳泉、焦作、晋城等煤种分堆插牌，配煤入炉。逐渐摸索出一套"船船验收，分地存放，插牌标码，入炉过磅，计划用煤，天天过账"的行之有效的管理办法。

每班设有一个煤库，用多用少，自负盈亏。"逼上梁山"了。于是，班组计划用煤,定额管理加合理搭配,入库计量,比居家过日子还会算计。说到煤气炉打疤,小氮肥厂职工可谓谈"疤"色变。14磅大锤抡得两臂酸痛,大口喘气。吴宁安当年是造气下灰工,进厂学徒先在地上抡锤练臂,一抡便是三四十次,累得流油淌汗,叫苦不迭。为了解决"结疤"问题,厂长高启浩、徐良骥、陈永明,经过不断地摸索,改进工艺,大大提高了造气量,降低了消耗。

工人孙志顺是"高炉温、低炭层、强风短吹"的节能降耗新工艺路线开创者之一。后来他被提任为海盐县县长,距离桐乡很近。

工艺管理是小氮肥企业的一篇重要文章。

厂长马彩仁毕业于浙江化工学院,建厂至今一直在桐乡化肥厂工作。他举止文雅,思维敏捷,一派儒将风度。在谈及如何抓工艺管理时,他说:"我厂工艺指标并非厂长或技术科室闭门造车主观臆定,而是跟工人一道共同制订操作规程。有他们直接参与,执行起来就比较顺畅。"

桐乡化肥厂对设备管理的主导思想是:"兵要精,武器要好。"在全厂开展了"检修是维修工、保养是操作工"的双包机劳动竞赛活动。有一年盛夏,强台风裹着骤雨铺天盖地地向杭州湾袭来。一时间,天堂般美丽的杭州树倒屋塌,连水泥电线杆都被拦腰刮断。距杭州咫尺之遥的桐乡化肥厂由于暴风雨和夏日雷电,煤气炉出了故障,全厂停电,漆黑一片。家住杭州的热电车间主任摸黑趟水赶回厂里,组织电工仅用几小时便恢复供电。

"文革"年代搞经济核算确实需要相当大的胆识和勇气,当时这样的企业可谓凤毛麟角。桐乡化肥厂主管财务的孙子伦脑瓜灵活,纯朴正直,觉得搞生产跟做生意一样,理财是必然的,正当的。他从原料煤进炉到产出化肥,把整个财务账目分成若干块,原料价,产品价,成本工资等等,都来个经济核算。粘土分陶土和黄粘土两种,前者每吨80元,后者仅5元。他出主意,通过实践,采用混合搭配,既可保证生产需要,又可使每吨煤球成本下降七八元。为了攻克大炉子烧好黄泥煤球的技术关,厂长马彩仁积劳成疾,满口白牙完全脱落。他们点滴积财,将炉渣以每吨70元卖给砖瓦厂,年销量达万吨。

"三管一算"宛如一剂灵丹妙药,使桐乡化肥厂声名远播,一跃成为全国小氮肥企业排头兵。节能降耗成果尤为突出,盈利也逐年递增。七十年代平均年盈利一百多万元,八十年代年均二百多万元,九十年代增至三百万元以上。

开始有人不相信桐化能耗如此低。上级专门派人下厂测定,结果证明不是虚报谎称。1973年和1978年,部小氮肥处孔祥琳、赵自勉同上海化工研究院、河北工学院、南京化学工业公司研究院等地专家组成检查团,先后两次来到该厂,从原料进炉一直到产出合成氨进行了全过程的节能平衡测定。一组组准确无误的节能数据,使专家们心悦诚服。

为了推广桐乡的经验,孔祥琳等写成专著《小氮肥生产及节能》,核心内容是:一稳(工厂长期生产稳定在高限均衡状态)、二低(半水煤气单耗低、工艺用汽单耗低)、三高(煤利用率高,氢、氮利用率高,炉、机、塔出率高)。

桐乡化肥厂远近驰名,连续多年稳坐龙椅。众多小氮肥厂来桐乡取经。部里拨款20万元给桐乡建了座培训楼,迎接八方来客,使桐乡的经验在全行业开花结果。

孔祥琳天津大学毕业后就分配到了小化肥厂。后调到化工部小氮肥处,先是当工程师,后又当处长,一干就是30年。她个子不高,俊美,精明,快人快语。她熟悉她的业务,钟爱她的事业,足迹到过几百家小氮肥厂,与小氮肥结下了不解之缘。她说,她这一辈子就干小化肥这一件事,而且乐此不疲。

小氮肥厂的发展也是一部技术改造、技术进步的历史。从1973年以来部里主持召开的10次小氮肥技术进步会议,每次都有一个新的侧重点,解决一个新问题,总结一个新经验。第一次会议是解决小氮肥的小改小革,成龙配套,填平补齐;第二次是强化生产管理;第三次是原料改造,锅炉改造；第四次是余热发电；……第六次是节能降耗四十条措施；……第八次是研究设备定型意见；……第十次是推广蒸汽自给和两水闭路循环技术。

这是一系列貌似枯燥的条文，但却倾注了孔祥琳和许许多多小氮肥工作者、广大工程技术人员和工人、干部的无数心血；是千百万次实践的总结；是众多智慧的结晶。

江苏，太仓，沙溪。小桥，流水，人家。

时值1978年，阳春三月，绿满江南。优美静谧的沙溪镇宛如一幅惟妙惟肖的水墨画，人们脸上毫不掩饰地闪露着铲除"四害"、拨云见日的喜悦。

县委定于3月5日召开全县小队以上农村干部大会。然而，谁也没有料到，就在这个两千多人大会召开的前夕，一场罕见的灾难突然从天而降。

4日晚9时许，沙溪镇渐渐进入梦乡。突然，宁静的夜空中传来一声惊天动地的轰然巨响，房屋东摇西晃，电灯骤然熄灭，四周一片漆黑。人们跑到屋外，只见血红的火光呼呼地直冲云霄……

谁也不知道究竟发生了什么事情，唯独曹有才心里明白。

曹有才是太仓化肥厂的第一任厂长。一位颇有一点特色的传奇人物。这位贫农的儿子，17岁参加革命，25岁出任党委书记。1965年，省领导讲了一句话："太仓要建化肥厂。"时任太仓工交局副局长的曹有才便奉命筹建。没人没钱，没地没房，名副其实的光杆司令。他先去省化工学校学习一年，再去无锡化肥厂实习半载。回到沙溪镇，走东串西，打躬作揖，向农民借钱，从机关贷款，费尽九牛二虎之力凑了250万元，建起了太仓化肥厂，没要国家一分钱投资。

招工时，他像部队招募新兵那样，严格地进行了政审、体检，从全县招来二百多名青年农民，太仓化肥厂便呱呱坠地了。

偏偏生不逢时，建成投产仅两个月，就碰上"文革"。厂长曹有才先是被戴上"现行反革命"的帽子，挂牌游街，轮番批斗。接着又被诬为沙溪"5.16"总后台。被关押，被摧残。

直到"四人帮"垮台，他才获得第二次生命。1977年10月，他被调到苏州地区最大的一家纺织厂——利泰棉纺厂担任厂长。

3月4日晚，他回到自己家里，准备次晨去县里参加2000人大会。哪晓得刚刚上床，便被突兀的爆炸和剧烈的振晃所惊起。披衣出门，发现火光冲天，满天血红。别人感到茫然，他却在瞬间凭借技术和经验，判定是化肥厂发生爆炸。尽管这座工厂使他身心受到严重创伤，但他对化肥厂的丝丝情愫依然萦怀不去。穿着睡衣，他毫不迟疑地朝工厂狂奔而去。等他跑进厂门，惨景目不忍睹……。

按理说，曹有才现已跟太仓化肥厂无关，可以不闻不问。然而，他清楚化工生产特性，倘若引起爆炸的连锁反应，灾难将更为可怕。说来也巧，偏偏此时的化肥厂厂长因明天要参加全县大会，今晚赶到县城住下，现在不在厂里。曹有才只有"当仁不让"，临危挺身了。

肆虐的火势被扑灭了，曹有才拖着被冷水浸泡的冰冷身子，继续留在厂里。整整3天，忙个不停。3月7日，他正准备去外地参加纺织工业部召开的会议，县里突然打来紧急电话，任命他为化肥厂党委书记，主持工厂恢复工作，利泰纺织厂厂长将另派他人赴任。

曹有才不计前嫌，满口应允，受命于危难之中。

县委领导问他："恢复生产要多长时间？"

他思索片刻："5月1日保证出化肥。"

"你是说明年？"

"不，今年"。

"别开玩笑，工厂炸成那副惨相，六千多平方米的厂房都炸毁了，压缩机也炸坏了，你靠什么恢复生产？"

"靠人"，46岁的曹有才秉性刚毅，斩钉截铁："只要全厂职工拼命干，五一节完全能够出化肥"。

县委领导仍有些不相信他有回天之力。

其实，曹有才不仅算准了恢复生产的时间，还棋高一招，利用重新安装机器的机会，把全国小氮肥先进技术巧妙地汇集起来，用新工艺、新设备重建一个太仓化肥厂。

仅仅 28 天之后，坍塌的合成厂房重新建成。年产 5000 吨合成氨的压缩机被炸得千疮百孔。苏州地区 7 家小化肥厂齐刷刷地伸出无私援助之手，帮助安装，使机器重新旋转起来。另一台年产 3000 吨的压缩机被炸成一堆废钢烂铁，已难起死回生。曹有才正在犯愁，省里雪中送炭，拨下 100 万元。曹有才花了八十多万元，买了一台年产 5000 吨的合成氨压缩机。这样，合成氨生产能力从 8000 吨增至 1 万吨。

时光飞快流逝，1978 年 4 月 24 日，满目疮痍的太仓化肥厂仿佛施行了整容手术似的，突然变成了一位婀娜的新娘，产出了雪白晶莹的化肥。比五一节提前 7 天。当年化肥产量比上年增产 35.7%。

工厂活了，县长笑了，职工哭了。那是激动的泪水，更是情感的宣泄。奇怪的是，身为党委书记的曹有才没哭也没笑，他在凝神静思。

农民出身的曹有才深知小氮肥既是"煤耗子"，又是"电老虎"，节能是小化肥技术进步的关键。他提出节能的目标："地区超常熟，全国超桐乡"。常熟是苏州地区节能的先进工厂，桐乡是全国小氮肥节能的"状元"。超常熟很快就做到了，不久又超过了桐乡化肥厂。

"两超"兑现，似乎该鸣金收兵了。然而，雄心勃勃的曹有才不知道着了什么迷，竟鬼使神差地突发奇想：吨氨总能耗要赶超进口大化肥装置。他要用土设备大战洋机器。

有人讥他狂妄，有人说他疯了。他闻若未闻，全当耳旁风。

恰在这时，上级正式下文任命曹有才担任太仓化肥厂党委书记。曹有才生性古怪，对县委说："要我留在化肥厂得有两个条件"。

"你说说看"。县委书记眉峰微蹙。

"第一，从明年起，化肥厂亏损我负责，盈利 3 年不上缴；第二，撤销革委会，建立党委领导下的厂长负责制"。

县委书记双眉拧成疙瘩："老曹，工厂亏损国家可以补贴，你家有多少钱能补亏损？赚了钱就该上缴。至于第二点，你简直胡说，撤销革委会，是你说了算还是中央说了算？"

两条全未采纳，曹有才拂袖而去。

县委召开紧急常委会。研究结果大出众人意料，竟同意了曹有才的先决条件。于是，太仓化肥厂成为全国撤销革委会最早的企业之一，并且定了3年盈利不上交、全部留在厂里搞技术改造的"君子"协定。

随后，县里下了红头文件，白纸黑字。

1979年，党的十一届三中全会的春风吹拂神州大地。太化第二套年产合成氨5000吨新装置投产后，每天纯利一万多元，年底共盈利400万。曹有才将这笔"巨款"全部投入节能改造，使全厂吨氨总能耗由1400万大卡降至1000万大卡，达到美国凯洛格公司大化肥装置能耗的设计能力。

省里派人来厂测定能耗，结果比工厂上报的数字还低。继而，化工部组织专家在现场连续测定3天3夜，每时每刻记下加多少煤，用多少电，产多少气，出多少氨，关关卡卡，丝丝毫毫，像细箩筛粉似地把所有工序筛了一遍，抽样全交上海化工研究院分析化验。测定结果令专家们异常惊喜：一些节能数据比工厂上报的更好，能耗甚至低于西德有关装置的指标。

不久，国务院召开全国第一届节能颁奖大会，鲜为人知的太仓化肥厂被评为全国节能"状元"，时任副总理的李鹏把一块熠熠闪亮的节能金牌授给了曹有才。

曹有才捧着这块金牌刚走出上海虹桥机场，便受到县委机关的隆重欢迎。翌日，苏州地委书记竟率领大队人马夹道迎接。姑苏城内人声鼎沸，彩旗飞舞，热闹非凡。这是苏州地区有史以来获得的第一块全国节能金牌。

此后1985年、1991年和1995年，太仓化肥厂又接连三次捧回全国节能金牌。

岁月交替，冬去春来，尽管沧桑风云，潮起潮落，但太仓化肥厂至今仍是全国小氮肥万紫千红的百花园中一枝奇葩。

5

似水流年。改革开放,吹进了八面来风。经济在发展,科技在前进。

引进的大化肥装置,一套就是年产 30 万吨合成氨、52 万吨尿素,而且各项指标都是先进水平。

小氮肥面临着严峻挑战,压力重重。

怎么办?逆水行舟,不进则退。落后就要被淘汰。

小氮肥厂厂长坐不住了,孔祥琳坐不住了。

不能坐以待毙,不能靠上苍恩赐。要增强自身的造血功能,靠自身的发展,争取一片明朗的天空。

化工部组织小氮肥厂厂长到沧州大化肥厂去学习。面对如林的高塔,耸天的大罐,错综复杂的管线,他们开始有些不知所措。

但他们毕竟是智慧者,是有志者。他们从大氮肥中醒悟到许多道理,启迪了改造小氮肥的思路……

小氮肥扎根广大农村沃土,是县里的支柱产业,这是它的优势。

小氮肥可以因地制宜,大搞农化服务。可以生产多种专用肥、混配肥,可以测土施肥。河北冀县化肥厂先走了一步。他们在创造社会效益的同时,促进了自身生产发展,受到了国务院和化工部领导同志的表扬,化工部召开了现场会,推广他们的经验。

小氮肥是一个系统工程。余热可以回收发电,废气、废渣都可以综合利用。于是小氮肥厂"两水闭路循环,蒸气自给,两煤变一煤"的技术改造新思路、新方案产生了。1988 年在山东寿光化肥厂进行了技术测定,总结推广了该厂的先进经验。

微机在小氮肥厂推广应用了。

全国小氮肥生产技术又上了一个新台阶,扭亏增盈又上了一个新水平。

碳酸氢铵是适合我国国情的一个化肥品种,但它也有弱点,就是易结块，易挥发，被人们称为"气肥"。有些小氮肥厂生产能力太小，不符合经济规模。小化肥改造势在必行。

对小化肥情有独钟的秦仲达部长，以他对化工技术、生产的精通，组织研究了小化肥的改造问题，并专题上报国务院。1986年4月，国务院副总理姚依林主持中央财政领导小组办公室，专题讨论了小化肥改造问题。会议同意化工部方案，"七五"期间小化肥技术改造资金按20亿元安排，中央和地方各拿一半。技术改造的小化肥厂在贷款期间免征所得税和调节税，技术改造期间免征产品税。

小化肥又开始了新的攀登。

河南辉县化肥厂全循环法年产4万吨尿素装置成功了。

四川成都化肥厂4万吨中压联尿成功了。

山东邹县化肥厂碳铵水溶液全循环法年产4万吨尿素成功了。

小化肥上面是一片碧蓝的天空。

小化肥前面的路还很长很长……

第九章
东方"得墨忒"的传说

深夜,中南海。到处散发着阵阵幽香,四周寂然无声,总理办公室还灯火通明。虽已夜阑人静,周恩来却仍在伏案批阅堆积如山的文件。"文革"动乱已耗去他许多心血,昔日那张朗目皓眉、充满活力的脸庞正在明显地消瘦下去,墨染似的乌发已抽出根根银丝。然而,这位智力非凡的伟大政治家却永不言倦,矍铄精神依然,气质风采犹存。

蓦然,他的目光停在了一份引进大化肥的专题报告上,立刻饶有兴趣地读起来,疲惫的眼睛渐渐闪射出喜悦的光芒。那是一种久违的喜悦,一种欣慰的流露。

阅毕,他掩卷静思。身为10亿人口大国的总理,他比谁都清楚化肥与国民经济的重要关联。他忽然忆起五十年代中期,日本著名社会活动家西园寺公一先生为了促进中日友好,多次往返奔波于东京与北京之间,为中国引进日本成套合成氨装置穿针引线。眼看成功在望,不料却因某种可笑的政治因素而被日本政府突然取消……

身困力乏的周总理抽笔挥毫,在专题报告上写下了深沉而凝重的两个字:同意。毛主席也很快批示下来,表示完全赞同。中国的化肥工业从此迎来了一个新的春天。

春色为大地添了一抹新绿。由秦仲达司长率领的中国化工技术考察团搭机飞赴西欧,对法、英、意、荷四国化肥工业进行考察,亲眼目睹了世界最新技术和先进设备。这种六十年代发展起来的日产千吨的合成氨装置,热能利用高,生产能力大,投资省,成本低,跟以无烟煤为原料的老厂相比,成本低72%,投资省35%,显然十分合算。

新与旧,精与粗,优与劣,形成鲜明对照,考察团成员不禁动容。精明的外商看出中国考察团引进合成氨装置心切,纷纷作出报价,竞相"抢生意"。

标有五星红旗的中国民航客机开始飞返祖国,烟波浩渺景色迷人的地中海从机翼下掠过。考察团成员无心凭窗俯瞰湛蓝的海水,此刻,他们的心中如同那翻卷的海涛一般汹涌起伏,有的思考,有的冥想,更有的在筹划……

团长秦仲达侧脸朝向随行人员、泸州天然气化工厂副总工程师张博文:"走了这么多合成氨、尿素生产厂家,有什么感受?"

张博文从沉思中缓缓抬起布满忧患的眼睛,喟叹道:"中国化肥工业落后了几十年,如再不迎头赶上,差距会越拉越大。"

"你们泸天化引进一套,怎么样?"秦仲达问,探询的目光凝视着对方。

张博文眉宇间闪露出渴求的喜色,旋即又布满了疑虑:"我担心,引进会有阻力。"

秦仲达无言。他明白张博文说话为什么半吞半吐,眼下国内虽说柳枝已泛绿,桃花正含苞,可仍然寒气袭人,冰冻未解。

飞机徐徐降落在首都机场,秦仲达一行迅速驱车回燃化部作回国考察汇报。不久,一批专家分赴各地调查资源并遴选厂址。

毛泽东批阅、周恩来同意引进10套大化肥的喜讯,宛如温暖和煦的春风吹进人们胸膛,闪电般传遍天南地北。一个引进项目办公室应运而生:副部长杨叶澎任主任,贾庆礼、陈帛等担任副手。各省纷纷建立大化肥引进机构,省长、化工厅长都盯住具有强烈诱惑的10套大化肥装置。

一股冷森森的寒气却骤然刮起。

说来可笑,一个中国代表团赴美国访问,美方官员出于礼仪和友好,赠了几件小小礼品,其中一件工艺品是只蜗牛。正是这只蜗牛引起了一场"政治风波"。权倾朝野的江青无事生非,硬说外国人讽刺中国建设如同蜗牛一样爬行，平白无故地掀起一场"蜗牛事件"，并借此斥责从国外引进大化肥是"崇洋媚外"……

阴风吹进副部长杨叶澎耳里，他朗声道："引进大化肥成套装置是毛主席亲手圈阅的，有国务院正式文件，不用怕。"

隔日，有人悄声提醒他："您参加革命多年，这次千万别为引进大化肥装置而犯路线错误。"

杨叶澎浩气凛然："引进大化肥决不能拖延，出了路线问题我负全部责任！"

《王若飞在狱中》一书中曾有一位胸前飘散着一缕长髯的杨森老人，他正是杨叶澎的父亲。自幼接受革命熏陶的杨叶澎刚正不阿，胸襟坦荡，无论是在烽火弥漫的战争岁月，抑或人妖颠倒的"文革"时期，他总是处变不惊，泰然自若，像他父辈那样把生死置之度外。

邪不胜正。江青一伙无端煽起的"蜗牛事件"阴风，没刮多久，便像幽灵似地烟消云散了。

根据协议，中国从日本东洋工程公司和美国凯洛格公司一共引进10套年产30万吨合成氨装置。时隔不久，法国总统蓬皮杜访华，转述了戴高乐总统渴盼访华的遗愿。毛主席和周总理决定再从法国引进3套大化肥装置。共计13套大化肥的引进方案拍板。并于1973年年初正式拉开帷幕。

天府之国名不虚传。

早在1958年，化工部部长彭涛便向党中央呈上《把四川南部建成一个以利用天然气为中心的化工原料基地》的报告。第一个签约引进30万吨合成氨装置的是四川泸州天然气化工厂，而第一套大化肥成套引进装置却建在成都郊区青白江。

成都人杰地灵，英雄辈出。尹学进便是一位佼佼者。

提及尹总工程师，厂里的职工莫不流溢仰慕之情。正是他，第一个跟洋专家展开唇枪舌剑的技术谈判；还是他，第一个将国外成套大化肥装置技术吸收消化，为建好、开好、管好第一套大化肥装置建起丰碑。

早年毕业于武汉大学化工系的尹学进，四十年代进入范旭东、侯德榜创建的永利川厂。他精通合成氨工艺，谙熟各类化工生产，命运使他与四川结下终身情缘。

欣闻第一套日本东洋公司承包（凯洛格公司专利）的大化肥装置将建在成都，尹总快活得像个孩子。每天晨曦微露，他便咿咿呀呀地念起日文来。

妻子惊诧而又困惑："都五十多岁了，怎么还像小孩一样从头学日语？何苦受这份洋罪？"

尹学进笑答："学会日语，可以跟日本技术专家直接交谈，这样不是更省时间，工作更方便吗？"

"日本人会说英语，你可以用英语跟他们交往。再说，眼下你刚'解放'，难道就不怕因为崇洋媚外再进'牛棚'？"

尹总依然豁达乐天："这回学外语不会挨批挨斗，连老书记王武诚不也在学五十音图吗？"

后来尹总回忆当年，依然会流露出苦涩与无奈："有时候，我和日本专家正在进行谈判，突然被喊回来参加批林批孔，连日方总代表井上稔都感到莫名其妙，起先还以为我方做小动作，后来才明白是怎么回事。"

井上稔，日本东洋工程公司技术总代表，博学多才，工作认真。初到川化，便对尹学进的学识和谈吐产生好感。谈判桌上，两人常常针尖对麦芒，钢锉遇锯齿，争得面红耳赤。饭后茶余，彼此却又谈笑风生，相见恨晚。

有一次，中日技术谈判进行了一整天依然毫无结果。入夜，双方挑灯"夜战"，仍未打开僵局。时已深夜 11 点，午夜前如再无突破，日方将蒙受一笔经济损失。井上稔急得额头直冒汗，儒雅的面孔扭曲着："尹先生，看在你我一见如故的情面上，请你帮帮忙签个字吧，否则我和我的同事都会被公司辞退……"

气氛顿时变得窘迫，似乎室内的空气都凝固了似的。尹学进显得特别冷静和清醒：

"对不起，井上先生，我方提出的条件未得到圆满答复前，我绝不会签字。"话语刚毅坚定，却不咄咄逼人。

井上无奈，我方成功。友谊在相互矛盾中根深蒂固。从此，这两位中日技术专家形影不离，情笃意深，成为终生莫逆。

人说巴蜀天下秀，谁知蜀道行路难。要将重达几千吨的大化肥设备运进成都青白江区，需由远洋货轮将大件运抵上海港，装上千吨驳船溯江而上，驶至重庆，待洪峰到来再运抵宜宾并改道岷江驶抵乐山。

彼时的乐山码头破旧不堪，只能停靠小火轮。要停泊千吨驳船，犹如大人睡摇篮。代省长兼大化肥总指挥何郝炬一声号令，支援大军纷至沓来，以惊人的速度，优等的质量赶建了一座大码头。

卸船问题似乎迎刃而解。然而因上游大渡河水量不均，使乐山码头洪峰时涨时落，水位忽高忽低，千吨驳船上下浮动过大，又给卸船带来始料不及的困难。

一座再生塔从船上卸到岸边，足足花去3个昼夜。卸船速度如此缓慢，使川化领导王武诚、胡懋周、张世德等人焦灼不安，尹学进和井上稔亦食不知味，最为悬心的还是何郝炬总指挥。这位曾跟余秋里共同出生入死的老红军伫立江岸，目光久久地凝视着滚滚东流的江水，心情就像攻不下敌人碉堡似的异常沉重。

码头上熙熙攘攘，热闹非凡，成千上万看稀罕的平民百姓像赶庙会似地潮水般涌向江边。人群中的何郝炬遽然转身，喊来宜宾地委书记李一林："你马上打电话给上游龚咀水电站，要他们每隔半小时调峰一次。"

"这么干行吗？"李一林不无忧色："弄不好会影响电站正常运转，甚至会造成……"

何郝炬神情肃然："甘蔗没有两头甜，引进大化肥是全省头等大事，也是全国的一件大事，不能让它卡在这里，去吧。"

"……"李一林踌躇着。

何郝炬浑身军人气质："要你打电话，你就去打，出了事我担下来！"

电话挂到龚咀水电站。通过调节闸门，乐山码头水位渐渐趋向平稳。于是卷扬机、千斤顶、起重吊一起开动，将360吨重的合成塔从驳船甲板上吊到岸边铺设着3千多根枕木的钢轨上。几百民工喊着号子齐心协力地使这庞然大物在钢轨上缓缓滑动，再吊装到400吨重的大平板车上。场面蔚为壮观，时间仅为2小时。

川化人眉舒目展地笑了，兄弟厂的同行长长地舒了一口气，何郝炬那颗悬在空中的心也落了地。一直奔波于现场的副厂长张世德连着三天两夜没合眼。饥饿，干渴，疲困，令他头晕目眩。他索性买来一瓶酒，炒上半碗花生米，"三下五除二"地吃饱喝足后，将自己关在一间低矮朽颓的小屋里，整整睡了24小时。指挥部还为他的"失踪"而焦急，派人到处寻觅，岂料他却好端端地躺在屋里。

400吨平板车是刚刚造出来的，为这事省交通厅长赵里没少挨训。起初，他向省里要钱，何郝炬一瞪眼："我要有钱，找你干吗？"

"巧媳妇难为无米之炊，没钱哪有平板车？"赵里振振有词。

何郝炬沉下了脸："告诉你，钱是一分没有，400吨平板车你必须按时造出来。不然的话，我撤你的职！"

赵里原想利用造平板车让企业赚个十万八万，此刻却如通红的炭火猝然浇上一盆冷水，他颓丧地坐了下来。

胳膊拧不过大腿。400吨大平板车按时建造成功，交通厅长没再说一个"不"字。

陆地运输路线是乐山至夹江，尔后再从夹江运上列车，沿成昆铁路行驶270多公里到达成都。

其时乐山至夹江只有一条简易公路，路窄土软，崎岖不平，400吨平板车行驶中连拐弯都很困难。李一林是宜宾父母官，电话打到公社大队，一夜之间，几千农民带着红苕，带着铺盖，更带着久旱盼云霓的渴望，投入修筑公路的战斗。舞锹挥汗，碎石铺路，不要国家一分钱，不吃公家一口粮。露宿路边，风餐渴饮，只想着"天字第一号"工程早日建成，只盼着洁白的化肥撒向田间……

贵州省委书记贾庭三赶到北京游说。虔诚的恳求令部长动容，但一想到贵州"地无三尺平"，便禁不住犹豫起来："把大化肥给了贵州，你们怎么运进山里？"

贾庭三似乎成竹在胸："省委研究过，厂址就选在赤水县。那里地处赤水河岸边，大型设备可以溯流而上……"

"赤水河？"部长忆起遥远的战争岁月，当年红军长征时四次渡过的那条赤水河恍若就在面前："那才多宽多深？小木船还能凑合行驶，千吨驳船如何溯水而上？更不用说还有许多险滩暗礁。"

贾庭三方寸不乱："这些困难省里都研究过，甚至设想过更大的障碍。不管怎么说，我们总有办法对付。"

往后的事实证明了这位省委书记的话绝非"假、大、空"。他跟化工厅长、化工部技术专家陈帛等人最先踏上这片原始的土地。环顾四周，高山兀立，群峰环抱，青峦叠嶂，绿荫如盖。大片原始森林郁郁葱葱，枝繁叶茂。淡紫色的水雾时隐时现，忽近忽远。带着芳香气味的雾气到处弥漫，飘散，空气特别清新，周围异常恬静，处身此地，着实令人心旷神怡。

山里的景色美丽如画，山里的农民淳厚善良。伐竹造屋，挖坑作铺。劈山，修路，搬运，重体力活全包揽下来。一碗稀粥和一片咸菜所产生的热能远远高于理论值。神了，奇了，连贾庭三也感动得泪水纵横。

赤水河曲曲弯弯，险滩密布，恰似一匹烈性野马，更兼河面窄，吃水浅，大件运输难上加难。化工厅长刘哲民和赤天领导干部多次召开"诸葛亮会"，重演了一场"四渡赤水出奇兵"的壮观。

隆隆巨响震撼山岳，打破了千年的沉寂。赤水河激起无数根冲天水柱，珍珠般的水珠飞向千仞万壑，几十处险滩暗礁被成百上千吨烈性炸药荡平，赤水河变得又深又宽，河水不再湍急，险滩不再肆虐。

诸如合成塔这类大件分别被装上木筏，靠水的浮动，靠人的牵拉，一里，两里，十天，半月，终于将大化肥设备全部运进了深山，宁静幽美的山坳里诞生了又一个大化肥的新生儿——赤水天然气化肥厂。

远离都市，远离喧嚣，却有着梦幻般的憧憬。

云南水富县，芝麻粒儿大的地方。早年出版的中国地图甚至没有它的位置。引进大化肥的消息传到云南，省长周兴悟出这是一次农业翻身的良机。然而，天然气在川南，即使国家同意云南引进大化肥，投资也相当惊人。且省内山峦起伏，交通不便，困难可想而知。思虑再三，他决定要下四川宜宾安富镇，它地处金沙江畔，距川南天然气产区很近，是块风水宝地。

四川省长李大章闻知此事，十分爽快地应承了。天府之国的土地如此金贵，巴山蜀水的油气如此诱人，他有一种由衷的自豪。

经上级有关部门批准，原宜宾地区的水东、水河、安富三个公社共计80余平方公里的土地划入了云南。水富县概源于此。

彼时的水富群山环绕，与世隔绝，是有名的水、电、汽车、火车、通讯"五不通"。建造大化肥的艰难困苦由此可以想见。但是，人定胜天，无论多么"难产"，云南天然气化肥厂终归要来到人间。

一次，合成氨装置准备试车。有人打开三套联轴节护罩，发现联轴节像被原始森林中的千年古藤紧紧缠住，内外齿圈间全被黑色油泥堵死。真险啊，如果再迟几分钟，三套联轴节便会被扭断。在场的美方专家抬眼扫视一下中方人员，尔后用手指从轴承里抠了一点黑色油泥，轻狂而又无礼地涂在我方工程师徐元增的手上，冷然一笑：

"徐先生，这就是你们中国制造的润滑油！"

羞辱，难堪，困窘。

"我们会查清原因的。"徐工程师尴尬地说。

专家不理不睬,高昂着头走了。

徐元增留在现场跟检修工一道仔细检查。很快又发现密封轴回油管线的脱气槽内同样沉积着大量黑色油垢。再打开密封油箱收集器,油泥更多。这说明症结不在润滑油。

一丝难以觉察的轻松感从徐工程师眉宇掠过,问题可能出在密封油系统。现场的人越聚越多,不知谁冒出一句:"会不会是合成塔里的触媒粉尘?"

徐元增心中豁然一亮,很快回忆起装填合成塔触媒时,美方专家在现场指导,采用的是筛选法,将不少破损触媒筛掉。会不会是升温还原中触媒继续破损,由出塔的循环气将粉尘带入压缩机?

为了证实判断是否正确,徐元增找来一架废电话机,拆下磁铁,用磁铁去吸黑色油泥。这一试真灵,被铁催化剂污染的油泥一下子被磁铁牢牢吸住。

真正的"元凶"找到了!

事实最具说服力。不是中国润滑油质量差,而是美方触媒有问题!

美方专家要求打开高压缸,以便检查整个密封轴的油封,徐工程师完全照办。缸内积存的厚厚黑色油泥又一次雄辩地证明事故责任完全在美方。

这回轮到"老外"脸红发窘了。

大化肥装置试车,虽不像发射人造卫星那样令人屏息敛气,却也扣人心弦。

当第一套大化肥装置在川化试车时,偏巧惰性气体装置不听使唤,连续两次试车失败。日本人笃信佛教,负责此项工程的日方技术人员拎着盛着酒、墨鱼等祭品的竹篮来到现场,把祭品摆在装置下方,双手合十,虔诚跪拜，祈求神灵保佑试车成功。然而，神既不显灵也不赏光，惰性气体装置依然启动不了。成百上千双眼睛紧紧盯住田烟哲，疑惑，焦虑，等待。

节骨眼儿发生这种意外，怎不令人焦躁不安？

日方总代表井上稔十分恼怒，尹总工程师赶忙善言相劝，同时发动操作人员共同查找原因。

时值隆冬，气温骤降，而日方人员仍刻板地按操作规程规定的温度试车，低温装置因此而开不起来。中方操作人员提高温度后，惰性气体装置一次试车成功，问题如同一加一那么简单。

有一个人叫娄育椿，川化副总工程师。由于出身不好，上不了谈判桌，只能默默地翻译和整理资料，忍辱负重，披胆沥肝，直至鞠躬尽瘁死而后已。虽然他像深秋一片枯叶似地悄然飘逝，但川化至今仍在深切地怀念他……

从1976年5月5日川化第一套大化肥装置投产，到1979年9月湖北化肥厂建成，引进的13套大化肥如同13根大动脉，给我国化肥工业注入了强大的新鲜血液，为解决亿万人民温饱辟出一条崭新的途径。

不过，荷花出水有高低，大化肥生产不尽相同。相比之下，哪家企业也不像沧州化肥厂那样时乖运蹇，连年噩梦，似乎命中注定从投产那年起，就像一个"丐帮弟子"，年年半饥半饱。

天然气供应不足一直困扰着大化肥企业，沧化首当其冲。国家计划分配的天然气只够维持生产8个月。有一年，大港油田连续3个月没供气，隔年又3个月停产。沧化上下，人人掉进冰窖似地凉透了心。厂领导更如芒刺在背，急得要命。

党委书记高新生心神不宁："天喜，这么下去可不得了。沧化倒闭不说，职工散了伙就难捏拢了，咱得赶快想办法。"

厂长王天喜眉毛拧成疙瘩，满脸愁色："想办法？油田不供气，原料没着落，我就是孙大圣，也变不出天然气来，眼看着机器不转动，还得花六七百万元维修费，我这心比刀割还难受……"

"再难受也白搭，咱不能呆坐发闷，活活等死"

工程师吕炳水叹了一口气："事到如今，只有去大港油田求救，求他们供气。如果不成，那只好去北京请有关部门出面说话了。"

显然，这是唯一的办法。

翌日，王天喜、吕炳水等一行踏上了征途。到了大港油田，他们得知天津民用天然气陡增，油田力不从心，无法增加沧化供气。为了满足天津民用供气，为了按计划供应沧化天然气，连他们自己做饭炒菜都使用煤炉。

一行人从天津来到北京。跑遍国务院有关部门，问题仍然没有解决。瞬逾数月，王天喜他们围绕沧州——天津——北京这个三角形往返数十趟，行程长达两个"二万五千里长征"，依然没结果。

厂长瘫软了，却仍未泄气；书记叹息了，却也没有绝望。

高新生心一横："天喜，咱不能在大港油田一棵树上吊死，得走出河北，走出冀中。"

王天喜望着比他年长6岁的党委书记："对，去河南，找中原油田帮忙。"不过，他踌躇一下，"河南河北各管各，人家会理咱吗？"

"碰碰运气嘛，咱不去咋知行不行？"

既是"山重水复疑无路"，只好"慌不择路"。那时，位于河南濮阳的中原油田正趋开发高潮，全省又无用气大户，年节余天然气高达数亿立方米。

王天喜一行赖着不走，死磨活缠，意恳情真，终于感动了中原油田这位上帝。答应每年供给沧化伴生气3亿～4亿立方米。

高新生落下两行灼热的泪水……

王天喜呼出积在心头的憋闷……

雨霁天开，忧去喜来，似乎已是"柳暗花明又一村"了。哪晓得好景不长，中原化肥厂上马后，沧化供气量逐年减少，希冀濒于寂灭，沧化人不甘沉默，眼睛盯向"内功"。

为了挣脱羁绊，走出沼泽，沧化人用"艰苦奋斗，勤俭办厂，团结协作，改革创新"的精神重塑一个自我。

他们从世界银行贷款1100万美元进行技术改造，使机器能在低负荷状态下正常运转。其中由于普里森制氢专利技术的引进，全年可节省1200多万元支出。又与科技院校共同研制成功优化电脑控制装置，使合成氨和尿素装置生产控制技术达到当今先进水平，年增效益1100万元……

洪天敏是位才思敏捷的企业家。继任厂长兼党委书记后，想方设法把沧化人紧紧凝聚在一起。合成操作工田殿臣的妻子住在农村，不幸患上癌症。洪天敏闻知，马上派车把老田爱人从农村接到沧州地区最好的医院。手术费花去上万元，车间职工捐款3000多元，工会按季补助500元。这一切，让田殿臣感到沧化温暖如家。会计彭秀茹的女儿患淋巴癌，住院治疗花去13万元，几乎全由厂里承担。有位退休教师生了病，洪天敏从外地回厂后，顾不上回家，先去探望那位"人类灵魂工程师"，并跟医生一起研究医治方案……

凝聚力的增强使沧化的"内功"日渐深厚。产品质量标准很快就跟国际标准对接。成本管理从预测开始，包括计划、控制、核算、分析、考核共6个环节，形成了"一条龙"，并将成本目标与奖罚挂钩，层层分解到车间、科室，包括宾馆、招待所。

说来令人难以置信，洪天敏这位跻身于1995年中国工业企业综合评价最优500家企业行列的厂长，至今合家老小仍住在七十年代初建设的砖瓦房里，没有阳台，矮屋朽颓，而职工们却先后搬进了宽敞舒适的现代化楼群……

身教虽是无言的，却比言传更深邃，更有力。它具有一种潜移默化的作用。正是洪天敏这种以身作则的楷模作用，才使沧化精神发扬光大，才使困难危机销声匿迹。投产至今，沧化年年超额完成国家生产任务，"七五""八五"共创利税6亿元。倘若每年不花几千万元购买"议价气"，盈利会更丰厚。

岁月悠悠，尘海茫茫。时至今日沧化仍是大化肥企业中计划供气最低的工厂，原料不足的阴影始终笼罩在3000名职工的头上。但是，顽强的沧化人已具有生命的韧性，更有高昂的沧化精神。他们像一尊千古铸就的铁狮，坚不可摧！

二十世纪科技的飞速发展，令世人眼花缭乱，目不暇接。七十年代初引进的大化肥，随着时间的推移，越来越变得有些黯然失色。

当世界银行副总裁率团访华，表示愿意提供一笔低息贷款用于改造中国工业时，姚依林副总理立即将这重要信息通知给化工部。

部领导决定，将9700万美元分摊给5家大化肥企业进行技术改造。

人们敬佩世界上第一个敢吃螃蟹的人。傅建章便是这样一个敢吃螃蟹的企业家。其时他刚被任命为泸州天然气化工公司总经理，正是"春风得意马蹄疾"的黄金年华，很想跃马横刀驰骋一番。得到世行贷款信息，傅建章欣喜若狂，跃跃欲试。择日，他和总工程师及翻译飞往北京，开始洽谈具体贷款事宜。

"请问傅经理，你们打算如何使用世行贷款？"洋人喜欢开门见山。

"我们将遵循世行有关规定，把全部贷款用于大化肥技术改造，使装置达到节能增产型的要求，使设备发挥最佳潜能。"傅建章同样言简意赅。

"能具体谈谈有哪些技术改造项目吗？"

"当然可以。"傅建章不慌不忙，子丑寅卯地把在泸州研究好的技改项目一一道出。

这位优秀企业家，有天赋的演讲口才，超人的记忆力，条理清晰，口齿伶俐。世行人颔首微笑，脸上频频露出满意的笑容。

协议签署后，泸天化拿到了一笔可观的资金，并与美国凯洛格公司签订了合成氨技术改造协议，与意大利公司签订了改造尿素装置的协议。

傅建章熟悉大化肥如同谙熟掌中的指纹一样。七十年代初期，他和其他技术人员一起被派往美国实习。凯洛格公司总部设在休斯敦。那里是德克萨斯州的首府，素以盛产石油著称于世。在现场，傅建章的眼睛宛如雷达一般扫视四周。偌大的楼房看不见几个人，各种设备都由计算机进行控制，操作人员只需按一下电钮，屏幕上立刻显示出温度、压力和各种参数。

傅建章走近一位金发姑娘："小姐，请给我一份有关J-103的设备资料，可以吗？"

碧眼姑娘浅浅一笑："OK"。不到10秒钟，便将资料交到客人手中。

"简直不可思议。"初次出国的傅建章忖道。

他和他的同事在美国一月有余，走了9个州，去过匹兹堡、芝加哥等许多工业城市，虽是浮光掠影，蜻蜓点水，却眼界大开，收获极丰。

美国之行令傅建章最难忘的是中国驻美联络处副主任韩叙的一段谈话。那时中美双方尚未正式互派大使。

一天，韩叙把他们邀到联络处做客，席间谈到中美关系正常化，他们才被选来美国实习，肩负开拓未来的重任。韩叙颇富感情地说道："大化肥是支援农业的一支新军，你们是这支新军的精英，此行既有经济意义，也有政治影响……"稍停，他的语调变得厚重而深沉，"中国经济还很落后，人民生活还很贫困，这种贫穷或多或少地制约了外交发展。中国只有把经济搞上去，只有国富民强，外交活动才会更加蓬勃，更富活力。"

没料到韩叙这番话竟从此使傅建章立誓把毕生精力献给大化肥工业。

泸天化引进的装置开车不久，合成氨压缩机推力瓦连续4次被烧毁，损失氨27000余吨；一段炉引风机转子冷态时运转良好，热态时便如同桀骜不驯的野马，震动极大，操作人员叫苦不迭……

这一切，都使傅建章如坐针毡，从而率先引进合成氨、尿素改造技术。他的助手胡锡章、崔慕孔、洪天龙等高级工程师同时大显身手，使之成为节能增产型装置；压缩机直接引进美国专利装上节能转子；尿素废水装置经过技术改造，每年可回收尿素5000多吨，废水还可再利用，同时又消除了污染，一举多得。

早在引进大化肥初期，有识之士便意识到环境污染的可怕后果，在引进成套装置的同时，也引进了国外水处理技术设备，开车后效果明显。同行企业趋之若鹜，用羡慕的目光凝视着清澈的水池，竞相探听国外技术的奥秘。新的水处理技术改造像是一次脱胎换骨，使泸天化步入更新阶段。

傅建章尝到了技术改造的甜果，心更大，眼更高，接下来又向世行申请到一笔贷款，对六十年代引进的英国10万吨合成氨装置进行"大手术"。

至此，技术改造先后花去了4100万美元，企业面貌焕然一新——

大化肥增加能力15%；

中化肥增加能力15%；

吨氨总能耗下降15%；

设备运转向长周期发展；生产工艺跨入先进行列……

如虎添翼的泸天化年产尿素达到72万吨，摘取全国最大尿素生产基地这块金牌，声名远播。

傅建章功不可没，被选为全国人大代表、省劳动模范，如今，接力棒传到新任总经理任晓善手中，泸天化大化肥的技术改造非但没有退潮，反而更加激浪汹涌，奔腾不息……

今日之中国，大化肥装置已遍布天南地北，从高高的兴安岭到天山玛斯纳河畔，从海南岛到河套银川，到处可见巍然矗立的合成塔、尿素塔。荒漠戈壁滩传来突突机声，茫茫大草原溶入铁塔身影。"得墨忒"是古希腊神话中的一位丰收女神，而今，中国的"得墨忒"们正牵引着人们越过丰收的田野，从昨天走到今天，再走向明天……

第十章
点燃"亚速尔"的火炬

一个日子可以决定一个时代。

1971年7月9日,巴基斯坦首都拉瓦尔品第。当地时间清晨5时,几辆黑色轿车直驶戒备森严的恰克拉拉军用机场。旋即,一架特令放飞的巴航波音707飞机呼啸升空。美国总统特使、国家安全事务助理亨利·基辛格笑着对担负领航任务的周恩来专机机长徐柏龄、外交部张静等人说:"这个秘密我连警卫都没告诉。谁也想不到我到中国去了。"

中南海。基辛格博士在工作人员的引导下,由"云山图"、"烟雨图"石坊中间穿过,经连阶曲径至松寿斋。

居室内,毛泽东站起来。基辛格看到,高大的身躯,宽大的银灰色中山装,棕色的袜子和白胶底黑便鞋。握手有力。

这是一次历史性的会见。

由此引发的地球各部连锁性震动,曾一次又一次引起新闻媒介的极大关注。却很少有人了解这样一个细节:

毛泽东举起拳头说:"你们有原子弹,有合成材料,是这个。"然后又伸出一根小指说:"我们还是这个。"

西方终于结束了对中国长期的封锁。

毛泽东、周恩来,这两位巨人亲手推开中华民族紧闭强锁的国门,而迎来的第一位世界客人就是——石油化工。

刚刚从大庆油田返回的燃化部部长康世恩,一下车就告诉秘书通知开会。

这位早年就学于清华大学、一解放就任油田接管总代表的"老石油",对石油工业有着特殊的感情。他不会忘记,解放之初,石油工业奄奄一息,960万平方公里的土地上,只有5个濒临关闭的油气田,8台破旧钻机,52口油井。直到大庆油田百里荒原的大会战,才彻底甩掉了贫油的帽子。石油部和燃化部合并后,他又将思维伸向了一个新的领域。兰州化工厂5000吨乙烯及3.6万吨乙烯砂子炉的引进,虽然使中国从单纯的电石化工、煤炭化工、粮食化工走出来,但石油化工的发展仍然满足不了需要。中国需要强大的石油化工。

副部长徐今强,赴国外考察石油化工的杨光启、林华来了。

"过去我们没有石油,如今有了。可石油作什么用呢,点锅炉当柴烧。我们可不可以加快一点石油化工的发展呢!"部长开始了他的谈话。

杨光启的心情有些激动。

1975年,中美关系解冻以后,科学家第一次互访,杨光启便随团赴美,看到了中国化学工业与发达国家的差距。几年来,作为燃化部综合计划组的负责人之一,他先后出访日、德、美、英等国,对国际上石油化工的发展状况进行了详细考察。特别是1978年4月,他在结束了对美国33天、日本44天的访问后,心中对我国石油化工的发展便形成了一个完整的构想。

中国有着丰富的煤炭资源,因而有人主张化工发展应以煤化工为主。但是纵观世界化工发展趋势,中国石油开发远景以及技术、经济效益,杨光启认为应坚持以石油化工为主的方向。但中国石油有地质构造复杂,单井出油率低,回收伴生气成本高的弱点。而且,重轻比例大大低于美国及海湾地区的石油。海外轻质油含量高达30%,而中国只在10%左右。这里面又存在一个重质油轻质化的攻关难题。虽然从箱式炉到砂子炉到裂解炉的探索过程已经较好地解决了这一问题,但操作拙笨而复杂,似乎也不是最好的解决办法。……

亚马逊河的风、日本海的潮、伦敦上空的雨,德国街道的花,便次第在他思维中形成了一个沉淀提炼的过程。

"完全可以。"杨光启开口了,"通过考察,我们认为石油化工再不能小打小闹了,要搞就搞大的,30万吨的。"

"这里已有北京石化总厂30万吨乙烯扩建的报告"徐今强将报告送给康世恩。

康部长欣慰地一笑,"我们要把屁股坐到石油上。"

几天后,由周总理亲自安排,康世恩、徐今强来到紫禁城西侧南长街81号。毛泽东、周恩来要听汇报。

"你是石油化工部长,你给我说说乙烯是个啥东西哟。"毛泽东笑眯眯地望着这两位老石油。

康世恩侃侃而谈,略带河北怀安口音。

1893年,在亚速尔群岛,一位在温室工作的木匠,偶然点燃了杂有美人蕉碎屑的垃圾。烟雾升腾,使得温室内的菠萝一起开了花。由此,美人蕉的碎屑一夜之间变为科学家竞相研究的宝贝。上千次的试验证明,这种燃烧产生的气体是一种新玩意儿,后来被命名为"乙烯"。

中共中央办公厅秘书局。

由主席和总理亲自批准引进5套石油化工、化学纤维装置包括12套以油气为原料的合成氨项目文件下发了……中国石油化工从此起步。

北京西南龙骨山下。

赵燕新老汉这几天可转出了兴致。继1967年这片荒山秃岭上建起一座银塔竞争高下,管道纵横交错,楼群鳞次栉比,交通四通八达的现代化石油城后,如今,成千上万的机器设备又运到了自己的祖先——北京猿人繁衍生息的土地。

八月的北京,天高气爽。赵老汉头也不回地向"凤凰亭"走去,嘴里哼着不知几辈子流传下来的民谣:"猫儿山下三件宝/肩背筐来刮汗板/还有那个破棉袄/乱石滚滚满山坡/吃喝都用毛驴驮……"

传说在清朝雍正八年，当地人用汉白玉建造了一座石亭，起名"凤凰亭"，亭中石碑上记载着一个凤凰飞来的故事：一日，朝阳方升，有凤凰来仪。足高数尺，尾长丈余，五彩缤纷，众鸟拱卫。但是，吉祥鸟的到来，并没有改变赵燕新老汉祖祖辈辈贫穷的状况，倒是这个大工厂的建成，使自己的三个儿子一下子全成了新中国的工人。如今，三儿子从河北娶来的媳妇玉琬儿正愁着没活儿干，这大批的铁家伙运到凤凰亭角下，是不是……

赵老汉心中一乐。

姬永兴的吉普车绕着紧紧包裹北京的燕山山脉外围几乎走一圈。险峻的如壁峭立的群山，幽静神秘的清宫陵园，巍峨逶迤的长城使他激动不已。

又怎能不激动呢，现在，他就怀揣着李先念同志对燕山30万吨乙烯的批示。"拟同意，这个工程很重要，建议计委、各有关部和北京市经常讨论工程进展情况，真正能够多快好省，真正能集中力量打歼灭战。否则，国外设备一到，而我们的工作和原料设备跟不上，很不好，必须避免这一情况出现。"上面有叶剑英、陈云、邓小平等11位领导的圈阅。

领导的耽心是有道理的。这个建国以来第一套大型石油化工工程，有14套装置，以引进的乙烯、高压聚乙烯、聚丙烯、丁二烯（统称为"四烯"）为主，是当时国内最大的也是世界较大的石油化工装置。"四烯"装置国外供应的设备材料达3万吨，最重的一个塔有500多吨重。整个工程包括304个单项，有11个设计单位、12个施工单位参加，来华外籍技术人员1961人。引进的装置都是当时世界上比较先进的技术，工艺要求高温、深冷和超高压。裂解炉最高温度为1200℃，乙烯深冷分离的最低温度为－165℃，高压聚乙烯聚合压力为2650公斤/平方厘米……

这些，赵燕新老汉根本不知道，就和姬永兴没想到成为这一宏伟工程的总指挥一样。

赵燕新老汉今天专门让玉琬儿买了一瓶二锅头。今天是1973年8月

29日，这个日子，既不是赵老汉的生日，也不是家里人的什么日子，他是观看了一场声势浩大的开工典礼后才想到喝酒的。

"别提有多热闹了"，赵老汉一边磕着旱烟锅，一边对正在收拾碗筷的老伴说，"比大戏热闹多了，那个人山人海呀，连边儿都看不见。我还看到上边坐着的几个大官，说话怪激动人呢。对啦，我让一个小同志写了一个纸条子，我想知道他们是谁呢。"边说边摸摸索索地掏出一张小纸条，递给了买酒回来的玉琬儿。

玉琬儿见上面写着：燃化部副部长徐今强，国家建委副主任谢北一，北京市革委会副主任杨寿山。

105吨炸药同时爆炸，震撼着燕京大地。乙烯工程厂址开始了"四通一平"工作。

这里的土地主要是风化花岗岩，大多数是岗地、坡地和一部分不可耕的风化岩丘陵。上半年曾作土地平整测量和爆破试验。由国家建委第一工程局土方队承担平整厂区场地任务，计划石方量为180万立方米，按土方队力量和常规干法计算，3年都干不完。然而，采用深井连锁大面积爆破方法，在13个月时间里搬掉了5座山头，填平了3条山沟，完成了一期工程的场平任务。

平整的土地首先迎来了4个"巨人"。这是4个1500立方米的乙烯球罐，每个罐的安装必须经组装、焊接、检验、保冷4个阶段29道工序。日方规定整个工期10个月。

铆工班长戴用学转了半天，才在球罐旁找到了球罐队副队长刘恩昌。刘恩昌正拿着图纸对着第一个球罐的赤道带发愣。球罐赤道带的组装代表了施工技术水平的高低，日方只用三、四天时间，而铆工班在组装第一个球罐时却用了6天。照这样的速度，何时才能完工。

"队长，我看把五朵金花调来吧，哥儿们都有这个意思。"戴用学和刘恩昌眨着眼说。"五朵金花"是指漂亮的姑娘孙黎芬、佟惠玲、董艳英、刘惠英、焦淑清。

"哈，你是想把队伍搞乱吧。"

"唉，这有啥呢。男大当婚。女大当嫁……"戴用学开始斗嘴。

刘恩昌嘴里说不行，最后还是把"五朵金花"调了过来，因为他了解她们的技术。

世界的组合就是这样奇妙。当太阳和月亮之光悄然糅和到一起时，竟这样令人心旷神怡，迸发出一种不可阻挡的热情。

我们叫它耀眼的焊花。

请看，球罐焊接前钢板先要预热，焊后要热处理，需要预热器，可是当时国内还没有，外国专家只给了一张草图。工地上迅速组成"两结合"小组，男女一起上阵，按照草图搞出了样品，一试用，火焰小，温度上不来，还冒黑烟。进行改造加大进风量后，预热器终于制造成功。由于球罐钢板厚，每条焊缝要焊15遍，在每条焊缝背面需用气创进行焊缝清根。当时日方人员只带来一只气创嘴。杨靖华自告奋勇借来日方气创嘴，自己测绘、自己制造，制成了14把电弧气创嘴，使用非常好。杨靖华在姑娘们面前露了一手。

被誉为日本"神仙焊工"的桥本要亲自执焊，亲自指导，点名要"五朵金花"跟着他焊。他把第一遍焊口焊到头后，仔细看5名女焊工的焊缝，漂亮、均匀，"鱼鳞压着鱼鳞"，他十分满意。

桥本满意，小伙子们可不满意了。戴用学安慰大家说："别慌，杨靖华把他们的'嘴'借来了……"

究竟他们是否结成了对儿，不知道。只知道赵燕新老汉的三儿媳后来也成了焊工。

郭晓业只觉得眼一黑，便什么也不知道了。冥冥中，他只觉得那巨大的铁塔像山一样向他压来……

丙烯精馏塔是生产高纯度丙烯的关键设备，塔高80余米，直径4米多，净重316吨。1975年3月19日完成了塔体制造任务后，吊装这个又高、又粗、又重的大塔的现场起重总指挥的重担就落在了只有30岁的郭晓业肩上。

日本人来了，向他推荐龙门扒杆，采取偏心、光体吊装法。该法吊装重量最多为320吨，大量的保温、照明等安装工作要等塔吊起后去做，既费工又不安全。郭晓业这位年轻人决定把附塔的管线、梯子平台、保温和电气照明全部安装好，用双扒杆整体吊装。他找了全国8个化建公司和清华大学力学系的专家，在他们的指导下，终于自己设计、制造了两根高达64米，每根起重量为350吨的大扒杆和大滑轮。之后又组立了抱杆，设计了吊装程序。当应力测验、机械强度、超声波X光透视、拉力试验全部完成后，在工地上连续苦战了十几个昼夜的郭晓业昏倒了。

巨塔的吊装开始了。

1975年3月31日，燕山有四五级东风。

"起吊！"

9时17分，带着虚弱病体的郭晓业吹响了起重哨。

卷扬机绞着巨塔冉冉向上，像一尊威风凛凛的天神，从燕赵大地起身，作一次历史的上升。10时24分，吊装重量为596吨的巨塔稳稳地就位在塔基上，历时67分钟。

让历史记住这个难忘的瞬间吧。

1975年9月26日，燕山石化总厂党委在乙烯工地召开了有25000名职工参加的乙烯工程决战誓师大会。

12月25日，乙烯、丁二烯装置建成。

1976年3月，高压聚乙烯、聚丙烯装置建成。

工程全部投产后，美国燕山乙烯工程总代表给鲁姆斯公司拍份电报，告知中国用了不到10天时间就出了乙烯。这个公司回电要求："再调查核实"……

1978年12月13日，北京。小雪，天尚未放晴。人民大会堂内孕育着一场新的革命。党的十一届三中全会前夕，中央工作会议正在进行。把全党的工作重心转移到实现四个现代化上来的根本指导方针将给共和国的石油化学工业带来新的发展契机。

化工部部长孙敬文，此时正环视着他的副部长秦仲达、调研室主任徐振、外事局局长徐晓。

去年3月份，国家计委、建委《关于1978年引进新技术和成套设备计划的通知》使他们每个人激动不已。化工部将引进30项石油化工（包括化肥）装置，允许当年成交9亿美元，这可是一组不小的数字。

今年上半年，只成交0.5亿元。这引起部长们的重视。他们采取措施，组织队伍，克服了一个又一个困难，扎扎实实地推进谈判。

7月1日，970余名外商、1400余名我方谈判人员，分别于青岛、上海、莫干山和北京四地，开始了180个昼夜谈判的日子。

11月底，技术谈判已全部完成，价格谈判正在与外商间的激烈竞争中进行。此时，由于新任务的不断增加，谈判的项目已增到42个，成交额增到25亿美元。只要拿到"通行证"，即国家对新增项目和超出的16亿美元予以批准，所有项目在年底前都可签订合同。

而今天，部长已拿到了"通行证"。

孙部长的目光停在了徐晓那张清瘦的面容上，问道："工作怎么样？合同在年前能全部签完吗？"

"能，全部都能签完。"他平静地回答。在他的心底，却潮涌般地泛着阵阵波澜。为了把机遇变成现实，上上下下，内内外外，成百上千的人们都在为发展我国石化工业，提高化工整体水平而忘我地奋战，作为这一"战役"的组织者和执行者之一，他的内心又怎能平静呢？

"还有什么问题吗？"孙部长拿过徐振起草的一份石油化工发展设想，用信任的目光望着他的几位助手。

"石油化工是重要的新兴工业，就目前我国实际情况看，只要资金有保证，引进设备和技术是绝对正确的。"大家一致回答。

1978年12月31日，北京沉浸在新年前夕的欢乐气氛之中。

中午，在和平里七区16号楼的机关食堂里，一个俭朴但却洋溢着热烈气氛的"会餐"正在进行。

徐晓，这位新四军出身的外事局局长还记得，过去打了胜仗，部队总要吃一顿大块猪肉。客观地讲，这一次大乙烯项目的引进，确实也是打了一个大胜仗。技术、设备是当时世界最先进的，价格也是适中的，仅12月份成交的27个成套项目的压价，即占最后报价总额的16.7%；特别是这些大项目的引进，带来了161万吨乙烯，88万吨塑料，45万吨合成纤维单体以及8万吨合成橡胶，91.2万吨有机化工原料，20万吨烧碱，120万吨合成氨，90万吨硝酸磷肥，55万吨硝酸等新的生产能力，将一下子使我国的石油化工进入到世界先进国家行列……想到这些，他举杯祝酒，眼眶湿润了。

这是一片古老的土地。

上溯三千年，周王朝伐纣获胜，姜太公分封齐国。尔后，齐建都临淄，"通工商之业，便渔盐之利"，使齐国迅速富强起来，成为敢于蔑视周天子的"五霸"之首，人称东方大国。然而，沧海桑田，古国的兴衰早已成为历史烟云。

1979年10月，在距古老齐都10公里之遥的这片荒山坡上，出现了许多陌生的面孔和千奇百怪的机器。300台挖土机、铲运机、装载机、推土机和自卸汽车，两千多辆独轮推车、地排车、马车，数百吨炸药和上万吨柴油、汽油，九千多双建设者的手、使1000立方米的石头、土块搬了家，使高低不平，贫瘠不毛的山地变成了6平方公里平展的土地……

不久，由于国民经济进行调整，4套30万乙烯工程建设计划被搁置，陆续进入"接、保、检"。

推土机停止了轰鸣，大吊车静止了长臂，喧闹的工地突然静下来了。齐鲁石化公司面临着前所未有的凝重。

建设者的责任丝毫没有减轻。

齐鲁乙烯工程引进的 10 套装置，已分别从输出国的 14 个港口装船，分 106 批运抵青岛港，又从青岛运到工地上，共 46000 多箱，总重达 61900 多吨。60000 多吨呵，载重 50 吨的火车皮能装满 1200 多车。可是工程停了，漫山遍野的设备放在那儿。

工程总指挥徐吉亨神色严峻，高大的身躯抑制着剧烈的颤抖。从 20 岁开始，他就与石化建设打交道，先后转战东北、华北、西北来到山东，在齐鲁石化公司的 17 个春秋里，他就指挥建设了好几套生产装置。一向对国家的每一台机泵、每一米管线都视为自己的命根子，更何况摆在面前的是 46.5 亿元投资的巨大工程和价值 18 亿元的进口设备呵！

"眼下国家的困难我们要体谅。但是，坐等是消极的。咱们把设备保管好，然后积极设法创造条件，争取尽快渡过难关。"

徐吉亨调兵遣将，精心组织，在不满两个月的时间里，建成了一座临时仓库，将进口设备精心保管起来。

一位在场的日本专家走到徐吉亨的身边："徐先生，像你们这样把一座石化城建到仓库里，在日本只有破产的公司才这样做哩！"徐吉亨痛苦地咬着嘴唇，内心里喊道："一定要救活这些设备！就是头拱地，也一定要救活它！"

在中国共产党第 12 届全国代表大会上，党中央提出了到本世纪末国民经济翻两番的宏伟目标，做出了分两步走的战略：在前 10 年的八十年代，集中财力和物力加快能源和原材料等国家重点工程建设，为下一个 10 年的经济振兴奠定基础。这是一个高瞻远瞩的战略部署。

1983 年 7 月 12 日，中国石油化工总公司正式宣告成立。

总经理陈锦华根据党中央、国务院的有关指示精神，组织总公司党组对石油化工的总体发展进行了新的部署。

一度停缓建的 4 套 30 万吨乙烯工程陆续在大庆、齐鲁、扬子、上海恢复建设。

齐鲁人终于迎来了 1984 年 4 月 1 日这个喜庆的日子。

封存已久的设备揭去了厚厚的尘埃，归还到它应有的位置。

这是历史的交接。

齐鲁乙烯工程举行盛大的开工典礼。9时整，红色信号弹腾空而起。锣鼓声、鞭炮声震天动地，千杆彩旗迎风翻动，数万名建设者齐声欢呼。

徐吉亨的心为之震颤。

乙烯工程一恢复建设，憋足了劲的千军万马像积蓄得过久的江河突然打开了闸门，猛地冲了出来，势不可挡。

工地上的外国专家听说开来了突击队，以为和"加里森敢死队"差不多，风趣地做了个打枪的姿势。可仔细一看，来的是一帮青年工人，而且队长还是个小姐，不禁目瞪口呆。

齐鲁乙烯工地上，这只突击队特别引人注目，队员是清一色的小伙子，队长却是个22岁的姑娘。这个姑娘叫李胜英。

李胜英根据公司团委的任命来这支突击队报到那天，受到的不是热情欢迎，而是这群男子汉们的公然挑战。这些小青年原都是建筑公司混凝土运输班的司机，长年野外工作养成了粗犷的性格。听说上级派来个女队长，小伙子们谁也接受不了，想给她来个下马威。李胜英一进门，青年们就七嘴八舌地说："娘们儿要当爷们儿的头儿，真新鲜。"李胜英毫不退却，她决心先驯住这些"野马"。

没几天，机会还真来了。这是一项浇注大型水池的工程。当时正是三九天气，队员们穿两层棉袄还冻得发抖。翻斗车没遮没盖，跑起来两耳生风，一会儿就冻得手脚麻木。李胜英不仅指挥调度干脆利落，而且脏活累活抢着干，还同男队员展开竞赛，一连干了三天两夜，带领大伙儿完成了突击任务。

到年底，青年突击队一举成为公司的先进集体，队长李胜英带兵有方，被评为齐鲁石化公司15个劳模之一。

六化建公司会议室里，人声喧闹，灯火通明，这里正在举行婚礼。

新郎汪光文，第三工程处技术员。新娘赵晓玲，湖北南漳县的一个营业员。

六化建基地在湖北。汪光文和小赵自小认识，青梅竹马，情深意笃。可是婚期一拖再拖，迟迟结不了婚。汪光文远在千里外的山东施工，回不了基地。不久前，双方又通信协商结婚的时间，可小汪负责的渣油管线安装必须保证工期，大家伙儿正冒着严寒通宵达旦地突击，他哪有时间回去结婚呢？

姑娘理解小汪的处境和心情，坐上火车来了工地。小汪措手不及，什么也没准备。工地上怎么准备呢？没房子，没东西，没时间。善良的姑娘毫无怨言，说："就是明年，后年，你也还是忙，还是准备不好。"这话也对，就这样简简单单结了吧。两人商定，不声张，不惊动别人。可没有不透风的墙，这事还是成了工地上的新闻。工会买了彩灯、花纸，把小会议室布置一新。团委书记亲自主持婚礼。青年们把新郎新娘拥进洞房，新房小得竟容不下几个闹洞房的人，几个调皮的青年只好站在门外挨冻。

齐鲁乙烯工程指挥部，在1986年年底进行了一次"百日大会战"。这次会战，一举建成了乙烯一期工程，被人称为"齐鲁乙烯的淮海战役"。

原计划"86.7"实现的"锅炉点火"这一工程建设的重大控制点，竟奇迹般地于"86.6"实现了。开炉点火产气成功，向整个工程送出了强大的高温高压蒸汽，使生产装置几千公里长的工艺管线、几千台设备开始了吹除和试运。

8月26日。中国石油化工总公司副总经理盛华仁率十几名司局长来到齐鲁乙烯工地，同山东省副省长谭庆琏一起，在炎炎烈日之下，观看大型排气筒吊装，为变电站送电剪彩，仔细观察了整个工程。他为工程的迅速进展而高兴。

第二天，在正式举行的齐鲁乙烯工程现场办公会上，盛华仁传达了总公司党组的重大决策：齐鲁乙烯一期工程投料试车时间，要确保"87.5"。

比原计划提前了两个月。

原先建设进度能够达到计划要求的项目，现在变得落后了；原先建设进度落后的项目，现在离计划要求更远了。一夜之间，许多项目变成了"危险工程"。

指挥部把会战任务列出清单，每个任务都有专人负责，下达到各单位，限期完成。指挥部领导一人带一个服务小组，到一个"危险工程"项目组织攻关，扭转不了局面不准撤回。

总指挥徐吉亨也率领一个服务小组下去了，他去的地方是整个乙烯工程最严重的落后工程，几年来一直陷于被动局面。

在这之前，徐吉亨遇到了他人生的最大折磨。

那是一个令人心碎的日子！

徐吉亨应美国一家公司邀请前去考察设备安装技术，一封催他"速归"的加急电报突然送到手上。他猜测，可能是工程上有特殊的情况要他拍板；也可能是一个重要的难题需要他解决……可是他怎么也没想到，等待他的竟是令人悲痛欲绝的一个噩耗：平日他最为疼爱的女儿不幸因车祸身亡。

难道真的是"祸不单行"吗？早在大西北工作的时候，12岁的大儿子就因车祸丧生。可谁能想到18年后的同一天，他又失去了已经成人的女儿！

夜已经很深了。哭姐姐泪干喉咽的小儿子终于睡去。强忍悲痛的徐吉亨一次次劝慰从晕厥中醒来的妻子，妻子终于昏昏然闭上红肿的眼睛。而徐吉亨望着大女儿的照片却再也不能抑制泪如泉涌：一个多好的孩子！在外面是公司的团总支书记；在家里知礼、勤快、最讨人喜欢。孩子刚刚24岁，春节就要结婚。为此，自己特意从美国给她捎回一件漂亮的大衣。可是又有谁能想到这件精美的"嫁妆"已经无人能穿……

土建一开工就碰了"红灯"——工地下面沉睡着四百多座春秋战国时期的墓葬，据说有很高的考古价值。于是，工程停下来了，让位于考古。等那些考古专家们胜利完成考古任务，回去研究其重大价值时，耗资几亿元引进的"两醇"装置工程，已被耽误了整整3个月。

经过百日会战，齐鲁乙烯一期工程终于建成了。

"87.5"投料试车决战在即。

1987年5月24日上午，黄河三角洲。康世恩从油田基地赶回宾馆。石化总公司副总经理盛华仁同齐鲁公司经理李毅中直接从乙烯工地驱车赶来，向老首长进行汇报。

康世恩对齐鲁乙烯工程的评价恰如其份："这是我国石油化工发展的新里程。齐鲁上去了，扬子、上海就会更快些，我们石油化工的发展就有了新的基础，意义非常重大。"

　　入夜，齐鲁石化烯烃厂小会议室内。临战状态。乙烯裂解装置与各相关工序开工准备工作进度不时通过对讲机和电话报来。盛华仁、李毅中与烯烃厂厂长李承友一起汇集情况，作出了明天发起总攻的决定。

　　5月25日，上午，雨。

　　始终不停的雨，似乎非要和担负裂解炉投油重任的人们过不去。

　　10时30分，李毅中果断下令："条件具备，可以投油。"

　　盛华仁点头首肯。

　　淄博市长王怀远预祝投油一次成功。

　　尽管保卫部门临时更换了特别通行证，这里仍然出现了七八位新闻采访人员，只是一条红绸拉起来的"警戒线"使他们有所规范。

　　宽敞明亮的控制室内，中日双方几位技术人员在电子计算机旁紧张地工作。仪表盘上的信号灯频频闪亮。电视监视屏幕上显示着乙烯装置火炬的燃烧情况。

　　随着李毅中一声令下，机泵已把油料送入一号裂解炉中。举国瞩目的齐鲁乙烯工程化工投料正式开始了。

　　5月31日10时30分，第一批乙烯产出。

　　丁辛醇装置开起来了。

　　聚乙烯装置开起来了。

　　丁二烯装置开起来了。

　　丁苯橡胶装置开起来了。

　　7月7日，齐鲁一期六套装置全部开起来了。

　　3天之后，星期日，值班秘书送上一份中国石化总公司呈送的报告。共和国总理很快看完，用特种铅笔在报告上批上了：很好。

　　从大庆石化一期工程投产，到即将投产的扬子乙烯工程，一年多的时间，全国新增加90万吨生产能力，整个乙烯生产能力翻了一番还多。

　　历史，在八十年代中期，终于有了一个交待。

5

大雨倾泻在长江两岸，蜿蜒奔腾的长江咆哮着，震荡着龙盘虎踞的石头城。

大雨浇注着这个沉甸甸的日子：1984年6月1日。这一天，扬子乙烯工程正式开工。

中央顾问委员江渭清、惠浴宇、化工部副部长冯伯华、石化总公司副总经理盛华仁及江苏省副省长陈焕友、南京市市长张耀华、工程总指挥戴顺智参加了开工典礼。

在这之前，以江苏省省长顾秀莲为组长的工程领导小组成立。

大雨，似乎要为这辉煌的日子增加雄壮的气势，5万名建设者沐浴在滂沱大雨中，与天宇合拍齐声高喊着一个令长江母亲激动不已的声音——团结！拼搏！突破！

省长顾秀莲拨通了南京市市长张耀华的电话。这位共和国的第一位女省长，在到任以前，曾受到许多老领导的嘱托。李先念对她说：到江苏后，一定要把扬子乙烯和仪征化纤这两个大项目搞好，因为它关系到解决人民穿衣吃饭的大问题。当时正在住院治疗的康世恩副总理把她找到医院，也希望她关注30万吨乙烯的建设。到任以后，她和省政府经研究将扬子乙烯工程纳入振兴江苏省经济的整体思路中。她多次强调，这一工程不仅是江苏省的，也不仅仅是哪个部门的；要树立总体作战思想，千方百计地保证这个国家的重点项目。

张耀华市长的汇报令她满意："市委、市政府已做出决定：凡扬子乙烯工程上报的文件，市委、市政府一般当天处理，比较重大的3日处理，实在有困难的7日要给回音。已要求各方面采取现场联合办公、联合审查等方式，迅速解决各种问题。"

征地拆迁，历来是基本建设前期准备工作中最复杂、最艰巨的一项工作。1983年3月10日，扬子乙烯工程指挥部决定，征用马汉河两岸4740

亩土地。

这片土地在长芦乡境内,大厂区政府和长芦乡干部闻风而动。区长纪道华、公司顾问童钧带着征地办公室的工作人员,走村串户,宣传扬子乙烯工程建设的意义,并发动党员、干部带头搬迁。4月21日拆迁工作全面展开,到27日晚上止,7天时间,需要搬迁的625户农民,全部干净利索地搬出家园。

1984年5月的一天,沈阳变压器厂业务接待室里闯进两位风尘仆仆的外地人,还没坐定,就心急火燎地自我介绍说:"我们是从南京来的。国家决定建设扬子乙烯工程,需要订购5台大型变压器……"

扬子工程需要的5台大型变压器有4台是非定型产品,沈阳变压器厂从未生产过。要组织生产,需要专门设计,还要添置加工设备,购买配套材料,生产周期长,工作量大。况且这个厂是国家大型骨干企业,不仅当年的生产计划排得紧紧的,就连后两年的供货合同都已订出。要在任务这么饱满、工作这么紧张的情况下,再加5台大型变压器生产任务,谈何容易!但是,听说这是国家重点工程需要的设备,厂领导坚定地表示:"困难再大,我们也包下来了!"

在扬子工地安装过程中,发现一台电机机座上有条不显眼的裂纹。电话打到生产厂家兰州电机厂,这个厂立即派李宝德和沙临煊总工程师来到现场。到底是谁的责任?经过生产、运输和保管那么多环节,短时间不可能一道道查清。现在工期不等人,兰州电机厂的同志二话没说,第二天就把这台电机装上火车,运回兰州。20天后,一台更换了新机座的电机运到了扬子工地。

全国有28个省、市近千家企业不畏艰难,不惜牺牲局部利益,为扬子工程提供了近5亿元资金的国内配套设备,到现场进行数百次技术服务。

"扬子"建设者不会忘记,在创业初期,南京市和南化公司的领导同志,为工程建设呕心沥血,精心筹划。

"扬子"建设者也不会忘记,省市物资部门提供了一批批工程急需的材料;中石化设备成套公司和省机械设备成套局的同志,吃住在现场,足迹遍全国，实行成套服务，省了他们多少奔波和烦恼……

"扬子江水深千尺，不及全国助我情！"。

扬子将永远记住他们！

乙烯工程由于停缓建时间较长，同外商签订的合同过期，给工程带来很多困难。当初一些国外制造商得知工程缓建后，对设备粗制滥造，工程设计深度不够，且有不少漏项；图纸的设计敷衍草率，扬子乙烯二阶段工程年产45万吨大芳烃联合装置是目前世界上同类装置中最大的现代化装置。以前这类建设大型引进项目，一直依靠国外工程承包商。现在，外商不再承担责任，而我们从未组织过这类大型引进项目工程的施工……

1987年7月，扬子乙烯二阶段工程动员大会上，石化总公司明确提出了"以我为主，保证质量，保证进度，力求节省"的16字方针，少请或不请外国专家，主要由中方肩负起原由外国公司和专家担任的工程总代表和技术负责工作。

这是困难和压力面前的一次大胆抉择。抉择本身就已表明了胆识和气概。

石化总公司集各企业精英，组成一支由26名顾问和50名专家参加的技术顾问组，替代部分外国专家，全面挑起重担。他们对国外承包商的工程设计进行全面细致的复查，提出补充和修改意见；按照工程进度，分期分专业到现场指导工作。组织设计、施工和建设单位技术人员参加的三结合小组，对大量图纸进行修改补充。

同时，石化总公司高级代表团出访，利用雄厚实力和影响，直接与设备制造商、技术专利商接触，争取到了支持与合作。

工程顺利进展。外国专家折服了。美国技术专利商考虑到装置投产可以提高公司的信誉，主动提出每月免费提供45个人的技术服务；另有一家工程承包商也被感染了，主动参与对专利公司的技术复查和聘请专家，协助我方订货和技术指导。

工程由基建转入开车，按照惯例，主要装置的操作人员需送国外实习。而这一次则由我们自己培训的专家开车。一支由燕山石化公司、上海石化总厂等派出的青年技术小专家组成的开车队奔赴现场，指导协助开车。他们的操作技术水平受到外国专家的高度赞扬，并建议他们组成国际开车队，打到国外去。

大型石化工程的施工，由完全依靠外国专家到以我为主，由到国外实习装置开车到由国内组织开车队，表明中国石化工业已具备了跻身世界现代化石化工业之林的实力，是独立自主、自力更生的一曲凯歌。

1990年4月16日。杭州湾的上海石化总厂。

继燕山、大庆、齐鲁、扬子之后，第五套30万吨乙烯装置在这里竣工投产。

共和国关心着这一时刻，这一时刻标志着中国乙烯生产能力突破200万吨大关，从世界第15位跃居到第8位。

中国乙烯工业，从兰化第一台砂子炉起步，到辽阳建设第一套7.5万吨乙烯装置，再到吉化11.5万吨乙烯投产，发展到今天的30万吨规模，经过了二十多年的历程。

历史地扫描，中国石油化工的新生代，是以往所有历史构造运动合力的隆起，是共和国四十年的所有狂涛冲积的合力的汇集。这隆起，不可遏止。这汇集，气势磅礴。迎接挑战，中国石油化工的历史责任；后来居上，中国石油化工的历史趋势。

第四部

石头中迸发出矿山人的誓言。

民族感光业五彩斑斓,装点生活更加丰富多彩,千姿百态。白白的圣洁的盐碱花盛开不败。摒弃旧的生产模式,走前人没有走过的路方显英雄本色。

大化工在发展中繁荣兴旺,我们对青山绿水诉说赤诚……

第十一章
来自峡谷的回声

谁也不会想到,那些经过上亿年造山运动而崛起的石头,会成为化学工业的基石,享有着"化肥之母"的美誉。

河北涿州,全国230多个化学矿山的大本营——中华人民共和国化学工业部地质矿山局,吴国泰局长缓缓拉开矿产地质图的挂布,神态庄重肃穆……

"我们所面对的是一个无比巨大的英雄群体,你无法洞察它的全部奥秘,因为它像太阳一样蕴含着无穷无尽的宝藏……"

是呵,当巨人毛泽东大手一挥谈起"大打矿山之仗"之后,中国化工实现了一次战略性的调动和迁移。几十万化工大军先后拥向荒蛮的深山戈壁、原始的森林草原,在化学矿山这个大舞台上弹奏出一曲曲动人心魄的乐章。

而今,在深壑峡谷中艰难地跋涉的化学矿山工业,已走向全面振兴之路,它再不是一个弱不禁风的婴儿,而成为一个勇敢的"弄潮儿",满载着矿山的希望走向市场经济的海洋。

弹指一挥间,沧海桑田,天翻地覆,矿石叠铸了一座历史的丰碑。

共和国建立之初,化学矿山如同黄金般稀少,偌大的国家,仅有旧社会留下来的几个小矿,磷矿年产量不足10万吨,硫铁矿只有1万吨,其它化学矿种一片空白。农业大国怎能缺少化肥?国务院领导的办公桌上摆满了需求化肥的告急电……于是,被后人称之为"化学矿山摇篮"的锦屏磷矿成为国家"一五"计划156个重点建设项目之一,随后,国家又相继建设了向山硫铁矿、英德硫铁矿。但是，奠定化学矿山发展基业的时期，却是在六十年代。

那真是一个能够载入共和国发展史的辉煌时期：一大批年轻有为的青年学生、复员转业军人，以及从各单位抽调的技术人员和管理干部，从全国各地云集云南昆阳磷矿、贵州开阳磷矿、湖北刘冲磷矿，以及湖南浏阳磷矿、四川金河磷矿。这众多磷矿的建设，使我国的磷矿出产能力一跃上升到500多万吨。

这是一片如诗如画的红土高原。

向东，是烟波浩渺、帆影点点的五百里滇池；向南，是大航海家郑和的故乡昆阳。这里的一切，都如滇池周围的群山，含着如丝如缕的轻烟，拓展着人们的思绪……

地史上的寒武纪时期，这里是一片浩瀚的海洋。由于印度洋往北汹涌奔腾在远古海湾中逐渐变缓，海水中大量的磷酸盐得以沉积下来，终于形成了这个大型的高原磷矿。

磷，曾经十分神秘。当世界上已经有黄金这种产品的时候，世人还不知道有磷。物以稀为贵。当人们发现磷的时候，它曾是那么魅人。

据说德国人布兰德于1669年在实验中，偶然得到一种白色软质物质。奇怪的是，这种物质竟能在黑暗中闪烁光芒。布兰德惊讶不已，给它取了名字叫"冷火"。这个消息立即轰动了德国。这就是后来人们所说的磷。为了满足人们日益高涨的好奇心，有人曾把它带到勃兰登堡的宫廷去展览。当夜幕降临，大厅内一片漆黑，所有的烛光都熄灭了，只有瓶中那一小块"冷火"在闪耀着荧光。贵妇人们发出一阵阵的惊叫……磷一下子成了稀世之宝，欧美各国的达官贵人竞相争购。

当北欧人乘船越过茫茫大海登上荒蛮的北美洲大陆，在美国南部的佛罗里达发现大磷矿，并以抑制不住的激情开辟了为世人瞩目的大磷矿后，中国仍在沉默。

中国也要有自己的"佛罗里达"。化工矿山倾吐着这样的呼声。

野豹子作为滇池周围群山的霸主是当之无愧的。几千年来，它们几乎从没有遇到过值得一提的挑战者。

那一日，那头斑点几乎变黑的豹子王忽然感到烦躁不安。它本能地意识到有一种同样强大同样危险的东西在迫近它。它嗅出了挑战者咄咄逼来的气味……

范承钧带着同伴们踏上了这片人迹稀少的土地。报载：抗战期间，内地的一家钢铁厂搬迁到昆明安宁。厂里缺耐火材料，一位工程师带几个人沿着滇池寻找，来到昆阳地区。耐火砖的材料没找到，却意外地发现了磷矿石。新中国建立后，那播种希望的土地严重缺磷。为此，化工部十分重视磷资源的勘探开发工作。如今，范承钧等人奉西南地质局之命，跋山涉水，寻着前人的足迹又一次踏上了这片红土地。

浑厚的土地敞开胸怀接待新中国的寻宝者。那裸露在高原风中的磷矿石一次一次使他们的眼睛发亮；那些从地层深处钻挖出的磷矿石样品，一次一次无声地向他们诉说着历经沧桑的深情。

红土地迎来了充满希望的春天。

1966年，一份西南地质局给地质部的报告传达一个令人振奋的消息："云南磷矿地质资源储量丰富，其中以昆阳为中心的滇池附近地区可以作为大型磷肥基地。"

矿山局局长邸高峰向国家计委主任余秋里叫苦，连说没人、没人。

"独臂将军"猛甩一下空空的袖管，问："你在359旅搞过大生产吧？"

"嗯。"

"让你打仗，就会给你兵。"

……

350名战士整齐地站在军营旁一块平整的草滩上。他们将集体转业，开发大西南的昆阳磷矿。

"现在，向大西南进军！"首长将手使劲向下一压，大声宣布。

"我是一个兵"的歌声从营房一路撒到贵阳。当时，昆明到贵阳还没有铁路，战士们跳下火车又上了汽车。在汽车上，一路欢歌一路笑声……

当然，还有一支更庞大壮阔的队伍。广东茂名露天矿的800名职工风风火火地来了，他们和这些"兵"们融为一体的时候，俨然也有了"兵"

的作风。

这几天，党委书记、矿长一边忙着为陆续进矿的建设队伍找住房，一边紧锣密鼓地张罗着修路和盖房子。

当时的昆阳磷矿是一片荒山秃岭，只有山脚下住着数十户人家。没办法，矿领导只好把队伍分散安排在三家村、梅树村、西汉营、昆阳等地的一些农民家里。

会战的第一个任务是：修上山公路，安装钻机、电铲，搞施工设计。征尘未洗的建设大军肩扛机件、电杆、水管，踩着沉睡千年的荒山野草，踏出了第一条新路。

开采磷矿第一关就遇到了沟坎。设备是陈旧而落后的，而这仅有的一台 EY-202 钢绳冲击钻还是从茂名矿调入的。一直到 1969 年，第一台 YQ-150A 钻机才组装成功，而这"宝贝疙瘩"一上矿床就活蹦乱跳，风压低了难以起钻，风压大了有翻钻的危险。

工程师常振球眯缝着眼在矿区转了好几天了。忽一日他口出"狂言"："不要它，咱自个儿弄个新的。"

这常振球可是个人物，俗称"常铁嘴"。北平解放那年他同时考取了北洋大学采矿系、大连工学院造船系、唐山铁路学院机车系。他的性格像矿石一样硬邦邦的，也就选中了采矿系这硬邦邦的专业。

毕业后，经历了一番周折来到化工部化学矿山局。有一日在部机关门口遇上了即将到云南组建省化工厅并任厅长的崔子英。崔子英问："大学毕业蹲机关可好？"常振球摇头。

"到云南去吧，那儿就是苦点儿。年轻人嘛……"

"云南有多少人？"

"2400 万。"

"人家能活我就能活。"

就这样，常振球来到昆阳磷矿，任矿山科科长。他嘴不好，性格太直，待人处事像矿石一样有棱有角，得罪了人，得了一个"常铁嘴"这样一个不知是褒是贬的绰号。

如今，既然已经口出"狂言"，常振球便走火入魔似地转了起来……

一个钻机试验小组成立起来，连云港矿山设计院和昆阳磷矿的工人、技术人员夜以继日地投入了研制试验，"常铁嘴"变成了"常铁钻"。

1977年，总体组装设计完成，KV-1型钻机诞生了。打眼工坐在新型钻机上，心里踏踏实实，屁股稳稳当当。一试，还真灵，月穿孔2943米，成本降低30%。

车学良被隆隆的炮声震醒，一轱辘爬起来，拍一下妻的肩膀，说一声"我走了。"

夜，漆黑的夜。它吞噬了五百里滇池的万顷碧波，吞没了起伏的群山。但采矿区却是另一番景象。这里，电铲轰鸣，机声隆隆，汽车奔驰，伴随着上千颗怦怦跳动的心，以一种特有的旋律，奏出了矿山的声音；一辆辆重型汽车满载着矿石，发出巨大的吼声向排土场驶去，破碎皮带系统犹如不倦的长龙，横跨山峦，吞下一车车矿石，直送成品矿仓……

这熟悉的声音振奋着车学良的心。

多少年来，车学良这位大车队队长率领他的钢铁队伍驰骋在山间草岭，成为昆阳磷矿响当当的铁军，他也被人们誉为"大车"。

前面怎么了？乱糟糟的，"大车"快步走了上去。

原来是一辆大车在排土场卸土时，遇上局部塌方，车子的后半部分悬空，随时都有掉入百米深渊的危险。车学良立即投入抢险指挥。调来推土机和钢丝绳，很快拉住了车子的保险杠。推土机发动了，但大型装卸车却一动不动。怎么办？只有上去发动车辆，配合推土机将车辆开离危险地区。"大车"将上衣猛地往地上一甩，毅然踏上随时可能掉进百米深沟的汽车，将汽车发动起来……

大车的轰鸣震荡着群山，敞开矿工像大山一样的胸怀。

广东大绀山下。

宋振明长叹一口气。不满周岁的女儿哭喊一天一夜了。哭声吵得他心烦。不知怎地，好端端的女儿忽然发起了高烧，烧得小脸绯红，但他这个当爹的没有一分钱给孩子看病。穷人家的日子难过呀。

"孩子他爹，不行上大绀山，弄点铁矿石、锡矿石什么的，换点钱给孩子买药吧。"妻抬起泪汪汪的两眼,望着他说。

唉,当年就是为了挣钱娶妻,他和当地几个小伙子大胆地上了大绀山。大绀山可不一般。据老人们讲,这是从地里长出的一座神山。神山是不能动的。但这山上的石头可值钱呢。当他正为掘得大块大块沉甸甸的石头,幻想着这石头变成美丽的妻的时候,一块大石从山上滚滚而下,砸断了他的腿。

至今,宋振明的腿还是跛的。他一直认为他是在神仙头上动了土,因而受到了惩罚。

如今,妻又让他上大绀山,这不是要他的命吗?但孩子嘶哑无力的哭声揪得他的心发酸。他不能没有这宝贝的女儿,他不能没有这个家……亲一亲病重的女儿,狠着心,他又一次上了大绀山。当然他当时不知道,他这次上山,为国家发现了最大的硫铁矿。

当宋振明为掏锡矿石赤着脚用锄头掘引水隧道时,突然挖出一层黄澄澄的矿石,重重的,阳光下直闪金光。跛着一条腿,宋振明飞步来到正在附近勘探铁矿的省工业厅普查队。化验,大吃一惊,高硫的黄铁矿!后经723地质大队详细勘查,一个有着惊人储量的硫铁矿矿床终于问世。

时间大约在1958年的初春。

山脚下冶铁厂几排破旧的房子里忽拉拉来了百十多号人。

这是1959年的冬季。大绀山却异常地热闹起来。土生土长的黄碧、林荣津、陈江州、谢国升等首先加入了开发大绀山硫铁矿的队伍。

记者郁吟一大早就来到了采场。她特意打扮了一番,穿一件当时流行的背带裤,上身着一件鹅黄色薄毛衣。她的到来,为粗犷的矿山这个男性世界平添了几分温柔的色彩。

掘进速度飞快,已开了8个采掘洞。郁吟活蹦乱跳地缠着施工现场指挥要进洞。指挥禁不住她软磨硬缠,只好答应了她。

一号井在北沟壁边,口径不足一米,向外飘拂着白色水气。洞口有架风车,一位工人在拼命地摇着,向里输送着新鲜空气。

洞里是另一个世界。工人完全靠钢钎、铁锤等简陋工具,在微弱的光照下,躬着身吃力地挖着。洞内闷得人头昏,矿工们用吱呀作响的木轮

"鸡公车"将矿石沿木枕推到矿仓,外面的工人再用箩筐挑到高炉旁。新建的硫酸车间四壁空空,仅有四柱,成品硫酸流入一大陶缸,转装进小而厚的陶罐,用板车沿窄陡的土山路运出,倒入水泥池中。池中有从墨西哥进口的磷粉,长耙一搅,即成化肥。

郁吟很快就写好了一篇反映云浮硫铁矿建设的稿子,不过名字改成了"榆英"。

1965年6月,305平窿揭开一个新时代。10万吨/年规模的生产拉开了帷幕。

阵阵炮声震撼着大绀山。至1980年,开出10个块矿场、7个粉矿场,采出矿石53万吨。

先行剥离的北采区半山坡已形成多台阶工作面,但与之毗邻的南采区尚未开拓。海拔564米的孤立山头,电铲、汽车等根本爬不上去。为除此患,云浮硫铁矿于1976年冬至1977年夏实施了牵动省内外爆破专家,几乎投入了全矿所有力量的720吨定向大爆破!

刘桓坚、赵耀东等4人驰驱湛江,请求"爆破大王"、省水电局副总工程师马乃耀给予技术指导。

机关干部也加入了挖洞行列,24小时轮流不停。短短10个月,8个排洞和4个导洞挖好。1000多名职工全部出动,720吨硝铵炸药装进去了。

1977年8月7日上午10时,珠江电影制片厂的摄影机忠实地摄下了震惊全矿的大爆破。镜头中,原子弹爆炸似的蘑菇云升起。振聋发聩的巨响过后,离爆破区2公里外的观礼台上"噗噗"地落下土雨,人们的雨衣也蒙了厚厚一层土,浓浓的药味呛得人们掩鼻喘咳。历史,感到了脚下这片土地的震撼……

这一炮,为南区的剥离扫平了最大的"拦路虎"。此后,南北采区、矿湖运输通道渐趋形成,云浮硫铁矿进入了大规模建设时期。

"泥石流"威胁着云浮硫铁矿的大规模建设。

人们不会忘记,1972年11月8日和1975年6月12日,"泥虎"两度袭击大绀山,使云硫蒙受巨大损失。

矿领导吴积勋、刘学智等研究决定：要抽出最得力的干部治服它！

此前并不熟悉环境保护的王荫琨、钟孝亢等奉命打头阵。

"治理泥石流必须先治住源头。"王荫琨拿出了他的拼劲。多日里，他一边悉心设计治理方案，一边焦急地等待下一次大雨露头。

一个凌晨。梦中被震醒。王荫琨抓起三节手电筒直奔乌石岭沟。在闪电与电筒光的辉映下，"恶虎"原形毕露：泥石被浊流揭起，稀软、翻流，伴着沙沙声，趴在坡壁上，喘着粗气的王荫琨边看边想："废石场汇水面积大，此为水动力条件；剥离的废石，滑塌的山体，被水数次切割加深变陡的沟谷，构成物质条件，这不正是稀性类型的泥石流的成因吗。原来如此！我就引开水，堵住土，疏通沟，三管齐下，何愁恶虎不伏。"

这夜深入"虎穴"探险，诱发他很快地提出了治"虎"方案。3747米截洪沟，1370米导流槽，84座谷坊，2座拦蓄坝，26条挡土墙建成。力量骇人的恶虎泥石流，终于栽在富于智慧的"虎将"手中。

化学矿山在六十年代奠定了发展基业，其真正的大发展时期是在党的十一届三中全会之后。从1949年到1980年，国家为化学矿山建设投资20.8亿元，而从1981年至1995年，国家投资猛增至115亿元，建成了5大批技术装备先进，管理水平现代化的大型矿山企业。广东云浮硫铁矿号称亚洲第一大矿；青海钾肥厂成为我国最大的钾肥基地；瓮福、黄麦岭、大峪口3个世行贷款项目的建设，不仅使我国的磷矿年产量位居第4位，还形成了重钙136万吨，磷铵18万吨的能力。

化学矿山以崭新的风姿出现在世人面前。

李义杰坐在颠簸昏暗的越野小汽车里。戈壁荒漠骤起一阵阵沙暴，小车紧闭车窗，不敢留丝毫缝隙。李义杰脑海里不时浮现着察尔汗——

那是一个怎样的地方哟？

半个世纪之前，西方几个探险家来到这个没有植被、更没有生命的干涸的大盐湖上。在一个没有月亮的暴风肆虐的夜晚，点燃起来的篝火被刮灭了，他们心中那盏希望之灯也彻底熄灭了，他们惶惶然向全世界宣称："察尔汗是地球上的第二个月亮。"

但察尔汗在李义杰心目中却是一首雄奇的歌。

那次造山运动——巨大的震荡撞击使古老文明的亚细亚瞬间隆起一个世界屋脊青藏高原，这个含有浓烈传奇色彩的地球的一部分钻出了喜马拉雅山、昆仑山、祁连山等大小山脉。一轮红彤彤的太阳开始按照自己的轨迹极端偏爱起这一领地。一片喧喧嚷嚷的汪洋销声匿迹。从此，这块陆地显得格外孤独。

"南昆仑、北祁连"环抱一个柴达木盆地。

柴达木盆地孕育出一个海拔最高的大盐湖。

茫茫察尔汗大盐壳下，汇集了约有600亿吨以氯化物为主的近代盐类化学矿藏，除了大量的钾以外，还伴生有镁、钠、锂、碘、铷等。

如今，李义杰由青海黎明化工厂副厂长调升青海钾肥厂厂长，就是准备去开发这无尽的资源。他仿佛坐在那滚烫坚硬的盐壳上，看古盐湖的外貌，细细体察它的内涵……

1985年5月，国家正式将青海钾肥厂列入"七五"重点建设项目。

盐湖翻腾着滚滚热浪。

高原风漫过无际的坚实的盐盖，雕刻着一个个新的故事。

1985年9月1日，被青钾人喻为"西湖"的人造大盐田破土动工。

几架大型推土机，无情地将盐盖掀起。察尔汗人要在干涸的盐积平原上筑"西湖"了。到1986年5月1日开始灌卤，这是工程建设的一个期限，如不能按期完成，一期工程就不能全面开工。

3个月过去了。

施工队伍遇到了无法克服的困难，无力按合同控制工期完成，愿意赔偿由此带来的全部经济损失。

退却与进取在搏斗。3天后，厂党委毅然决定自己组织力量来完成这项工程。

这是一次新的风险，一次更大的风险。

寂静的察尔汗沸腾了！

工程处夏同昶处长率领120条汉子，像猛虎下山一样，扑向了盐田修建工地。

"夏同昶是个盐田精！"大家都赞同由他来牵头。

人们不会忘记，一个可怕的夜晚，夏同昶在达布逊湖死里逃生的故事：

有一次，领导让夏同昶牵头土法上马搞一个小化工厂，找了不少设计单位，都碰了壁。老夏横下一条心："蓝图我们自己来画！"那一天，天气晴朗，夏同昶驱车直奔达布逊。他们以车代房，在北岸扎下宿营点。长年在室内搞化验的石树坤同志，早就被达布逊富有的资源所吸引，这次再三要求亲自涉足湖心，老夏允诺了。两人手拉着手，轻装过湖而去。不知不觉天色已经昏暗。石树坤是个细高个子，涉水有利，但高度近视。夏同昶虽然目光闪亮，但个子很矮。在返回宿营时湖水高涨，已经没过了夏同昶的胸脯。走着走着，突然石树坤倒在老夏的肩上。由于晕湖，他再也不能行走了。无奈，他俩只得相依站在湖中休息。过了一个时辰，湖水由灰蓝色变成了黑色，茫茫天空伸手不见五指。夏同昶睁大眼睛，向北远望，却见不到宿营汽车的车灯。啊，迷路了！夏同昶定了定神，安慰石树坤不要害怕，你闭着眼睛靠在我肩上，我们一步一步挪，不信挪不到北岸……司机着急地寻找了他俩一夜，以为出了意外。黎明时，发现两人在湖边盐渍地上蠕动……

十里盐湖展开了大会战。夜晚，工地一片漆黑。仅有的几台挖土机，微弱的马达被狂风的尖叫声淹没。严寒，滴水成冰的严寒呀！机器熄火稍久就再难发动起来，而劳动者心里的火永不会熄灭。他们用机器不熄火，人员轮流转的办法干下去……这个鬼地段，连坚实一点的盐土疙瘩也没有，无法垒"盐房"，就用旧铁皮做避风桶，七、八个人爬进去休息一下……

挖掘机手刘圣荣迷路了。

一个零下30摄氏度严寒的夜晚，由于送饭车抛锚，无法开进盐田，刘圣荣只得到距离工作点一公里以外的临时食堂就餐。刚捧上饭碗，天色突然变暗，黑色飞云铺天盖地压来。不好！风暴要来了，他丢下饭碗，抓了几个馒头，拔腿奔回工作点。谁知，夜幕竟霎时降落，怒吼的大风，挡住了他的去路。刘圣荣匍匐在盐渍地上，一步步地挪动身子，摸黑在方圆十几公里的盐田里，寻找那台挖掘机……他迷路了。大风稍缓，刘圣荣深一脚浅一脚，一会儿东一会儿西地摸索着，陷进了盐卤的泥浆中，一双鞋子早在泥浆中失落，光着的脚像刀割一样疼痛。他咬着牙强忍着挣扎着。挖掘机找到了，刘圣荣终于脱离了险境。

东方古盐湖上出现了奇迹！姑娘脖子上围着漂亮的纱巾，面对梦幻般的"西湖"笑逐颜开。

游"西湖"联欢会选在1986年5月1日青海钾肥厂一期工程正式开工之际。"西湖"奇妙无比，由于高钠卤水和阳光的作用，湖水色泽变幻莫测，这一块呈淡红色，那一块却又呈橘黄色。两只漂亮的采矿船在嫩绿色的湖波中游弋，湖畔矗立着现代化的第二选矿厂，历经磨难，中国最大的钾肥工业基地终于诞生。

茫茫的草原颤栗在凛冽的寒风里。铺天盖地的大雪将整个草原吹涂成银白色的世界。

一辆北京212吉普车在白雪覆盖的草原上艰难地爬行，年轻的司机额头上沁出汗珠，稳稳地把住方向盘，透过车窗前的雪雾，寻找着可让车行走的平坦草地。和他并排坐着的那位中年人把黄大衣裹了裹，眯缝着眼睛，颇有兴趣地打量着车窗外掠过的片片雪花，回头望一眼后排坐着的一位和他年龄相当的人说："好大的雪哟。"

他叫陈亮，原任乌兰察布盟化德县一个公社的党委书记，后边坐着的那一位，是原化德县县委组织部部长郭继忠。如今，他们一起到一个叫查干诺尔碱矿的地方担任领导职务。

查干诺尔碱矿坐落在"塔木钦"荒原。关于"塔木钦"，还有一段神秘的传说。据说成吉思汗有一次追歼扎木合的逃兵误入此地，被困十几天。这里无水无草，沙石裸露，偶尔有几峰孤独的骆驼在远方踽踽而行，……

后来，一代天骄成吉思汗靠一只苍鹰的引路才走出这块死亡之地。出来后成吉思汗跃马扬鞭，振臂一呼："塔木钦！"塔木钦，汉语译为连阎王爷也不敢待的死亡之地。1972年兵团战士首次打破这里的寂静，后交给地方，因条件艰苦，先后任命了几任领导都待不住。最终，盟委决定在基层选几位能吃苦、工作能力强的同志到查干诺尔来，郭继忠、陈亮就这样被选上了。

出发的头一天，盟委书记葛振峰专门找他俩谈了话，语重心长地说："那里的条件十分艰苦，你们一定要和兵团留下的同志搞好关系，要和兵团战士一块住、一块吃、一块干，一定要把这块宝地保住呀！"

郭继忠和陈亮肩负着重托，在大雪中跋涉了15个小时，终于来到茫茫碱湖畔……

这里确实苦。第一顿饭，带皮土豆炒白菜。第二顿，白菜炖带皮土豆。陈亮和郭继忠牢记着领导的嘱托，坚持和职工吃在一起。忽一日，半夜有人敲门，开门一看，是一个叫刘二娃的职工，手里抱着个煮熟的牛头。

"领导们也太能吃苦了，和前几任不一样，今天我到牧区搞了颗牛头，咱们一起消灭它。"刘二娃边用刀割牛头边说。

就这样，干部和职工用特殊的方式开了荤。

吃住苦，这都能坚持，难的是这里没水。吃水，要用汽车到几十公里外去拉。到大雪封路时，职工要靠化雪维持生活。

水，在郭继忠、陈亮心中已上升到另一个高度。没有水，还怎么搞大工业。建设引水工程必须提到议事日程。

1978年6月1日，草原泛绿了。查干诺尔碱矿26.54公里引水工程开工，多年缺水的职工纷纷踏上荒原，用心去掘开那生命之渠。

蒙古高原的6月，空气清冽，寒星深邃。浓浓的夜雾浩浩荡荡地漫来，把凉飕飕的气体塞满了每一块空间。

施工现场像一个闪烁着万家灯火的长龙。

先是两三堆火在远处小心翼翼地闪跳着。过了会儿，黑的荒漠出现一条闪烁的火龙，于是空气中到处弥漫着牛粪干草燃烧的浓浓的烟味儿。在火光映亮的地方，能看到绰绰闪闪的人影，机影，……

郭继忠、陈亮也加入了挖沟队伍。他们和职工一样，一人分得 10 米任务。唯一不同的是，施工员悄悄给他俩分了一段好挖的地段，被他俩发现后，硬要求换了一块布满石头的山梁地。

采掘队书记张学贵在缺少挖掘机手的情况下，亲自驾车，连挖 24 小时。

基建科负责人刘跃，技术员薛再平，将铺盖卷搬到了工地。

1978 年 11 月 2 日，白花花的水通过二十多公里的输水管线，第一次流进这块连阎王爷也不敢寻的地方，为民族工业的发展注入了鲜活的血液。

夜，朦朦胧胧。浑黄色的月亮，透过薄云把光亮撒向整个草原。劳累了一天的疲倦的草原安详地沉睡着。静谧中微风轻轻吹拂，像是它香甜的鼾声。

从东延展而来的浑善塔拉沙地，从锡林郭勒大草原中穿过，在靠近蒙古国边界造就了"塔木钦"荒原。

草原苏醒了。

1985 年，国计原（1985）1214 号文传达到古老的草原。国家批准利用当地 4056 万吨优质天然碱加工化工产品，规模为年开采天然碱 50 万吨，加工烧碱、小苏打各 5 万吨，芒硝碱 3 万吨。

千年靠勒勒车负载历史的草原迎来了现代化的大机器，套马杆甩出的悠扬的乌珠穆沁长调诉说着一段新的历史。

年轻的鲍蔚君深夜一点钟找到了张占彪。这两位内蒙古工学院化学系毕业的校友，几年前先后来到查干诺尔。如今，国家决定大规模开发这一宝藏，令两位年轻的大学生激动不已。

"天然碱加工烧碱、小苏打属新工艺，没有经验可借鉴，我的意见是向总厂领导建议，在大规模建设之前，必须在理论和实践两个方面提出可靠的依据。"鲍蔚君，这位当时只有 23 岁的蒙古族青年，有着像草原一样辽阔的思路。

"是呵，我这几天也在考虑这个问题。草原人民期待开发宝藏的日子太久了。"张占彪缓缓地说，"我已大致拟了一个需攻关的题目，你看合适不合适？"

"为解决碱液澄清速度与质量问题，必须将制糖业中的板框压滤机引入，同时，应研制新型絮凝剂……"

"好。我看咱们就用兵团战士留下的小化工厂作为实验基地吧"，鲍蔚君兴奋地点了点头。

1986年5月1日，查化总厂大规模基本建设拉开了帷幕，同时，兵团留下的小化工厂也热火朝天地展开了会战。6月15日，化工厂投产，采了几十年矿的查化人第一次用自己的矿石加工成了烧碱、小苏打。更为重要的是，它为今后的大生产提供了可靠的科学依据，培养了一大批人才。小化工厂后被誉为总厂的"黄埔军校"。

庞大的"太脱拉"自动装卸车陷在深深的污泥里。采矿遇到了前所未有的困难。

露天矿主任耿大铁站在采矿坑前，陷入深深的思索……兵团战士留下的采矿坑像那段历史，既有创业的轨迹，也有不讲科学的印痕。这里是周围400公里范围内的最低点，地上水、地下水汇集此处，给采矿、运矿带来巨大的困难。

"立即动员职工沿矿坑修引道。"耿大铁下达了动员令。

一条由沙子、石头铺就的道路从矿坑内向上延升。"太脱拉"喘着粗气艰难地爬行着……

再后，有这样一组记录：

1987年11月，耿大铁、郑新民、李宝元三人奔赴苏联，谈判引进大型拉铲。

1989年9月18日，查化总厂最大的采矿设备——自重320吨、臂长45米的苏制进口拉铲试车成功，揭开了大规模开采天然碱的序幕。

那一日，当大拉铲伸出45米的巨臂，深深插入亘古不变的草原的胸膛时，大块的天然碱发出阵阵破裂声，汹涌着，奔腾着拥入挖斗中……一轮太阳照在这块古老的土地上，远处套马杆甩出的串串歌声与之相互映辉，构成草原新的景观。

化工部副部长潘连生来了。不久,由潘副部长协调调动的天津碱厂、合肥化工厂开车队来到茫茫草原,协助开车。

1989年7月31日晚11点30分,全国最大的小苏打厂建成投产;

1990年7月15日,全国最大的苛化法生产烧碱装置投入运行。至此,全国最大的天然碱加工基地全部建成。

耿大铁在日记中写到:那一层琥珀色的天然碱似乎铺向天边,那弥漫的带碱味的蒸汽给荒原涂抹着生机,那一个个小丘似的骆驼刺如凝固的波涛,那极深邃、极广漠的秋空变幻着各种奇异的色调……

八十年代末、九十年代初,席卷中国大地的市场经济大潮导引着民族化学工业迅速与国际接轨。

亘古不变的大山亦敞开它博大的胸襟,去拥抱一个陌生而多彩的世界。

技术现代化,管理现代化,生产建设现代化……化工矿山在全新的开拓中艰难而扎实地走向明天。

云南昆阳矿务局因晋宁磷矿的新建和海口磷矿的加盟,更加壮实地屹立在红土高原。大规模促进了大开发,滇池之畔又一次吹响了振奋人心的号角。

矿务局局长李仲棠心中奔涌着一股不可抑制的激情。昨天,他接下了国家科委"六五"重点科技攻关项目中的《露天长臂式采矿方法》科研课题。令他激动的是,缓倾斜中厚矿体是昆阳磷矿床最显著的特点,矿层倾角缓,厚度中等,两层矿之间有一夹层。在这样的特定地质条件下如何进行露天开采,多年来一直未得到解决。如今国家高度重视,看来有希望了!让人担忧的是,中国特色的倾斜、缓倾斜中厚矿床在国外是没有开采先例的,靠昆阳矿务局的力量攻关,行吗?

现已担任矿务局副总工程师的常振球推开了李局长办公室的门。

李局长看见他便问:"老常,我们接下来的是一个难题,怎么样,有信心吗?"

"没问题。有山必有路,而路是人走出来的。"常振球毫不犹豫地答。

在难题面前,他从未服过输,何况还有李仲棠他们。当时还不知道,他和李仲棠等人手里接下来的是一项日后获化工部科技进步一等奖的重大科研课题。

过去,按照露天的常规开采方法,要先进行较大面积的剥离,然后才开采上层矿,清理夹层,再采下层矿。这种方法,采矿和采矿准备工作在一个采区内的不同矿段上同时进行,要求剥离超前量大,生产准备时间长,各工序间配合作业困难。生产中薄弱环节较多:采掘设备移动频繁,故障率高,采区采剥工作面结构复杂,贫化率损失率高,直接影响到矿山的大规模开发。

研究,实验;失败,改进。经过十几年数批人的血汗浸淫,成功的希望才逐步走近。经采矿区实际测试、修整,这一开采方式日趋完善。

那一日,一声令下,上下矿层几台电铲同时挥起巨臂,进口的300马力大型推土机将夹层沿缓坡推下,机器的轰鸣声与科学的布局呈立体态势交相辉映……

成果文献记载,新的采掘方式准确的定义为:自上而下,水平分层,倾向分段,超前,纵向移动矿岩。

实践结果表明,生产率提高 10%,矿石损失率、贫化率比"分片开采"分别降低 10.68%、36.24%。

如诗如画的滇池睡去了,红土高原上升起一颗耀眼的新星……

贵阳到开阳,一路穿山越岭。高原特有的阴湿天气虽变得有些晴和,弯曲的山路却依然泥泞难行。热情好客的开阳磷矿人迎来了一批又一批的山外人,他们乘车行驶在这条山路上,俯视深深的峡谷,开阳磷矿那密密麻麻的楼群隐约可见。

1958年5月成立开阳磷矿,化工部、贵州省及成都、广州部队的一批干部和技术人员从祖国的四面八方汇集而来。王惠珍、赵晰争、张小丰、李玉贵、傅鹤云等部分转业官兵成为开磷的先驱者。他们用竹簸箕，硬是在茂密的原始森林里趟出一条路。随后，张小丰又亲手打死一头下山觅食的豹子。这些"吃了豹子胆"的矿工，车拉肩扛，挥汗如雨，向钢铁般的大山宣战，开垦了这片丰厚的处女地。

洋水河伴着悠悠岁月流淌了许久许久。而37年的沧桑，洋水河也哺育了一代又一代的开磷人，其中就有开阳磷矿矿务局姚继元局长和彭氏辉副局长。

姚局长朴实、沉稳。他毕业于淮南矿业学院，当过技术员、矿长、局长。他一上任就带着一个年轻有朝气的领导班子，在这个沉闷的大山里刮起了旋风。针对企业存在的生产与生活，生产与管理，生产与职工文化技术和思想都不适应的三大矛盾，他开始大刀阔斧地进行整顿。他要改变矿山的面貌，要为职工实实在在地做好几件事。

是呀，槽谷地形的洋水河畔，给开磷人留下的仅有一个狭小的生存空间。3万名职工家属，拥挤在狭长的"夹皮沟"里，人口密度超过了日本东京。

外面的世界已很精彩，开磷人的生活却很无奈。本来就狭小的院落，堆满了各家各户的生活用煤。为了防风避雨，圆顶煤堆抹上了厚厚的泥土，就像一座座坟墓。猪舍鸡笼充街塞巷，鸡飞猪叫好不热闹。矿区更是行路难，晴天"扬灰路"，雨天"水泥路"，人人离不开三件宝："雨衣，水鞋，小棉袄"。

到了夜晚，更加寂寞难耐。于是，每逢周末，不等夕阳下山，"露天影院"就喧闹起来，大人孩子像过节一样欢欣。用马扎，小板凳，砖头，或干脆圈圈占个位置。电影迷，时常用雨伞撑起天无三日晴的夏夜，或把自制的提炉火盆放在脚边，以驱赶冬夜的寒气。

矿山人为支农献宝付出了巨大的牺牲和辛劳，"献了青春献终身，献了终身献子孙。"

"抓职工生活就是抓生产力，就是抓经济效益"。这是开磷新领导班子的共识。

"让职工吃好饭,睡好觉,洗上个好澡。"是姚继元朴实的愿望,也是他"施政"的目标。这虽非豪言壮语,却像春雨滴进职工的心田。

在"整顿"家属区煤堆时按价收购,存放煤场,用时打个招呼,蜂窝煤便能及时送到灶前。

在"整顿"脏乱差的同时,开阳磷矿又全面规划,准备大面积建筑职工住宅,以改善居住条件。然而,生产困难,资金紧张,"一手抓生产,一手抓生活"谈何容易!

姚断元局长为此颇费踌躇。搞不好要冒风险。但矿山条件太特殊了。如果不安排好职工生活,就会连人都留不住,生产还靠谁去搞呢?思量再三,他还是坚持了"抓职工生活就是抓生产力"的观点。

开磷建立了从幼儿教育到成人高等教育的较完整的教育体系,小孩入托有专车接送。全局13个食堂实现了餐馆化,并送饭到井下,增加了保健灶。单身宿舍实现了旅馆化。从矿务局到各采区,都有自己的娱乐设施。

不再有人上递请调报告,过去调出去的,又有的要求调回来。

在改善生活环境的同时,井下生产环境必须同步改善。

井下矿工最苦,整天不见天日,被阴暗、潮湿、粉尘和噪音包围着。真有点"吃阳间饭,干阴间活"的味道。

姚继元当过技术员,当过矿长,处理伤亡事故是他最痛心疾首的事。他发现马路坪采场井然有序,总结出作业现场保持三无、四平、五线的经验。

从此,开磷矿务局有了一套完整的井下作业管理制度,工作条件有了极大改善。全员负伤率逐年下降。掘进工作量、剥离工作量、磷矿石生产品位、贫化率、损失率和回采掘进、剥离、坑木、炸药消耗均创历史最好水平。

开磷人从此甩掉那顶老大难的大帽子,浓墨重彩地书写自己的历史,在化工矿山系统树起了一面旗帜。林殿才副部长在矿上视察工作后兴奋地称赞道:你们用自己的行动改变了矿山的形象。

矿山人萌发出新的渴望,开磷人打开了山门,请来了高鼻子深眼窝的洋客人——法国索法明公司丹佼总经理，贝太罗尔高级采矿工程师。之后，3次提供了《开阳磷矿倾斜矿床开采建议书》。事隔不久，姚继元局长以中华人民共和国化工部考察团副团长的身份出访摩洛哥和突尼斯。有关单位和开磷矿务局的领导和工程技术人员以及法国两位专家，在矿区审查并通过法国索法明公司编制的《开阳磷矿倾斜矿床开采试验初步设计报告》，为采用世界先进开掘技术，做好了必要的准备。

彭氏辉局长一接班，就撞上了化肥滞销的困难。矿石积压如山，井下一片寂静，只好转产自救。这是开磷矿史上最大的低谷。

这位文质彬彬的眼镜局长，是开磷矿的技术尖子。曾主持了洪峰式采矿方法试验，获部级科技进步二等奖。如今又要站在一个新的高度运筹帷幄了。

夜不能寐，他披衣起床。临窗眺望那黑黝黝的群山和闪动点点灯光的楼群。他常告诫自己，不能沉湎于昔日的辉煌，不能做井底之蛙。"要想使开磷走出困境，再度辉煌，必须和市场经济接轨，和世界先进技术接轨，要走矿化结合的道路。"

彭氏辉手握"零字包干"的方案，找到刘玉林副省长。"为充分发挥开阳磷矿的资源优势，我们制定了第一期战略目标，准备建设两个基地，开发两类产品，彻底结束过去只能生产磷矿石单一产品的历史，为企业发展增添后劲。"

富有战略眼光的刘玉林副省长满脸笑容，立马表态："好，我支持！"

在贵州省省级领导人的心目中，磷矿是支农产品，开磷是贵州化工的支柱之一，有着举足轻重的分量。贵州省义不容辞要对开磷的发展给予支持。最后，地方政府和有关部门终于下决心抽调出必要的资金。贵州省经济实力并不雄厚，这份厚爱深深感动激励着开磷人。

时光推移到1988年9月，在贵州高原中部，210国道贵阳至遵义的公路线上，息烽重钙厂在荒山旷野中开始描绘磷加工新城的宏伟蓝图，7位省领导都曾到重钙厂现场办公，检查指导工作。

由于资金紧缺，很难一步到位，开磷人纷纷拿出自家存折，主动集资建厂。

彭氏辉局长和整个领导班子在现场熬过一个个不眠之夜。

彭思君副局长吃住在重钙厂工地，每天早上做的第一件事就是在工地上转一圈儿，别人上班时，他已发现问题回来了。一次女儿为他送衣服，他扯着女儿满山转，说个不停。临别时女儿深情地望着体弱的父亲说："爸爸，你太辛苦了。""大家都不轻松，咱干的是开磷的希望工程呀。"

火热的建设工地上，无遮无掩，烈日烤人。肩挑背扛，爬高下低。焊接工艺管道，一般直径820毫米，最粗的也只有920毫米。精壮的汉子钻进管子里站不直蹲不稳。机安队李再春班长居然能一口气猫在里边焊上一个多小时，等他出来，厚厚的工作服已被汗水湿透，汗水洗花了一张憨笑的脸，也生动地再现了开磷人那大山一样的脊梁。

这是一块古老而蛮荒的土地。这里的大山孕育、繁衍了一代代高原的子民，他们如大山一样坚韧，如大山一样朴实，也有着大山般的辛勤与凝重。"天无三日晴，地无三尺平，人无三分银"，这首古朴的民谣就是对这块土地的真实写照。

据传，道教的一代宗师张三丰在明洪武年间云游路过贵州福泉、瓮安一带时，曾留下了一首诗谜："石笋对石鹅，脚踏乌江河；谁人能识破，金银牛马驮"。可是，六、七百年过去了，这却只是个诱人而费解的谜，人们在困苦中痴痴地企盼着破谜的神仙……

世界上是没有神仙的。"要创造人类幸福，全靠我们自己。"二十世纪七十年代，国家派遣的地质队探明在贵州瓮安、福泉两县接壤地带蕴藏着大量的磷矿石，与国外磷矿相比，它仅次于摩洛哥矿，近似于美国的佛罗里达矿，优于伊拉克的埃尔肯矿，是目前我国以至亚洲都少有的高品位优质大型磷矿之一。

如此大型、高品位的磷矿，开采出来岂止"金银牛马驮"！

既然是上帝恩赐给我们的财富，我们有什么理由拒绝呢？

1982年初，从贵州开阳磷矿矿务局和贵州赤天化相继调集了二百多人参加筹建福泉联合磷矿。他们就是瓮福矿肥基地的第一批创业者。

1986年，化工部同美国雅柯布公司共同进行了对该矿的可行性研究，确认了该矿的开掘价值。

1987年，世界银行作出最终评估，认为该矿具有很高的开发价值。

1988年5月13日，我国与世界银行签署了瓮福磷矿贷款协议和项目协议。

1990年11月11日，瓮福矿肥基地矿山工程终于正式开工了。

瓮福矿肥基地工程是国家"八五"、"九五"计划重点工程，是贵州省解放以来一次性投资最大的建设项目。一期工程建设总投资在30亿元以上，其中利用世行贷款6270万美元，日本海外协力基金贷款160亿～220亿日元，其余由国家和贵州省筹集。瓮福矿要建成年采选250万吨的矿山和年产80万吨重过磷酸钙，以及与之相配套的80万吨硫酸、30万吨磷酸、1.4万吨氟化铝、1500吨冰晶石等5套大型装置。这些数据是令人鼓舞的，也是让人忧心的。工程规模大，战线长，项目多。单是矿山就有372个子项，分布在总长76公里的崇山峻岭中，施工和管理都有很大的难度。工程涉及的专业多，主要设备和技术都是由国外引进，涉及到各种高、精、复杂的专业技术和当地单位及居民的利益，协调工作难度大。因为种种原因，矿山工程距原计划延迟了一年半才开工，工期过于紧迫。

但是瓮福人不怕难。

英坪，新龙坝。海拔都在1300米以上，山上雾多风大，气候寒冷。瓮福矿肥基地第一、二分指挥部就分别设在这两个地方。山上缺水，他们要到两公里远的半山腰挑回来。冬天，他们经受着寒冰的侵袭，成了"冰山上的来客"；夏天，满天的灰尘飞进办公室和食堂，往他们脸上扑着"脂粉"。有的同志一上去数月没回家，衣服不够穿就借同事的来应急，有的连女儿出嫁也不回家。

清水江，是距牛场镇——基地指挥部所在地最远的水源。路陡坡长，山势险要，云雾缭绕。一批批"瓮福人"在这里留下了他们的足迹和业绩。你看，那些带着早茶饼干当午餐，背着脚架、仪器上山下坝，不断摔倒的人是来为清水江水源工程测量划界的；那些挤在农民家，把办公、睡觉、取暖融为一室，就着汽灯和蜡烛看业务书的人就是清水江水源工程的工作人员。他们一次要买三、五天的蔬菜，写一封信要等数天才能让邮递员带走。

全国人大代表、原毕节地区专员，现瓮福矿肥基地工程建设指挥部指挥长王国文，1965年毕业于成都科技大学（原成都工学院）。当初，上级把瓮福这副重担交给他时，他曾犹豫过。因为这个工程太大也太复杂了，责任重大，压力不小。后来，他上矿山看了一整天，满山的宝藏、满山的荒凉，深深地震撼了他的心扉，一股强烈的责任感油然而生。

"试试吧！"这三个字虽有勉强之嫌，但也掷地有声。

一言既出，驷马难追。1990年9月，王国文走马上任了。腊月三十，他到了马场坪。大年初一，他又到了新龙坝。由于坡陡路滑，无法行车，他就步行上了山。

荣获贵州省"五一"劳动奖章、"四化"建设标兵称号的化工厅副厅长、基地副指挥长涂兴沼身兼六职，时常出现在艰苦的工地上。1991年4月，涂兴沼累倒了，住进了医院。但就是在输液时，他也没有停止办公，刚拔掉输液针头，他又到了工作岗位。一次，清水江水源工程取水泵站工地大塌方，涂兴沼冒着可能再次塌方的危险亲自组织抢险，深深地感动了广大职工。另一次，基地生活区遭受雷击引起了火灾，他不顾个人安危，与在场干部群众一起扑灭了大火。

已经去世的共产党员、基地劳动模范罗光庭是瓮福的"元老"。1982年，他从开阳磷矿调到了瓮福。他是一个实在人，不会说什么豪言壮语，只会实打实地干活。身为机修车间主任，却是个什么都干的"万能钳工"。安装电线时年轻人望着电杆发愣，他却二话没说三两下就爬了上去。有一次电机房发生故障，"噼叭"的电火把电工们阻在门外不敢上前，罗光庭却冲了进去。当险情排除时，他的衣衫已被汗水湿透了，手也被烧伤了。

机电工程师金雪明，往往在包里放着几个馒头一杯水，一连数天不下岗位。那一次阑尾炎发作住进了医院，开完刀第二天，乘护士不在，就悄悄溜到工地上去了。医院只好打电话让他妻子把他守住。

....

瓮福——一座现代化磷矿肥基地正在"夜郎"的故乡崛起，瓮福人为自己赢得了声誉，"夜郎自大"变成了"夜郎志大"。

1990年5月，世行高级采矿工程师瓦代尔先生曾来瓮福工地检查，当时他对工程进度迟缓深表忧虑。1991年5月，他再次来考察时却对这里的变化发出了由衷的感叹：你们真像魔术师一样，令人难以相信。

1991年11月，世行代表、矿山工程专家亨曲克斯先生到瓮福检查项目执行情况，对基地的巨大变化评价说："你们一年办了几年的事，这样的奇迹只有在长城的故乡才能实现。"可是有谁知道，1988年和1990年，亨曲克斯也先后两次来瓮福检查，那时他因这里的荒僻而曾表示要考虑取消贷款。

截至1993年年底，瓮福矿肥基地已完成投资96130.53万元，英坪矿区已进入大型机械化作业，77吨运输车、10立方米装载机、10立方米液压挖掘机已在工地上穿梭。当然，瓮福矿肥基地也面临着一些困难，如资金不能及时到位，铁路运输不畅，乱挖滥采矿石现象不能有效制止等。但瓮福人相信这些都会解决的，他们有足够的理由相信瓮福的明天是辉煌的。

"我们是瓮福人，我们是夜郎的子孙／我们吮吸着高原的乳汁成长／我们的血管里流淌着高原的血液／我们高挺着高原的头颅高原的脊梁／我们的祖先曾留下了'夜郎自大'的笑柄／我们翻过了这一页历史挥毫写下崭新的篇章／我们今天既不自大也不自小／我们拥有的是自尊自信自强……"

——这是瓮福的一位青年作家写的《瓮福人宣言》。

第十二章
谁持彩练当空舞

炮火、硝烟。朝鲜战场的前沿阵地上，我志愿军某部一位战地摄影记者不幸重创。弥留之际，他的心愿是看看自己的劳动成果。不料他为之付出生命代价的，是进口的不合格产品的一片灰雾。

"有自己的电影胶片多好。"这渗透着鲜血的遗言绝句，汇入了我们民族的心声……

1958年一个艳阳高照的日子。保定电影胶片厂在古城西郊的旷野上破土动工。西望，是苍苍茫茫的太行易水；东眺，是悠悠荡荡的白洋大淀。这片涌动着华夏血脉的燕赵大地，从此点燃了民族感光材料工业的圣火。

从一期工程建设开始，就受到周恩来、李富春、李先念、彭真、陈毅等中央首长和文化界知名人士的关怀。郭沫若先生欣然命笔："电影是艺术的机械化，它的教育功能很大，能自行制造胶片，犹如能制造火箭。"

那是个风风火火、虔虔诚诚的年代，每天都生长着奇迹。

18天时间，平地冒起了9431平方米的101试验车间，21个小时就建成了980平方米仓库。继而是办公楼、食堂、机修、第二涂布车间……300名半工半读的技校学生，成了搬运工人、建筑工人。睡在大食堂用席子隔开的宿舍里，睡个囫囵觉就爬起来干，不分白天黑夜，超强度运转。精壮的汉子尚维勇、杜振江，运砖两天压断了5根扁担。15岁的张英祥，一次次抬砖攀上高高的脚手架，累得口吐鲜血。人高马大的刘成科和刘金顺拉着大马车去3里地外拉水泥板，来回一路小跑。老墩子温凤台呼哧带喘,也不甘让肩头的绳子松下,一觉醒来见第二涂布车间又长高了一大截子,乐得他直蹦高。

1959年6月底,101车间化工试车紧锣密鼓。

101试验车间是乐凯生命里程中最早的摇篮。苏联援建的机器设备迟迟未到,激情满怀的第一代乐凯人只争朝夕,在手工作坊一样的土车间里秣马厉兵,决心用一年时间拿下黑白电影正片。

乳剂工段,段长刘素清带着张玉芬,从食堂运回开水,灌进容器中进行乳化。一成熟工段需人工搅拌,冷凝工序制冷全靠从冰库运来的大冰块。

夜班,二成熟室黑洞洞的,只有门顶上的红灯闪着梦一样的微光。

乔作民执棒,在乳剂锅里不停地搅拌,门外有人用秒表计时,控制他加增感染料和补加剂的时间,搅着搅着,上下眼皮打起架来。

段长刘素清悄然而至。她来自长影,是位瘦小泼辣的铁女人,走路快捷,说话像炒蹦豆儿。

"困啦,小乔?起来活动活动,咱这批乳剂还向七一献礼呢。"刘素清说完拍打拍打小乔的肩膀,自己就接过搅拌棒忽拉忽拉地干起来。

小乔伸胳膊又蹬腿儿,忽然大吼一声:"试车成功,向党献礼!"

刘素清先是吓一跳,接着就开怀大笑。暗室里常有人一惊一乍喊叫,为的是给自己提神儿解闷儿。

炉火熊熊,鼓风机呜呜响,烟气伴着热气涌进干燥道。哪有空调呢,钢瓦管做成干燥道,名曰"烟道法"。

班长谭绍猛伫立在涂布槽旁操作,穿着厚厚的棉衣裤。这里是低温段,一年四季都是冬天。

"老谭,怎么样呀。"说话的是庄长经,从苏联实习回来的,操一口绕嘴的福建普通话。

"老庄放心,你去转干燥道吧。"老谭不老,刚20岁出头,一是他精明英俊的方脸上长满雄性十足的络腮胡子,二是他老成持重,脸板得像美国西部的硬汉。

庄长经向老谭笑笑,又摸黑向干燥道走去,从冷凝段到高温段温差

40多度，这意味着他从严冬走进了盛夏。

两天两夜。连续试车成功，土法上马的101试验车间生产出了我国第一批黑白电影正片，且当年就生产了2505万米。熬红了眼的整理工段长王世明和庄长经拖着片盒热泪纵横，车间副主任张景禹蹲在车间外的庄稼地里去默默抽烟，脸扳得很冷的老谭也满面春风。

大礼堂（大食堂）的庆功会上，化工部张珍副部长专程从北京赶来，他高高地举起像圆月一般光洁的胶片盒，朝台下那脸上心里都乐开花的第一代乐凯人说："你们真了不起，我向全厂职工祝贺。从建厂到化工试车成功，仅用了一年时间，这是奇迹。你们揭开了中国感光材料工业的第一页，以后的路还很长很远，很艰巨。"

1959年8月，试制成功照相软片。

1959年10月，又试制成功135民用胶卷。

1964年一胶研制成功黑白航空侦察片、航空测量片。1965年正式投产。从此拉开我国航空航天胶片生产的帷幕……

那是些刻骨铭心的日子。欢欣鼓舞的一胶人刚将"友好"牌商标正式注册使用，以表达对苏联老大哥的友情，就撞上中苏关系恶化。合同撕毁后部分援建的主机设备推迟了2～3年。而关键设备醋化机、流延控制屏，板块压滤机、蒸汽喷射制冷机、绿色层涂布机必须自行设计，国内试制。祸不单行，那恰恰是"二年困难"时期。

民族感光材料工业的圣火不能熄灭。在困境中求生存的一胶人又面临饥饿的考验。饥肠辘辘靠"瓜菜代"，靠大碗粥。能吃又能干的张汝芹和伙伴们到新市区买喝粥的大海碗，前边弯弯曲曲已排了近500人的长蛇阵。孙长龄等得不耐烦，一气之下买了个绿瓷灯罩，拿回去焊上个底座，每天就靠这个"家伙"去喝粥和菜汤充饥。

氨法制作负片乳剂是很折磨人的。在手工搅拌乳剂时，浓重的氨气熏得人睁不开眼，鼻涕眼泪一起流。干满40分钟后，才得以轮流换换新鲜空气。

研究所军工片室是高精尖的科研单位，那里的条件照样是不透风不透气，没空调，冬为冰窟，夏为蒸笼。而有机室合成某种增感染料还需用剧毒的氰化钾。技术员朱壁英和女工虞彦蓉戴着口罩手套精心操作。

1966年，我国开始研制返回式照相侦察卫星，卫星用胶片也必须紧锣密鼓加紧研制。

1967年6月，一胶云集了会战单位的专家学者。当时关于航天遥感胶片乳剂制造，使用情况的报道极少。正值十年动乱，武斗升级，枪声四起，协作者只好回本单位分散攻关。

试验工人赵连生去上海选胶回厂，见人去楼空，他傻眼了。恰好国防科委来人指示"无论如何不能停！"流落到外厂的李福元被召回，他俩吃住都在试验室，真是"躲进小楼成一统，不管黑夜与白昼"，为了模拟卫星实际摄影环境，胶片要进行高温低湿，低温低湿，高温高湿3种静态特性试验。模拟试验中发现潜影衰退，他俩多次改用配方，采用强化加工。

难忘1974年，攻关进入关键阶段，赵连生4岁的独子东东高烧昏迷，得了可怕的结核性脑膜炎，必须立即送北京治疗。这一去生死未卜呀。儿子在昏迷中呼唤"爸爸，爸爸"，铁汉子赵连生流下两行热泪，军工任务重如泰山，他未能伴儿同行。

"连生，连生"，骨瘦如柴的老父亲也在痛苦中呼唤他。东东去了北京，父亲又被确诊为晚期食道癌，年迈多病的母亲心脏病骤然发作。连生很想守候在父母身边，最终还是贤妻金伯华为他尽孝。他和李福元全身心投入工作，简直干疯了。一次车间连续生产，6天7夜他俩没有离开，困了就伏在车间办公室桌上打个盹儿。瘦弱的赵连生曾几次昏厥，同志们劝他回去休息，他的倔脾气上来了。"拿不下这一关，我就不回家。"的确有股燕赵风范。

1975年12月29日，火箭载着"尖兵一号"第一颗卫星腾空而起，次年第二颗、第三颗……每次卫星发射都有一胶代表翘首观望。

这是一项纷繁浩大的工程，它凝聚着全国会战单位众多专家学者以及一胶干部工人的心血。白面书生姚荣国和同伴研制显影增感剂、增黑剂、防灰雾剂等近百种，新型聚乙二醇金属络盐照明增感剂（1-24-6）荣获国家发明奖。乳剂制备后来由水洗法改为沉降法，金宝元、刘德福对乳剂配方进行改进，不断适应新工艺的要求，并提高胶片的解像力。

配方组的人都连班跟到底，高大强悍的张汝芹从班长、工段长升为车间主任，他和历届主任和技术人员在生产中先后解决了表观质量和灰雾等问题。当时的涂布收片没有自动调偏装置，全靠人工收片。产品的涤纶片基，比一般胶片薄一半，却长 3～4 倍。省劳模贾文魁苦练基本功，数小时站在收片机头，一直用手磨着片边运行，以便及时调整跑偏。

整理加工更是精细之极，闯过切片关、打孔关以后要过检验关。2000多米胶片要打 90 万个齿孔，检验中不能放过一个坏孔，卫星上卡片断片就会前功尽弃。所以整理车间在通过仪器的检验基础上又加上手工模工检验，算是双保险。90 万个孔用手摸很"土"，很艰巨。由于设备条件的限制，只能侧躺在地上将手伸到机内的片路上去摸，全黑的暗室，一干就是十多个小时，千百万个齿孔从工人手中摸过。应邀观察过卫星发射的张桂琴，就从事过手工验片的繁重工作。卫星回收胶片冲洗加工后，从没发现过一个破孔，真正做到了"万无一失"。回收的卫星曾有一次掉进四川的沱江，被深埋在河泥中。而另一次坠入稻田，暗盒变形进水，胶片虽然在水中浸泡了两天，仍然冲洗出了满意的画面，使卫星整体工程得到圆满成功。

在"文革"的动乱环境和闭关锁国带来的工艺装备落后的状况下，一胶人开始由黑白基调向彩色世界奋进，从单一品种向系列产品发展，它曾为年轻的共和国填补了多项空白，它正唤起人们对民族感光材料工业的信心和自豪。

1966 年，我国水溶性彩色电影正片正式生产，并被大量用于拷贝大型音乐舞蹈史诗《东方红》。

1970年5月13日晚9时，人大会堂河北厅。

日理万机的周总理，面对来自一胶的军管会主任卞克强和负责染印法彩色胶片研制生产的钱永钦、谭绍猛、李世文、高永祥、许吉林，问："军管后胶片厂两大派组织联合没有哇？"

卞克强说："早联合了，少数派已回厂生产，派性正在消除，水溶性彩正片，染印法平板模片和空白片、浮雕片都正紧张研制，空白片正准备投产。"卞克强嗓音洪亮浑厚，这位原防化兵作战部长是山东大汉，浓眉大眼，气宇轩昂。

总理说："那很好嘛。"接着又风趣地同在座的几位闲聊了几句。

总理的接见极大地鼓舞了一胶人。

为了抢时间制作空白片中的季铵盐媒染剂，急需甲壳素。一位女技术员接下任务二话没说，将小女儿委托给邻居照管，只身去青岛上大连选购螃蟹壳，手提肩扛，吃尽千般苦，终于将沉重的货物运回厂。

1970～1971年，染印法平板模板和空白片试制成功并投入生产。该片具有照相性能稳定，清晰度和音质好的特点，曾用于拷贝《大河奔流》、《早春二月》等片。1973年试制成功并开始生产分色浮雕片，与此同时，又在水溶性彩色电影正片的基础上试制油溶性彩色电影正片，1971年的样品印制了电影《智取威虎山》，主要技术指标接近了美国柯达5385型彩色正片水平。

民族感光材料工业的圣火越燃越旺。

1881年，美国人乔治·伊斯曼发明了干板银盐胶片，并创建了柯达公司——世界上头一个具有工业化生产规模的胶片企业，一个新兴的产业——感光材料工业诞生了。

到了二十世纪八十年代，柯达早由昔日私人作坊式的企业演变成为具有一流科技实力,年销售逾170亿美元的跨国公司。与我们文化同宗的东邻岛国,也崛起了堪与"胶片王国"抗衡的力量。它的胶片在亚洲市场上成功地把柯达挤下第一把交椅,又乘胜向欧美市场挺进。1984年,富士公司以700万美元的代价抢去洛杉矶奥运会胶卷专用权,直逼"王国"城下。此后,"富士"在美销量以每年20%的幅度增长。柯达为稳住阵脚,亦改守为攻。1986年雇用大型充气飞艇,通身涂黄,再标以醒目的"kodak"字样,在日本列岛上空扶摇飘行,居然径自飘到了富士公司总部大楼上空悬停。慌得富士连忙从欧洲召回自己的绿色广告气球升空,与黄艇对峙。1988年,柯达更不惜以1000万美元巨资购下汉城奥运会胶卷专用权。

在六七百亿美元的世界感光材料市场上,竞争日趋激烈,偌大的中国市场,也成了外国彩色胶片角逐的沙场……

当世界彩色摄影浪潮不可阻挡地涌进中国大陆,当"柯达"、"富士"盛气凌人地占据了中国大小照相器材商店的柜台,中国感光界一片躁动。

陈兆初眼前依然晃动着那些逝去了的岁月。

那时代,那年月,就像一个绚丽多彩的梦。

三十多年前,一群在苏联留学的热血青年就把自己的一生与这个甜美而多彩的梦紧紧联系在一起了。那是俄罗斯的一个又一个寂静而又迷人的夏夜,从睡梦中醒来,再也睡不着,干脆又捧起课本继续温习白天的功课,直到玫瑰色的晨曦悄悄爬上教堂那尖尖的楼顶。后来,他们都成了中国感光材料工业的中坚。陈兆初这个当年从苏联一回国就投身于第一胶片厂建设的年轻人,作为现任第一胶片厂厂长,正带领全厂职工实现他们的梦想。

"彩照热"骤然升温,主导产品电影胶片在电视的冲击下变得疲软。外国彩色照相材料的猛烈冲击,南方两地大引进带来的威胁,逼得"一胶"只能在夹缝里求生存!

企业的出路在哪里?

陈兆初以一个中国企业家的气魄带领全厂职工在改革之年再创造出一

个"第一"——尽快研制出中国的彩色胶卷、彩色相纸!

是啊,敢于拼搏就有希望!

希望之光在太行山下闪烁!

彩色胶卷、彩色相纸属于高科技产品,世界上只有少数几个发达国家能够生产。我国的感光材料工业已落后于国外半个世纪,况且这类产品国际上是绝对保密的,一切从零开始,一切都要靠自己摸索,靠自己开发能赶上去吗?

1983年10月,化工部第一胶片厂研究所接到厂长指令后,拉开了"攻坚战"的序幕。他们查阅了一百多篇专家资料,翻烂了上千册图书,进行了千余次实验。经过一次又一次失败,一次又一次探索。一道难关攻破了,艰巨的任务仍然一项接着一项。直到1984年6月,搞出了我国第一代"乐凯"彩卷的样品。

当时,真无法用语言形容科研人员激动喜悦的心情,望着用我们自己的国产胶卷拍摄出来的照片,不知是谁竟激动地喊到:"中国人,中国人!"

可是,彩色多层胶片的乳剂层,包含着结构复杂、功能各异的数十种有机物,要选择到最佳配方,绝非易事。果然,试用消息反馈回来了,普遍反映胶片吸水胀量大,颗粒粗。新的难关又立在面前。再攻,举步艰难。

1984年9月,化工部秦仲达部长带领化工部第二胶片厂和沈阳化工研究院的专家拿着自己的样品来到厂里现场会诊,开展技术协作,取长补短,"乐凯"才有新的转机,终于以彩色还原真实、层次丰富的崭新面貌出现在中国市场上。

一位叫许明忠的工程师,在研制彩纸的关键时刻得了阑尾炎,医生让马上手术,他请医生给他进行保守疗法。

上班时,他用一只手捂着肚子,猫着腰做实验,一连几天,一天工作十几个小时。最后,他一口气干了36小时。同志们看他太累了,好不容易才把他劝回家。晚上10点钟,实验成功了,大家都抑制不住狂喜的心情,欢呼,跳跃,喜泪横流。有人想到赶快把喜讯告诉许明忠。当他们走到研究所锁着的大门时，都呆住了。只见许明忠一边用手捂着肚子，一边不安地来回走动。他已经在门外徘徊了3个多小时。不知道实验结果，他睡不着觉，更没心思去看病，他放心不下呀！像许明忠这样忘我工作的同志又何止一人？

这就是"一胶"人，这就是当代中国知识分子的风采啊！

高级工程师邹竞身材娇小，虽然岁月在她的面庞上刻下了细细的皱纹儿，但仍然掩饰不住年轻时的清秀俊俏。一说话便显示出快人快语的脾性。

那年她从列宁格勒电影工程学院毕业回国，本来能分配到北京的国家机关工作，可她听说要建设中国自己的胶片厂，就毅然舍弃了大都市的安逸生活来到保定。到"一胶"正遇上"自然灾害"，睡在阴暗潮湿的库房里，喝一碗稀稀的地瓜粥，便开始了执着追求的事业。那年，她有了孩子，到苏州娘家分娩不久，就忍痛与小宝贝分离，赶回来一头扎进研究室。她想孩子，想得要命，她也是一位母亲呀！可为了民族感光材料事业……后来，母亲带着孩子从上海到保定看她。当时，她正同所有知识分子一样受到非难，母亲一下火车就赶上抄家。她要把母亲到来的消息告诉正在干校学习的丈夫，身上却没有车费，就迎着扑朔迷离的暮色在乡村土路上奔跑……

坎坷的经历并没有泯灭她那颗爱国之心，为了那个彩色的梦想，她不分昼夜地拼搏着……

陈兆初也曾在异国的土地上做过一个雄心勃勃的彩卷梦。

他说："存在决定意识，我陈兆初并没有什么先见之明，日后我做出在自主开发的基础上引进关键设备的决策，真可谓是逼上梁山，逼出来的。"

那年，他带队出国考察，先飞抵欧美，在柯达公司和阿克发公司，那一双双充满怀疑神色的蓝眼球像钢针一样刺痛了他的心！那目光分明在说，中国人也搞感光工业？中国能有这样高的技术经济实力？后又东渡日本，"富士"公司和"小西六"公司的老板们虽然谦态可掬，但眼睛却盯着你口袋里的外汇。他也曾想多向国家要点外汇，痛痛快快地买上一批设备。可是，他归来，刚刚走下波音客机，到首都机场迎接他们的化工部的一位处长就向他迎头泼来一盆冷水："老陈，国家最近外汇短缺，你要有思想准备。"

在部长办公室，秦仲达部长目光炯炯地望着他："兆初同志，没有了外汇，靠自己干吧。只能给你 800 万美元，这点钱同南方那两个全套引进项目相比，只能说是九牛一毛。但是你们要在中国的土地上与外国产品竞争，还要与成套引进设备和技术生产的产品竞争！你们要在夹缝里求生存！"

"夹缝里求生存！"他懂得这句话的重量。他感到危机，感到重压。人们看到，在办公室，在奔驰的汽车里，他时常陷入沉思。

要知道，刚刚诞生的"乐凯"彩卷要走向世界，也需要后天生长的良好条件呀！

"工艺配方自主开发，辅助设备国内配套，设计安装也由自己搞，只引进部分关键设备……"一个逐渐清晰起来的念头使他怦然心动。

不久，他又匆匆赶往北京。在众多目光的审视下，他慢慢道出这些天的思索：全套引进，是缩短差距的途径，但仅仅是缩短，却潜伏着种种危机。引进软件，对方只能把淘汰的配方工艺卖给我们，不可能是先进水平。原材料不能立足国内，会让人家卡住脖子。条件苛刻，外国人不允许引进设备技术生产的商品进入他们的市场。这些制约都决定了我们的感光材料不可能靠全套引进赶超国际先进水平。

"那你准备怎么办？"

"主要设备不先进不买，国内能生产的不买，安装技术不买，凡是不能以我为主达到先进水平的一律不买。"

陈兆初甩出一连串"不买"，语惊四座，人人对视，眼中流露出疑惑。

很快，在自己开发基础上引进关键设备的方案获得批准。但是仍有人为陈兆初捏了一把汗。

时至年尾，那笔可贵的外汇如不花掉，余额将随着新年的钟声而纳入国库。

人们急了，推开厂长室的门："宁可贵些也……"

他摇头一笑。

冬日的北京，寒气袭人。而中国技术进出口公司谈判楼却热潮迭起。陈兆初和本厂谢宜凤副总工程师跨入厅门。他暗暗告诫自己："成败在此一举，沉住气。"

二十几日的艰苦鏖战，智慧的交锋与抗衡。为了给国家节约外汇，陈兆初同他的伙伴们度过了多少个不眠之夜。他终于以最合理的价格达成了协议。

"至于安装工程，由我方自行设计、安装。"

陈兆初话音未落，日方代表睁大眼睛，继而连连摇头："中国不如苏联。苏联在我方专家指导下，同样的项目，6个月装完，两年才开起车来。而厂长先生，别忘了这次安装合同工期只有4个月。"

陈兆初笑笑答道："贵公司不用担心，延误工期，我方将承担全部经济损失。"

1986年年底，工程进入安装阶段。"4个月"，工地上每个职工心中都装着这个数字，那彻夜闪烁的焊花映出建设者矫健的身影。这样高要求的安装工程，头绪纷乱，而时间却是以分秒计算。3个半月，完工了！日方专家严格进行检查，安装精度全部符合要求，他们钦佩地竖起大拇指。

4个半月后，这条具有世界水平的彩色胶片涂布生产线通过验收，投入生产，而投资，只相当于全套引进所花外汇的十几分之一。

中国的感光材料市场由于"柯达"、"富士"捷足先登，几乎难以有这个后来者的立足之地。当人们兴致勃勃地把刚刚照完的乐凯彩卷送到照相馆冲扩时，玻璃橱窗的一张张告示牌便挡住了去路："本店概不冲扩国产彩卷！""国产彩卷质量不保！"

西方的月亮真的比东方的圆？尽管人们不承认，但心底却顽固地埋伏着这种观念。

那是1985年年初，从大图片社，各照相馆到个体冲扩铺子，几乎整个冲扩加工行业对国产彩卷一起亮出"红灯"。一时间，消费者纷纷投书报社、生产工厂及主管工业部门诘问："拍了国产彩卷，究竟拿到哪里去冲扩？"人们退货了。厂里库房积压增多了……

刚刚问世的国产彩卷被逼到绝境。

难么？真难！陈兆初头上的白发像是一下子增添了许多。他肩上的担子沉重啊！

真的无路可走了吗？不，一定要从这泥潭里走出来！

时隔不久，"一胶"的一个经营决策公布了：投资购买彩扩机，到全国三十几个中心城市布点设服务部，走自己搞冲扩的路，借以带动整个冲扩行业，为国产彩卷打开局面。为此，厂里派出一支支精干的队伍。他们舍弃妻儿老小，长年在异乡奔波。四百多家乐凯特约冲扩单位像雨后春笋般遍布全国 61 座城市。随着产品质量的不断提高，销售服务体系的渐趋完善，"东方的月亮"愈来愈明亮：

——在杭州西子湖畔，用"乐凯"、"柯达"、"富士"同时拍摄的一组照片，摆在各界人士面前。结果，有相当多的人把最优票投向"乐凯"；

——人民日报高级记者张雅心在新疆采访，从果而卡拉到克拉玛依，行程 500 公里，气温高达 47 摄氏度。记者不禁为"乐凯"质量担心。但冲印之后，效果比进口胶卷毫不逊色；

——1000 卷"乐凯"随中国体育健儿飞往汉城第十届亚运会，摄下了中外体育健儿的风姿。艳丽的色彩、清晰的层次、柔和的色调，令中外运动员赞叹不已；

——在北京美术馆举行的"神州大地"摄影展上，"乐凯"赢得了吴印咸、石少华、黄翔、徐肖冰等摄影界知名人士的高度赞扬。

他叫张建昌，今年 37 岁。两年前担任桂林乐凯彩扩部经理。他是新婚之后离开家奔赴桂林的。一去几年，还没要上孩子。妻子照看多病的老人，驮液化气，男子汉的活都由她干。她不怕受累，可她是一个女人，她想得到丈夫的温存，她想要孩子，她想做母亲呀！只有到夜深人静时，她才躲在被窝里偷着掉眼泪……

任光烈是北京乐凯部经理。6 年前，他背上铺盖卷儿离家出走，到首都创建乐凯彩扩服务部。不久，把妻子也调去了，两口子开"夫妻店"，妻子当正经理,他当副经理。几年后,国产乐凯彩卷终于在首都市场站住脚,在与洋货的拼争中销量日益扩大,竟然超过了柯达仅次于富士在北京彩卷市场排第二位。由于长年奔波劳累,他患了腰椎间盘突出,疼痛伴随他度过了无数不眠之夜。领导把他送进香山疗养院治疗,没多久他就跑出来了。

在祖国大西北兰州城传扬着一位"女强人"的名字,她就是兰州乐凯部经理张淑琴。五十多岁的人了,应当在家里安享晚年,却自告奋勇地到这大西北找罪受。她跑遍了西宁、酒泉、玉门、敦煌,大戈壁的日头晒黑了她的皮肤,大漠风沙把她的面孔变得粗糙。当晨曦刚刚映红五泉山的峰顶,她已经亲自蹬着平板车上路了。这多年来,只要哪儿有用户来一个电话,她便送货上门。为了扩大国产彩卷的知名度,她到报社登门求援,第一次吃了闭门羹,第二次人家下了逐客令,第三次终于感动了编辑,亲自到她的店铺去采访。她身上具有中国劳动妇女吃苦耐劳的特性,站柜台,扩印机操作什么都干,一天劳累下来,还要为大家做饭。她自己找罪受还不算,去年还把老头子拉到大西北。有人问过她:"你为什么要这样呢?"她说:"中国的胶卷市场,就要由中国货来占领,我就是要把洋货从西北土地上赶出去!"

在中国960万平方公里的土地上,像张建昌、任光烈、张淑琴这样的"乐凯人"又何止他们几个?他们步履艰难地行进在共和国的国土上,随时都会遇到意想不到的困难。你想吧,到一个人地两生的地方去安营扎寨,工商、税务、联营单位、公安、银行……哪儿拜不到都不行。他们工作没有上下班的界限,吃饭没有固定的地点,上顿饭吃过不知下顿饭在哪儿吃。每逢佳节倍思亲。节假日应当是家人团聚的时刻,可又是照相彩扩行业最兴旺的时刻。当新春的爆竹燃响全家举杯的时候,他们只能在遥远的异地他乡在心里默默地为家人祝福。

1978年初春,沉睡的伏牛山似乎正在苏醒,一点点、一片片的新绿,正从枯枝败叶中挣脱出来，仰望着湛蓝的天空。拥抱着温暖的太阳。

在崎岖的山间公路上，一辆草绿色的吉普车在飞驰，车后扬起阵阵黄土，向四处弥漫开去……车内坐着一位40多岁的中年男人，他就是化工部派往第二胶片厂的新厂长——王世明。

王世明曾于五十年代去苏联感光材料厂实习过。曾在我国感光材料大型企业中从工段长、车间主任、科长直到担任厂里负责生产技术等领导职务，有着扎实的胶片生产技术知识和比较丰富的管理经验。因此化工部领导就把改变二胶面貌的重担压在了他的肩上。对此，他曾有过犹豫。但是，一个共产党员高度的革命责任感，一种强烈的振兴祖国胶片工业的事业心，使他终于服从了组织决定，毅然地离开了工作生活多年的城市，受命于豫西这偏僻的伏牛山中。此刻，他好像在闭目沉思着什么。他将去的这个厂，是在十年动乱时期开始筹建的。由于"四人帮"的干扰破坏，在技术不过关的情况下设计施工，交工后不能连续正常开车生产，产品质量很低，成本奇高、勉强出厂的产品也很快被退了回来，投产当年就发生亏损，连续3年亏损1200万元。工厂的不景气，造成了人心浮动，下马呼声很高。面对这样一种局面，他要尽快摸清情况，找出症结，制定出措施……怎么能不急呢！

他同党的核心小组组长刘玉科主持召开党的核心小组会议，经过反复探讨，集思广益，终于，一个"3年扭亏，3年站住脚，5年发展"的改变二胶面貌的规划展现在人们面前。人们从稳妥扎实的规划中，看到了希望，增强了信心！

王世明把自己的家从保定市迁到山沟。身教重于言教，同大家一起同患难，共甘苦，安定了职工的情绪，把来自"五湖四海"的干部、职工团结起来了。

打好扭亏增盈这一仗的关键，是狠抓产品质量。于是，他一面责成后勤部门搞好生活供应，解除职工的后顾之忧。一面开始狠抓技术攻关，大打质量翻身仗！他一次次深入车间、班组，观察生产和设备运行情况，一次次与工人、技术人员研究寻找影响质量的原因，共同商讨改进提高的措施。厂长的决心，极大地鼓舞了全厂职工的积极性。为了保证设备改造按时完成，有的同志连续 8 个月，每天工作十几个小时、二十几个小时。对一些有业务专长的技术人员，王世明诚心诚意地挽留他们，力所能及地给他们创造方便条件，解决他们的困难，激励他们把自己的才智贡献给山区建设。几年来，他们研制的激光照排片，电子分色片，非银盐胶片、6 层挤压咀制作，涤纶厚片等，不仅为二胶质量翻身做出了贡献，而且在国内也是填补空白的项目。

人心齐，泰山移。1979 年至 1980 年集中力量进行基建扫尾，做到公用工程配套，保证了工厂连续生产，产品质量有了较大提高，消耗减少，成本下降，当年不仅没有亏损，而且一举盈利四百多万元，按时实现了"3 年扭亏"第一阶段的目标。这一重要胜利，驱散了二胶上空的乌云，鼓舞了士气，改变了厂内外对二胶的看法。一些准备走的人，不走了；一些还在犹豫的人，不再犹豫了；大多数热爱二胶的人，则更加充满信心。

当人们欢欣鼓舞之时，厂长王世明却又陷入了更深的思索之中。

对于二胶这样一个历史很短又地处深山的工厂来说，扭亏为盈仅仅是工作的开始，要想在竞争中站住脚，进而扩大成果，并立于不败之地，更艰苦的工作还在后面。特别是在企业由单纯生产型向生产经营型变化的新形势下，要求企业一切工作必须具有科学的预见性，于是，他及时地把自己的主要精力用到经营决策上来。

为了取得更准确的多方面的信息，1980 年他多次组织技术业务骨干到工厂、学校、科研单位调查研究，开辟新的出路，并成立了技术服务科。根据我国幅员辽阔、人口众多、市场广大的特点，又把技术科扩大为销售部，下设几个科室，专门从事市场开发和研究工作。大量的市场工作，沟通了工厂和用户的联系，掌握了市场需要和未来发展趋势。他同厂领导一班人信心十足地做出了几项大胆的决策。

充分利用外部技术力量和技术成果，与国内有关单位开展不同形式的横向经济联合，不惜高价购买技术和技术力量。为了实现这一目标，1979 年，他决定拿出相当于一年盈利额 50％的资金，与外部签订了技术合作协议，这在当时是具有很大风险的，也曾有人为之担心。事过几年之后，大家都感到这笔钱花的值得，应该花。与沈阳化工研究院合作研制生产了具有国际七十年代水平的彩色电影底片，彩色胶卷和彩色相纸。与北京化工学院等合作研制了13种重氨胶片，获得了国家经委"金龙奖"。与上海、常州合作研制的蓝色涤纶树脂制造技术和拉幅机重型装置生产的涤纶厚片等，都是国内首次实现工业化的产品。在技术和经济上都有重要意义。

1980年初在厂里黑白胶卷年产1000万米，占全国当年产量12％的大好形势下，王世明却认为，黑白胶卷即将被彩卷代替，生命力不会太长。于是，他果断地决定，停止黑白胶卷的生产，转向市场潜力很大的印刷胶片的开发生产。当时，不少人不理解，不相信，但事实胜于雄辩。不久，市场上黑白胶片日益过剩，而二胶的印刷胶片却生意兴隆，连续4年实现了100％产量递增。总产量已跃居全国首位。国内市场占有量已达60％以上，并开始向国际市场挺进。盈利额由1981年的3％，增至40％以上，居产品利润额首位。

人们争相购买电视机，喜气洋洋地看着电视节目的时候，王世明出于职业的敏感和对国际市场情况的分析，预感到这对电影胶片和电影拷贝生产量将会有很大程度的影响。为此，他把全厂的科研力量迅速转向开发彩色胶卷、彩色相纸、X光胶片等一系列新产品。3年之后，由于这些新产品的不断投产，在电影胶片需要量每年以20％的速度递减的情况下，二胶不仅没有受到冲击，而且生产更发展了！经济效益更好了！

10年过去了，1987年9月1日，二胶人迎来了自己工厂的第一个十年大庆。当人们在鲜花盛开、彩旗飞舞的大道上漫步时，当人们步入宽敞明亮的俱乐部大厅时，他们是怎样的心潮激荡，感慨万千呵！然而二胶人是淳朴的，不会使用任何华丽的词藻。因此，当两鬓斑白的厂长登上主席台时，他们只能用一种方式表达自己的敬爱感情——鼓掌，拼命地鼓掌呵！一阵又一阵，很久很久……

邀请来参加厂庆的建厂期间的老领导、老同志重返二胶时，都感到惊讶不已，都觉得二胶变化太大了。的确，如今的二胶与10年前相比，确实是发生了巨大的变化。生产的产品品种由几个发展到7大类共74个品种；用户由寥寥几家扩大到遍及全国30个省市自治区的1800多家；几年来累计上缴利税 2300 多万元。

几年后，王世明离开二胶到保定担任乐凯胶片公司副总经理。年轻有为的厂长李相权接过了振兴二胶的重担，继续谱写二胶发展史上的新篇章。

高伟华走在沈阳的一条街道上。

那是 1987 年的春天，树梢儿出现了依稀的绿意，可寒气仍旧笼罩着东北的这座工业重镇。

八十年代中期，我国引进了一大批感光材料技术，面临着如何消化吸收，推进发展民族感光事业的诸多问题，化工部决定把感光专业从沈阳化工研究院分离出来，成立部直属的化工部感光材料技术开发中心。为我国的感光事业奋斗了二十几个年头的高伟华辞去沈阳化工研究院院长的职务，亲自担任感光材料技术开发中心主任。

高伟华是一位敢为人先的学者型的领导者。早在 1980 年，他就提出要搞好科研，就必须与生产企业联合。当年，沈阳化工研究院便与第二胶片厂签订了科研开发合作协议，开创了科研为生产服务的新局面。他主持解决了二胶急需解决的油溶性彩色正片存在的质量问题，使二胶成为第一个油溶性彩色电影正片过关的工厂，为日后一胶生产油彩正提供了借鉴。在联合过程中，还使一批照相有机物得到应用，加快了二胶新品种的生产步伐，同时二胶也有力地支援了沈阳化工研究院感光专业发展。几年后，沈阳院的感光材料研究，尤其油溶性用照相有机物的科研形成相当规模后，为加快科研成果推向工业生产，他首先提出了感光科研单位也应有自己的中试和小生产基地，不久，便建成了独立生产成色剂的生产车间，并迅速将其发展为一个实验厂，很快将 17 项科研成果推向大生产。

转眼两年过去了，在八十年代的最后一个岁末，当高伟华同往常一样又一次走在沈阳那条熟悉的街道上时，心里荡起一股自豪。

经过几年的努力，感光中心拥有了独立的试验大楼和两个生产车间及具有国际水平的各类大型仪器设备，形成了从合成应用到中试直到生产的完整配套的科研开发体系。在较短时间内研制出油溶性彩色电影胶片、民用彩色胶卷、相纸和印刷片等近 40 个品种，200 多种照相化学品，填补了国内空白，获国家发明奖、科技大会奖及国家、部、省、市科技进步奖近 40 个。尤其还组织技术人员与德国、日本等国家的科研机构开展技术合作交流，缩短了我国感光科研水平与国外的差距。

下一步该怎么走？怎样才能将科技体制改革继续引向深入？

1991 年的一个暮色苍茫的夜晚，踌躇满志的高伟华终于登上了南下的列车。他要到保定去会晤陈兆初和王世明，共商一胶、二胶、感光中心组建乐凯集团之大计，他要在有生之年再为振兴民族感光工业的蓝图添上动人心魄的一笔！

列车乘着夜色在飞驰。滚动的车轮带着他的梦想、他的憧憬向前、向前……

第十三章
盐碱滩上的崛起

纺织业用碱告急!

造纸业用碱告急!

玻璃业用碱告急!

报告显示,我国从 1975 年以来,连续进口纯碱 800 万吨,花掉外汇 13 亿美元……

化工部部长秦仲达坐在宽大的写字台前沉思,仿佛品味着单纯数字背后那种苦涩的滋味,眉头紧锁成个"川"字。明亮的玻璃板折射过来的阳光格外刺目,而写字台上摊着的用碱告急的报告更加刺痛了他的眼睛。这位曾在战争时期和解放后恢复大连化工厂的生产建设中立下汗马功劳的猛将,如今却忧心如焚了:

"碱!碱!"

他在心中默念着。也许是有些热的感觉,他的手不觉解开了灰色上衣的风纪扣。

"在侯德榜的故乡进口纯碱,真有失中国人的面子呵!我们这一代人搞不好纯碱,对得起后人吗?"

他在房间里踱着步子,觉得心情异常沉重。

他抄起电话,声音沙哑地向国家计委副主任林华诉说了自己这种沉重的心情:"没有碱,我国的工业还要落后许多年,我们应当尽快上碱厂呵!"

"我们想到一起了,……"

林华的声音在电话里显得格外有力。

这种压力带动起动力而终于付诸行动的时候，是在1985年的夏季。经国务院批准，投资10亿元，由化工部负责组织建设大型纯碱企业，并列为国家"七五"计划的重点项目。

消息传来，振奋了整个化工行业。

1982年夏季的一天，河北省的一位领导驱车前往农村考察工作。青绿的田野在碧蓝如洗的天空下散发着清新的幽香，预示着丰收的征兆。走在田埂上，这位领导不由得感叹党的农村经济政策给农民带来的力量，带来的实惠。当他缓步走上弯弯的山道时，迎面走来一位年近六旬的老人，肩上背着一袋东西，很沉，往下山的方向赶路。

领导站住了，老人也站住了，彼此都注视着对方。

"老乡，背的是啥呀？"

"面粉。"老人说。

"走亲戚吗？"

老人指着肩上的口袋，说："不，去换馒头。"

省领导大惑不解："你有面粉，怎不在家里蒸馒头，何必要背着面粉下山去换？"

"哎，你这位同志就不懂了，蒸馒头要有碱才成呵，我们没有碱。"

微笑慢慢地从这位省领导时脸上褪去。他侧过身，默默地望着肩负面粉下山去的老人背影，脸上又慢慢地升起一片潮红……

这种负疚感同样强烈地震撼着秦仲达的心。

忠厚善良的百姓用自己的肩承担着生活的负载，化工部部长秦仲达也将以自己的勇气承担起事业的使命。

那天晚上，夜难成寐，秦仲达在他的记事本上写下了这样一段话："碱已经成为国计民生的迫切需要了，要想不招老百姓骂，就要尽快把碱搞上去，为党、为国家争光！"

这是一种压力，也是一种动力，更是一种崭新的挑战。

产业革命往往伴随着社会的发展与需求。

江苏、河北、山东等省的领导纷纷向化工部写来请愿书，表达出对项目建设的渴盼心情。

然而，10亿元的资金只够建设一套半60万吨大型碱厂。如何充分发挥地方的积极性，弥补资金的缺口，最大限度地满足国计民生对建设纯碱装置的要求？化工部部长秦仲达寝食不安，仿佛有一种重托牵动着他的每一根神经。他找来副部长林殷才和潘连生，多次组织有关部门召开专题会议，渐渐地形成了一种共识：各地都想上碱厂，而资金有限，同时上是不可能的，采取招标办法，地方资金能够落实的先上马建设，这样就可同时上马3套大型纯碱装置。

经部党组研究后，这一方案很快以文件的形式呈报给国务院、国家计委，并得到批准。

招标会议由化工部副部长林殷才主持，在化工部招待所召开。气氛严肃而又热烈的会议厅里，国家计委副主任王德英和江苏、河化、山东三省的主管副省长、化工厅长等围坐在会议桌前，就建设周期、投建前的准备工作、国家投资数额和自筹资金数额等问题展开热烈讨论。

山东潍坊纯碱厂率先中标，并迅速开始了基础建设。

不甘示弱的河北唐山碱厂和江苏连云港碱厂也先后破土动工。

又一项重大决策渐渐地在化工部高层决策者胸中酝酿成熟：只引进必要的关键设备，装置的大部分要立足于国内生产制造。

这是一个关系全局而又颇具风险的创举。

自范旭东先生在天津塘沽建成第一家"红三角"牌纯碱厂，中国已有半个多世纪的纯碱生产历史，我们有经验也有能力自己制造和建设大型纯碱装置。况且，这是提高我国纯碱装置制造水平的一个难得的契机。十几亿人口的大国，必须把生产建设的基点建立在自力更生的基础上，这是秦仲达和化工部党组一班人坚定不移的信念。

然而，有人不以为然：既然可以全套引进；为何非要自讨苦吃？

国内自己制造这样大型先进的装置尚属尝试，需要承担很大风险，"一旦出了事谁负责？"有人惊疑地问。

秦仲达果断地拍板了："我负责！"

化工部副部长潘连生接过了组织创制和建设纯碱装置的重任。这位外表斯文儒雅的学者型领导干部，内心却有着钢浇铁铸般的执着。在吉化公司工作30年，为吉化由煤化工向煤油并举发展立下了汗马功劳。他在指挥乙烯工程开车时，一边打着吊针一边下达指令。来到化工部副部长的岗位后，他始终抱定一个宗旨：不遗余力地推动化学工业对先进技术的消化吸收创新国产化。于是，许多先进大型装置的建设工地留下了他的身影；于是，许多颇有新意的设想在建设中得到了体现。现在，大型纯碱装置的研制和建设目标又深深地融进了他的血液。七下唐山，五下潍坊，掌握了大量第一手资料，研究出了立足国内制造和建设纯碱装置的方案。

建造碳化塔、煅烧炉、压缩机、滤碱机、包装机等大型设备的工期和各项指标提出来了，云集而来的各地制碱专家、工程设计人员热情高涨，他们顶着压力，请缨束装，开赴征程，去攻关技术，去准备原材料，去现场指挥，去他们应该去的每一地点。

那是中国化工建设史上的一次不同凡响的决战，那是化工制造水平上台阶的一次跨越性的锻炼：

——包括天津碱厂设计所在内的各具实力的设计人员像医生手执手术刀一样，对每一关键设备都一个部位、一个部位地细心计算。灯光下的每一双眼睛都放射出一道道线条，凝成一张张呆板而又充满希望的蓝图……

——锦西、南京两家化机厂承担了艰巨、繁重的设备制造任务，从上到下一个心声：长我志气，扬我光荣！这是发自肺腑的心声，表现了民族的强音。他们边制造边攻关，高30米、直径3.6米的煅烧炉通心度按要求不允许超过3毫米，他们制造的成品仅在1毫米以下。具有耐碱作用的石磨块旋转接头经过投产以后的实际应用，使用寿命长达2年，而国外进口的仅能用半年左右。

——从材料准备到攻关制造完成，用了1年零9个月，其速度之快令外国专家惊讶："你们不是在讲'天方夜谭'吧？"后来他们参观了设备制造厂家，实地看到企业的技术水平和职工旺盛的工作热情，不由得叹服地说："中国人的潜力不知有多大！"

有一天，一位在中国考察、消息灵通的外国专家问秦仲达："同时建设3个60万吨的纯碱厂，这在世界上是绝无仅有的，你们国家用得了这么多的碱吗？"

秦仲达不假思索地说："用不了就卖！"

外国专家翘起大拇指感叹地说："中国人有气魄！"

秦仲达用力点点头，没有说话，他的目光伸向了极远处……

把历史镜头的距离拉近一点，你就会感觉到重任在肩意味着什么，你就可以体会到历史的使命是怎样在白手起家的过程中显示出它的伟大与悲壮的。

渤海莱州湾南畔，是一片"雨天水汪汪，晴天白茫茫"的盐碱滩，荒凉，寂寞，仿佛连倦飞的鸟也不愿驻足。

1986年4月，忽然从地平线上开来了一队威武雄壮的建设大军。都市的霓虹灯，都市的柏油路，流过他们的身边，远远地被抛撒在后面。亲情，朋友，欢乐的聚会，花园的散步，全都成为他们梦中的记忆。面对着这样的现实：没有吃饭的地方；没有睡觉的地方；还要通路、通水、通电……

艰苦的环境和条件塑造着探险者不屈的毅力，他们要写下辉煌而又刚劲的一笔：建设一座现代化的潍坊纯碱厂！

他们住工棚，饮咸水，啃馒头，所有的困难在虎虎生威的汉子面悄然退去，仅半年时间，他们就以顽强的精神和娴熟的技术打下钢筋混凝土桩4663根。

速度，总是要赶在时间的前面。

忽然有消息传来说，基建投资从拨款改为建设银行贷款，因此建行要对在建项目进行为期3个月的重新评估再议定。这是针对当时的财政状况而制定的一项新的策略。

　　噘地从工地上跳起一位五十多岁的汉子，脸涨红地问："什么？停工评估3个月？"

　　他叫张廷彦，潍坊纯碱厂的厂长。张廷彦抹了一把脸上的汗，说："3个月的停工评估，我们就得损失3000万元，引进的设备不能按期付款，还会引出个国际影响来，职工情绪也会出现波动……"

　　"这是上边的决定呵，老张。"

　　老同事同情地拍了拍张廷彦宽厚的肩膀。

　　入夜，繁星满天。张廷彦坐卧不安。

　　高大的厂房主体在星光与灯光的交映中，仿佛凝结着碱业前辈的光荣和今天奋斗不歇的业绩。张廷彦，这位有着三十多年党龄的共产党员，自从踏上这片少无人烟的盐碱滩，就把自己的每一滴汗水融进了古老的滩地中，现在，他正经受考验。

　　第二天清晨，张廷彦把秘书叫到跟前，说："请你给我写封信。"

　　"给谁？"

　　"中央。"

　　秘书一下子明白了张廷彦的心情。他一边听张廷彦口述，一边工整地在信笺上写道："……潍坊纯碱厂经过两年来的建设，已初具规模，如停工评估，仅管理费和赔偿费就要三千多万元。我们觉得这是一笔惊人的浪费……"

　　"这封信可是发不得。"有人劝张廷彦道，"以后我们和这些单位、部门的关系不好处，你的处境也要考虑到呀。"

　　张廷彦猛地拍响桌子，瞪大眼睛说："把信给我发出去！企业搞不好，谁的处境也好不了，大不了罢我的官就是了。"

　　信，终于乘上绿色邮车。

　　十多天以后，国家计委受国务院领导的委托，明确答复了张廷彦所反映的问题，并提出了相应的几条解决意见。

　　遇到了类似问题的唐山碱厂、连云港碱厂听到消息后，也相继取得了国家计委的支持，避免了停工。

1987年7月，一场罕见的暴风雨袭击了盐碱滩；10月，凶猛异常的渤海潮咆哮着扑向初具规模的潍坊纯碱厂。

险情就是命令。

张廷彦穿上雨衣雨裤，手一挥："走！"

他和党委副书记孙炳煌立即驱车赶往现场，布置抢险。铁道部第十四工程局和潍坊纯碱厂组成的抢险队踏过漆黑泥泞的道路赶到坝顶。五十多名共产党员、共青团员用自己强有力的身体筑起了两道人墙。

共青团员许瑞河在用尽全力顶住一块倾斜的大模板的时候，右手掌被挂在上面的钢钉扎穿了，鲜血顿时染红了无情的海水，他也疼痛难忍地昏了过去。

"小许！小许！"

人们把他拉出水面，急切地呼唤道。

许瑞河睁开眼睛，支撑起身体，说："我没事，多个人就多份力量！"他不顾大家的劝阻，再次跳入冰冷的海水里……

没有人知道远古的这里究竟是个什么样子，没有人知道沧桑的岁月曾在这里留下过什么。然而，今天，在这同一块盐碱滩上，在我国纯碱发展史上，将永远记录下这个难忘的日子：1989年6月13日。

这一天，潍坊纯碱厂化工投料试车一次成功，并生产出合格产品。历经3年的艰苦创业之后，甘露新雨洗涤着勇敢的建设者们的征尘，中标第一，开工第一，建成第一，投产第一，成为潍坊纯碱厂广大职工的精神动力。

在这一年，唐山碱厂、连云港碱厂也先后报捷，他们与潍坊纯碱厂一样，化工投料试车一次成功，洁白的纯碱衬着每一张热泪盈眶的脸。……

在唐山碱厂有这样一块碑文：

第四部

公元1986年9月15日，国家"七五"重点项目60万吨纯碱工程破土动工。万名建设者浩浩然云集盐碱荒滩，融融焉泥沼中搭帐结庐。唐山碱厂建设自兹始……。于一九八九年九月二十六日建成投产，优质高速，举世瞩目，众志成诚故也。

……

没有留下一个人的名字。

没有留下丝毫的遗憾。

但把每一个参加唐山碱厂建设的人的心声和心愿永久地记录了下来。那是不平凡的业绩与不平凡的人生！

1986年，春天。

荒凉的盐碱滩上，出现了一行沉实、稳健的脚印，格外醒目。一个名叫邸维章的东北大汉，第一次来到了这片杂草丛生的滩地。他伫立良久，把周围的一切打量个够，一个大大的问号撞击到他的心头："我真的能成为这里第一个留下脚印的人吗？"

邸维章，贵州省委委员、贵州省赤水天然气化肥厂厂长。他来到这片盐碱滩上，将重新开始他的人生创业。

临来的时候，他的爱人说：

"不去不行吗？"

"不行。"回答得很坚决。

"还回来吗？"

"说不准。"

就这样，邸维章将资料、用品装满箱子，从贵州来到唐山。

仿佛历史注定要他在这里成为留下第一个脚印的人，而且以后的每一个脚印里也都将留下深深的印记。

在建厂初期，邸维章精心筹划着工程预算、基建、设备、管道……他有时竟像居家过日子的主妇，精打细算每一分钱。

一位老工人笑他说："你真比我那口子还会算计。买酱油的钱算在里面了吗？"

"搞经济不算账可不行。"邸维章说。

那个时候，正是投产试运行期间，完全依靠国内力量制造的轻灰煅烧炉时常出现停炉现象。终于有一天，问题被摆到了桌面上：要么引进，要么改造。每一个人都知道，不解决煅烧炉的问题，纯碱生产势必受到影响。一双双期待的目光聚到了邸维章的脸上。

"我和大家的心情一样。"邸维章站起身，将大半截香烟捻灭在烟灰缸里，说："国产化的企业，就要有点国产化的气魄。我们的设备确实和国外的先进技术有差距，但是我就不信，依靠自己的力量，就整不好这么一个煅烧炉！"

首先要进行改造的是炉头加热管部位，有两种意见：一是改造这一部位还没有先例；二是干脆去掉这个加热管。

"去掉加热管，根本行不通。"

"可谁又有把握改造好它呢？"

这是代表专家一方的意见。

经过反复论证、研究，邸维章果断地承诺："我们行！"

碑文上没有留下这三字，但他的声音至今还在人们耳畔震响。

青年工程师王志杰就是在这洪钟般声音的鼓励下，投身到改造煅烧炉的工作中去的。他和老一代工程技术人员苦熬夜战两个月，画出了180张图纸，又反复修改，他的身影总是出现在施工现场上。

他的爱人是一位妇产科医生，经常上夜班。本以为王志杰可以照看只有两岁的孩子，谁曾想，孩子几乎忘了爸爸的模样。没办法，王志杰的爱人只好带着孩子上夜班。……

轻灰煅烧炉的改造项目二十多项，几乎一次成功，直接经济效益达一千多万元。

专家审查时，留下了一句话："唐山碱厂的人胆子真大！"

到九十年代初，我国纯碱产量已达500多万吨，成为世界上纯碱生产的第二大国，而其合成法纯碱能力和产量雄踞世界第一位。也是在这个时候，我国纯碱产品开始销往国外，由过去的进口国变为出口国，实现了秦仲达当时对外国专家说的"用不了就卖"的预言。

5

一架波音飞机自日本抵达北京，徐徐降落在首都机场。舱门打开后，旅客们陆续走下舷梯。有两个五十多岁的人夹在旅客中，边走边谈着什么。

"我们应当立即向部长汇报。"

"对，我觉得旭化成、旭硝子两家的离子膜工艺是成熟的，如果真的引进，在我们这里进行工业化生产完全可行。"

他们加快了脚步。

这是1979年，春寒料峭的北京。化工部化工司的总工程师方度和化工专家蒋兰荪心情激动地彼此相视一眼，便裹紧了身上的大衣，坐进轿车里，向化工部大院驶去。

他们此次随化工部烧碱考察组东渡日本的目的就是考察离子膜法制烧碱的工业化生产情况。当时，天津大沽化工厂曾几次向化工部化工司提出引进这一制碱工艺，以改变我国烧碱产量低、耗能高、污染大、产品单一的局面。但是，动作太大会不会引起什么不良的影响呢？

方度大伤脑筋：全套引进国外的先进技术，固然很方便，很简单，因为1978年化工部决定在山东的齐鲁化工总厂引进的MDC-55型金属阳极电解槽就属于世界先进槽型之一，并且其中有很多东西是值得我们去学习、去借鉴的，然而……

他握着天津大沽化工厂厂长李志贞的手，若有所思地说："千万不要着急，部里和你们的心情一样，会有统筹安排的。"

送走李志贞，回到办公室，方度无奈地摇摇头，轻叹了一口气："烧碱工业每走一步都沉重。"

这位从事烧碱工业几十年的老工程师，对我国烧碱的发展史是再清楚不过了。我国烧碱是从坛坛罐罐的基础上发展成为现在规模的。进入八十年代以后，尤其是合成纤维工业的发展，对烧碱的需求量日益增大，改变这一状况的要求日益紧迫。引进不是唯一的出路,但可以缓解我国工业用烧碱的燃眉之急……。

这是一份难交的答卷。

这也是一份注定要完成的答卷。

伴随着我国氯碱工业走过来的每一个人,都会深深地铭记着那长长的艰难的跋涉。沧桑裂变分离出来的一道道闪耀的光,在低首回顾的刹那间,依稀可辨那一行行奋臂攀援者的足迹……

故事一:

1956年夏季的一天,有一个身穿背心的青年人站在窗口凝望天空。蒋兰荪,这个拥有学识与学位的青年人在想些什么呢?

新中国的建立,使当时正在美国留学的蒋兰荪热血沸腾,激动不已,1950年回到祖国的怀抱之后,即投身到祖国氯碱工业的建设中。可是,国内使用的仍是爱伦·摩尔式电解槽,产量少,效率低,耗电大,远远不能满足各行各业的需求。

"产量要提高,必须改造设备!"

蒋兰荪一锤定音,在上海天原化工厂成立了新型电解槽试制小组。

"可我们什么还都没有呢。"有人为难地对蒋兰荪说:"改造设备可非同儿戏。我们一无实物可借鉴,二无设计图纸,三不掌握施工条件,这怎么能行?"

"不干,就什么也不会有!"蒋兰荪掷地有声。

横下了一条决心,就像立下了一道军令状。蒋兰荪和他的战友们投身到设备的改造中。与此同时,化工部化工设计院的刘嘉树、汪汝霖二位工程师与锦西化工厂的技术人员初步设计出了一种新型立式隔膜电解槽图纸。

真是不谋而合！蒋兰荪闻知后几乎有些雀跃了："太好了！改造成功更有把握了！"

他与工程师陈泽鼎立即买了火车票，自沪抵京参与设计。副厂长张远新分手时对蒋兰荪、陈泽鼎说：

"我等你们的好消息！"

到京后，他们见到了刘嘉树、汪汝霖。大家没有什么客套寒暄，摊开案板，铺上图纸，即开始工作。蒋兰荪结合天原化工厂的工艺条件，重新设计了一套图纸。1956年11月，新型电解槽的图纸设计完成，开始进入到试制生产阶段。

这是一次艰难的历程。关键部位的吸附隔膜阴极网和阴极箱的制造难度很大，焊接技术水平要求很高，然而，正像蒋兰荪说的那样："不干，就什么也不会有！"硬骨头被他们一块块啃下来了。1957年3月7日，在上海天原化工厂诞生了我国第一台自己设计制造的新型电解槽。投入生产使用后，每吨烧碱的耗电量竟比爱伦·摩尔式电解槽降低600度。

故事二：

那是1958年。年轻的工程师严福英在北京受到苏联专家的一顿训斥后，赶回了天津大沽化工厂。

他们搞了一项试验，要将全厂电解槽的电流由4000A提高到7000A。严福英兴冲冲地赶到北京，向技术负责人提出申请时，主持技术工作的苏联专家用力摇着头，说：

"这是不可能的，技术史上也从来没有过这样的先例。"

严福英扶了扶眼镜，说："我们也不是凭空设想的，理论数据和基础数据都表明，这是完全可以做到的。"

"简直是开玩笑！"

苏联专家气哼哼地掀门而去。

严福英没有泄气，而是更大胆地推进这一技改措施的实施。他组织起技术攻关小组，先后进行了几次大的试验。

不久，严福英再次进京，将一摞资料和电解槽增加电流的试验数据摊在了苏联专家的面前。

听过中方技术负责人的介绍后，苏联专家一脸平和，展着笑容说："看来过去的担心是多余的了，就按你们的计划大胆地干去吧！"

就这样，一项大胆的并且是开先河的构想变成了现实。后来，严福英等工程技术人员在参照先进经验的基础上，将水平隔膜改造成梯形隔膜，在槽体面积不变的情况下，增加了隔膜面积，使电解槽产量增加了50%。

化工部对天津大沽化工厂的技改成果评价道："在全国化工行业的挖潜改造中投资较小，生产增长最大。"

故事三：

1973年8月的一天，上海天原化工厂工程师徐增凯将一份资料递到蒋兰荪面前，说："你看看这个，国外用金属钛作阳极材料，比我们这种石墨阳极就先进多了。"

蒋兰荪一边翻着资料，一边说："金属钛在我们这里还不普遍，起码我们对它的性能了解得不够。"

徐增凯手指着一页资料，说："你看这，金属钛作阳极材料使用寿命长，电流密度大，生产效能高，如果我们能把它改造嫁接过来，烧碱产量就会大大提高。"

"我们把它作为一个攻关课题。"

几天后，徐增凯、蒋兰荪、许锡雄、陆静好等人成立了金属阳极攻关小组。

他们先后测定了金属耗电定额、电流效率、电解浓度、电流密度、氯内含氢等多项技术指标。指标显示，这种电解槽可使每吨烧碱节电350度，每升电解液浓度可达到140克。1974年8月到10月，已试制成功的金属阳极电解槽投入生产，经济效益十分显著。

1977年，石油化学工业部在上海召开了全国氯碱生产经验交流会，决定逐步以金属阳极电解槽取代石墨阳极电解槽。这一决策标志了我国氯碱工业从此走向一个新的阶段。

沿着黄河的河脉走下去，涌动的浮云衬托着涌动的河水，你会看到仿佛是和大山联成一体的盐锅峡化工厂。

烧碱生产排污量大，环境保护和环境治理又关联到国计民生。1982年，盐锅峡人率先从日本引进了一套年产一万吨离子膜制烧碱生产装置，从此改变了生产的工艺条件，根治了水质污染。

那是成功的一步，又是艰辛的一步。

那是一个不眠的夜晚，灯光下，秦仲达靠坐在沙发上，心中涌动着万千感慨。八十年代初，化工部决定将离子膜工业化生产试验列为重点科研攻关项目，秦仲达委派化工司司长王宗杰、化工司总工程师方度等人在上海天原化工厂进行年产1000吨离子膜法装置的试验。秦仲达坚定地说："我们要搞出一套自己的离子膜！"

几度春秋，几经周折，烧碱工业的发展伴随着老一代领导和专家们走过了无数个日日夜夜，王宗杰司长几次抵沪，亲临试验现场。这位山东的汉子，从来没在困难面前低过头，他对离子膜的试验充满了信心。"法定"8小时工作制对全体试验人员来说，早已没有了"法定"的概念，昼夜兼程地推进着每一道试验程序。他们已经和关系烧碱命运的命题共融了。

在试验过程中，无论是二次盐水精制、电解条件，还是化学助剂、螯合树脂质量以及关键设备的材料供应等，都以最严的要求、最高的标准为准则，一丝不苟……

1984年9月的一天，那是一个值得庆贺的日子，距盐锅峡化工厂引进离子膜之后的两年，试验小组终于建成了自己研制、开发的单极式、复极式离子膜电解槽。人们奔走相告，试验人员面对他们的成果眼中泪花闪烁……

两年后，在1986年11月3日，化工部技术委员会副主任陈鉴远等人来到盐锅峡进行技术鉴定，证明这套装置的流程合理，生产出的30％高纯度碱、主要技术指标接近和达到了国外同类产品水平，填补了我国的一大空白，为扩大生产打下了重要的技术基础。

1990年春天的一个晚上，沧州化工厂厂长周振德走在寂静的大街上，他的脚步异常缓慢。他在思谋着一个重大的问题：名不见经传的沧州化工厂能否承担起我国第一套离子膜制烧碱国产化的重任？

他知道我国烧碱行业跌宕起伏的经历。1964年，我国烧碱产量只有41.1万吨，1965年年底突破了55.6万吨，北京化工二厂、福州第二化工厂、株洲化工厂、南京化工厂、上海氯碱总厂等解放后建成的氯碱厂，这个时候刚刚达到了生产能力。而以后，则呈滚动跳跃式的发展趋势。他也知道离子膜是制烧碱的方向，是改变我国烧碱工艺的出路，化工部试制研究早已成功。

现在，国家正着手上一套我们自己的离子膜制烧碱装置，而且化工部正在物色厂家。

周振德不会坐失良机。

那一年，周振德进京参加全国人代会。在参加化工行业人大代表座谈会上，代表们重新议论起离子膜制碱的建设问题。坐在一旁的周振德鼓了鼓勇气，站起身，面对部长、厅长和其他一些大型企业的厂长们，激动地说："我们沧州市化工厂要成为我国第一套国产化离子膜装置的攻关者和建设者。"

从一张张不同的面庞上透露出的不同神色，仿佛是在同声相问：如此重任，你周振德能承受得起？

沧州的老爷爷、老奶奶现在还认为，穆桂英大破洪州，沧州就失去了铁狮子的灵气。

沧州化工厂的职工现在还认为，周振德把我国第一套国产化离子膜制碱项目搬回来，使得沧州铁狮子又重新生发了灵光。

在一次攻关会议上，周振德说："在交给我们项目的时候，部里一位领导曾对我说，一定要把我国第一套国产化离子膜工程建设好，不要辜负人民的期望。……这项工程任务，已不是我们沧化一家的事情了，它关系到全市、全省乃至整个中华民族的声誉。我们要以行动证明，中国有攻克这一技术难关的能力，我们沧州化工厂有承担这一攻关和建设项目的能力，完成国家和人民交给的这一重托！"

"哗……"掌声雷动，情绪高昂的与会人员纷纷走马上阵，来到了建设工地上。

那是二十多家兄弟单位组成的建设大军。

那是没有地域之分、厂家之分的同台合作。

周振德一天一次调度会，对整个工程的进展进行分析研究，胃病犯了的时候，他用拳头顶住胃部，指挥运作着一切。

"小韩晕倒在工地上了！"

大家紧张地围过来，迅速把他送到了医院。

他叫韩贵新，新来不久的大学生，架着一副眼镜，一脸的文秀气。可在工地上，却几乎像换了一个人。从工程的仪表设计到施工安装，他始终工作在第一线上。疲劳过度，又是炎炎天气，正在现场指挥安装时，终于支持不住，晕倒了。

镜片碎了，划破左眼下方，满脸是血。

上午送到医院，下午，大家又在工地上看见脸上贴了药布的韩贵新依旧紧张地工作着。

伤好后，脸上留下了一个梅花型的疤痕，大家戏称："这是离子膜给你留下的纪念呵！"

韩贵新扶扶眼镜，只是淡淡一笑。

沧化职工将永远纪念着这样一个人：安装队铆焊班班长贾金良。

这个才30岁出头的小伙子在铆焊岗位堪称一把好手，心细，活儿也细，他所焊接的部位很难让人挑出毛病来。然而，有一天，他的领导从他的脸上挑出了毛病：

"小贾，你的脸怎么搞的？都红肿起来了，赶快去医院看看！"

贾金良摸了摸自己的脸，笑着挥了一下手，说："忙的，等工程完工了，睡两天，就没事了。"

他依然每天手持焊枪坚守在岗位上，任别人怎样劝他去医院，他也不肯离开岗位。

面部的红肿越来越严重了，领导终于下了死命令："你再不去医院，我停止你工作！"

来到医院检查，化验结果竟是"淋巴癌！"医生爱怜地、不忍地对他说："小伙子，早来一个月，情况会大不相同……"

听到这个消息后，厂长周振德心情十分沉重，他对医院的大夫说：

"无论如何，要把小贾的病治好！"

然而，晚了，太晚了！可恶的"淋巴癌"在离子膜工程开车前夕夺去了贾金良年轻的生命！

1993年7月27日，周振德厂长亲自启动了我国第一套国产化离子膜制烧碱装置的电钮。

一次开车成功！

自从"味精大王"吴蕴初1930年在上海首建我国第一家食盐电解工厂——天原电化厂到如今，跌宕起伏，兴衰相伴，在业绩的史册里，镌刻着为碱业繁荣而不息求索的奋斗者们的深深烙印。

如今我们拥有了自己的离子膜法烧碱，就拥有了属于我们自己的一大笔财富！

第十四章

聚合裂变的结晶

1983年1月11日,一个极其平常的日子,却在中国农药工业发展历史上写下了重要的一笔。这一天,副总理万里代表国务院郑重宣布:中国将从此停止生产和使用六六六、滴滴涕两种农药。

此刻,坐在会议室一角的化工部科技局印德林局长心情却很复杂。停产和禁用的决心,下起来很不容易。往事激荡,仿佛历史的回声:

——1971年至1973年,由于六六六等农药在土壤里、农作物里残留成分较高,我国大批出口农副产品纷纷退货,对外贸易发生严重障碍。

——各地农村纷纷反应,虽然六六六、滴滴涕农药杀虫谱广,价格便宜,农民仍旧愿买愿用,但由于长期使用,害虫产生抗药性,亩施用量不断增长,杀虫效果下降;况且有效含量较低,资源利用不够合理……

——1975年,"五·五"农药发展规划编印出台,新品种、新制剂的研制和开发成为农药发展的主攻方向,重点研制对水稻、棉花害虫产生抗性的杀虫剂新品种以及急需的代汞拌种杀菌剂。

——限制六六六、滴滴涕生产总量的指令开始在各生产企业有组织、有计划地推行,而同时,沈阳化工研究所、北大农学院、南开大学元素研究所、浙江化工研究院、贵州化工研究所等全国数十个农药研究机构,投入大量人力物力,掀起了一个研制、开发农药新品种的高潮。

——一部分新品种的问世,如同一脉脉鲜活的血液,渐次注入中国的农药工业,一场产品革命正悄然运作。1980年夏天,中国著名的农药专家聚集张家口这座躁动的古城,敲定了农药产品结构调整这一重要方针。

仅仅两年后，化工部正式向国务院上报了《取代六六六高残留农药的必要性及加强农药研究开发、推动农药科技进步》的报告……

印德林终于被一片哗哗的掌声唤醒。他轻轻地吁了一口气，眉心的那个"川"字却没有舒开。六六六、滴滴涕的停产，必将引起一连串的反应。这场以产品结构调整为先声的产业革命必将轰轰烈烈。毕竟六六六、滴滴涕目前在我国农药工业中的比重仍然高达50%以上呀。不可想象，这两种农药停产后，企业将经过怎样的煎熬与阵痛，才能从狭谷挤迫之中突围出来？

北京前门饭店。贯彻国务院关于停止六六六、滴滴涕生产的有关指示精神的紧急会议在冯伯华副部长的主持下召开。秦仲达部长率同在家的党组成员几乎全部到会，同有关部门一起郑重地做出对日后农药生产产生了重大影响的各项决策：

规定各主要生产企业六六六、滴滴涕的停产日期；

一家一家地落实停产后各家企业当年增产的农药品种产量和受停产影响的氯气平衡产品产量，确保与此相关的烧碱满足国家需要；

研究确定加快开发替代的高效低残留农药品种的措施和进度。

……

仅仅两个月后，到3月25日为止，全国四十多个农药企业全部停止了六六六、滴滴涕原药生产。国务院立即作出批示：化工部这种积极进取的实干精神，是为10亿人民办了一件大好事。这在我国化工历史上是一个值得纪念的日子。

周其钧在1982年上任扬州农药厂厂长的时候，就了解到国家将作出停产和禁用六六六、滴滴涕的事。但他没想到来势这样迅猛。

赴京参加会议的前一天晚上，妻子对他说："都快过年了，开完会你在北京多转转，带一些年货回来。"周其钧满口应承。1983年春节前九天他却拎着一个空包回到扬州农药厂。

对扬州农药厂来说，如果停掉滴滴涕，就等于关掉了一多半的厂子。整个扬农炸开了锅。

之后，各路推销人员纷纷电告厂部：产品销售短路。即使是被用户誉为"杀螨神"的扬农拳头产品杀螨醇也一下跌落四分之三的销量。厂财务科也挤进这场乱战：因原材料、电力涨价，厂里仅本年度就要多支 220 万元。科长随后又补充道：本月发不出工资了。

"雪上加霜"。周其钧沉重地吐出这四个字，算是对财务科长的一种答复。

厂部通知开会。周其钧首先分析了形势：六六六、滴滴涕停产带来的氯平衡危机；生产经营体制转轨变型带来的市场危机；进口农药来势渐猛，给国产农药带来的生存危机……目前企业面临的这种种危机，说明我们的产品结构脆弱。一花独放，究竟不是春呀。这也反映出中国农药产品的老化，缺乏竞争力，急需更新换代……

思路打开，左寿林、刘应山、王兆才和田贵民副厂长一一"献了计策"……。

围绕氯平衡，上马精制盐酸。当时，扬州还要上外地购买这种产品；

扩大氯仿生产。一是可大量吃氯，二是可采用滴滴涕两个中间体，三是可利用滴滴涕现存的生产线，使滴滴涕尽量少停，最大限度地减少停产带来的被动；

在开发提高菊酯类农药有效成分的同时，扩大原来的吨位；

搞氯化苯中间体出售……

一直沉默的书记刘志高清了清嗓子，对大家说：六十年代初，扬州农药厂几近倒闭，通过"保厂"奋斗，终于走出了困境；今天又面临这种困境，我们要继续光大"扬农精神"……

周其钧的眉头缓缓舒开了，心里掠过一阵喜悦。他想这个历时一天的厂级扩大会议开得非常成功，在工作布置后，他提高了声调：从今天起，扬农必须搞好三个战略：产品战略、信息战略、人才战略。并重申：观念的转变尤为重要。

大家纷纷离去，周其钧又在会议室默坐许久。

这时已是黄昏，窗外的天空暗淡下来。周其钧站起身来，看见窗台上那盆迎春花，他走过去推开了紧闭的窗子。

这是扬农人永远不会忘记的 1983 年的一个春天。

据《扬州志》记载，鉴真 5 次东渡扶桑，是从文峰塔起锚的。大运河从文峰塔流过，文峰塔依傍着扬农。在周其钧看来，鉴真前五次的失败，正是换来他第六次东渡成功的原因。这是一种坚韧和赤诚。

鉴真是扬州人氏。扬农人的血脉也流淌着这种色素的血液。

扬州农药厂终于摆脱了困境。

1984 年，扬州农药厂的产品由过去的 10 种调整到 20 种。1986 年，除虫菊酯、双氧水、热电站同时上马。

至 1987 年，扬州农药厂已发展为一个具有农药、氯碱、卫生用拟除虫菊酯、有机化工产品、双氧水和发电、供汽等多角经营的很有特色的企业，被化工部命名为"六好企业"。

杨乃珊感到自己的单车越蹬越费劲，他以为是车胎爆了。回过头，一双怒气冲天的眼睛正瞪着他。

"你胆儿也不小呀，闯了红灯，还想溜号！"一个交通民警把他从车座上扯下来。

"我的确不知道。"

"我就差'打雷'了，你能没听见？"

杨乃珊苦笑摇头。

最后只得认罚，20 元。

这是 1985 年 10 月 20 日的一个傍晚，杨乃珊刚被市化工局宣布，由青岛农药厂党委书记改任厂长。其时，青岛农药厂产品库存积压 250 吨，外债 360 万元，银行不愿贷款，全厂人心涣散。

一踏进家门，杨乃珊又恢复了往日乐天的神情。妻子王淑云说："乃珊，你还不在乎呢，这次的包袱这么大，弄不好，要栽进去的。"

杨乃珊想起 4 年前的往事。那年，厂子亏损，有门子的人都走了。局里把位子和担子都交给了他。他一上台，便将两个亏损老产品——滴滴涕、敌百虫愣是给砍掉了。那可是占青岛农药厂全年总产量一半的主产品呵！这之后，上马乙烯基磷酸酯类农药，企业当年就盈了利。只是把夫人搭进去了。因为成天吃住在办公室，5 个孩子没人照管，加上患了不治之症的二儿子建民没人料理，只得咬牙叫妻子办了病退……

这一次是不是把我杨乃珊也赔进去？

他想着，脸上却露出一个诙谐的笑容。

这一年，全国 406 家农药厂，先后转产和倒闭的就有 219 家。

一时间，"马路消息"沸沸扬扬：青岛农药厂要办旅店了，青岛农药厂要开啤酒厂了……

杨乃珊又是苦笑。他很理解这些传播者的心理，无非搞旅店、啤酒厂赚钱嘛。如果不能给职工带来收益，那么厂子只能是不转即关，还有别的出路么？

杨乃珊宣布他的"厂长令"有些出人意料：青岛农药厂不仅不转产停产，还要扩产主产品久效磷。杨乃珊的理由非常简单：中国是个农业大国，对农药的需求是永久的，青岛农药厂是靠久效磷起家的，现在仍得依仗久效磷发家！

杨乃珊显示了他的魄力和倔犟。

次年开春，厂级领导班子带着各自的任务分头出击。

总工王捷去了省农药研究所，继续解决久效磷含量提高 7 个百分点的问题，使产品接近国际水平。厂研究所与几所院校联手，要尽快发展久效磷产品系列，落实新品种经营思想。

杨乃珊挂帅，佐以李铭、肖相智等一批厂级领导，各带人马分赴河南、河北、新疆、黑龙江等 22 个省市 4300 多个乡镇，调研、推广、宣传，并收集以久效磷为主的农药信息。

同时，杨乃珊号召全厂 1500 名职工每人至少写一封信，寄给亲戚、朋友，广泛宣传久效磷的性能和作用。

半年后，来函、来电把寂寞近 3 年的青岛农药厂吵得热气腾腾。订单雪片似地飞来，甚至有人就托门子找关系，唯恐千里迢迢赶来，又空着手回去。首家幸运的用户，立即把试用的消息反馈回来，翻来倒去想表达那种惊人的效果，索性命名为"一扫光"。用户们风传着一种叫"一扫光"

的农药,而几乎忘掉了它的本名——久效磷。

在一大沓来信中,杨乃珊发现了两个熟悉的名字:刘润玺、牟立义。一个是聊城农学院的副教授,一个是山东农学院的教授。两位农学专家一直对青岛农药厂情有独钟,曾多次在产品质量检测、新品试验中无偿给予帮助。

他们在信中说:我们对青岛农药厂新产的久效磷作过试验,杀虫力、持久性、抗药性均接近日本、法国、美国及瑞士进口农药水平。我们为青岛农药厂的成就高兴,希望你们尽快参与国际市场竞争……

杨乃珊感到眼圈有些发潮,坐在办公室里,不禁流下泪来。厂办秘书敲开门,又把门轻轻合上,"厂长怎么了"……

这年年底,杨乃珊命人做了一个琉金的厂徽。厂徽由两个汉语拼音N(农)、Y(药)组成一个心形,心形下有两根柱形条,酷似一双向上捧起的手掌。

这是杨乃珊的创意。

厂牌、厂徽嵌在厂办公楼向阳的一面墙壁上,金光灿灿,给人一种披胆沥心的赤诚。

翌年,分来一批农学院的大学生,没踏进厂门就想离开。杨乃珊截住他们,领到厂子里转了一圈,又让他们去看那面金光四射的墙壁。大学生们默立许久,没挪动脚步,后默默跟着杨乃珊回到厂子。不久,其中一位大学生写了一首诗登在厂里的黑板报上:是谁喂养了我/又是谁打开我梦的世界/谷子、棉花/你这土地的膏脂/怎样联结着我的血脉/守望大地/因为我从大地中来

……大学生们都留了下来。

又过了3年,青岛农药厂与瑞士汽巴嘉基合资,一下子拿出1600多万元巨资,合作项目还是久效磷。

捧了29年"金饭碗"的天津农药厂,在1985年被渤海湾一片风起云涌的涨潮声"吵醒"了。这年冬天,天津化工局的几位领导到厂办公,厂领导有些羞愧地借来几件大衣,给领导们御寒。厂里没钱买煤生火呀。破烂不堪的厂区,只有杂草的长势非常旺盛。

谁愿留下来？厂子三分之一的中层干部提出了调离报告，有一百多人已经"飞"了。

"不信天农这个中国最大的有机磷生产基地会垮了？就赖着、拖着，奈我如何？你总得给我补贴过日子吧？"没有离去的一部分职工振振有词。

1986年，张英杰走马上任当了厂长。这对二千多名天津农药厂职工来说，并没有带来多大的震动。事隔两年之后，天农人又着实追悔过一回：当初，咋就没瞧出一点兆头呢？

1987年10月，南开大学元素所氯氰菊酯差向异构技术取得小试突破，它能把进口农药氯氰菊酯40％～45％的有效成分提高1.8倍。

张英杰像是注入了一股兴奋剂，激动得一夜不曾合眼。他意识到这是一次天赐良机。他马上委派赵中仁副厂长、郑仁奇、丁继成高工前往南开大学，洽谈合作事宜。

厂里有人立即提出异议：仅看小试结果，就仓促上马，风险太大。一旦失败，仅一反应罐的原药就是200多万元，我们拿什么去赔？

张英杰不得不召开厂务会。他有些激动："因循守旧，天农就没有出路；不去'冒险'，天农更没有出路。国外一种新药研制，费用高达5000万元美金，目前我们没有这个财力，也没这个人力。南开搞出了转位技术，这是国内首创，我认为这个'险'值得一冒！"

下班了，车间还有人在忙。李铁良、叶泽智等人正在进行着氯氰中试呢。

1988年的秋天，天空高远爽朗。这是天津农药厂收获的季节！

这一年，天津农药厂甩掉了长达4年的亏损帽子，实现利税939万元。

到1992年，这项差向转位成果竟使天津农药厂累创利税4000万元，为国家节约外汇800万美元，获社会效益4亿元。

自1990年开始，天津和首都新闻媒体一直对天津农药厂青睐有加。《致富金钥匙》、《从负翁到富翁》……天津农药厂红了半边天。

在与南开大学签订长期合作协议后，天津农药厂又与中国农业科学院、北京农业大学、沈阳化工研究院、水产研究所等签订了短期或专项的协作关系。

同时，张英杰"外联"战略得到实施。1990年，首开中国农药合资先河，创建天津罗素·优克福农药有限公司，后与德国、中国香港等国家和地区建立了5个合资企业。主要产品由过去的有机磷杀虫剂系列变成超高效旱田除草剂，菊酯新品系列、化工产品等系列的二十多个产品。

那是什么东西？

抬眼望，从仓库一路蔓延，出了自行车棚，直逼篮球场。

2700多吨农药产品，一座横亘的山脉。

唐逢庚上任沙市农药厂厂长，是1983年。刚停了六六六、又赶上眼前的进口农药冲击波。

"真是山穷水尽了吗？"李雄远书记眉心打了结。

"活人哪能让尿憋死！"唐逢庚一副压不垮的自信。

不久，副手罗海章、陈立洲电话报告信息：中国化工进出口公司山东分公司将组织一批农药出口。受国际市场农药价格影响，出口农药要亏本，很多企业不愿做这宗买卖。

唐逢庚眼睛一亮：你进口，我出口，对呀，到海外找市场！

第一批甲基1605装车，300吨，起程发运。唐逢庚随车抵青岛，第一次见识了大海。

这一年沙市农药厂出口1080吨农药，创利税300万元。更要紧的是，唐逢庚后来的日子，就多了一个梦，梦里老是出现那一望无垠的大海洋。

当沙市农药厂提出"改造老产品，开发新产品，巩固国内市场，开拓国际市场"这个经营口号时，是1986年年初。

第二次创业开始了：提高技术含量，降低生产成本。

胡晓明是新产品开发的一个女中骁将。

她在实验室里真是着了魔。有一天，丈夫踏着夜色来寻她，叩了很长时间的门，没人开。有人证实胡工下班时没走，灯又亮着，真是急煞人。情急之中，丈夫砸了玻璃越窗而入。妻子真在，竟没发觉背后站着一个人。这一个人眼中满是爱怜与怨怼，良久，他只能深长地叹一声气。

这件事是发生在胡晓明三次昏倒在实验室，被同事抬往医院抢救之后。

胡晓明是搞农药分析的。1966年毕业后来到沙市农药厂，一直与化学毒品打交道，不仅血压下降，身上还长了一个瘤。1995年，她硬撑着到了马来西亚，为沙市农药厂在该国开设的分厂继续奔忙。

在沙市农药厂14层的科研楼内，像胡晓明一样的知识分子大有人在。他们先后开发的12个新产品，有11个获部优、省优、市优，其中新型杀虫剂——三环唑获国家星火计划成果金杯奖。

1991年，唐逢庚上任沙市副市长，李雄远升任沙市化工局局长。罗海章、李新民接过前任的重托，继续他们的永无止境的事业。

这一年，由于原材料价格再次上扬，农药价格却无法提升，农药企业又出现困境。

沙市农药厂从生产环节的烧碱用盐入手。过去一直靠沿海运进，成本高，且运力不足，经常供不应求。

"就地找盐不行吗？"罗海章要掘盐矿了。这当然是有科学根据的。六、七十年代，石油勘探部门探过，沙市毗邻有个大盐湖。

投资350万元，还只能打一口试验井。万一找不到，这责任还了得！

罗海章这个饮长江水长大的儒雅之士，此刻显示了他的大将风范。干，一锤定音。

这口试验井掘得真是地方。采样证明：距地面600至950米，有一个蕴含77亿吨的锥体盐卤层。即使是一个年产100万吨的巨型盐矿开采，也足够开采200多年。

罗海章几天没睡好觉，缘于一种成功带来的冲动和欣喜。那些日子，他时常是在黄昏，登上厂区附近的荆江大堤，看长江奔涌而来……

盐矿开采成功，农药成本下降。沙市农药厂又依托盐矿，上马了一系列的项目。仅盐碱联产，每年增利1000多万元。

沙市农药厂乘胜前进，接连兼并江陵、蕲春两个农药厂之后，其股票上市又获得成功。在海外，又在澳洲成立澳大利亚沙隆达公司，五十多个品种和规格在十多个国家注册登记。世界著名跨国化工公司罗纳普朗克、汽巴嘉基、ICI等派要员争相前来沙市农药厂洽谈，商讨合作意向。

1995年，沙市农药厂（现易名沙隆达股份有限公司）销售收入达6.9亿元，生产农药1.5万吨，烧碱产量4万吨，实现利润近6千万元，出口创汇1500万美金。

1972年湖南长沙马王堆一号汉墓出土的文物，不乏色彩丰富、艳丽清晰的丝织品，那蓝色的是靛蓝，红色的是硫化汞，白色的是绢云母。专家说，这证实，我国是染料应用最早的国家之一。

1978年夏天，《人民日报》一篇2000字的通讯稿在中国染料界引起了不小的震动。来华旅游的美国史蒂文先生对记者说：偌大的中国，如何将自己的服装统一成一片蓝色和一片黄色的海洋？他的困惑是无以名状的。

而当历史进入二十世纪八十年代，面对打开的国门，9亿中国人的困惑与震惊更是无以言表。原来，这是一个五彩缤纷、眼花缭乱、日新月异的世界！

9亿中国人瞪大了渴望的眼睛。

中国为什么不能领导世界服装新潮？中国为什么不能成为轻纺和染料业出口创汇大国？……

于是，中国染料业近10万大军，开始新一轮坚韧的攀越。

翁绍琳常常感到自己有一种焦躁不安的心绪。特别是在他从国外考察回来之后，这种焦灼的心绪更加强烈。作为化工部主搞染料的总工程师，他最清楚八十年代中国的染料工业该以怎样的速度来追赶发达国家。

就在这一年，他确定了下一轮主攻课题——染料中间体苯胺生产工艺改进。与他共同承担课题任务的有，中国科学院院士郭慕孙和吉林化学工业公司设计院的4名工程师。

准备奔赴吉化染料厂了。临出门，老伴和儿子有些不满地发问："又要出远门？"翁绍琳点头。

"又要多长时间？"翁绍琳摇头。老伴叹了一声气，忆起了两年前结束的那次会战。

1975年，病中的周恩来总理收到加拿大一位来华旅客的信函。信中说，她购回中国的一件旗袍，洗过几次之后，掉色非常厉害。周总理立即找来当时的石化部徐今强副部长。

"谁抓染料？"周总理平静地问。

"翁绍琳。下放华山制药厂了。"

"叫他回来！"周总理说。

不久，翁绍琳举家回到北京。

在参加了由袁宝华主持的全国经济工作会议之后，翁绍琳心中就像打破了一瓶五味子。会上，部队首长提出质问："庄则栋的球衣曾染红外国人的白色沙发罩；我们的军服穿不了多久，就由黄变白了。我看，染料界再不解决这个问题，军服是不是考虑换一种颜色。"

翌日，翁绍琳找到徐今强："给我20人，80万资金，我说什么也要攻下掉色难关！"

一星期后，翁绍琳只身带着简单的行李和一捆资料，直奔四川染料厂……

两年零8个月之后，也就是1977年岁末的一个黄昏，翁绍琳推开了有些陌生的家门。老伴定了定神，确认是丈夫回来了。13岁的儿子却瞪着惶惑的大眼睛，愣了好一会儿。

儿子最终叫了一声爸爸。这一声轻唤，竟唤出全家人的泪水。

高大魁梧的翁绍琳整个儿瘦了一圈，胡子拉碴，脸色枯黄。他还没坐下，就兴奋地说道："我们搞成功了！"

前不久，他邂逅了那位部队首长。这位首长紧紧握住翁绍琳的手，歉疚地说："谢谢你呀，老翁。你们为部队服装解决了老大难问题。其实，当初那样说，只是激你呀。"

首长说完，向他行了一个军礼。

别过部长后，翁绍琳思绪翩跹。他想，总理呀，我们没有辜负您的期望……

1982年8月。美丽的苏黎世。瑞士联邦高等工业大学。

章杰已与导师卓林格教授商讨过三轮。他坚持了自己的选题。卓林格是世界染料化学著名权威、国际功勋委员会委员。他对这个戴着金边眼镜、外表秀气的中年人一直心存芥蒂。他说：你的选题是没有结果的。

章杰知道这意味着什么。这个来自中国国家经济委员会的副博士研究生，1964年大学毕业后，他就以非凡的成绩在中国染料界脱颖而出。他笃信他的复配染料理论肯定有广阔的前景，因为他深谙祖国的染料业状况，祈盼有一天，他的研究成果如同一剂灵丹妙药，给祖国的染料事业注入一股勃发的生机。

章杰的复配课题研究是从一片空白开始的。他想起六十年代末的一件往事：那时国外有人用一种带有荧光色彩的织物来与我国的出口纺织品竞争，而且大有压倒我国纺织品的势头。在一无资料二无设备的困境下，他潜心研究，刻苦攻关，用一块广告布做了近百次实验，终于获得成功——中国也能出口一种荧光色彩的丝织品了。

章杰说，我们不怕白手起家，怕的是缺乏一个科研人的雄心、信心和决心。

1983年8月，德国巴登——国际染料家大会群英荟萃。章杰代表中国登上了主席台。他发表了4项染料最新技术，以及一套比较系统化的染料复配理论，获得与会者的满堂喝彩。这些论文全是他在瑞士一年的八千多次试验研究中获得的成果。

卓林格当然知道这些成果的分量，他推了推深度眼镜，再次看了看这位他一直少有关照的中国人，目光变得出奇的和善。

自章杰产生回国的想法后，卓林格就开始他的挽留工作。但章杰是坚毅的，卓林格心中又复现了一年前那个坚持己见的初来乍到的中年人的目光。

1983年年底，章杰回到上海，卓林格从此与他成为异国朋友。

不久章杰上任上海染料公司总工程师，后又选为全国染料学会理事长。

章杰拉满了弓，立志为祖国的染料业的腾飞奉献力量。他每天要用一部分时间收集、研究最新国际染料动态。他是一个卓越的新产品开发能手，每年都有适销对路的上十种新染料上市。

1985年，国际上巴拿马织物开始走俏，尽快开发出应用于这种织物——一步法新染料工艺的新型颜料，是扩大出口的重要环节。章杰不出三个月，设计了5种新型耐高温直接染料，并与下属厂的技术人员一起研究，很快就拿出了蓝色新染料；同时，他又提出了适用于涤棉混纺织物的新型活性染料，一举完成了"七五"国家攻关任务。

但章杰也有过一次被人打败的经历。那是一个星期天的傍晚，照例在所里忙了一天，刚推开家门，女儿劈头问道："爸爸，你还管不管妈妈，管不管你的女儿？"章杰愧疚地笑笑，心里大叫糟了。妻子刚刚动过手术，女儿又面临中学毕业呀。他不想解释，事实上他也没机会解释。那一刻，女儿扬起一张报纸，是一篇很长的报道，写他的。女儿又提高了声调，有些揶揄地念着报上的文字……

那一晚，章杰一句话也没说，他拧开了台灯，默默地在书房坐了很久。他想，十多年来，他能开发各种新型染料、颜料、助剂和中间体一百多种，他能为国家创利几千万元，但他却委实不能说服女儿，他深深地感到一种歉意……

1988年对朱月英来说，非同寻常。

年初，韩国推出了乌黑度高、色光好的黑色染料，很快便风靡东南亚。上海染化八厂这个中国活性染料的摇篮，原有市场急速萎缩，出口创汇骤然跌落。

厂部招榜：谁能用3个月拿出深色的染料黑KN-GR?

朱月英挺身而出，揭了榜。八厂的2000名职工，并没表现出多少惊奇，因为这个被他们直呼"朱劳模"的科研女将，具有一种"不见黄河不死心"的坚韧。早在1984年，朱月英在开发R型羧基吡啶时，因劳累过度，突发高血压导致脑蛛网膜下腔出血。从死神的魔爪中挣脱的朱月英留下了半身麻木、高血压和严重贫血的后遗症。但3个月后，她又从医院逃出来，一步一瘸地回到了岗位。

大家唯一怀疑的是她的身体。

朱月英咬牙拼上了。时常，她要加大药剂服用量，迫使高达200CC的血压下降，让仅为6克的血色素回升。很快，她的全身浮肿。开发组领导马和琪、梁祖德劝阻不过她的执拗，唯一能做的就是为她准备了几大包急救药。

幸哉，朱月英真是奇迹般地挺过来了。65天后，黑色KN-GR样品推出来，当年便打入国际市场。

次年，国际市场又出现更高级的黑色染料。朱月英还没来得及喘口气，再次投入黑KN-G2R的攻关。

朱月英病倒了，厂领导带着鲜花和礼品到医院慰问她，"命令"她安心养病。但4天后，朱月英又拖着极度虚弱的身体回到实验岗位。

那个晚上，时针已指向9点。上海刚落过一场雪。冷飕飕的寒风把人们赶进家门，繁华热闹的街市一下子冷清了许多。一位13岁的男孩跺着脚，不住地在街面上张望。他的脚下不时发出冰凌被踩碎的咔嚓声。

朱月英走下公共汽车，顿时愣了。她牵着儿子的手，一路泪水纵横……

同年，黑KN-G2R研制成功，填补了国内空白，荣获上海技协成果一等奖，并申报了国家专利。

1995年4月28日，上海西宝兴路火葬场。我国活性染料老前辈谈满生、奚翔云来了，自发涌来的送行人挤满了灵堂。大厅两侧悬挂着一副挽联：

> 魂断科研，功绩卓著无愧巾帼英雄。
> 心系企业，精神不朽堪为众人楷模。

朱月英穿着一身黑色的西服，躺在鲜花丛中。西服正是用她开发的活性黑第二代新品染制的。52岁的朱月英就这样离开了我们……

到 1990 年，我国染料生产总量达 13.6 万吨，是 1980 年的两倍，出口量由 12% 增至 38.5%，1993 年成为世界产量第一大国。生产品种由 1980 年的不足 400 种，增加到 1990 年的 1500 多种。高档染料由 1980 年的不足 10% 增加到 1990 年的 35%。

特别是混纺织物、交编织物，毛型感和棉型感染料的发展，使我国服装由棉织时代跨入合成纤维与天然纤维组成的五彩缤纷的服装时代。

1976 年。夏天。

中南海。国防工办负责人王震端坐在会议室主席台。老将军的脸清瘦冷峭，眉宇间透出掩饰不住的愤懑和焦灼。他站起来，愤愤地说道："娘的，满街都是一片红，就缺我军品油漆！好嘛，运动运动，运动到最后是我们的舰艇像老牛拖破车，怎么保护我们的海疆？……"

这是一次国防军需油漆会议。

化学工业部副部长陶涛和有关工作人员默坐在会议室右侧。他们清楚地知道，由于舰艇用专用漆不过关，舰底满附海蛎子，影响航行速度……军用油漆满足不了国防需要，已成为上上下下的一块心病。将军一句一句犀利的话仿佛是一根根锐利的钢针，扎在他们的心上……

一年零八个月后，国防军工及重点部门用漆生产供应衔接大会在国家经委主持下召开，化工部、国家物资总局等有关部门，下属几百个企事业单位参加，规模之宏大，影响之深远都是前所未有的。这便是著名的"78·4"会议。

不日，李先念、谷牧、王震、余秋里等 7 名副总理连续作出批示：要保证军工用漆！要提高油漆质量！

1979 年初春。冰雪解冻。一架波音 747 客机正飞上蓝天。

化工部化工司司长陶遵达此刻的心情并不轻松。

这次化工部、外贸部、商业部联合组成的赴日考察团，责任重大。他特意带上了天津的陈世杰总工、沈阳的刘俊招厂长等6名涂料专家。

飞机降临在东京机场。这是"倾城看花奈花何，人人同唱樱花歌"的早春。

陶遵达打了埋伏。他们是来洽谈购买油漆事宜的，但他琢磨着得看看厂子，看看产品以及生产线。最后，他们要做的是技术考察了。

从福港到关西，他们马不停蹄，整整40天，饱览14个大型造漆厂家。

陶遵达怀着无比亢奋的心情回到北京。之后，他通宵达旦地撰写了一份长达万言的考察报告。

报告呈给了化工部部长孙敬文。很快，部长以赞赏的笔触写下批示：好，拿来主义！中国化工怎样才能步入快车道，引进加创新便是一条捷径。

自1980年始，中国涂料工业共引进50个技术项目，占国家首批1000个引进项目的5%。

1980年，化工部海洋涂料研究所、船舶涂料生产基地相继诞生，中国化工涂料学会也宣告成立。

居滋善胸中有一种涨潮的强烈震颤。作为中国涂料界的一名专家，也作为化学工业部一名主管涂料的处长，他意识到这样的震颤显示着什么。他开始夜以继日地撰写两份报告，一份是关于发展丙烯酸酯涂料及水性涂料的意见书，一份是引进钛白粉氯化法技术的建议。两份报告长达4万字。报告从我国对高档涂料的需求和发达国家涂料发展的趋势着眼，提出我国涂料产品结构调整是迫在眉睫的大事。而丙烯酸酯涂料、水性涂料以及提高钛白粉品位的氯化法技术，正是我国涂料走向高档化的突破口。

报告很快批复下来。批文说：

> 居滋善的这两份报告，对发展我国高档涂料提出了重要的意见，提得很好。此件请复印若干份送交党组、顾问、技术委员会同志参阅。并请计划司牵头及早提出配套实施计划方案。
>
> 秦仲达。1982年10月。

居滋善手捧部长批文，心里的感动无可名状。中国就要上马8万吨丙烯酸酯涂料了，中国的钛白粉要上马先进的氯化法装置了。这是中国涂料工业的梦想，也是居滋善多年的梦想。

时不我待。居滋善一边为新项目奔波，一边和同行们制定品种结构调整和发展助剂的配套措施。

这一年，居滋善年届六旬。

六年之后，居滋善作为化工部化工司副总工退休。退休的这一天，他向化工部新一届部长顾秀莲呈上一份报告，题为《关于2000年我国涂料工业发展战略建议书》。这是居滋善离岗前最后的一份答卷。

刘世勋整个夏天都把自己关在那座低矮的砖房里。他连想都不敢想有什么空调或者风扇来降降温。的确，这座简易的实验室是个蒸笼，而他的心中更是烧着一把旺火。

厂长张志成对他说：老刘，我们10月份要小试样品！

总工王修桐深知这个项目的难度，隔三差五总要叩开实验室的门。刘世勋的两名女助手也都扎在岗位上……

刘世勋着迷了。在数十个配方试验中，面对各种花色，他就像行走在一座五彩斑斓的迷宫。

1982年的初秋。刘世勋走出那座简易实验室的时候，已是子夜。他下意识地摸摸下颏，是一把茅草似的胡须。天上有一轮将圆的月。他想到，该回去看看老婆孩子了。

是呀，几个月没回家了。老婆拉扯4个孩子在一百多里外的老家武功县农村，她们现在怎么样了？刘世勋想着想着，不禁悄然流下了眼泪。这个淳朴寡言的中年人，自六十年代省化工学校分配到西安油漆厂，这还是第一次掉眼泪。

翌年，南昌飞机制造公司如期来厂提取这种叫做81#各色丙烯酸伪装无光磁漆的新品。53架飞机涂用，经3年7个月共276次起落和6轮复杂气象的飞行，整个飞机漆层完好无损，漆层颜色基本不变。

张志成厂长亲自给刘世勋送去了300元奖金。他一改往常的严肃，拍着刘世勋的肩膀,笑吟吟地说:"我们就靠自己的力量!"说着,厂长举起了一只拳头。

1981年至1984年,西安油漆厂前后与西安冶金粉末厂、红旗化工厂和三力化工厂合并。

一度,西安古城风传着一个"一厂救活三厂"的故事。

张军是一个不简单的人物。

那天他走进生产车间的时候,工人们并没有正眼瞧他,一个身穿粗布衣衫,脚蹬平口布鞋的陌生人,悄悄溜进了一片陌生的领域。但他心里清楚,这些慵懒的工人的确失却了最后一份好奇。他将这份松懈与工厂效益以30%至50%的惊人速度滑坡的窘境联系起来,心中就写下了一个硕大的惊叹号。

他走走停停,鸭舌帽下的一双眼睛射出犀利、睿智的光。最终,他被车间的门卫挡了驾。他的心情很坏,也不想解释。他情愿横遭一场奚落。他理解这个门卫并不怎么友好的态度:厂子不景气,谁还会把笑堆在脸上?

10天后,张军被任命为西北油漆厂厂长。这是1982年的3月。

西北油漆厂问题的症结在领导班子不团结。但张军不这样简单看问题。他把过去产品由供销公司统销的权力一股脑儿收回,要新敲锣鼓重开张,开辟自己的营销点。

仅仅半年之后,一个以科技调整产品结构、以开拓市场提高经济效益的治厂之道在"西漆"深入人心。

这是一个不眠之夜。果子沟的瀑布简直就是一匹长嘶的野马。就着窗外深蓝天幕的几点星星,张军极想看看那是怎样的一种奇观。那黛青色的隆起一定是山峦,那夜幕中不时闪烁白光的垂帘一定就是瀑挂。高山流水,把这本是宁谧的夜摇得兴奋、生机盎然,仿佛有一股力量自瀑布方向推助过来。张军感受着这股力量,不觉心潮澎湃。

这是生命力的一种扩张和高扬么?张军真想放开嗓子唱几句……

1983年的8月。张军带一辆客货两用车从兰州起程,从东到西、从南到北考察新疆及边贸口岸,他要把"西漆"的产品拓展到西北边陲。

霍尔斯口岸之后,又伊犁又天山又阿克苏又柴达木。

那辆牌照"甘 A5118"的"敞篷"汽车在翻越火焰山时,洒下一路慷慨而苍凉的歌声……

28 天的行程,整整 8000 公里。张军回厂后又增设了近 20 个新油漆品种,并打开了新疆及部分口岸市场。

一个月之后,张军飞到日本。他要购买一种高档油漆的新技术。也不过一天早中晚三次会晤,他很快就发现三菱、前田和东商株式会社的 3 家涂料公司之间"不见鲜血的搏杀"。张军笑了。第二天开始,他便牢牢地控制了谈判的主动权,最终三菱与他成交,价格不足国内同类厂家购买价的三分之一。

离开日本的那一天,3 个"冤家"同赴机场为张军送别。在登上舷梯的那一刻,3 个日本人都操了相当生硬的中国话,吐出的竟是相同的一句:你的精明,买卖的会做!

张军站在高处,挥了挥手,脸上掠过一个不易觉察的微笑。

沈安林无论如何是没空闲去杭州陪老母亲的。比如西湖,她倒是许多年没好好看看了。15 年前她自广州华南工学院研究生班毕业后,执意要到大西北。她想她能说服母亲,她有这份把握。事实上,15 年前和 15 年间,她有许多次机会,可以回祖籍上海工作,也可以回出生地桂林工作,还可以回杭州父母身边,更可以在北京——她丈夫工作的城市谋求一个职业。哪儿会对一个出类拔萃的研究生拒开迎接之门?但那五颜六色、绚丽无比的涂料,就是她许多年前梦中的花朵。她要让这缤纷的花朵开在荒芜、僻静、寂寥又旷远的大西北。那是真正的花朵,是熔铸了生命的精气之花。

前些年,她已把在北京某高校任教的丈夫孙缀"动员"到了兰州。

1983 年 10 月,她的父亲被癌症夺去生命,母亲唤女赴杭小住几日,但沈安林却接回了母亲,她要让母亲在兰州安享晚年。

从杭州返兰州的当天,沈安林就扎进了实验室。由她负责的 4 种氨基磁漆的研究工作正值关键阶段。

孙缀对妻子关切地说:"何必把自己弄得这么苦?!"

沈安林答:"时不我待啊!"

孙缀再次犯了困惑,心想:妻的执著,怎么会和她文静、雅气的外表搭上边呢?是不是上帝搞错了?想着想着,会莫名地扑哧一笑。

后来,这4种油漆新品和其它一些新开发的品种获了大奖。

后来,沈安林被授予"兰州女能人"、"甘肃省三八红旗手"、"化工部劳模"等称号。

后来,沈安林被聘为"西漆"厂副厂长兼总工。

再后来,"西漆"成为全国涂料行业一面旗帜。

1984年5月。北京虎坊桥劳动部劳动保护展览馆。人头攒动,热闹非凡。

化学工业部正在这里举办"丙烯酸涂料展览"。

胡启立、江泽民、袁宝华等国家、部委领导欣然前往。

胡启立连声称赞:好,这种高级涂料相当不错!

下午3点,这个历时3天的展览会圆满结束。

一个小时后,化工命部长秦仲达办公室的电话响起了一阵急促的铃声。电话是国务院办公厅打来的。

李鹏副总理要看展览。

办公厅的人说:展览结束了,就派人送来有关材料吧。

化工司涂料处处长姜德孚怎么也料想不到会受到李鹏的接见。当他怀揣一沓资料赶到中南海时,办公厅一位副主任说:李副总理想与你谈谈。

5点,他走进了李鹏的办公室。

副总理显得随意又热情。

"油漆发展不用油可不可以?"李鹏面带微笑地询问。

"这就是工业与人争嘴的大问题。"姜德孚在简略回答后又说。

"那你们搞这个展览是这个意思吧?"

"正是。同时我们配合了北京东方化工厂上马的丙烯酸及酯生产线,一则可吃掉它的产品，二则通过改变涂料生产原料路线，来改善我们的产品结构。可以说，这是一举数得。"

李鹏爆出一阵爽朗的笑声，连称：很好，很好！

不久，丙烯酸涂料展览会又分别在天津、上海等七、八座城市巡回展出。

同时，化工部出台了"发展四大类，改造三大类，开发四大类"的涂料发展战略，以加快产品结构调整的步伐，促进我国涂料工业高档化的进程。

1985年，中央、国务院领导多次强调：必须集中力量发展精细化工。

同年，化工部党组决定将精细化工作为当前和未来化学工业发展的重点之一。

中国的涂料工业这把琴，从此又奏响了另一轮强音。

何敏婷怎么也想不到科研与死亡有什么联系。20多岁，她还在姹紫嫣红的年龄。1976年她从兰州大学化学系毕业的时候，仿佛一只快乐的鸟飞进了化工部兰州涂料研究所。这是她的夙愿：穿上修长的白大褂，坐在阳光灿烂的窗前，极有韵律地摇动那些精巧的试管或烧瓶。然后闭上眼睛，想象一下那些造漆厂嗡嗡作响的生产流水线，再打开眼睫，便是一个五彩斑斓、多姿多彩的世界了。比如光亮鉴人的汽车，神奇的夜明马路栅栏，迷彩飞机，或者油画般的高楼大厦……

而何敏婷现在却震惊了。彭顺孝竟那样离开了她们。这的确是事实。

同一课题的攻关小组就是一个"小家"呀。祖籍山东的战风昌高工像被电击般呆立，一向快嘴的上海人陈爱珍高工双泪长流，半天不着一辞。

何敏婷泪水沾襟，心中不住地发问：苍天，彭工可是一个勤勉、朴实又热忱的好人啦，彭工也是一个成果卓著的优秀科技工作者，为什么年仅45岁就去了？

这是1985年5月8日，化工部兰州涂料工业研究所三室工程师彭顺孝在测试涂层厚度最后一个数据时，突然坠海，殉职大连海湾某试验基地的第二天。600人的研究所一片啜泣。

头天夜晚，所长王志扬从电话中得知噩耗，在他的卧室里整整踱了一通宵的步。妻子不知发生了什么事，连声追问，王志扬只是痛苦地长声叹气。

往事历历在目。有一次老彭在郑州接指挥部通知，5 天后将在兰州涂料所进行第二次试验。可是化学品吃紧，得马上把试验钢板寄往兰州。老彭算了算，倘若想法先带 3 块回兰，余下的再寄就不会影响关键阶段的"二试"了。于是，他背着 3 块重 36 公斤的隔热钢板上了火车。又有一次，是在武汉的那个又热又潮的 6 月。前往某研究所协助工作的老彭，眼看试验用的涂料石棉粉即将告罄，而仓库现存的成品全部结了块，要启用，得用钢筛处理。这种活又累又脏，当时雇了好几个临时工都称"这不是人干的活"而逃之夭夭。老彭一声不吭握紧了钢筛，整整 3 天，他嘴里、鼻里全沾满石棉纤维，一边咳嗽，一边轻摇着两只红肿的胳膊……

王志扬的眼前出现了一个朦胧的幻觉：一个瘦小前倾的背影，一座很高很峭拔的山峰，他的脊梁上就驮着一包物体，那行囊一定沉重，那重浊的喘息，那烙出足迹的石径……这就是他——"老彭！"王志扬不禁脱口惊叫，他同时伸出的右手在眼前抓了个空。

5 月 8 日凌晨，王志扬叩开了老彭的家门，对他妻子陈美蓉说：

"小陈，彭顺孝他们的新品复试成功了。明天要在大连开庆功会。所里准备派你去接回我们的功臣。"这是王志扬练习了十几遍的一套谎话。真谢天谢地，没出大的纰漏。陈美蓉闻言，喜上眉梢。

善良的谎言呀，你从一个科技工作者口里艰难地迸出来，却又是怎样地煎熬着一颗滴血的心灵。

上午的飞机。陈美蓉不由地小声哼起老家闽南的乡曲，她开始收拾简单的行头。呵，这项尖端科研总算告捷。前后 4 年，老彭像掉了魂儿，人又瘦了一圈。陈美蓉想着，又快乐地笑了。

对，带上套灰色西服去，所里刚发的工作服。穿上它，佩上红花，往庆功会上一亮，老彭真该帅气一回了。算上前些年国家的 4 次嘉奖，这一次该是第五回了。

这天上午 9 时，陈美蓉怀抱一套崭新的灰色西服，兴冲冲地飞往那片澎湃着歌哭着的海湾……

这一年，兰州所被国家授予"为国防事业作出贡献的先进单位"称号。

仅这一年，兰州所就完成各类涂料科研项目三十多个，获奖 10 个。其中 85％以上迅速被全国各行各业推广应用，并获得良好的经济和社会效益。

翁同杰瞄准的是宝钢。他算定宝钢建设将给振华这个具有 70 年历史的造漆厂带来前所未有的挑战和机遇。所以，1985 年的这个夏季，翁同杰感到特别的漫长。从春到冬，他的心中蒸腾着一股滚烫的热气。这一年，振华筹资 150 万美金购回了美国万信公司的彩色卷材涂料生产技术。这当然是一项高科技。

翁同杰选择了吴锐娟。

1987 年，吴锐娟抵美国万信公司培训。仅仅 45 天后，她就急不可耐地回到振华。于是一场调整配方、实现原料国产化的攻坚仗打响了。

这一天，振华厂的两名全副武装的门卫笔立大门两侧。清晨，吴锐娟踏进厂门时，像往常一样向他们点头微笑。而那一刻，两名小伙子却有些意外。原以为在这样的日子里，他们只能孤独地守着这一片钢铁之城。平常一向沸腾的厂区偶尔归为一片静寂，也着实让他们生出怅然。但吴锐娟副总工程师却来了。如果是星期天，都没有什么可奇怪的。但今天是 1987 年的国庆节。

吴锐娟拎着两块面包和一杯白开水，急急的身影消失在那片白房子尽头。他们知道，拐一个弯就是彩色卷材钢板涂料实验室。他们也知道，一直到黄昏，才能再看到吴总那张总是略有所思的亲切的脸，以及她瘦小且有些佝偻的身影。

身为母亲和妻子，吴锐娟却显得"自私"了些。偶尔她要歉疚地思量这个问题。像那次丈夫住院动了手术，每晚从厂子赶到医院，她那种负债的感受，一次比一次强烈。在丈夫的病榻前，她极力克制一种全身心的疲劳，但这种掩饰又仿佛架起着一座心灵的桥，丈夫反倒寻一些笑话来替妻子解乏。

1991年，振华造漆厂彩色卷材涂料终于形成规模生产，其国产化率达80%以上。至1995年，该厂年产3000吨的卷材涂料仍供不应求。

有资料表明：卷材涂料美国搞了20年，上海振华仅用了10年。

涂料界称：这是中国涂料业的一枝奇葩。

1995年11月的某一天，即将退休的吴锐娟整理着她办公室的抽屉，抽屉左边码着整整10小本影集，随便抽出一张，彩照上的文字记载：中国南极长城站（综合库、食品库）。彩色涂料由上海振华造漆厂提供。1993.2.28。抽屉右边一小块空地上，躺着一张证书，证书里夹着3张化验报告单。证书上写：上海市三八红旗手。报告单结论一栏有相同的文字：严重青光眼。3张化验单日期间隔了4年。

1990年2月。当赵蕊捧住这张化工部科技进步三等奖的证书时，她的双手有些发颤。5年前，也是这样一个冬天，不过那是在更北的沈阳。某厂极简陋的厂房，四面暴虐的冷风如入无人之境，冰凌像是白生生可怖的刀子，寒气直逼骨髓。

入夜，冯文清对她说："小赵，无论如何今晚我们要找出机底与机翼底漆外观差异的症结！"赵蕊那刻正缩着脖子看涮饭盒的水刚泼到地上便结冰的情景，闻言，心里着实有些担忧。夜里更冷，五十多岁的冯工，能受得了么？赵蕊不忍，便对冯工说："老大姐，你还是去休息吧，这里就交给我。"

冯文清摇摇手，慈祥地笑笑："那怎么行？相信我，我身体能吃得消。"

晚8点，她俩打开了四台吱啦啦直叫唤的烘干机，围着一架新喷底漆的飞机开始工作。一个瞧着温度计，一个操着记录本，一边跺脚一边哈气，恪守一分一秒。

天冷得有些刻薄，夜长得过于无情。赵蕊的确走过几次神。当她抬头发现冯文清头上那几缕白发时，便突然振奋起来。她想起了母亲，母亲和冯工是相仿的年纪。她狠狠地咬了咬牙，对自己说：赵蕊呀赵蕊，你给冯工当助手，要学的远不仅仅是技术呢。

找出底漆外观差异的原因，是在第二天凌晨。那一刻，她们的双眼布满血丝。赵蕊哼起了小调，冯文清打了个呵欠，问赵蕊："我们有多长时间没挨床板了？"赵蕊屈指一算：42小时……

赵蕊捧着的不是单纯地代表成功研制出那种叫"1号航空底漆"的高档涂料的荣誉，更重要的是，她承接了冯文清的一种任何东西都无法打败的精神力量。在赵蕊看来，这是一种执著的追求，这是一种深爱的投入。当她看到已经退休好几年的冯文清仍然每天往厂科研楼里跑，好像离开了科研，离开了她的航空涂料就无所适从似的劲头，她就更强烈地感到这种精神力量的强大，强大到不可抵御。

王子龄的感受也许更要深刻得多。15岁那年，他从河北恒水来到天津灯塔油漆厂，就再没有挪过窝。他委实觉得荣耀，那个鼎鼎大名的陈调甫便是灯塔油漆厂的鼻祖。15岁那年他仅仅是个油漆操作工人，33岁便已出任援外项目——阿尔巴尼亚地拉那油漆厂总工艺师。后来他又当上灯塔油漆厂科研所第一任所长，一直升到厂长、书记的位置。王子龄说：我凭什么？正是凭了一股子痴迷的精神。一种对涂料事业的坚韧不拔的追求，一种对民族工业振兴的使命感。这也许就是陈调甫精神，也是我们高高擎起的灯塔精神。

田铁梁至今还记得那两双幽怨的目光。1989年年底，他的又一个汽车涂料新品正在试用。那一天广东的客户拍来电报，需调整几个技术参数。其时，他的妻子已住进医院待产。踏出家门，他曾有过犹豫，最终还是没有和妻子照面。他将一张便笺交给了护士，便笺上有这样几行文字："我要马上动身去广东。我知道，这样的日子离开你意味着什么。但那项汽车涂料新品，是我3年来的心血，它也是我的产儿，也是我们的产儿。待我返津，再向你和我们的宝贝谢罪。"

田铁梁风尘仆仆返回天津是在5天之后的深夜。他和爱妻的"结晶"也真是个善解人意的精灵。第二天凌晨，田铁梁守在产房外聆听了小生命降生于这个世界的第一声啼哭。

田铁梁在产房外笑出了眼泪。他刹那间感到这个世界美妙得无与伦比。他几乎是粗暴地推开了产房的门,他想冲过去吻一吻妻子。就在那一刻,他看到了妻子和那个护士别样的目光,他读到的是一种责怪的幽怨。小生命也许是迎接父亲呢,突然间挥拳踢腿,扯开了清脆的嗓子,他紧张地奔过去,正好迎着妻子伸出的双手。最终,他俩幸福的笑又融到了一起。

田铁梁的心中烙下那道目光,是一辈子也不会消退的。他从他深陷的汽车涂料事业中找到了相同的注解。

1983年,田铁梁从天津大学化学系毕业,就直奔"灯塔"而来,他同时要求:非接汽车涂料研究不可。

10年间,他的汽车涂料研究室硕果累累;使一度被挤出"二汽"市场的"灯塔"涂料再度辉煌,又使天津结束了大发、夏利、三峰引进"洋漆"的历史。同时,他们的醇酸磁漆拓开了香港及东南亚市场。

1994年,田铁梁荣膺天津市"跨世纪人才"称号。

在田铁梁看来,这正是他和他的伙伴们倾注至真至纯、至爱至情的一个个新生的"产儿"。

在打开中国涂料工业这崭新一页史书的时候,我们发现这原来是一部激越高亢也悲壮雄浑的交响。中国7万人的涂料产业大军,就是7万颗神圣又美丽的灵魂。他们都有一双圣手,他们会将未来的中国涂装得更加神采飞扬。

第十五章
青山绿水的呼唤

王宗杰搞了20多年的化工,现在突然要在他人生的轨道上扳个岔儿。他的心情确实有些难以言状。

今天是5号。他清楚地记得,今天是自己48岁的生日。

恰好是今天得到国务院报到。因为全国第一次环境保护大会的筹备工作开始了。

沿途上,他思绪万千。

日本的水域滨事件、英国遮天蔽日的烟雾、德国被污染的莱茵河,北极上空的臭氧损耗……无一不震惊着世界。

"温室效应"、森林锐减、有毒化学品猛增、生态破坏加剧……无一不引起各国政治家和政府决策人的普遍关注。

同样是5号。也就是去年,全人类终于发出了《人类环境宣言》,并把每年6月的这一天定为"世界环境日"。这是1972年。人类与环境和睦相处的新观念开始形成了。

中国工业虽起步较晚,可工业发达国家的污染问题已在中国初露端倪。

王宗杰从车窗望着川流不息的人们,鸭儿湖、白洋淀、七大水系污染的情景又一幕幕呈现在他的脑海里。

他轻轻地揉了揉太阳穴,又从公文包中取出一叠材料仔细翻阅着。

中国七大水系所流经城市的河段近4万公里中,符合国家一二类标准的不足一半。全国有上万公里的河段水质不符合渔业水质标准。我国有

70%的污染来自工业。中国水体污染主要来自工业废水。

王宗杰深深地叹了口气，对身边的人说："中国的污染问题已到了非高度重视不可的地步了。毁了环境，就等于毁了中华民族呀！"

1973年8月。经王宗杰等人的精心筹备，中国第一次环保大会在北京隆重召开了。可能是历史的巧合，中国共产党第十次代表大会同日召开。

"国家保护环境和大自然，防治污染和其他公害。"被写进宪法。环保像教育像计划生育被列为了中国的基本国策。

随后，环保法、12部法律法规、200多项环境标准，构成了中国环保的三大政策体系。

从此，王宗杰便开始了他的深感崇高的环保生涯。

毛悌和是位不善言谈的人，但他的内心活动却异常活跃。一接手环保工作后，他便开始了对环保的纵横研究，旨在从深层次理解环保的重要性及意义，以便指导整个化工环保工作。

中国对环保的认识不算迟缓，1923年，上海就建起了中国第一座污水处理厂，表现出中国人对保护环境的醒悟。

然而，经济发展的滞缓，最终牵制了环保治理的进展。如今，在工业污染中，化工废水居全国第二位，化工废气排放量、化工废渣排放量也均在全国前10名之列。

那些触目惊心的数字震动了化工部各位部长。从全国第一次环保大会后，化工部就把消除化工污染、保护环境工作列入了重要议事日程。先是成立了"三废"治理领导小组，1980年成立了环保司，后又改为环保办公室。根据《环保法》，研究确定了一系列措施。本着"管治结合，突出重点，多办实事"的指导思想，发布并实施了《化学工业环境保护管理规定》、《化学工业环境保护监测工作规定》、《清洁文明工厂验收办法细则》等规章制度，明确规定建成投产的新建、扩建、改建项目排放的"三废"必须全部达到国家标准，即使有一种污染物超标，也不允许验收，并在全行业开展了轰轰烈烈的创清洁文明工厂活动。

如何摘掉污染大户的帽子，在中国没有现成的经验。那就走出去——

林殷才站在瑞士一家工厂前，举目一望，竟没有一个烟囱。他心里有些纳闷。问陪同他的董事长，"烟囱安装在什么地方？"

董事长的下巴微微扬起，指着不远处的铁筒说："那就是我们的烟囱呀。"

林殷才走过去，只有一米高。没发现任何烟雾升腾，又无任何异味。他唯一能感觉到的是头发被烟囱里的气流吹动着。

林殷才是1982年从甘肃调入化工部任党组副书记、副部长的。他同时还是国家环境保护委员会委员，化工部环境保护领导小组组长。这次，他是同外交部、环保委一行5人参加联合国在瑞士召开的环境保护工作会议的。到这儿只是他在会议间隙中去参观的一个镜头。

在这次会议上，林殷才被推举为亚洲组主席。他在著名的《巴塞尔公约》上，代表中国签了字。

晚上，怎么也睡不着。他想起周恩来总理说过："……我们在搞工业的同时，就应该抓防治工业污染，绝不能做贻害子孙后代的事。"他感到祖国被污染了的青山、绿水、蓝天在呼唤……

回国后林殷才向部党组进行了一次认真的汇报，党组做出决定，立即在全化工系统轰轰烈烈地开展环境保护宣传教育，提高化工职工环保意识，大搞"三废"治理和综合利用。

徐徐的江风吹理着他的头发。

贾庆礼去市内参加一个会议回来，车子经过松花江大桥时，掠一眼窗外，使他本来沉重的心情越发沉重了。

"停车。"他说。

司机一愣神儿，心想还从没有在桥的正中处停过车哪。刹车，缓缓地停下了。

贾庆礼手抚桥栏，望着缓缓奔流的松花江。

江面上漂浮着一层油污，在阳光的作用下显得五彩斑斓的，像一道极其可悲的风景。再细看，宽宽的松花江面有黑色和黄色的两股浊流，像两个怪物，比赛一般地向前奔腾着。看到这儿，贾庆礼又皱起了眉头，脑子里不停地闪现着上级有关部门的责备："吉化公司的污染问题，3年中如不能根本解决，将取消大庆式企业称号！污染严重的车间应停止生产！"

取消！停产！对文革后刚刚复苏的吉化公司意味着什么？

取消！停产！对1977年才从化工部调到吉化公司任党委书记兼经理的贾庆礼意味着什么？

贾庆礼的目光不自觉地搜寻到100米开外一个巨大的污水排放口，污水的咆哮声如同充满野性的山洪在暴发。他知道，仅这个排放口，每天就可向松花江倾泻几十吨甚至上百吨含数十种有害物质的污水，而像这样的排放口，在当时的吉林化学工业公司就有7个。

7个！贾庆礼迎着江风，转了好一会儿。才又坐上车子，思绪不知不觉地回到了他一年前刚到吉化时的情景。

走进吉化的生产区，随处可见跑、冒、滴、漏。一些车间的工人们整天穿着高筒靴子，在浓雾一般的环境下操作，只要稍有空隙，便纷纷逃离生产现场，躲进各自的"避风港"。一天，贾庆礼来到染料厂，发现车间、办公室的门窗全是敞开的，任雪花随风飘入。他惊奇地问一位职工，那职工直截了当地说：

"贾书记，不打开窗户，我们受不了呀，宁愿挨冻，也少闻这种味儿……"说着，就串来一股刺鼻难闻的气味儿。贾庆礼立刻感到胸闷心堵。他急忙躲到一边，不料一股酸液又喷射过来，溅他一身。陪同的一位同志叫他脱下衣服快洗，否则就会烧烂的。贾庆礼没有脱，露出了生气的面容。"我们的工人怎么竟在这种环境下工作哪？"

一天上午，贾庆礼正在主持召开一个会议，研究如何治理跑冒滴漏问题。突然听见楼下传来人群的吵闹声。他站起来，顺窗户望去，有一百多位农民围住了办公楼的大门，有人正在往墙上刷标语贴大字报……

可以理解，这是污染问题带来的后患。

纯朴的"农民起义"给贾庆礼和吉化公司的领导们又增添了烦恼和

忧虑。

是啊，他们喝的水已经不能再喝了；他们喂养的牲口和家禽，在粉尘污染下，也都变成黑的了；他们种下的白菜和其它农作物，已经没有了指日可望的收成，农民靠什么哪？

每年，吉化公司要拿出100万元向农民赔偿，但这仍不能平息怨气。可见事态发展下去是多么严重。农民闹事的平息只能是暂时的。

松花江是吉林、黑龙江两省的命脉，是渔业基地，也是工农业的血液。2325公里长的松花江更是沿江几百万人民的生命线。可是，在整条江中符合国家标准的水质仅占26％。下游一些重要城市的饮用水来自松花江。可据分析，饮用水中氨氮、硝酸盐、汞酚、氯苯和苯胺等多种有害物质的含量已远远超过国家饮用水标准。并且，水质呈黄色，还有强烈的刺激性苦辣味。

贾庆礼果断地决定，将国家有关部门要求吉化公司限期治理污染的指示印发到各车间职工手中，并张贴在墙上，让人人都知道吉化面对的生存问题。

"指示"一公布，便在吉化人的心中掀起了巨大的冲击波。可谓压力与动力同在。

公司党委会决定，来一场生存大战，绝不能让生产在我们手中停掉，绝不能让松花江下游人民再喝不干净的水了。

如何治本？怎样治本？国内无任何经验可以借鉴。

1978年10月，以化工部王宗杰为团长、国家环保局曲格平、吉化公司副经理侯德武为副团长的中国环保考察团出访西德。这在当时还是第二个以国家代表团身份访问西欧的。

西德工业发展较早，每天有6000万吨工业和生活废水，带着大量的酸碱盐、染料、重金属等有毒物质排入莱茵河，使莱茵河成了欧洲最大的下水道。情况逐渐引起政府的高度重视，但因一段时期只是"小打小闹"地分散治理，未能达到预期效果。在沉痛的教训面前，西德政府意识到要治本，必须建一座集中处理的大污水厂。当建起生活、工业污水混合生化处理的大污水厂，实现清污分流后，莱茵河又恢复了她昔日的清澈和美丽。

贾庆礼听了侯德武的汇报后,立即主张再加强管理,堵塞跑冒滴漏;改进工艺,降低"三废"排放量的同时,集中力量建一个大型综合污水处理厂,推翻了原定的分散治理方案。

一个大雪纷飞的日子,吉普车在吉化公司"西部边陲"的路上挣扎着。车轮在雪地上空转,吉普车的怒吼声渐渐消失。这时,从车上走下几个人,他们中有贾庆礼、纪清远、侯德武、徐宝华,一起喊着号子用力推车,但终因积雪太深而无济于事。几个人索性丢下车子,踩着厚厚的积雪,继续向前走,身影渐渐融化在雪雾中。

他们是去考察污水处理厂厂址的。

要将整个公司每个排放口的污水全集中到污水处理厂,首先面临的就是要铺设密如蛛网的地下管道。其中两根直径 1.2 米的干道长 12 公里,需挖地 2 米多深。挖管沟要动的土方量是吉化建筑工程中史无前例的。

一场轰轰烈烈的大会战开始了。

吉化建设公司、化工部十三化建公司、九化建公司、吉林省第二建筑公司、吉林市第一建筑公司,纷纷云集在这块沸腾的土地上。

1979 年 3 月 3 日,公司向职工及其家属发出了总动员令。除了出动三千多人的施工队伍外,还将土石方任务分配到每一个吉化职工身上,干部有,工人有,工程技术人员有,连穿白大褂的白衣天使也不例外。

会战刚爆发出一种温度,一场罕见的大雪却把地上所有的一切都染成了白色。分不清哪儿是路,哪儿是沟,所有的车辆只能龟缩在原地不动。人们在十多公里的雪地上行进着,积雪淹没了膝盖,身强体壮的男同志轮番在前头刨雪开路。步履艰难,行动缓慢,但没有谁退缩过。齐学萍、邵瑞利在那时都还是梳长辫子的小姑娘,身上背着饭和水,与年轻小伙子一样争先恐后地走在上班队伍的前头。一位怀孕几个月的女同志,尽管三步两喘气,却不睬众人的规劝,眉宇间凝结着一种不屈的豪气。

为了减少不必要的时间损失,人们不回家了,晚上挤进工棚。这是零下 30℃ 的冬天,露天的冷凝管都被冻得"咔咔"作响。工棚里没有暖气,没有火炉,躺下来就能看见天上闪烁的星星……

这里原来是一片沙滩，要挖地3米铺设管道，叫人难以想象。由于沙土松软，机械设备无法接近，只能全凭人工。塌陷的事随时都可能发生，每挖一米长的沟，往往要付出挖2米、3米的代价。夏天，稍一刮风或有车辆经过，每个人的脸上都会被裹上一层沙土，眼泪止不住地淌。

几乎每隔一天就要到现场了解进度的贾庆礼，每当看到工人浑身的汗和满脸的灰时，总要亲手把绿豆汤一碗一碗地送到工人的手中。

"喝的不是绿豆汤，而是书记的一片情。"工人们异口同声地说。干劲更加冲天。

为了尽快拿出设计方案，年逾六旬德高望重的公司总工程师徐宝华天天坐镇治污现场。他知道，吉化共有"三废"315种，其中废水192种，废气74种，废渣49种。要将这么多的废物一下子处理干净，唯一一条路就是靠科技先行。徐老总亲自指挥，研究院派出了以胡大理为首的科研队伍，开赴北京、上海、兰州等地调查。他们必须在半年内拿出各种分析数据提交设计院。用生化处理方法，需培养大量细菌。在实验室培育温度太低，不得不将小实验搬到污水厂的工棚搞大实验。一些项目不宜在吉化做。于是，带一支队伍携着仪器和废水到兰州做实验。当时正值隆冬，他们在一家工厂废弃的小仓库里开始了实验。门窗的玻璃是破碎的，用床单蒙上，在里面整整坚持了3个月。

科研、设计、施工，一环紧扣一环。

徐宝华卷起被盖住进了污水处理厂的工棚，自己的床同时也成了办公桌。

经过18个月的大决战，亚洲最大的污水处理厂终于在吉化落成了。这个耗资1亿元的工程，每天能处理污水20万吨。无论从技术还是规模上讲，都是世界一流的。3年期限将至之前，吉化终于完成了一个历史和人民赋予它的大举措。

"一次试车成功！"一个欢呼带着激情，带着热泪，带着血汗很快传遍了公司上下。

"环保使吉化获得了新生。"这是每一名吉化人切肤的感慨。因这套最大的污水处理工程全是自己设计建造，而获得了国家的第一块环保设计奖。

那混混浊浊的黑色的和黄色的泥浆一样的工业污水,在这里经过沉淀和刮泥,终于变了另一番模样,清清灵灵地唱着歌儿涌入松花江。

曾以创作《亚洲雄风》和《篱笆·女人和狗》主题歌而著称的词作家张藜,到吉化深入污水处理厂体验生活后,创作了一首歌《鱼儿归》:

松江波光美

不唤鱼自回

昔日水浊不见底

今日水清鱼儿归……

这不仅是对环境的赞美,也是对吉化人开拓进取精神的讴歌。

1990年,国务委员宋健在参观了吉化后欣然题词:"治理污染,造福人民。"如今,"喝着上游水,想着下游人"已作为一种企业精神,被污水处理厂的每一名职工铭记在心。

晚上,徐淑元早早地躺在病床上。

他的心情非常沉重,思绪变得纷乱复杂起来。这是北京和平里医院。他怎么也没想到会倒在这里。

1990年,他曾发现胯关节处有个肿块,因为不疼不痒地,不影响工作,也就没搁在心上。转过年,突然感到行走不便,很快便举步维艰了。过去,家人曾多次劝他到医院检查,总因工作忙而推辞了。直到几天前,实在不能行走,才被人送进医院。一检查,坏了——癌!骨癌!必须立即动手术,否则……他脑子里顿时像被炸弹炸开了。

明天就要动手术了。

有人敲病房的门,进来的是一位同事,手里拿着厚厚的一叠什么,嗫嚅地说:"我真不该在这个时候找您,只因工程急需上马,实在没办法……"

"没关系。"

徐淑元面容憔悴,但还是露出了复杂的笑容。

伸手接过那叠东西,封面写着《淮阴电化厂年产2万吨MDI工程环境影响报告书》。

所里的人忍不住来找他,往往因为他是一个活图书馆,是北京化工研究院环境保护研究所负责环评的权威,是全国环评界享有盛誉的知名人士,是环评报告书最后一审中最可靠的把关人。

早在1971年就投身于化工环保科研工作的副总工程师徐淑元,始终记着周恩来总理的一句话——搞环保是造福子孙后代的千秋大业。为此,他萌发了许多绮丽的想象。他到北京化工研究院后,组建了化工最早的一个环保研究所。他深入工厂,到污染最严重的现场实地调查研究,做试验……

心中垒起了一座环保知识的金字塔。

《环氧化合物生产废水处理技术》科研成果,1979年一举获得了化工部和国家环保科技进步二等奖。

山东齐鲁石化公司在引进环氧污水处理厂的全套技术后,运行起来一直不正常,国家无法验收。徐淑元成功地运用了自己的科研成果后,终使污水处理进入正常。

"七五"是化工项目大发展的重要时期,许多项目的环保情况如何,必须依靠环评机构来评估。1982年,徐淑元碰上了扬子乙烯这个大工程。它关系到长江水系的污染,他深深感到了一种责任和压力。他的环评成功了,随后又接踵而来了四十多个国家的大型和特大型项目的环评工作。

成功,使环境保护研究所和他的名字蜚声全国。

"徐淑元的环评是一流的。"这是国家环保局的评价,并首批为环研所颁发了"建设项目环境影响综合评价资格甲级证书"。

这天晚上,徐淑元在病房里像在办公室一样,对报告书逐字逐句地审查着,8万字的报告书使他久久不能合眼,夜已经很深了,人们早已进入梦乡,他还在读着这份厚厚的报告。

第二天，他被推上手术台。

第一次手术不成功，他的癌细胞比想象的要厉害得多。接着又有第二次，第三次才总算为手术画上了一个句号。

他的右半个骨盆和胯骨被切除了。死神恐怕随时都会向他发出呼唤。徐淑元像截瘫病人一样天天躺在床上，执意要求同志们把报告书送给他看。真的，他离不开环保工作，一旦离开了，心就像树上落下的一片枯叶，不知会飘向何处。环保事业已经成为他整个生命的一个支撑点。

当两年后他能拄着拐杖走路时，便向组织提出上班的请求。领导们为难了，可又不能不批准他的请求。于是，他迈着常人难以想象的步子，一瘸一拐地走在上班的路上，从不迟到。天天坐在那把特制的凳子上，帮助同事把好环评质量关。

已经61岁的徐淑元，一年就审了一百多万字的报告书。

他是为祖国的环保事业鞠躬尽瘁的人。

4

曲格平接过联合国环境规划署授予的"笹川国际奖"，转过身，面对麦克风，精辟地阐述了中国环境政策，同时也客观地分析了环境问题的几个主要症结：

——中国正处于工业化和城市化加速发展阶段，因此排污量大增；

——由于现有工业总体技术水平还比较落后，资源利用率不高，造成废物流失于环境中；

——工业布局不合理，遗留问题很多，不少工业建在居民区，加重了工业和城市污染；

——企业管理不善，特别是环境管理不善相当普遍，带来了严重的污染。

但是，中国在防治污染上也取得了令人瞩目的成绩……

380万化工人不能忘记，通过严格排放标准，严格限期治理污染大的项目，严格"三同时"制度，严格环评按制新污染的排放，他们在减少化工污染，保护生态环境上付出的不懈努力。

九曲黄河，一波三折。

黄河边上的兰化公司，建设和发展也走过了一段曲曲折折的路。

总经理林殷才多次找省委汇报，要求扩大生产规模。宋平果断地说："必须要降伏'三色龙'。"

三色龙，即黄龙、红龙和黑龙。从烟囱排出的硝酸尾气（氧化氮）呈黄色，水桶般粗细，在风中张牙舞爪的，就像一条黄龙。红龙是燃气排放的火炬。黑龙是没被完全利用的剩余煤粉，直接排入黄河，长达十多公里。

三条龙的猖獗，给农民造成了不应有的损失，羊不足岁就没了牙齿，牛吃了污染的草一夜便死。农民们的哭声惊醒了甘肃省的最高决策层。于是一个降龙治污的方案在林殷才手中诞生了。

兰化拿出1900万元降"三龙"。他们用碳铵氧化还原硝酸尾气，生成水和无害气体；建立气体回收柜，将红龙的燃烧气体转化作生产燃料；建立蓄水池，进行水煤分离，回收煤粉作原料，消灭了黑龙；同时，为工厂增添了可观的经济效益。

全国大小化工企业有5800多个，而化肥企业占其中一半以上。化肥企业排放的废水占整个化工废水总量的56%。可见，治理化工污染，化肥行业理应是重中之重。

全国有小化肥厂2000多家，废水占化肥废水排放量的60%以上。因此，治理小化肥是个关键。小化肥每生产一吨合成氨需耗水300多吨，山东潍坊化肥厂率先改进工艺变两水为一水，吨氨能耗一下降到30吨，大幅度减少了排污量。到1990年全国已有上千家小化肥厂先后采用了这一技术，仅此一项每年就可少排废水几十亿吨。

最早从国外引进中化肥和大化肥成套设备的泸天化，经过多年对水质和供水系统的研究和思索，在引进时，率先向美国提出了按我方意图，并重新设计循环水和脱盐的方案。实施该方案后，使过去每秒需 5 吨水降至 1 吨，水质也得到了根本性净化。随后，又经过他们的进一步改造，使水中所有的化学物质全除掉，变成了纯水。为大化肥工业用水和减少污染带来了一次革命，后来，许多大化肥和其他企业已纷纷采用了这两种技术。泸天化也因此而首批跨入全国 100 家环保先进单位的行列。

为了进一步遏制化肥行业的污染，化工部环保办多次与世界银行和亚洲银行探讨，为广西河池化肥厂、平顶山化肥厂、淮南化工总厂、贵州江枫化肥厂、石家庄化肥厂等的改造筹措资金。

原污染严重的南京化工厂等 6 家生产苯胺的工厂，实行加氢还原代替铁粉还原的新工艺后，从根本上消除了苯胺废水和铁泥对长江水域的污染。部分氯碱厂将合成盐酸二段吸收改为三段吸收，氯化氢的吸收率由 92% 提高到 99%，基本消除了酸性废水的污染。

上海天原化工厂 1972 年派人出席第一次联合国人类环境保护会议后，开始着手对工艺进行环保改造。经过 60 个项目的改造，把一个污染严重的老企业，变成了清洁文明鸟语花香的企业。

北京化工集团公司以建设乙烯装置为契机，改变原料路线，为减轻污染提供了保障。北京有机化工厂的醋酸乙烯，改乙炔法为乙烯法，从工艺上消除了 110 万吨废水的排放。化工二厂砍掉 4 台电石炉、3 座石灰窑，每年消除 5000 吨粉尘、6 万吨废渣、56 万吨废水、6400 万立方米废气对东南郊的污染。

青岛染料厂用高速匀分散机、砂磨机匀质机代替了砂磨锅，用抛光不锈钢喷雾塔代替普通碳钢喷雾塔，用水沫除尘代替布袋除尘，使整个流程实现了全部密闭联锁、管道输送、微机控制，彻底改变了染料粉尘飞扬的旧面貌。

辽宁化工企业在近三年中，建成环保装置 214 项，使排放废水的 11 种污染物中的 8 种分别降低 100% 至 47%。

……

仅"七五"期间，化工部就限期治理了 453 个项目。

"八五"期间,全化工系统投资52.7亿元,完成治污项目1691个,有395个企业摘掉了污染大户的帽子。

北京的上游有"两盆水"。

一盆是密云水库,另一盆便是官厅水库。这"两盆水"便是偌大的首都几百万人民的"生命泉"。

官厅水库位于河北宣化的下游,它是由著名作家丁玲笔下的桑干河汇流而成的。

1988年,河北张家口宣化化肥厂决定建设一个24万吨磷铵的项目。项目立项报告书送到上上下下各级相关部门,谁也没想到反响竟会如此强烈。

北京是一个国家的首府,环境一旦遭受破坏,国际上的政治影响不敢想象。于是,持反对意见的人措辞十分强硬。

张家口人民在解放战争中,曾为平津大战作出过巨大的贡献和牺牲,被列入革命老区的行列。解放后,由于它地处北京的北大门,长期出于军事上的考虑,又使这里很少投资建大厂。直到如今,在张家口的11个县中,还有8个被列入全国100个贫困县之列。国家每年不得不给这些县财政补贴5000万元。改革开放以后,这里仍保留着封闭区的原貌。24万吨磷铵和其它配套项目上马后,每年可创利税2亿元,相当于张家口地区工业利税一年的总和。此外还可为当地增收粮食35亿~40亿公斤。于是,宣化化肥厂、张家口市、河北省都一致把脱贫的希望寄托在了这个项目上。

北京不能遭受污染!

老区人民要脱贫!

两种见解相持不下。

在此之前,投资3000万元治污,已使宣化化肥厂进入了化工部清洁文明工厂的行列。为了磷铵项目"措施稳妥,万无一失",厂长张西秦又组织了一百多名专家和工程技术人员,在一年多的时间里,采集和实测了上千类几十万个数据,分别对大气、噪声、地表水、人的健康、植物等一一做了详细而全面的多次考察,制定了周密的治污方案。单是为测渣场的地质情况,就钻探了 19 个点共一千多米深;对大气和地表水,从洋河一直测到官厅,测定面积 64 平方公里。120 万字的环评报告书,对废水排放采用了"总量控制"、"冬储夏灌"等措施,通过"以新带老",进一步削减对洋河的污染,实现经济效益、社会效益、环境效益的统一。

中央领导高度重视,邹家华为此作过 7 次批示,李鹏总理也为此批示过 3 次,慎重又慎重地要求:"派人调查。"

全国 100 位环保专家展开了空前的各抒己见,针锋相对,寸土必争的论战。最后,由一名最具权威的清华大学教授,以其鲜明的态度、科学的论证结束了这场长达 4 年多的争论。这个查了批、批了又查,前后共经历 8 次大规模预审的项目,终于从"山重水复"走向"柳暗花明"了!

1992 年 4 月,国家环保局局长曲格平亲自在磷铵的报告书上签字批准了。它是我国第一个"先环评后立项、立项与否取决于环评结果"的典范。

这个总投资 15 亿元的工程,投入环保设施的就达 7000 万元。建成后,污水经处理可灌溉农田 2 万亩,废渣实行全掩埋,完全无渗透。这是目前世界上最先进的处理方法。

北京人的心不再忐忑不安了。

1992 年 6 月,巴西。联合国召开的环境与发展大会,提出了"可持续发展"的口号,把清洁生产纳入了大会主要文件之一的《二十一世纪议程》。李鹏总理代表中国政府出席了这次大会。中国政府庄严地在文件上签了字,并得到了全国人大的批准。

国民环境意识日益觉醒,举国上下保护环境的呼声日益强烈。

化学工业部于 1994 年 8 月在牡丹江市召开了全国化工第八次环境保护工作会议。贺国强副部长代表部党组正式提出:在全国化工系统推行清洁生产。为此,制定了五年规划,提出了七条措施。这是化工部贯彻世界环境发展大会和落实"二十一世纪议程"的一大举措。以此为发端,全国化工"三废"治理又一次加大了力度。

一片崭新的蓝天绿水,迎接着并不遥远的明天。

第五部

长征，新的号角已经吹响。

新时期，新市场，化学工业插双翅振奋腾飞。挥洒嘹亮而多彩的音符奏响国际歌的乐章。巨舰告别了海岸，钢铁大林莽郁郁葱葱凌空而起。

跨世纪的进军中，我们行进的脚步声回响在地平线上……

第十六章
拉启"新长征"的大幕

1989年11月5日。从南京始发的列车，飞驰于被秋色染黄的中原大地。

大地，色彩斑斓，赤橙黄绿青蓝紫，整个世界被秋天浓缩了。乘客不多的软座车厢，几名毫无倦意的东北人把窗外风光当成江南水乡在欣赏。吉化人事迹报告团一行8人，大部分来自生产一线，平时很少有机会出差，中原金秋难得一见。他们刚刚结束在浙江、安徽、上海、南京的活动，应陕西邀请，今天必须赶到西安。

报告团团长、原化工部副部长贾庆礼，一位外表比实际要年轻许多的70岁老人，身着灰白色风衣，精神矍铄，坐在靠窗的位置，他埋头于铺着白布的小桌，亲自动笔给顾秀莲部长写汇报。偶尔也望望窗外，而且是久久地凝视……

窗外飞逝的一切变成了林立的塔罐、纵横的管线……

10月21日开始，贾庆礼带着吉化人事迹报告团在四省市做了十几场报告，检查讲评了五、六个工厂、二十几个车间，所见所闻感触良多："管理怎么强调也不过分，没有管理就没有经济效益，就没有安全保证，尤其是我们化工企业。顾部长从学吉化入手抓管理，加大了力度，棋高一招。"他打心眼里敬佩这位上任不久的女部长。

顾秀莲从秦仲达手里接过了中华人民共和国化学工业部部长的接

力棒。

从36岁到46岁,她当了10年国家计委副主任,紧接着又坐镇南京,干了8年江苏省省长。如今坐在部长这把交椅上,她没有感到丝毫的轻松。

化学工业,这是一个多彩的世界,这是一个无尽无休地进行着分解与化合的世界。在性质、成分、结构产生变化以后,在这个"世界"里每时每刻都有新的物质诞生。顾秀莲对新事物的挑战总是很兴奋的。

她喜欢化学工业,她喜爱组织给她的新岗位。对这个行业她并不陌生,在国家计委任职时打过交道,后来当省长又亲自抓了扬子乙烯工程,更何况江苏的化学工业具有相当规模。

宋平同志代表中央找她谈话以后,顾秀莲并没有马上"就位",她花了很长时间看文件,看资料,找人谈话,研究问题,对于自己的新使命她十分认真。就是在这个时候,"吉林化学工业公司"这个名字,在新部长的心中留下了深刻印象。

听说顾秀莲调化工部工作,很多同志都主动介绍说:"吉化搞得不错"。谈到吉化的特点,尽管众说纷纭,但归纳起来的基本表现是"学大庆基本功没丢"。

老部长秦仲达说:"吉化在建设时期就是一个典型,十年文革受到破坏,十一届三中全会后又进入先进行列。在学大庆活动中,他们结合自己的实际,形成了自己的特色,把大庆的'三基工作'、'三老四严'、'四个一样'融会贯通了,完全可以在全系统组织学习、借鉴,促进化学工业的发展。"

化工部企业管理咨询委员会主任贾庆礼说:"我们以吉化为课堂,以吉化经验为教材,以吉化人为老师,近年来分7期轮训了全国27个省市318个企业1500名各级管理干部,大家都感到服气,吉化是过硬的,是干出来的。"

化工部机关的司局长对吉化更是异口同声地赞扬,有人还以湖南省石化厅、新疆化肥厂为例,介绍这些单位通过学吉化或通过吉化人的帮助取得的重大发展和变化。"看来吉化有群众基础。能不能通过学吉化,使全国化工系统出现一批先进典型，同时也使吉化再前进一步？"顾秀莲心里盘算着。

有一件事使顾秀莲的想法升华了、坚定了。吉化要上30万吨乙烯，国务院有关部委的几位领导说："能在吉化上，我们很放心。"顾秀莲心想：一个企业有这么高的知名度、这么大的信誉，真不容易。

党中央十三届四中全会期间，她同吉林省委书记何竹康、省长王忠禹不期而遇。谈到吉化，谈到吉化正在申报的30万吨乙烯工程，顾秀莲将国务院有关部门表示放心的信息传达过去，两位领导对吉化的信任更是不言而喻了。

顾秀莲很重实际，自己也不知道这次为什么对没有见过的吉化也这么信心十足。

何竹康、王忠禹从北京回到吉林，7月中旬就召开了吉林省学吉化经验现场会，同时省委、省人民政府做出了《关于深入开展向吉林化学工业公司学习活动的决定》。

顾秀莲听说这个消息，马上表态："吉林省走在前面很好，我们化工部要借这个东风，在全国化工系统进一步开展学吉化活动"。

一个深入学吉化推动全行业治理整顿的蓝图，在新部长的脑海中越来越清晰。她找到生产综合司司长李士忠，请他带队去吉化蹲点，总结经验。顾秀莲特别叮嘱："吉化经验是全行业的可贵财富，总结经验不要局限在企业管理，物质文明建设和精神文明建设都要考虑，要把学吉化活动作为化工部贯彻党的十三届四中全会精神的一个重要措施。"

李士忠带领陈蔚、朱永涛、王其祥在吉化一蹲就是20天。

吉化好，这是从没有到过吉化的人看了吉化之后异口同声的说法，然而毕竟是走马观花的感受。那么，它好在哪儿？这是学问，也是篇大文章。做文章通常是让人读的，读了就应该让人振奋。化工行业确需要这样一篇好"文章"。李士忠几乎每天都睡得很晚，躺在床上依然没有困意的时候，他时常这样想。

20个夜晚，苦苦地思索。

20个白天，四处地奔忙。

召开座谈会，下厂走访，和吉化的党政领导交谈，和工人谈心。渐渐地，每个人的脑子里开始充实了，有了比较清晰的思路。于是，总结，提炼，升华。

思索的火花撞到一起了。

"四种革命精神"、"五条基本经验"脱手了。

这是和吉化人共同总结思索的结晶。

李士忠一行人很兴奋，似乎每个人都有种如释重负的感觉。饭后，伴着习习的晚风于户外散步，行至龙潭大桥，他们停住了脚步。看着夜幕即将降临，晚霞铺染的吉林化工城，心里顿然漾动着一种美滋滋的骄傲，这种骄傲感不仅属于吉化人，也属于化工同行……

此时，李士忠更满足于刚刚脱手的这篇文字不多的"大文章"。从某种意义上说，这篇"大文章"是他们的得意之作。而只有为数不多的人知道，做好这篇"文章"，他们付出了多少心血，经历了多少艰难……

翌日，李士忠匆匆赶往长春。

吉林省委一个中型会议室，省委书记何竹康接见了李士忠。按顾秀莲部长的预先安排，他要把总结情况向吉林省委汇报。参加这个汇报会的还有副省长王云坤、省委组织部部长高严，以及省经委、计委、工会和学吉化办公室的负责同志。接待规格之高恰好反映了吉林省对学吉化活动的高度重视。

"你们辛苦了，应该说这也是为我们做了工作。"何竹康很感激。

李士忠把"四种革命精神"、"五条基本经验"的详细内容做了阐述。

"好！这个总结是对吉化经验的高度概括。"何竹康给予了充分的肯定。

"工作中意见和想法也有所不同，但最终还是认可的。"

人们对吉化经验和学吉化活动的认识在新的高度上形成了新的统一。

"四种革命精神"、"五条基本经验"，从而为全行业大张旗鼓地开展学吉化活动拉开了序幕，奠定了基础。

召开全国化工行业学吉化的会期临近了，顾秀莲专门向国务委员邹家华做了汇报。邹家华同志说："抓好搞活大中型企业，是国家当前的中心。我国财政积累80％靠工业企业，工业搞上去很有意义。"

9月2日，顾秀莲亲自给李鹏总理写信要汇报化工系统学吉化问题。

9月3日，总理阅后批示"尽快安排"。

9月4日，李总理召见顾秀莲部长。对于吉化，李鹏总理并不陌生，两年前，吉化的几个主要生产厂他都一一看过。李鹏说："吉化的工作搞得不错，主要经验是思想政治工作抓得好，企业管理的基础工作没有丢掉，也就是基本功好。可贵的是大事小事都十分认真，特别是小事也严肃认真，所以企业管理搞得比较扎实。"事后，顾秀莲回忆说："我觉得这个评价是很高的，总理对吉化是了解的。"

顾秀莲很兴奋。作为国家一个基础产业部门的一号首长，她敏锐地意识到化工企业高温高压、易燃易爆、有毒有害的特点。吉化这个典型有代表性，有针对性。正如后来她在同《人民日报》记者孟晓云谈话时进一步指出的那样，"改革开放十年来，我们借鉴了许多国外的先进经验。我总想，我们国家也应该有自己的有时代特色的典型，是现代化管理，又融入传统的中国特色。我到化工部上任之初，征求了老部长的意见，又进行了实地调查，感到吉化正是这样一个典型。""利用吉化这个先进典型，带动全行业发展，提高企业素质，推动技术进步，发展化学工业，有着十分重要的现实意义。"

"全国化工系统进一步学吉化现场会"1989年9月12日到16日在吉化召开。利用这个机会，顾秀莲部长提前一天第一次来到吉化。与她同行的有副部长谭竹洲，化工部原副部长陶涛、冯伯华、贾庆礼。

吉林市依山傍水，尽管秋风初临，但秀色不减。她一口气看了几个厂，从主要生产装置到辅助系统，从食堂、学校、托儿所到职工住宅区，接触了干部、工人、技术人员和家属。她不感觉陌生，应该说自上任以来，吉化日夜在心里。

顾秀莲印象最深的就是人的精神状态好。她说："吉化经验渗透在各个角落、各个部门，的确能看得见，摸得着，是名副其实的先进企业。"

3

同那些特殊的岁月一样,那些承担了特殊使命的人,历史不会忘记,人民也不会忘记。

1977年,跑、冒、滴、漏、脏、乱、差、软、懒、散"十害俱全"的吉林化学工业公司人心涣散,杂草丛生,主要设备完好率只有35.1%,静密封点泄漏率高达15.6‰。这一年全公司发生事故2317起,其中重大事故84起,着火爆炸4起。国家考核企业的八大经济技术指标一项也没有完成。

全国最大的化工原料生产基地被折腾到这步田地,谁去收拾这个残局?石油化工部党组想到了两个人,一是曾经在全国勤俭办企业"五面红旗"之一的兰州炼油厂当过17年副厂长、厂长的部基建组副组长贾庆礼,另一位是在大庆油田工作了17年的大庆石化总厂厂长郭崇隆。

接到调令,没有讨价还价的余地,他俩每人在自己的办公室放上一张床,就算在吉化安营扎寨了。

刚到吉化不久,有一天晚上,石油化工部召开电话会议,要求各厂主要领导参加,结果只来了几位管生产的副厂长。贾庆礼气愤了:"一次会议就是一面镜子,它照出了企业作风。干部都这样,还怎么带队伍?"

散会时,夜已深了。

贾庆礼对党办赵主任说:"通知党委书记开会。"

赵主任愣住了。

"现在通知,时间就定在半夜12点。"贾庆礼不容置疑。

半夜12点。书记们被一个个从被窝里请了出来。

连夜传达石化部电话会议精神。"因为部里要求你们参加,而你们没有参加,只好'传达'。"

请没有按规定参加电话会议的同志谈明缺席原因。"因为这是起码的组织纪律。你们是带队伍的,作风是带出来的,不是喊出来的。"

会，一直开到后半夜2点多。

这是一次震动。

到了三季度末，眼看全年生产任务要泡汤，贾庆礼、郭崇隆决定召开一次万人大会，动员群众大干100天，争取把全年的任务完成得好一些。

9月24日，吉化铁东灯光球场，彩旗招展。主席台是用4台大卡车临时搭就的。

开会的时间到了。

办公室主任正式通知："各单位到齐了，可以开会了。"

"你拿签到簿来，我看看。"贾庆礼一看，没错儿，按分配给各单位的名额，的确到齐了。

会开了1个小时。所有的议程都进行完了，贾庆礼却不准散会，他要叫真儿。

各厂带队的书记、厂长被请到台前："把你们的队伍集合好，我要清点人数。"

每个单位排两行，书记、厂长打头。清点人数足足又用了1个小时，实到6454人。

面对书记、厂长和与会的职工，贾庆礼再一次激动了："如果连开会的队伍都带不了，我怎么能放心地把工厂交给你？在'签到人数'这么简单的问题上，有人可以说假话，今后你说的话我怎么信？"

这又是一次震撼。

贾庆礼、郭崇隆最不能容忍的是领导干部的懒惰和懈怠，这种不容忍有时到了痛恨的地步。与此形成对照的是从他们身上释放出来的爱，那种对事业、对工作、对职工最真挚的爱。

那年月，吉林的生活很苦。在几个生产岗位贾庆礼打开工人的饭盒，清一色的苞米面饼子、咸菜疙瘩。

"师傅，你们家的细粮呢？厂里发的'保健'呢？"

"书记，我娘70岁了，孩子还都在上学。在我们家，这苞米面就该我吃。"

居住条件更差。老少三辈人挤在一间房子里。更有甚者，一间房子中间挡一块布，居住两家人。

贾庆礼为此流过眼泪。他说："在那艰苦的岁月，在那样困难的条件下，要改变吉化的面貌靠什么？靠干部以身作则带队伍，艰苦奋斗带作风。要工人吃苦流汗，干部必须带头无私奉献。"

当时，吉化有20多个二级单位，生产车间300多个，化工生产岗位800多个。不到一年，他们的足迹已遍布化工区，几乎所有的车间都去过。一些主要车间，不是去一两次，而是10次、20次，最多的去过40多次。一年不过365天，只有365天啊！

他们几乎每天都零点以后才能睡觉，四、五点钟就起床，啃个馒头也算一顿早餐。有人统计过，主管生产的副经理冯锡瑞，半年当中只回家住了4个晚上，而他家离公司只有1公里。

1978年1月20日，贾庆礼起早看了染料厂的几个车间。因为要去北京开会，临上火车之前，他给厂长吕万忠写了一封信："我今天早晨从5点到7点看了1号、11号、14号3个车间，11号稍好一些，14号、1号却是旧貌未改……我看了以后感到很难过，证明我的工作作风不深入，满足于7号、8号的典型，高兴于24号的进步……我建议你亲自去抓，扎扎实实抓上一个月、两个月、三个月，旧貌不改别回来……我今天上午就到外地开会，没时间当面讲了，留这个简条，望狠狠抓一下。万忠同志，你是辛苦的，工作是认真的，就是不细，不严，检查不够，不能以点带面……"

在这封信里，有要求，有方法，有表扬。当然更多的还是对下属的深情，对企业的挚爱。

有一次，贾庆礼、郭崇隆来到电石厂石灰车间干燥窑，一脚踩下去，灰尘没了脚脖子，电石车间的劳动条件更恶劣。他们把全公司的厂处级干部召集到现场，请大家看。"我们的工人在这种条件下生产，当领导的睡得着吗？事业心何在？"

在电石厂丁辛醇车间的一套装置上，郭崇隆找到四十多个漏点，而车间有位技术干部只是一笑："郭书记，这是常见病、多发病，要这么找，多了。"看此人无所谓的样子，郭崇隆的心里直冒火，这要是在大庆……

然而这里毕竟不是大庆，是深受"四人帮"之害尚没有恢复元气的吉化呀！但是大庆人是不会绕道前行的。他还是耐着性子对这位技术干部说："常见病不治会酿成大病，多发病最伤身体。同志，技术干部应该是机器的医生。"那人没再说话，脸红红的。郭崇隆从化验室拿来一个量杯，10分钟内在一个漏点接出100毫升的物料。他一手拿着杯，一手扶着车间干部的肩膀，不无痛心地说："同志呀，10分钟100毫升，这么漏下去，一小时多少？一天呢？一年呢？这仅仅是1个漏点，那么10个呢？100个呢？你们全车间、全厂一共有多少漏点？这都是企业的血液、国家的血液呀！"

这笔账算得叫人心服口服。郭崇隆就是用这种"算细账，小中见大"的做法在全车间、全厂引起了重视经济效益的强烈反响。丁辛醇车间首先成为全公司最早实现无泄漏的车间之一，电石厂也成了全公司最早的无泄漏工厂。

1987年一季度，电石生产月月完不成生产计划。问什么原因？车间干部吭哧了半天说："可能是密闭炉工艺操作过不了关。"

"你们有工程师没有？"

"有，叫熊漠远。"车间领导你看看我，我看看你，半响又说："是个老工程师，一直没有使用。"

"为什么不使用？"

"清队时定的'叛徒'，没作结论，不敢用。"

当天，贾庆礼、郭崇隆看了熊漠远的全部档案材料。一般历史问题，作过结论。清队时加的罪名，没有根据，应予推翻。这个人有水平、有贡献，1958年就出版了《电石生产工艺学》，是全国知名度很高的电石生产专家。这样一个老工程师为什么不使用？

他们把这个典型拿到公司党委会上去剖析，让大家统一思想，共同提高认识。党委决定：重新作结论，恢复熊漠远的工程师职称，负责车间技术工作。熊漠远恢复工作以后，积极给青年人上技术课，提高操作水平，迅速扭转了生产的被动局面，电石车间从5月份开始月月完成生产计划。

1978年5月，全国石油化工第二次学大庆会议在大庆召开，贾庆礼作为吉化的代表，走上了讲台，向国务院领导和全国石油化工战线的同行们汇报吉化工作，博得了满堂喝彩。康世恩副总理在报告中盛赞吉化"大干大变"，点名表扬贾庆礼及其副手郭崇隆说："他们真正到群众中去，以身作则，队伍作风就带起来了。"

从 1 月 1 日到 10 月 31 日，大约 300 个日日夜夜。

1978 年的这 300 个日日夜夜，贾庆礼、郭崇隆统帅 10 万大军，夜以继日地进行着征讨"十害"的伟大战役。

这 300 个日日夜夜，创无泄漏、创清洁文明工厂成为凝聚吉化上下的大目标。从厂内到厂外，从化工岗位到辅助系统，从生产装置到"四室两箱"，人们由点到面、由表及里，从搞车间的"沟见底，轴见光，设备见本色"，扩大到厂区的"一平，二净，三规整"。吉化发生了巨大变化。

这 300 个日日夜夜，动用机具 1.6 万次，清除垃圾、残土 4.8 万吨，回收废钢铁 1.8 万吨，平整场地 75 万平方米；

这 300 个日日夜夜，修复破旧门窗 1.1 万扇，更换、擦洗门窗玻璃 63.5 万块；

这 300 个日日夜夜，修街区马路 7800 延长米，挖排水沟 5400 延长米，管线保温刷油 10 万延长米，绿化植树 6.1 万棵……

这 300 个日日夜夜，吉化进行了 4 次大的设备整顿会战，消除各种设备缺陷三十多万处，全部设备完好率由 43.04％上升到 87.1％；主要设备完好率由 35.1％上升到 84.1％；静密封点泄漏率由 15.6‰下降到 2.74‰。

吉化已开始复苏。

1978 年 12 月，化学工业部、中共吉林省委、吉林省革命委员会把"大庆式企业"的锦旗隆重授予吉化。

1979 年 9 月，国务院命名吉化公司为先进企业。

1982 年，当吉化公司摆脱困扰和徘徊，度过了那个极其困难的时期，轰轰烈烈地走上"光荣榜"，走上领奖台的时候，贾庆礼、郭崇隆几乎是脚前脚后地告别了吉化，踏上了新的征途。

他们在吉化时间并不长，只有 5 年。但吉化人不会忘记，这 5 年，吉化没给他们长过一级工资,他们也没有在吉化领过一件工作服,他们在吉化没有休过一个星期天……

吉林三月,仍是冰天雪地。

东北人把这个季节叫"着人不着水"的时候,也就是说尽管人感到特别冷,但冰雪开始悄悄融化了。

1985年3月14日,一些戏闹的孩子在松花江边上玩,突然冰层塌陷,3名儿童落入冰窟中。"救命啊!",人们在呼喊,在蜂拥……一辆路过的解放牌汽车戛然而止,司机冲出来,棉衣棉鞋都没来得及脱就跳进冰水中……

3个孩子得救了,当人们把救人的人救上来时,已经很危险了,他的脸和手都被冰碴子划破了。

救人的人没事一样,开车走了。

被救的孩子家长根据围观人提供的线索,联名给吉化公司污水处理厂车队送去一面大镜子,上面写着"感谢救命之恩"。司机王凤山救人的事一下子传开了。

一个年轻人,27岁的共青团员,冒着生命危险救了3个孩子,受到了人们的赞扬。但是非也由此而生:

有人说王凤山"点儿高",当时正好厂里分房子、长工资,这下子干着了。

有人说:"这小子机遇好,要是给我一辆摩托车,围松花江三天三夜也难找这么个自我表现的机会。"

还有人说:"算啥?资本主义国家也有这种大人救小孩的事。"

王凤山的内弟说:"我姐夫真傻,要是一下子上不来,姐姐咋整?"

吉化公司党委副书记李奇生面对送在桌案上的表扬稿,举棋不定。想了想,果断地拿起笔来:请党办、宣传部、工会、团委组成调查组,团委副书记赵耀牵头，调查王凤山其人其事。

半个月后，调查报告出来了。团委赵书记捏着厚厚一打纸向党委汇报："王凤山在学校读书时，是三好学生、班长；下乡时是集体户户长，老队长说：'他挣的工分最多，至今我们还欠他一百多元钱，他也没来要。'入厂后，一开始当装卸工，因表现好被选拔为司机。他开过油罐车、水罐车、翻斗车，也开过老掉牙的嘎斯，他开哪台爱哪台，精心维护保养，年检、季检都一次合格。厂里30多名青年工人技术考核，他得第4名。有一次，工棚子着火，他临危不惧。到最危险的地方救火，抢救国家财产……"

赵耀越讲越起劲，党委书记冯锡瑞打断他的话："他有什么荣誉称号？"

"入厂5年了，没当过优秀团员，也没评过先进生产者。"

"先进不沾边？"

"群众意见都在穿着打扮上。厂里他最早穿西服，还是墨绿色的，满头羊毛卷不说，还留着小胡子，大家都叫他'瓦尔特'。"

有人马上补充说："这小子不大正经，爱唱爱跳，还会游泳……"

李奇生副书记笑了："废话，不会游泳怎么救人？你说说怎么个不正经吧！"

补充的人语塞了："他特能跳舞，跳交际舞……"

"还有什么？"

"有一次出长途车，他刮了人家的大厢板，罚款50元受到了批评。"

"对于他舍己救人的英雄行为怎么看？"

调查组一位心直口快的人马上接过了话茬儿：

"不行，把他当英雄，群众难通过。"与会人员沉默了，大家眼前都浮现出一位身着墨绿西服、羊毛头发小胡子的"英雄"，不像，不像，不少人都摇头了。

党委肯定了这个调查报告："王凤山有功有过，有是有非，人们对他有褒有贬，你们反映了现实生活中一个真实的人，一个有血有肉的人。"

散会后，书记、副书记都没有走。冯锡瑞说："看来，有英雄行为，但缺乏'英雄形象';有先进事迹,但从没当过先进。"

李奇生被冯锡瑞逗笑了,但很快就收住了,认真地说:"假如王凤山救人牺牲了,我们怎样评价他?假如王凤山是共产党员、劳动模范,今天又怎样评价他?假如没有救人的事……冯书记,王凤山这个典型很典型啊!矛盾摆在那里,是树死人还是树活人?是树真人,还是树完人?"

冯书记说:"对王凤山的不同看法,如果说反映了群众的心态,莫不如说反映了政工干部的思维模式。我看王凤山是个有理想、干实事的年轻人。"

从这天开始,李奇生把"怎样认识王凤山"的事情作为一个"工程"抓在手上,作为党委交给自己的一个任务。他组织调查组的同志写了一篇长篇通讯,叫《你认识王凤山吗?》发表在《吉化报》上。这篇文章把王凤山的功过是非,人们对他的褒贬议论,通通如实地写了进去。

一石激起千层浪。默默无闻的王凤山成了吉化公司的新闻人物,妇孺皆知,反响强烈。党委因势利导,在60平方公里的化工区,组织了有10万人参加的历时100天的"怎样认识王凤山"的大讨论。

总经理霍荣华说:"这不仅仅是对王凤山一个人的认识,他涉及到对一代青年的理解,这场讨论给吉化公司、给10万名职工带来了清新的空气。"

1989年5月4日,吉化公司党委召开了大会、由团委命名王凤山为"有理想、有纪律、干实事的优秀共青团员"。

在这场讨论中,《吉化报》、《江城日报》、《吉林日报》都先后开辟了大讨论专栏。人们在浓厚的气氛中畅所欲言,从不同的角度进行探讨,寻求各自的答案,获得思想上的启迪。

《人民日报》、《工人日报》、《光明日报》、《中国青年报》以及《调查与研究》、《中国工运》、《新长征》等报刊都报道了这场大讨论的情况,在全省、全国造成了一定的影响。

一个典型引起10万人的思索。为了把10万人的思索变成10万人的行动,吉化公司在第二年、第三年分别开展了"我爱吉化"和"我为吉化争光荣"的主旋律教育活动。

1984年到1989年，吉化公司连年被中宣部、国家经委、中华全国总工会授予"全国思想政治工作优秀企业"称号。

吉化公司的领导班子几经变动，纪清远、冯锡瑞、霍荣华、李奇生……他们带领职工不仅巩固了"学大庆"成果，巩固了"无泄漏"和"清洁文明工厂"成果，而且又创成"六好企业"，先后获得"全国企业整顿先进单位"、"全国企业管理优秀奖"、"全国设备管理优秀单位"、"'六五'技术进步先进企业全优奖"、"企业改革创新奖"、"先进基层组织"等荣誉称号，1987年被授予"五一"劳动奖状。

1990年3月2日清晨，吉化人事迹报告团早早上路，乘坐一辆丰田中客，从潍坊出发朝青岛飞奔。

坦荡宽阔的公路上，车辆虽说不算多，但风驰电掣地各奔东西，让人感受到一种繁忙，一种丝毫不敢懈怠的紧张。山东，作为经济发展的后起之秀，人们在这里听见了他奋起直追的跑步声。

这是一次夜以继日的行程。

老部长贾庆礼弓身驼背，一言不发地坐在第二排，似睡非睡地斜在靠背上，他在朦胧中沉思，在朦胧中盘算。化工部1月18日发出第二次组织吉化人事迹报告团分赴11省市的通知。春节刚过，2月6日报告团就抵达天津，至今不到1月，已在天津、河北、山东报告35场，下面还有8个省市，看来日程非排至5月份不可了。

贾庆礼睁开眼睛，望了望窗外飞逝的原野，啊，春天已经来到山东大地了。

坐在他身边的两位年轻女同志见贾庆礼醒了，一个端水杯，一个数药片，递上去："老人家，该吃药了。"

贾庆礼接过来，看都不看，吃了下去。老少三人没有表情，也没有客气，配合默契。贾庆礼身体不好，陈旧性心肌梗塞、冠心病、糖尿病、高血压，都是老年人不敢马虎的病，加上 70 岁高龄，当然是全团重点保护对象。一路上，尹丽华、杨帆像女儿一样精心照料，贾庆礼十分感谢。

路面很好，汽车沙沙地飞奔。贾庆礼继续闭目养神，想起了报告团在山东感受到的盛情。

22 日下午 4 时，报告团进入济南，驱车直奔宾馆。省委书记姜春云及苗枫林、张瑞凤、贺国强等其他省委领导热情地迎接大家。

姜春云一口浓重的山东口音，平平缓缓却打动人心："今年山东在精神文明建设上，准备搞几次比较大的活动，你们开了头一炮，第一响……我们一定要让吉化人的先进事迹和经验，在山东生根、开花、结果。"

省委常委、济南市委书记贺国强在济南化肥厂文化宫聚精会神地听取了吉化人的报告，即席讲话说："这场报告有血有肉，有情有理，有感染力，有说服力，有深度，有高度，确实使我们受到深刻教育。"他提议把吉化人事迹材料印发到所有企业，要在全市开展"学吉化"活动。2 月 23 日，报告团一天做了 4 场报告。上午 2 场，下午 2 场。为了不影响山东大学的那场报告会，贺国强书记亲自安排一辆警车，由一名武警中校陪同报告员串场，繁忙的济南马路，畅通无阻，一路绿灯。

不知不觉，汽车于中午驶入青岛市区。青岛是报告团在山东的最后一站。

午饭后，13 点 30 分，首场报告会在青岛人民大会堂举行。

盛况是空前的。显然，报告团不乏演讲家，他们紧紧抓住"从吉化看社会主义"这样一个主题，竭力开拓，深刻感人。他们每一个人都从自己的角度，用一件件实实在在的事实告诉听众，吉化不愧是有中国特色的社会主义企业。吉化公司工会副主席于万夫讲队伍作风的养成与实践，虽然报告很长，近 2 个小时，但掌声笑声不断，让人忘记了时间。当残疾人刘士权挂着双拐上场，讲自己在吉化这个大家庭里残而不废、自强不息的事迹时，许多人为之感动、流泪。"五一"劳动奖章获得者孙守信、全国优秀劳动保护检查员孙玉生以及高英博、徐传新、张玉霞所讲的"麻袋毛精神"、"三八"保温班、"三八"食堂的事迹都不长，十几分钟，却在听众里引起很大反响，受到热烈欢迎。2000 人的会场座无虚席，鸦雀无声，掌声阵阵，讲出了水平。普遍反映，"感人肺腑，催人奋进"，"十几年没有开过这么好的会了，十几年没听过这么精彩的报告了。"

山东省委常委、青岛市委书记郭松年在黄海饭店宴请远道而来的吉化人。"黄海"，这是一个与海滨名城相称的豪华住所。郭松年盛情而诚恳地邀请报告团下榻"黄海"。

贾庆礼连连摆手，执意不肯，"不行，不行，我们怎么能住这么高级的地方。"

其实，没到青岛他就盘算好了自己的住处——青岛碱厂。在他的记忆中，这是个先进厂，部党组很器重，秦仲达部长多次表扬过，贾庆礼任副部长时也来过几次，这个厂如今同吉化一样也是国家二级企业。住在厂里，看一看，帮一帮，促一促，方便。

离开"黄海"，到碱厂招待所已经是晚上8点了。9点钟，贾庆礼把马不停蹄的吉化人分成4路，对碱厂进行检查"诊断"。

贾庆礼对准备陪同检查的、工作服、工作帽、工作鞋着装整齐的厂领导说："市化工局没有安排这次检查。我要检查，为什么呢？我到你们厂来过好几次，给我的印象是一个好厂，特别是秦部长来你们厂住过，回去后在部党组会上表扬过你们。"

坐在旁边的省化工厅刘旺厅长和市化工局局长王增荣连连点头。他们都是"老化工"，王增荣还是"老吉化"，他们十分理解这位当年主抓生产的副部长。他爱企业、爱职工、最恨队伍的"软、懒、散"，最恨工厂的"脏、乱、差"，最不能容忍设备的"滴、漏、跑、冒"，这种爱和恨的交融，使他古稀之年还在为没有完成的事业——"三创"（创无泄漏工厂、创清洁文明工厂、创六好企业）而奔波。

"贾部长，明天再下去，今天还是休息吧！"刘旺厅长全程陪同，知道今天这一天"人没下马，马没卸鞍"的辛苦，更何况自己陪的是一位70岁老人呢！

不说还好，没等刘旺说完，贾庆礼顺手戴上工作帽，起身就走。他认真仔细地察看了石灰、压缩两个车间。

在石灰车间，他发现一个小仓库管得不好，就问车间主任。"这里有没有人管?"

"有。"

"谁?叫什么名字?把账拿来给我看看。"

主任支吾了。

贾庆礼一针见血地指出:"这么脏,这么乱,肯定没人管。"

电工休息室暖气太足,温度很高。贾庆礼说:"这么高的温度不行,不仅浪费,工人也容易感冒。"

他在室内看了一圈,似乎发现了问题,回过身来问一位青年工人:"你们厂内允许吸烟吗?"

"不允许。"回答很干脆。

"你们这个班有人吸烟吗?"

"没有。"更干脆。

"我要找到烟头怎么办?"

"认罚。"

贾庆礼笑了。他转身从一个隐蔽的角落里拾起一个烟头,"你看,新的,谁抽的?"

小伙子低下了头:"我。"

贾庆礼拿着烟头语重心长地说:"偷着吸烟比明着吸烟更危险。"

在压缩车间操作室,贾庆礼翻开当班交接记录,上写"工具齐全",就问那位女工:"你交接了几件工具?"

"10件。"

"那你把10件工具数给我看看。"

女工胸有成竹地打开工具箱,一件不差。

贾庆礼高兴了,掏出笔来在记录本上写道:"宋纯英对工具管得好,过得硬。"

当天晚上,青岛碱厂召开中层以上干部会议,连夜听取贾庆礼及其报告团的讲评。

夜已经很深了。

10点半钟,能容纳六七十人的会议室里挤进了上百人,只好加凳。

没有人大声说话。人们知道吉化人来了，报告团来了，贾庆礼来了。人们也知道他们到厂后连夜看了车间、看了设备，现在要"判卷打分"，空气中充满了期待。他们当中，有不少人刚从现场下来，当然也有不少是刚从被窝里爬出来的。

贾庆礼站了起来，没有讲稿，却有条不紊："今天这么晚了，为什么还把大家请来？一是想看看干部队伍，能不能招之即来。二是真心实意地想帮一把，看了碱厂总得有个交待。三是今天不讲，明天再没时间了，报告团的日程排得很满。"之后，他在吉化的3名同志讲评的基础上，就领导作风、培养队伍及企业管理，讲了3个问题。他旁征博引，虚实结合，风趣幽默的讲话，不时唤起掌声和笑声。实在地说，贾庆礼是个演讲家，企业的问题他看得透、说得准，就是批评也能在大庭广众之下，让人接受，能够理解。

当人们收起笔记本离开会场时，已是午夜12点30分了。

3月5日，吉化人事迹报告团在碱厂文化宫又作了两场报告。晚饭后，他们匆匆上路了。

青岛机场。

火烧云把滨海的傍晚烘托得炽热而真诚。依依惜别，人们望着向停机坪悄然走去的队伍，望着70岁老团长的背影，望着挂着双拐的那位残疾人，望着热心诚恳的吉化兄弟迈着那疲劳的脚步，他们双眼湿润了。

飞机终于冲向辉煌灿烂的天空。吉化人事迹报告团走了，还有许多企业在等待他们，他们将把吉化办有中国特色的社会主义企业的经验，像种子一样继续撒向大地。

1989年10月到1991年4月，吉化人事迹报告团4次组团，足迹遍布26个省、自治区、直辖市的120个城市，报告370场，听众44万人次，检查"诊断"企业160个，搞企业管理讲座近百场。

报告团在全国各地撒播吉化经验的种子，是对全行业治理整顿的推动，当然也是一次对化工的大宣传、大普及。全国各地不断有消息传来，吉化人事迹报告团是宣传队也是工作队，受到各省、自治区直辖市的极大重视和热烈欢迎。

1990年3月10日，《福建日报》头版发表记者翁其华"传经挑刺，真传实帮"的报道，介绍"吉化人"的报告、展览、讲座以及检查福州一化、二化两家先进企业的情况。省委副书记、福州市委书记袁启彤看了报纸，当天晚上就给有关领导写信说：这篇文章"很值得我们一读和深思，希望大家都能从中得到启发和教育"。

3月13日，《福州晚报》头版发表了这封长信，标题是"袁启彤同志就'传经挑刺，真传实帮'一文写信要求全市企业找差距抓管理挖潜力多奉献"。

3月15日，《福建日报》"评报"第7期发表该报副总编黄芝晓的文章"一条富有新意的动态稿"，赞扬了记者翁其华对"吉化人"活动的报道有辩证法。他指出："报告团是传经团，也是客人。但客人不讲客气话，而是实事求是地指出企业管理中的缺点，真正发挥了'会诊''传经'的功能。"

3月23日，《福建日报》头版再次发表报道"吉化人真传实帮，我们要真学实干"，介绍报告团走了以后，福州市化工系统企业"到处讲吉化精神，议吉化作风，谈吉化经验"，"对照吉化先进标准找差距抓整改"的情况。

4月12日，《吉林日报》发表特约记者翁其华从福建发来的专稿"吉化报告团在福建受赞誉"。

1990年4月27日。

北京，和平里。化工部招待所二楼会客室里谈笑风生。

吉化人事迹报告团被紧急召回，是刚刚乘中午的航班，由昆明抵达北京的。报告团的于万夫、孙守信、孙玉生三人被编入全国总工会劳模报告团。

坐落于天安门广场的人民大会堂今天喜气洋洋，这里将隆重举行首都各界人民庆祝"五一"国际劳动节大会，吉化人事迹报告团全体成员应邀与会，贾庆礼、于万夫、孙守信、孙玉生被安排在大会主席台就座。

这是化工的光荣，这是吉化人的光荣，这更是吉化人事迹报告团的光荣。

1991年4月，化工部做出了"关于表彰吉化人事迹报告团的决定"。吉林省人民政府发出明传电报，向"吉化人事迹报告团并贾庆礼同志表示热烈祝贺和亲切慰问"。

吉化人事迹报告团是一支活跃在学吉化第一线的轻骑兵。

这是一段让人难忘的经历。

1991年4月的北京，正是"红杏枝头春意闹"的季节。曾经接待过许许多多全国性重要会议的京西宾馆，又迎来了全国化工战线一次少有的盛会。

各省、自治区化工厅局的领导、学吉化办公室负责人、受表彰的75个学吉化先进单位、部分大型化工企业、部直属企事业单位以及来自生产第一线的车间班组的代表……200多人云集一堂，隆重举行"全国化工系统学吉化总结表彰大会"。

国务院副总理邹家华来了；

全国政协副主席王任重来了；

中国工业经济协会会长、原国家经委主任吕东来了；

吉林省省长王忠禹来了；

国家计委、生产委、中央党校、全国总工会石化工会、河北衡水地区行署的代表来了；

新华社、人民日报、经济日报、中央人民广播电台、中央电视台、经济参考报、中国化工报和化工管理杂志等多家新闻单位的记者们也来了……

李士忠坐在会场的一个角落里，和所有的代表一样，一次又一次热烈地为顾秀莲部长的报告和企业的精彩演讲鼓掌。部长们知道，化工部生产综合司和部机关的许多同志们知道，介绍经验的企业也知道，对于报告中总结的"全国化工系统开展学吉化活动的十条主要经验"和 17 个典型发言，他怀有一种亲切而特殊的感情。

自从顾秀莲部长把"学吉化"作为全国化工系统"三件大事"提出以后，生产综合司受部党组委托，把组织全国化工系统深入开展这项活动一直作为工作的重点。这次开会之前，李士忠把所有其他的工作都交给几位副司长负责，自己全副身心投入到对全国学吉化情况的调查研究和对典型经验的筛选总结之中。

"做一桌全席，不仅要有熘肉片，还要有'四喜丸子'。"他对副司长朱永涛要求，"要从各个侧面、不同角度反映学吉化经验，不能搞成千篇一律。"

话好说，事难做。"十条主要经验"，17 个典型发言，浓缩了 100 多个不眠的日夜，几千里未拂的征尘，几十位同志难以计数的心血……

如今，从如雷如潮的掌声、如沸如腾的气氛中，他得到了最好的补偿。

张秋生是这次会议的一个特殊典型。在 75 个受表彰的先进单位中，唯有他是从一个特别的角度切入"镜头"的。

张秋生，滏阳化工厂副厂长，1964 年毕业于天津工学院化机专业。这个人能干，有专业技术，但为人耿直，有话拿过来就说，人送外号"杠子头"。"文化大革命"让他烧了好几年锅炉，不外是想治治他的脾气，他就是不服，仍然我行我素。

有人说他骄傲自满，有人说他目无组织，他自己也知道这招人恨的穷毛病耽误了不少事，但又有什么办法呢？改不了。

当副厂长了，总该改改了，不行，还是改不了。你看，他又说话了："企业里，生产上不去万事皆空，技术不过硬啥都白扯。"他公开对企业管理处处长说："你搞的那一套，都是些中看不中用的东西。"

这不，化工部号召"学吉化"，他又想不通了："学大庆还没学出个名堂，怎么又学起大庆的徒弟了？"

1990 年 2 月 19 日，吉化人事迹报告团到了邯郸，要从车间抽人去听报告，他问企管处长："你把骨干都给抽去听报告，生产还干不干？"

"张厂长，你也应该去听听。"

"不去。"他愣顶着，就是没去。

当天下午不到两点钟，老部长贾庆礼带着3名吉化的专家到厂里来了。

张秋生心想："来了好，我滏阳化工厂还怕你看吗？"

张秋生爱滏阳，对他的滏阳化工厂充满信心。大学毕业至今，在滏阳工作27年。滏阳化工厂怎么能不让他骄傲呢？1976年扭亏增盈后，全市第一批大庆式企业，第一批企业整顿合格企业，第一批实行厂长负责制，第一批推行承包经营。前不久，刚刚晋升为河北省先进企业。各项经济技术指标逐年上升，产值突破1个亿，利税突破2千万。最近，全省利税大户考评又是第一名。

贾庆礼及吉化人进厂后，看着满墙的奖状却不听汇报。老部长说："厂长同志，你们如何好，市里、公司领导都替你们讲了，现在咱们抓紧时间，分3路下去转转，看看。"

尽管这个季节还不是叶绿花红的时候，但滏阳化工厂里里外外干干净净，让人赏心悦目。厂门口醒目地写着"抽烟罚款"，看来化工部的禁令贯彻了。

张秋生陪着吉化化肥厂一位叫戎樱的高级工程师看设备，算是三路中的一路。

在装置区，戎樱指着地上随意丢弃的果皮、糖纸对张秋生说："生产岗位不能乱吃乱丢。"

张秋生的回答可不客气："在我厂规定了不准吸烟，但没有规定不准吃糖、嗑瓜子。"

戎樱说："那你们应该完善制度，再加上这一条。"

张秋生分毫不让："如果为了这些鸡毛蒜皮的事也定制度，那就整天定制度吧，还搞生产不？"

到了总变电站。戎樱问："张厂长，你们滏阳是不是无泄漏工厂？"

张秋生斩钉截铁地回答："早就是了，而且复查合格。"

戎樱指着眼前的变压器说:"既然是无泄漏工厂,那怎么漏油的问题还没解决呢?可见你们是不合格的。"

"据我所知,变压器冷却油渗漏问题我市我省都没有解决。氯碱行业也不一定有解决的企业。"张秋生摆出一副行家里手的架势,不但不肯认错,还反唇相讥,"你们吉化解决了吧?"

"解决了。"戎樱平静地回答,"张厂长,我觉得你情绪不大对头。我是受你们市里和公司领导的委托来咨询检查的,你如果是这么一种不合作的态度,就没有必要再检查了吧?"

张秋生干脆地说:"那就算了,反正也解决不了什么问题。"

检查就这么不欢而散,只用了十几分钟。风风雨雨,荣辱与共,张秋生容不得别人说滏阳化工厂不好。

戎樱,60岁,较高的个子,满脸胡茬子,加上连日不停地奔波,显得脸色发青,憔悴。张秋生感觉到了这位老人的疲倦和扫兴。

回到会议室,另外两组也陆续归来,陪同的省、市及公司、厂领导手里都提着钢管铁丝,拿着酒瓶香烟。听说,在计量室门前一个小小的地洞,贾部长和省厅的王凤歧处长一下子抠出了烟盒15个,烟头156个,还有吃剩的馒头和两条鱼。在操作室里还有睡觉的、聚岗的、看电视的;手里拎的酒瓶子、扑克牌也是从生产岗位上拿来的。张秋生开始意识到这次检查砸锅了,丢人了,自己也撞到了枪口上,捅了大娄子。

贾庆礼、戎樱他们走了。

张秋生陷入了久久的沉思。倒不是害怕,这么多事实摆在那里,我还"牛"什么?戎樱那不紧不慢的声音又浮现耳边:"可见你们是不合格的",直来直去,客人不说客气话,就像叫人打了一巴掌,张秋生的脸有些红了。

这是张秋生对吉化精神的第一次领教。

冷静,必须冷静下来。

张秋生及滏阳化工厂的领导班子冷静下来了,他们连夜开会。企业管理上的这些顽症,摆在我们眼皮底下几个月、几年了,为什么视而不见?为什么贾庆礼及吉化人一来就抓住了,而且抓的那么多,那么准,那么狠?

当然，厂长、书记还有领导班子的其他人也批评了张秋生。张秋生认账，承认自己的傲慢和不虚心，他要求"负荆请罪"。

已经凌晨1点多钟了，位于市中心的银行宾馆万籁俱寂。吉化人事迹报告团天亮就要启程去衡水，再没有时间了。张秋生看贾庆礼的房间还亮着灯，他鼓起勇气敲开了。他又敲开了戎樱的门……

从宾馆出来，他没回家，在早春凌晨的凉气里做了几次深呼吸。

回到厂里，怀着从未有过的负疚感，他亲手摘掉了省里命名的"无泄漏工厂"的光荣匾。

不当不合格的"无泄漏工厂"。

一连几天他住在厂里，责无旁贷地挑起了强化管理、治理"滴、漏、跑、冒、脏、乱、差"的任务，打响了学吉化的第一战役。

张秋生边干边想，护短也是爱厂吗？

他开始否定自己。

邯郸市，春秋战国时赵国的京都，家喻户晓尽人皆知的"将相和"故事就发生在这里。如今那段相遇而不肯相让的街路还保存着，人们怀念那负荆请罪的将军，更不会忘记心胸如海的宰相。

听说吉化人事迹报告团已经到了山东泰安，张秋生驱车千里，从赵国都城到了鲁国都城，再一次"负荆请罪"，向贾庆礼及吉化人汇报厂里大干大变的情况。

这次，张秋生见了吉化人就像见了亲兄弟。但心里还有疑惑，他把它带来泰安，悄悄地向贾庆礼请教："老部长，你说吉化真那么好，真能代表国有企业的管理水平吗？"

贾庆礼说："我给你开个后门，自己去亲自看一看，自己去做结论吧。"说着，老人给吉化公司的领导写了一封亲笔信。

张秋生心顺了，劲足了，又被厂里推上了排头兵的位置——学吉化领导小组副组长。在第一战役中，他带领职工平整场地5万平方米，修饰墙面4.5万平方米，整修了厂区所有的道路和下水，光垃圾就清运出去1050汽车。滏阳化工厂锦上添花。

1990年5月，这是春暖花开的季节，张秋生终于踏上了吉化这块热土,度过了难忘而又不安的 10 天。

参观现场时,他多次不走安排的路线,专抠"死角",要看一个真吉化。

他服了。在大会上,他公开承认:"从来不服气的我,对吉化和吉化经验可以说百分之百的服了。""吉化给我的印象是,干的比说的还好"。

"一级做给一级看,一级带着一级干"。张秋生把"真经"带回邯郸,带进滏阳,主动要求到全厂条件最差、基础最薄弱,整改任务最大的合成工段和三氯乙醛工段蹲点。昼夜苦干两个月,从消除"跑、冒、滴、漏"入手,使"晴天也要穿雨鞋打雨伞"的合成工段和"上岗要戴防毒面具"的乙醛工段,发生了巨大变化,一跃成为"学吉化"标杆式工段。

这期间,张秋生及其学吉化领导小组,整天像贾庆礼、戎樱一样,穿梭于全厂各工段、各岗位,从记录纸到更衣箱,从设备卫生到运行状况,从安全生产到工艺控制,一遍又一遍,按标准严格考核。不到 1 年,张秋生磨破了两双牛皮鞋。他身体不好,胃病一发作时常呕吐,直不起身子,领导叫疗养他不去,叫住院他推迟,长期住在厂里不回家。

经省、市考评,百天以后,滏阳化工厂重新挂上了"无泄漏工厂"的光荣匾。1 年以后,邯郸市人民政府在授予滏阳化工厂花园式工厂称号的同时,作出了"远学吉化,近学滏化"的决定。

河北省委书记邢崇智看了滏阳化工厂以后,欣然题辞:"学习吉化精神,争创一流企业"。

在全国化工系统学吉化总结表彰会上,张秋生面对全国同行,立下誓言:"说句心里话,对吉化我是服劲了,但不服输,吉化人能办到的事,我们也一定能做到。只要我们真心实意地学,扎扎实实地赶,在不太长的时间内,一定会跨入全国化工系统学吉化的先进行列。"

厅长李树元提到学吉化在陕西的情况,会绘声绘色地给你讲述一串给人启迪，叫人难忘的故事。

故事之一："大马力启动"

西北人耿直。陕西人对于自己不善于学习外地经验的惰性，曾编打油诗自嘲：

老陕爱参观，
回来不动弹，
挺上两个月，
回头再参观。

这次参加全国化工系统第一次学吉化会议还没等回来，"老陕"李树元就坐不住了。比比人家，看看自己，面对陕西化工的落后面貌，这位身为石化厅厅长的西北汉子动了真情："我陕西158家化工企业，只有44家无泄漏工厂，不足28%；低标准的清洁文明工厂也只有9户，仅占5.7%；化工部六好企业，一家也没有。同是10万人，同是干化工，人家吉化几十个生产企业，几乎都是无泄漏，都是清洁文明工厂，都是化工部六好企业，公司上下扭着劲儿朝国家一级企业的目标而努力，这是多么大的反差呀！"

他给省领导亲笔写了一个承认差距、揭露矛盾、不甘落后，奋起直追的报告，拿出了"学吉化"方案，连同吉化经验一起，呈了上去。

省委书记张勃兴当过石化厅领导，对陕西化工了如指掌。看了李树元的报告，他马上批示："吉化的经验很好，陕西石化系统应该学习推广，各行各业各企业也应学习，以全面提高企业素质，办好社会主义企业。"

省长侯宗宾，当年在甘肃省燃化局工作过，也是化工通。他在李树元的报告上也郑重地写明自己的意见："希望石化厅认真贯彻化工部决定，学习推广吉化经验，努力把我省石化工业生产建设提高到一个新水平。"

省委副书记牟玲生、省人大主任李溪博、省顾委主任章泽、省人大副主任孙克华、副省长刘春茂、省政府特邀顾问曾慎达等也都迅速作出反应，要求"尽快搞出学吉化活动的规划部署"，让吉化精神在三秦大地生根、开花、结果。

这是不寻常的举动。

一件事，省上 8 位主要领导批示，李树元对班子成员说："这是给我们大马力启动。我们没有退路，学不好吉化咱只好集体辞职。"

话虽不多，但他说出了"学吉化"在陕西的难度和阻力，也表示了省厅在这个问题上的认识和决心。

从此"大马力启动"这句话在全行业传开了，成为"老陕"学吉化的特点之一。

故事之二："厅长栽到沟里去了"

陕西化肥厂门口。

洛阳通往西安的柏油路平平展展地从这里通过。一辆由洛阳方向开来的面包车，减速，拐进厂门。还没等它停下来，已等候多时的人群围了上去。

贾庆礼带着化工部"学、帮、促"工作组从河南进入陕西境内。

省厅和厂领导都是工作服、工作帽、工作鞋，全副武装的备战状态，随时准备进车间，上装置。但是看到老部长一路风尘，李寿生迎上去说："先休息一下吧。"

贾庆礼握着这位年轻的副厅长的手说："走，进厂。"

"贾部长，你好哇。"两位神采奕奕的老人问候他。白步义、韩春，这是两位已经离休的老局长，省厅特别请回来"启动"学吉化的。

白步义，米脂县人，李闯王的老乡，悄声问贾庆礼"你不累？"

贾庆礼笑了笑，没有回答。

他站在马路中间，环视厂容，点点头，转过身，对张振银厂长说："我去年 11 月 29 日离开陕西时，你们厂是最后一站，这次来你是第一站，半年时间，确有变化。"

张厂长说："学吉化的确给我们带来很大变化，特别是几项主要经济技术指标，上半年有望创历史最高水平。"

贾庆礼边走边说："好，好。"

他突然停下了脚步,指着路边地沟盖说:"张厂长,你叫人把它给我打开。"

张厂长一弯腰,亲自把沟盖掀开了。

贾庆礼说:"你看,堵了。堵成这个样子,几天了?怎么堵的?什么原因?"

所有的人都愣在那里,不知如何回答。

"我一进厂就发现你们的下水堵了。你们发现没有?发现了,管没管?如果说没发现,那为什么我能发现?"

所有的人还是不知如何回答。

李寿生到底是年轻人,反应快,鞋都没脱就跳了进去。污水一下没了膝盖。

站在一旁的张振银厂长马上也跳了进去。贾庆礼又把他拉上来:"让厅长干吧。"

贾庆礼熟悉李寿生,这位刚刚40岁的副厅长,正在西安交大管理学院攻读硕士学位,现在又是省厅学吉化领导小组副组长,需要培养。

李寿生也没犹豫,破铜烂铁,木头棍子,污泥乱石,就用双手往外弄,一会儿路边就堆起一堆。

这时跑来几位拿工具的工人,把首长们替了出来。

贾庆礼说:"你看,领导一动,问题就解决了。要不,非等污水流到马路上不可。"

他又对李寿生说:"其实不该你干,下水道堵了也不是你的责任。"

李寿生不敢怠慢,一连说了几个"有责任,我有责任"。

张振银厂长吃不住劲了:"我没管好工厂,却让厅长栽到沟里去了。"

白步义老局长说:"栽得好,栽得好,学吉化就是要从领导做起,'严'也要从领导严起。"

贾庆礼说:"对,从自身严起就是学吉化一道难闯的关。谢谢李厅长给我老汉上了一课。"

大家笑了,笑老汉的幽默,笑老汉的深刻,更笑老汉调转话锋的技巧。

从此,"厅长栽到沟里去了"的故事也传开了。

故事之三:"厂长擎油壶"

宝鸡氮肥厂文化宫。

一千多人的会场座无虚席,听众来自全市各化工企业,也有其他行业来"观摩"的。这是一次针对性很强的学吉化讲评大会。

该轮到贾庆礼发言了,其实人们主要想听他的。从河北河南,讲到山西陕西,从西化兴平,讲到宝磷宝氮,"学吉化"的成绩和问题都在他心里装着。当然,讲得最多的还是宝氮,因为他刚刚把宝鸡氮肥厂里外看个遍。

由于聚光灯的强烈辐射,老人显得意气风发。他对工厂太熟悉了,对工厂里别人不以为然的常见病、多发病,他却一针见血,叫人茅塞顿开。

会场十分安静,人们全神贯注地听着,又不时爆发出掌声和笑声。

他讲到一些企业设备状况不好,严厉批评有章不循,不注意保养和维护的老毛病。

只见他招招手,一个脏兮兮的油壶被从后台送上来"示众"。

服务员小心翼翼,又怕弄脏了衣服,又怕弄脏了手。

的确是太脏了,粘糊糊的油加上黑黢黢的尘土,连个盖子也没有,说他是油壶,因为还有那个形状。人们纳闷:这是从那个垃圾箱里捡来的?

台上没处放。放在讲桌上不行,有人搬来把椅子。

贾庆礼赶紧说:"不行,找张报纸垫上。"

这时,只见台下第二排,有个身穿工作服的中年人站了起来:"给我,我擎着。"

会场顿时骚动了。在宝鸡,这是无人不晓的宝鸡氮肥厂厂长张靖方。

他没有怕脏,毫不犹豫地抓在手里,面向1000多人的会场,擎着。

人们不明白,堂堂的张厂长干嘛要出这个洋相?但贾庆礼明白,心里说:"这个张靖方真是好样的。"

贾庆礼接着说:"维护保养设备,讲究润滑油的三级过滤,大家看一看,这样的油壶能起到过滤作用吗?污染,污染润滑油。"

"这个油壶是我宝鸡氮肥厂的,是刚才老部长在我厂视察时从车间里拿来的!"张靖方真厉害,毫不讳疾忌医。

会场再一次骚动,有人议论,也有人鼓掌。

这个突如其来的张靖方,又给老人家一个出乎意料。贾庆礼说:"我不想点宝氮的名字,给他个面子,但张厂长主动认账,好样的。"

顿时,会场爆发出经久不息的掌声。这是对老部长的赞赏,更是对敢于认错的张靖方厂长的鼓励。

从此,陕西学吉化又出来一个"厂长擎油壶"的故事。

故事之四:"兴化人干疯了"

兴平化肥厂,陕西省一个最大的化工企业,3700人,历来是效益好、管理好的先进典型,远近闻名。

厂长胡学忠出国回来,还没进门就听说兴化让人给批了。就像总统听说国内发生了政变一样,胡学忠懵了。

怎么出趟国回来兴化就成了后进典型?

他想不通。反正也没多远,带领班子的全体成员,连夜赶到省城西安。

西安。化肥公司一个实在谈不上档次的招待所。

昏暗的灯光下,聚集着陕西省"学吉化"的关键人物:李树元、李寿生、韩春、白步义,加上远道而来的兴平化肥厂的诸位。

关键中的关键是坐在木床上的贾庆礼,他有点感冒,披着黄色军大衣,操着手,几乎是蜷缩在那里。

虽说人们在讨论、讲评兴平化肥厂,但说这是一次党内生活会更贴切。

静悄悄地,没人大声说话。人们在记录,钢笔划在纸上的声音都能听见。

会议很严肃。

人们给兴化提了很多意见。结论是,兴化是个不合格的无泄漏工厂、清洁文明工厂。

最让胡学忠难堪又难忘的是贾庆礼的话:"干活的时候,你想到了工人,可吃饭睡觉你想到他们了吗?"

胡学忠闭上眼睛,他的职工食堂浮现出来:黑糊糊的墙,露天的屋顶,自从建起来就没整修过,四面漏风,没有几张桌子,没有几把凳子,工人们端着饭碗蹲在门口,蹲在窗台上……

"再看看厂长办公室,大沙发、小沙发、顶灯、台灯、壁灯、彩色灯,'四灯'齐全。"说这几句话的时候,老人有些激动,但声音还是很轻。胡学忠睁开眼睛,看着老部长。

显然,他被震动了。

半夜了,胡学忠他们连夜返回兴平。一路上,没人说一句话,只听汽车在柏油路上沙沙飞跑……

知耻而后勇。

回厂后,胡学忠从职工生活入手,抓管理,重新塑造新兴化。

投资 18 万元改造装修了职工食堂,投资 100 万元建起一幢青年公寓,学校、医院、浴池、幼儿园大为改观。除夕夜,厂领导把新包的饺子送到每一位夜班工人手中……

胡学忠说:"学吉化,咱得动真的、来实的。"

在大干快变的半年当中,他和职工没休过星期天,没休过节假日,每天工作 10 小时以上,全厂义务劳动 49684 个工作日,人均献工 14 天,光垃圾就清理出去 9827 吨。

合成车间有 28 个小伙子,4 天 4 夜没下班,给压缩机厂房的 1500 块铁箅子板除锈、防腐、刷油。

一位外省来厂办事的干部惊讶地说:"兴化人干疯了!"

党的十一届三中全会吹响了"新长征"的号角。

新长征中,化工部党组统帅 380 万化工大军,留下了一串串扎实的足迹。

这期间,各省、自治区、直辖市评定首批"学吉化"先进单位285个。

1991年4月20日,化工部作出决定,表彰学吉化先进单位75个。

邹家华副总理亲自为先进单位颁奖。他说:"我代表国务院,向在学吉化活动中做出显著成绩,获得表彰的先进单位以及吉化人事迹报告团,表示热烈的祝贺。"

1991年6月9日,江泽民总书记第一次到吉化视察,亲笔题词"把吉林化学工业公司办成有中国特色的社会主义企业集团",进一步推动了全国化工企业学吉化活动和吉化自身的发展。

"学吉化",这是中国化工面对新挑战,迎接新世纪,坚实起飞的大举措。

第十七章
插上腾飞的翅膀

人类社会正处于又一个巨大变革的前夜。世界在向着高新科技迅速发展，中国怎么办？化工行业怎么办？

1990年5月，化工部第一次全国化工科技进步工作会议召开了。面对新技术革命的蓬勃兴起，纵观世界社会和经济正经历着的深刻变化，化学工业部党组义无反顾地打出了一面旗帜："依靠科技进步，振兴化学工业"。这旗帜，在改革的春风中猎猎招展，化工行业的人们紧跟着"科技兴化"这面大旗，开始了他们伟大而又艰苦的进军……

1989年的最后一个夜晚。

当这世界不知有多少人怀着喜悦企盼新的一年到来的时候，化工部西南化工研究院的1600余名职工的心情却有些复杂。1990年的新年钟声向他们无情地宣告——事业费已经全部减拨到位，全院职工靠"吃皇粮"的日子一去不复返了。

断奶之后，路在何方？

院长冯孝庭在思考，院领导一班人在思考，全院职工都在苦苦地思考。

西南化院有着艰苦奋斗的光荣传统。建院30年来，他们共获得科研成果320项，转化率达80%以上。其中，1985年以来就获得成果246项，转化率达90%以上，64项国家、部省级科技成果全部转化为现实生产力。

不图进取、自生自灭，这不是好男儿，更不是西南化院人的性格！

计划经济向市场经济转换的过程中，科研单位难免会遇到这样或那样的困难。但是，市场经济又为科技成果转化为现实生产力提供了优越条件。坚持面向市场，不但要抓好科研课题，更重要的是尽快把科技成果转化为商品，转化为生产力，转化为经济效益。这就是冯孝庭的主导思想。

机遇与挑战并存。西南化院牢牢地抓住了机遇，对科研体制和运行机制进行了大刀阔斧的改革，在集中精干力量瞄准市场搞科技开发，以高质量的技术服务去打开企业大门的过程中，狠抓科技成果的商品化，积极开拓技术市场。

西南化院昂首出征了。与此同时，化工部第一次全国化工科技进步工作会议提出了"科技兴化"的口号。这更增强了西南化院"瞄准科技进步与国民经济发展的重大需求，面向国际国内大市场，勇于开拓，积极进取，走一条科技与经济相互促进、共同发展的新路子"的决心。

然而，应该先迈哪一步呢？

"变压吸附！"几乎所有的有识之士都异口同声地喊出了西南化院的这张"名牌"。

七十年代，西南化院在国内率先研究这项技术，八十年代初便开发出了用于工业生产的变压吸附装置，并向全国推广。那时，他们在女院长路德芳的带领下，不断推进完善这项技术，八十年代中期，这个项目获国家科技进步一等奖；八十年代末，这项技术又被国家科委列为国家级重点推广项目……

难怪西南化院人如此看好变压吸附技术，因为他们在这项技术上艰苦攻关十余年，已经付出了许多许多。

上！我们一定要打好变压吸附这张牌，创出我们的经验。

在全院职工动员大会上，冯孝庭院长用坚定而有力的口吻说道："在计划经济时代，我们只是单一的对上级负责，而现在变成了对用户、对全院职工负责。紧紧盯住市场，由市场决定我们需要研究、开发的项目，并通过市场实现科技成果的商品化、产业化，变被动为主动。有时一个科研成果的开发会启动一片市场。我相信变压吸附一定会启动一片国内市场，而且在不远的将来同样会启动世界市场！"

掌声，热烈的掌声，冯孝庭的一席话正说出了西南化院1600名职工的心里话。而那阵阵掌声如同阵阵霹雳，将"断奶"给他们带来的块块如铅的乌云震开了，人们仿佛看到了步入良性循环的曙光。

变压吸附在全院人的关注和支持下向市场、向企业要效益了，院里在职工中挑选出200名技术骨干，其中高级以上职称的人员有60多名，工程师近100人，成立了以古共伟为所长的变压吸附分离工程研究所。他们向市场进军了。

一个普通的傍晚，却又是一个极其不寻常的傍晚。在西南化院被"断奶"之后，第一个客户要来成都了。是出于对客户的尊重，还是出于第一个产品被"嫁"出去感到来之不易呢，变压吸附分离工程研究所的主要负责人都来到了这家宾馆。

夜幕降临了，月儿高高地挂在了中天。19点过去了，21点又过去了，他们要等的客户还没有来。又是两个小时过去了，司机从飞机场打来电话，说晚点。

等！一定要等到这个客户。

时间在一分一秒地走着，不知为什么今晚的时间仿佛过得特别慢。

天渐渐地亮了，客户终于到了。当得知这些所里的负责人在宾馆整整等了一个通宵时，他被深深地打动了。有如此诚意，与他们打交道还有什么不放心呢？！

第一个客户就这样被感动，开始了长期合作。而变压吸附也就这样从四川走向了全国，从化工行业扩展到冶金、石化、机械、电子、航天、食品、轻工、建材等行业。

他们还从单纯的制氢领域拓展到变压吸附制一氧化碳、二氧化碳、变换气脱碳、天然气净化、空分制纯氮、浓缩甲烷、浓缩乙烯等九大技术领域，使西南化院成为世界上变压吸附开发技术最多的单位。尤其为山东淄博有机胺厂和浙江江山化工总厂提供的变压吸附制一氧化碳的工业装置与AAT公司提供的DMF生产技术装置配套，一氧化碳原料气达到了传统工艺无法达到的高品质，从而使生产出来的DMF的各种指标达到了国际公认的杜邦标准，AAT 公司因此特向西南化院发出贺电并提出在国际上配套推广，在国际上产生了巨大的影响。

  为了尽快将科技成果转化为商品并缩短开发周期，西南化院采用了工程承包的方式。他们集科研、设计、工程承包、售后服务于一体，实施"交钥匙"工程，使变压吸附技术的推广更上一层楼。在全国范围内，他们有一批各种技术领域、技术要求，各种规模，各种自控档次的变压吸附样板装置。每一个样板装置都是一个活广告，最能消除工厂希望采用新技术但又害怕承担风险的疑虑。新的用户因尝到了技术改造的甜头，成了西南化院变压吸附技术推广示范的厂家，多数成了"回头客"。吴淞、嘉定、珠江电化厂等 25 家单位均建成了两套以上装置。而节能降耗是变压吸附的又一大特点，他们为武钢公司提供的焦炉气制氢装置，代替了 1975 年从日本引进的电解水制氢装置。继而在鞍钢、攀钢等写下了新的一页。仅西南化院推广的变压吸附装置，每年节能折电约 2.5 亿度，累计为企业创利税 32 亿元，新增产值 100 亿元以上。自贡鸿鹤化工总厂，过去因原料天然气中乙烷、丙烷等 C_2 以上烃类影响了三氯甲烷产品的质量和成本。西南化院在短期内开发成功变压吸附脱除 C_2 以上烃类技术，使该厂生产的三氯甲烷全部达到优级品，半年新增产值 600 余万元，一年内就收回了全部投资。

  1992 年的春天，西南化院与另一家研究单位竞争一项变压吸附制氧技术。厂家选择了那家研究所。但是，没过多久，厂家的各项指标都达不到设计的要求，反过来又找到西南化院。冯院长得知此事，马上批示：顾全大局，尽快高水平、高质量地帮助企业解决困难，减少工厂损失。西南化院派出了最强的技术力量，在极短的时间内把这个企业救活了，西南化院打出了信誉，打出了风格，得到了用户的赞誉。

  "断奶"断出个好男儿。

  雪终于停了。

  如今北京的雪已是越来越少，像 1994 年这样的大雪，是近年来少见的。大地被这一场大雪染得银白银白的，气温已经降到了零下 8℃，位于和平里北口的化工部北京化工研究院试验大楼的会客厅里却充满了温馨。

瑞雪兆丰年。"在最近的 10 年里，我们打了一场又一场改革和发展的攻坚战，成果数目相当于从 1958 年建院至 1984 年的总和，获得省部级以上的奖励 94 项，去年的总收入比规划要提前一年突破亿元大关。"院长景连意回顾了过去又谈到将来。

"为确保成果转化过程中技术的可靠性，我们下大力气建设了 10 套中试装置，参与研制开发的 CBL 裂解炉技术，在裂解炉国产化方面实现了零的突破，获得了国家科学进步二等奖，并取得了专利"；

"改性塑料生产，开发出高水平的产品和牌号，用于彩电显像管偏转线圈骨架的阻燃聚丙烯材料获得了美国 UL 认证，达到了国际先进水平"；

"汽车用改性塑料的深入研究，使北化院在这一领域具有了一定的优势，桑塔纳轿车、夏利轿车等车型上所用的许多专用塑料研制成功"；

"奥达中心试验基地仅用一年时间就建起了一座年产 30 吨 N 催化剂的生产装置，而且开车一次成功……"

北京通县，次渠工业小区内，几幢外贴赭石色马赛克饰面、红白相间的楼房，在灿烂的阳光照耀下，显得那么气派、漂亮，给这无味的冬季平添了几许生机。

如果没有那些整夜不眠的灯火与机鸣，没有那些纵横交错却又非常有艺术性的银色管线，没有那漂亮的食堂，没有那宽阔的篮球场……你一定想不到这里是催化剂生产重地，而误以为是某高级住宅区或是别墅小区。

然而，又有谁会想到，在一年半以前，这里曾是一片荒凉呢？

1993 年的春天，正值花红柳绿的季节，北京化工研究院与石化总公司正式签订了组建"奥达"高科技企业的联营协议，并在通县次渠工业区内征地 90 亩，作为奥达石化新技术开发中心基地。

奥达中心的成立，是科技体制改革的产物。

如何将科研单位和企业结合起来，形成利益共同体，使科技成果迅速向生产力转化，是一项值得不断探索的课题。奥达中心就是利用北化院的整体科技优势和石化总公司的经济实力，把多年来的多项科研成果转化为生产力。奥达石化新技术开发中心的创业者们，就是一支科技生力军。

1993年3月8日，当几十名精兵强将面对基地那一个个鱼塘、一间间破平房、一片片垃圾的时候，心里非常明白一场艰苦的创业在等待他们。院党委书记、副院长、奥达中心副董事长于文秀，站在荒凉的土坡上，激动又深沉地说道："如果我们按正常的要求去做，肯定完不成任务，所以，要以超常规的思想观念，制定出超常规的计划；以超常规的工作方法，创造超常规的工作业绩……"

艰苦而又超常规的基地建设就这样开始了……

1993年6月12日，已经一个多月没有回家的总经理李天益终于回到家里，没有来得及换下身上的脏衣服，便一头倒在床上睡着了。他太累了。在工地上不只是他一个人没白天没黑夜地干。无论你是谁，只要置身于基地，你都会被那里不计报酬、不计时间、更没有工种之分的人们所感染。

向晚时分，他去院长家，请求院里再给基地派些精兵强将。天很晚回到家，天空忽然雷声滚滚，闪电一道道窜进房间，霎时间狂风卷着暴雨倾盆而下，如蚕豆般大小的冰雹砸在窗户上……

两个小时过去了，雨势仍然不减。

李天益从床上爬起来，穿上衣服。

"这么晚了你起来干什么？"夫人问道。

"我去基地，雨大，我担心会出事。"

院里另外一位领导也出现在现场，驻守在基地的工作人员都从屋里跑出来，大家冒雨排洪。

当人们拖着湿淋淋的衣服和疲惫的身体回到宿舍，食堂的师傅们已经将烧好的姜汤送到了每个人的手里。苦与乐、团结与友爱，在基地这块净土里生根、发芽、开花、结果……

当1994年新年的钟声刚刚敲响，石化总公司副总经理闫三忠再次来到工地现场。提出要将原本已经压缩了的工期再次提前3个月——即1994年9月25日建成并投产。

这目标对基地人是个考验。从基础设计到建成投产只用22个月就完成任务，比一般建设周期缩短了8个月。他们把"9.25"这几个醒目的大字挂在高高的水塔之上，时时刻刻提醒自己并以此鼓舞士气。

基地总指挥于文秀副院长天天坚守在基地上，组织十几个施工队伍，调集院内各专业口的干将支援基地，安排各项工程进度，监督施工质量。由于日夜操劳，加之在现场哪里有重活他就出现在哪里，几次晕倒在现场。

　　1994年7月，一座4747平方米的N催化剂厂房拔地而起，人们说，应该给基地的总经理李天益大胆使用年轻人记一功。

　　——张凯，1993年从上海华东化工学院研究生毕业分配到北化院，他从催化剂生产装置安装一开始就吃住在基地现场，整月不回城里。在打压试漏阶段，他整日忙着爬上爬下地检查流程。试车投产阶段，他每天工作16个小时以上，几乎在每一个班都能看见他的身影。他的事迹有口皆碑。

　　——谭忠，负责100单元部分设计、安装和开车；祖国红，负责200单元合成部分。他们俩都是新分配来的大学生，在工作中认真努力。他们分管的试车一次成功，这与他们精心设计、精心安装和精心开车是分不开的。

　　…………

　　1994年9月25日，这一天人们紧张又兴奋，N催化剂开始投料合成了。一天一夜，两天两夜，基地的人们夜难眠，食不香，他们多么希望快一点出料呀。这一天终于等来了，1994年9月28日，奥达中心生产出了第一釜N催化剂，群情激奋。但催化剂要送院里去分析考核。这一时刻太紧张了，李天益总经理站在电话机旁，一支接着一支地吸烟。

　　夕阳，渐渐地朝着西边落去，这是每天班车要走的信号了，可谁也不肯离开电话机旁，人们焦急地等待着分析结果。

　　"铃、铃……"电话铃声响了，不知怎地李天益的手在拿电话时竟有些发颤！

　　"我是李天益，什么，你再说一遍，催化剂合格了……"

　　"噢！"欢呼声震得厂房四壁回音。

　　1995年，化工部收到天津市政府的一封贺信，信中写道："化学工业部所属的天津化工研究院，在实施我市科技兴市的战略中贡献卓著，成绩突出,被授予'首届驻津科研院所、高等院校科技兴市先进单位,称号。"

天化院两年来,为"大无缝"重点工程研制的 5 种水处理药剂代替进口同类产品,为钢管公司节约 500 万元。并于 1993 年、1994 年承担了 14 万吨乙烯工程两套循环水装置处理技术任务,取得明显的节水效益和环境效益。转让天津无机化工厂的"转化法制碳酸钡"专利技术,津宏化工厂的"水处理药剂"技术等等,共为天津市增加产值 3800 余万元,新增利税 800 余万元,有效地促进了天津市的科学技术进步和经济建设的发展,使一些濒临倒闭的企业焕发了生机……

1992 年秋末,院领导找到王中文,说院里准备再成立一个公司,决定让他出任经理。老王一听就急了,忙说,不行,不行。因为他知道,院里的几大公司都由院领导任经理,天云公司是熊尚斌院长,天水公司是周副院长,天通公司是孙副院长,而他只不过是一个副处级干部,要钱没有,要权更没有,这公司他怎么办?

熊院长找他做工作,李书记找他做工作,一晃 4 个月过去了,他终于被推下了海。

商海,对王中文说来,是一个陌生的、充满危险的前程。

"我们是研究单位办公司,科研人员办实体,必须科、工、贸、金融为一体,而要想把科、工、贸、金融紧密相连,就必须将科研成果转化为商品,适应社会。"

王中文经理在公司成立会上这样说着,他不是向大家摆困难,而是告诉人们我们面前没有坦途,只有艰辛,只能靠智慧和双手去拼搏。

"我们要办实体,就要有厂地、技术、资金,没有几十万元、上百万元的资产,这个公司怎么个办法?我现在手里只有 7 万元。但任何事都是人干出来的,我们可以从方方面面去化缘,以最快的速度把厂房建起来,只要产品一出来,胜利就在我们掌握之中了……"

1994 年的初春,河水刚刚融化,精细化工技术开发公司租借的厂区前热闹非凡。在院党委书记李玉祥带领下,院机关各部门的几十位同志来到精细公司。今天他们要建厂修路。院里的领导和同志们的到来,不仅仅是对他们的帮助,更是一种关心与支持,这小小的行动,如一缕春风刮进精细公司每一个人的心里。

公司就这样成立了，每一个人身兼数职，有的既任厂长、试验员又任工人。无论干任何事情，在创业时都是非常艰苦的，精细公司也不例外。繁重的体力劳动，脏活累活且不说，报酬也少得可怜，原本35个人的公司陆陆续续走得只剩下17个人。

"危难之时方显出英雄本色"，王中文面对这17位没有被困难吓走的小兄弟姐妹们，激动不已。

科研人员下海不只是为了谋生，而是要实现科研人员的价值。他们上马了两套装置。为了省钱，全公司的人出动到几里地以外的地方去捡砖头，2万元是省下来了，手却磨出了血泡，胳膊也肿了，小伙子们在大太阳底下拉砖头，后背脱掉一层皮。没有人叫苦，没有人打退堂鼓，更没有一个人向王中文伸手要一分钱。

厂房经他们之手，一块砖、一块砖地砌起来了。然而，当设计师说两个厂设备需要80万元时，他们的兴奋被兜头一盆冷水冲得一干二净了。

怎么办？这么多资金借都难以借到，公司已经到了骑虎难下的地步，厂一定要建，不建公司就没有活路，但建厂要看怎么建法儿。老王将大伙儿叫到一起，制订出一套勤俭建厂的方针，那就是能不买的就不买，能买便宜的就买便宜的，为了一个阀门，他们竟货比13家，几乎跑遍了天津市。这样下来，他们居然节约了多一半的开支，只用了38万元，就建起了两座化工厂。

大家忙着准备进行下一步的设备安装工作时，小金突然发现王总脸色不对。虽然是夏天，可王总的汗水也不该这么个流法呀。仔细观察时，又发现王总正用手使劲压着腹部，一看那痛苦的表情，他知道情况不好，因为王总平日的身体就不是很好，一定病得不轻。就这样老王还是说没事，坚持不去医院，说设备和设计图纸他还没有画完。可一向听话又懂事的小金，这回说什么也不听老王的话，急忙推出自行车让王总坐在车上去了医院。医生问老王这样剧痛有几天了，老王大口大口地喘着粗气一句一停地说道："大约有五六天啦。"

医生对老王做完了最后检查，对小金说，你这当儿子的也太不孝顺

了，告诉你，如果不是今天看得及时，你父亲的生命就有危险啦。这一句话吓得小金半晌没说出一句话来

王中文住了院。老伴急了，公司的"孩子们"急了，院里的领导也急坏了。唯独老王不急，他躺在病床上还开玩笑呢："我不会有事的，公司没有办好，天降大任没有完成，老天爷不会招我走的，老太婆你就放心吧。"

然而他老伴没有笑，她不明白这个老头子图的什么，钱没有多挣，一住院却赔进去不少；官没有当到多大，命倒差点赔进去。老伴心疼，但又说服不了他，一气之下，每天只管给他做饭、端药，却不跟他说一句话。当她见到老伴手下的那些小年轻们，一个个流着泪、苦着脸走进病房，然后又一个个地笑着走出病房，她似乎明白了许多。

"我什么都不图。我这么一把年岁了，若要说有的可图，那就是别让那些小年轻们用他们宝贵的青春去瞎撞、瞎碰，能用我的老命和经验给他们闯出一条平坦的大路来，让他们的青春发挥更大的光和热……"

这不是豪言壮语，也不是高谈阔论，而是王中文的心声。

孩子们（王中文总是这么称呼他手下的兵）太棒了，白手起家，将一个公司"建造"起来；也正因为他们的老大哥太棒了，才带出了一批能吃苦耐劳、学有所用的好苗子。

那是夏天的事了，为一个水处理罐进行保温。当时，天气已经接近到人的体温，而罐里的温度就可想而知了。这一次，小金第一个钻进罐里，他小心翼翼地摆弄着玻璃布，但那玻璃布很轻、很细，纤维像针一样，无孔不入，衣服里，皮肤里，没有它不去的地方。一天下来，他的身上都是玻璃纤维，而因为是在罐里操作，他只能躺着，所以他的后背玻璃纤维最多。白天，小金忍受着高温和玻璃纤维无处不入的痛苦和危险，而到了晚上，他还要忍受浑身的剧痛和难以入睡的折磨，因为他一躺下，那后背就像有千只万只的小针在刺他！

1994年的冬末，已经晚上10点多钟了，王中文正在为资金的事苦思冥想，突然电话铃声响了，是小彭和另一个女大学生，她们俩昨天去东北鞍山谈一项合同，现在是向老王汇报与厂家谈判的进展情况。老王认真地听着，随口问道，你们住在什么地方，小彭说，我们还没有找到便宜的旅

馆。"什么？"老王一听就急了，"不管旅馆多贵，一百、二百都行，你们赶快给我住下，不要考虑钱的问题！"

放下电话，老王的眼泪流下来了，为了给公司省钱，两个女孩子在晚上10点还没有住进旅馆，多好的孩子们呀！

痛苦与磨难，考验与鼓励一同压在这些年轻的大学生的肩上。

面对磨难，面对艰苦的条件，听听他们的心里话吧……

"王师傅曾经说过这样的话，'与其说我是带着这帮孩子办公司，不如说我是带着他们学做人，因为他们的知识已经很丰富了，数理化都掌握了，他们所缺少的只是思想品德的磨练。我就是想教给他们学会爱、宽容、学会承受困难，这些东西才是他们一辈子受用不完的'。"

"我们只是吃了点苦，而王师傅却用生命干事业，没有他这样的人带头，我们也不会吃这个苦，甚至不能吃这份苦。我们有知识、有力气、有精力，缺少的正是王师傅身上的那些品德，这些品德让我们一辈子铭记心里。"

"科研人员办公司，既要出成果，又要出人才，只有这样才是一条光明之路，我的公司是准备为院里输送一批骨干的。"

又是一个落日时分，王中文一个人坐在厂房的门口，他吸着烟，脸上露着微笑，这是难得的微笑。他们吃了苦，受了罪，脱了皮，掉了肉，但幸福终于降临了。在不到一年半的时间里，他们的产品覆盖辽宁、北京、天津、河南、山西、山东、甘肃、新疆、福建等地，而且出口巴基斯坦等国……

债务还清了，并且有200多万元的盈余。天化院精细化工技术开发公司，正朝着更伟大的目标默默地前行着。

总厂正式通过了国家考核,其技术水平达到八十年代末国际先进水平。丽日蓝天下,管线交错、塔罐林立的现场,两鬓斑白的工程技术人员眼里闪着泪花,意气风发的年轻人欢呼雀跃:他们的心愿终于化作长虹,中国长期以来完全依赖进口大化肥装置的历史宣告结束了!

这是注定要载入共和国工业发展史的一页,不仅仅是因为这个项目的工艺技术、能耗指标和自动控制程度等均已达到八十年代末的世界先进水平,从而将我国合成氨工业技术水平一举向前推进了10年;也不仅仅是因为除了引进工艺软件包和少量设备外,这套装置82%以上的设备,包括四大关键机组都出自国内厂家之手,使中国自七十年代中叶以来连续引进二十余套大型装置后,终于迎来了第一颗自己亲手升起的新星;这一工程的意义更在于,合成氨是素有"化肥王"之称的尿素的基本原料,合成氨工业水平又从一个侧面体现了一个国家的工业、特别是化学工业的实力,而那并非笔直平坦的自主开发创新历程将留给人们以深深的思考和启迪……

早在1984年,川化项目被确定为自主开发创新依托工程之初,人们便为它确定了这样的目标:

——吨氨能耗要降至700万大卡以下;

——设备国产化率要达到70%~85%;

——工程建设由国内总承包,建设周期以国际同类项目通行的合理工期为准:36个月。

这硬邦邦的3条,被化工界人士称作"川化模式"。在专家眼里,川化项目既是一个"样板工程",又是一个"跳板"工程。

所谓"样板",是冲着一浪赛过一浪的成套引进潮去的。经过这么多年的引进、消化和吸收,难道还要永远引进下去不成?非要用成套进口的装置才放心吗?先树一个高水准的国产化样板看看!

说到"跳板",表明了这样的思路:通过这个项目的建设,提高技术,积累经验,培养人才。为更高水平的自主开发创新铺垫基石。

1990年,我国粮食总产量居世界第一位,化肥总产量居世界第三位,亩均施肥量却排在几十位,而生产化肥的主力军大化肥装置则全是成套引进国外的。中国需要粮食,粮食需要化肥,化肥需要大化肥装置,这是一个简单的等式,但对中国来说,却又是充满忧虑的不等式。

国人在忧虑,化工专家们更忧虑,陈冠荣、黄鸿宁和张勤汉等化工老专家们在向部领导请缨时写到:"我们要在有生之年为国家搞一套国产化的大型化肥装置。"

专家们是这样期待,而企业何尝不是这样的期待呢!

纵观我国化肥工业特别是构成其"大头"的合成氨——尿素工业的发展,一条"买葫芦——照葫芦画瓢——再买葫芦"的轨迹清晰可见:五十年代;从原苏联引进3套年产2.5万吨的装置,10年后,又从英国引进一套年产10万吨的装置;自七十年代以来,陆续从美国、日本、法国等国进口二十余套年产30万吨大型合成氨装置。这一段曲曲折折的历史说明了什么?我们建设的速度,还不如人家技术更新换代的速度快。

于是,传统的国产化概念不能不受到审视。终于,历史选择了川化,化学工业的重任选择了川化。因为川化在我国化工界已有了两个第一的纪录,即我国第一座建成投产的中型氮肥厂,我国第一套引进的大化肥装置也建在这里。

1986年2月,国家批准了川化20万吨合成氨工程,并将其列入国家"七五"国产化攻关计划的12条"龙"之一。同时,确定了旨在独立自主进行自主开发创新大化肥装置的"川化模式",即:引进工艺软件包,国内负责工程设计,以国内为主进行设备制造、安装等。

"成套引进好比吃肉,搞自主开发创新如同啃骨头。啃骨头虽然比吃肉费劲,但比吃肉有滋味!"这就是别具一格的川味,这就是川化人的性格。

然而,要搞高水平的自主开发创新,就要做前人没有做过的事,就要冒新研制的设备首次在工业性大生产中试运行失败的风险,万一失败,后果不堪设想!

但是,川化人甘于冒这个风险,他们啃下了这块硬骨头。尽管在3年多的建设中他们经历了许许多多艰难曲折,如基建规模膨胀带来原材料价格普遍上涨；压缩基建规模后的资金短缺；1987年美元大贬值后外汇出现缺口等，他们依然高举着自主开发创新的这面大旗，凭借着"科技兴化"的动力，终于跨出了令人振奋的一跳！

1990年11月27日上午9时，揭开了我国自主开发创新样板工程光辉的一页：第一把火——快装锅炉就要点燃了。

就在几天前，快锅试车领导小组通报，说外商没有提供点火枪，而与有关厂家联系也无货源。在这个紧要关头，厂领导决定自己赶制。并要求：虽然外商至今没有提供技术资料，而且认为在11月底点火是不可能的，但我们要为祖国争光，为川化争气，点锅计划不变，一定要完成任务。

8天之后，快锅点火枪的试制终于成功了。就在点锅的那一天，天公不作美，下起了大雨。怎么办？点！工人们冒着雨，打着雨伞来了。点火开始了，一次，没有成功；两次，还是没有点着。风太大，点火枪点不着。

本来在点火现场临时设置了"警戒线"，人群都站在"警戒线"以外，可当点火枪点不着火时，不知是谁首先走过来了。一个人，两个人，三个人，人们自发地用身体组成了一座挡风墙。点火枪终于将快锅点着了，那蓝得发白的火柱呼啸着像跳跃的绸带舞弄着，大家的欢呼声直冲云天……

一道难关解决了，又一道难关摆在了川化人的面前：大型压力容器合成塔是大化肥装置的核心设备之一。因其制作技术和水平要求太高，被世界称为"压力容器之王"。

负责合成塔设计的国外公司断言：中国不具备生产条件。

我们是代表国家设备制作水平的企业，如果戴不上"王冠"还怎么搞自主开发创新？

"你们越是瞧不起我们，我们越是要造出高水平的来。"

不是说我们国内的标准太低吗？那好，我们就用美国的、日本的、用国际公认的ASME标准来要求。中国人有智慧，中国人更有骨气。

一个长23米、直径2.4米、重达184吨的庞然大物——卧式合成塔外壳制作出来了。按照日本人的设计要求，长度公差正负不超过12毫米，不直度公差不能超过 4 毫米（实际只有 0.75 毫米）。当美国凯洛格公司的专家看后，连声赞叹："合成塔做得很漂亮。"

汗水和忠诚浇开了自主开发创新之花。川化人为自主开发创新牺牲了许多许多。在他们眼里，样板工程不完成，他们就没有星期天。但人非草木，孰能无情？

年轻的助理工程师王荣国和妻子罗远碧，是自主开发创新工程中的一对夫妻兵。繁重的任务，使他们几乎天天很晚才能回家。一个多月了，他们 9 岁的儿子只好托给邻居照顾。一天深夜，当他们夫妻俩拖着疲惫的身子回到家中，见家门上贴着一张字条："大坏蛋爸爸、大坏蛋妈妈，你们不要我了，我好想你们呀！"夫妻俩一见到这字条再也控制不住自己的眼泪。他们对不起儿子，可不能再对不起工作啊。第二天，这夫妻俩又出现在工地上了。

这就是川化人，这就是在自主开发创新样板工程中涌现出的许多许多可歌可泣的故事当中的一部分。他们在国家的意志聚合下，以无私奉献的精神，筑起了中国化工史上的一座丰碑。

川化公司先后对自主开发创新的大化肥装置修改工艺参数 25 次，改造设备 7 台次，并进行了 9 项重大技术改造和创新。由此，"六五"期间在国内首次实现了计算机控制、模拟优化操作和过程管理的应用，该创新装置也因此获得国家科技进步三等奖，"七五"期间，继续完成"大化肥生产过程计算机控制"国家科技攻关项目，并受到国家科委"七五"科技攻关阶段性成果表彰。

年产 20 万吨合成氨自主开发创新装置的整个装备国产化率达到 80% 以上。在考核期间日产氨为 608.4 吨，超过设计值；吨氨能耗 700 万大卡以下，比原来降低近 50%；产品质量 100% 合格；安全装置、"三废"治理等都达到设计要求。这套国产化装置的工艺技术、节能效果优于我国引进的大化肥装置。它每年可增产值 6000 万元，增加税利 4500 万元，年节电 2 亿千瓦时，年减少氨排放 4000 吨，经济效益和社会效益都十分显著。这套装置总投资 2.5 亿元，比引进同类设备节省经费 40%。它在国内第一次运用自己开发的软件；第一次全面采用计算机操作，装置达到了八十年代末国际先进水平。

这就是川化，这就是跻身国际经济舞台的川化。当你走进川化那宽广的厂区，你会发现，花团锦簇，绿树成荫，硕大的合成塔拔地而起，纵横交织的管道贯穿在设备之间，错落有致。这闪着银色光芒的各种设备与红花绿树浑然一体，气派恢宏之间构成一幅现代化企业的弥天风景。

山东鲁南，一片古老而又神奇的土地。鲁南化肥厂经过十几年的艰苦奋斗，成为全国化肥企业的一面旗帜。厂长兼党委书记高玉玺说："是技术进步推动了鲁化的快速发展。"

1980年春，一份由国家科委、化工部、外交部会签的《关于同西德合作开发加压水煤浆气化技术的请示报告》，摆在了国务院副总理方毅的案头。随后在短短的5天时间里，先后有国务院总理、副总理等6位领导同志圈阅了这份文件。

然而，全套引进要耗资数亿元人民币！

1981年2月，陈冠荣、方德巍等化工专家再次上书方毅、姚依林同志，建议走引进软件与国内自主开发相结合的路子，建设我国第一套当代煤化工"新工艺"。

国务院终于批准了化工部的请求。

1983年春天，美国德士古公司派出了几十位专家，对我国的科研、设计单位及鲁南化肥厂进行了认真的考察。最终确认："中国的科研、设计能力，已进入了世界先进水平，鲁南化肥厂具有掌握煤化工新工艺的多项优势。"于是，世界上第三套德士古水煤浆加压气化装置的技术转让合同终于诞生了。

"德士古"，是鲁化人对美国德士古公司研究开发的"水煤浆加压气化技术"的简称。八十年代初期，这一新工艺的研究在西德和美国刚刚起步，我国煤化工专家就对其给予极大的关注，并以我国已经取得的科研成果为基础，开始了争取合作开发的工作。专家们认为，已引进的13套大型化肥装置，因石油、天然气的不足，最多只能发挥70%～80%的能力。现有的1500多家化肥厂，多数以焦炭和优质无烟煤为原料，但其资源主要集中于山西晋城一带，不可能遍供全国各地化肥厂。采用美国正在研究的煤化工新工艺，对煤种的适应性广泛，用于化肥生产，成本低，效益高。每生产1万吨化肥，可节约煤炭1万吨，增加利润100万元。

从美国购买回专利证书和软件包，实质上就是只拿到了工艺流程图、主体设计表、物料和热量平衡数据单等指导性文件。要把它变成一座现代化的工厂，平面上如何摆布，输送氮气、氧气、煤浆等各种管道，水、电、暖、风、电讯、消防、环保等各种各样的设施如何排列布置，如何施工等等都是现实的问题。

只进口了少量关键设备和仪表，其余要由我们自己设计制造。其中，橡胶衬里煤磨浆机、气化炉与锁斗、捞渣机、洗涤塔、循环泵等设备，在我国是首次使用，有些设备还要弥补"德士古"技术的某些不足。

厂内厂外，干部工人和工程技术人员，开始了一场艰苦的攻坚战。

1993年4月8日12时，气化炉首次投料试生产准时开始。美国"德士古"专家、鲁南化肥厂领导、工程技术人员同时参加。这的确是一个现代化的装置。高温、高压、高速、控制高度集中。有的气体温度高达1400℃，有的机器每分钟转几万次；气化车间单炉运行的55条回路，27个自动阀门，880多块仪表的监测，全部集中在一个控制室，通过计算机三块屏幕显示；900多个数据，在15秒内可扫描一遍。值班员全凭着键盘操作。但是，一旦调整幅度超过电脑控制范围时，值班员在3秒内必须作出反应，稍有疏忽，就可能造成停车。

1993年10月21日中班，值班的副班长张恒民发现气化炉反应温度突然不见了显示。情况紧急，他马上想到可能是用于测温度的热偶丝烧坏了。他当机立断，通知维修工，爬上8层楼顶高达28米的热偶丝安置处。经查，判断完全正确。他们迅速地将其修复，避免了一场可能烧坏价值1千万元的气化炉的重大事故。

1994年3月4日9时10分，正在205监控室领班的董宏海发现，B炉气体燃烧情况异常。他迅速按动微机键盘查询，但是，数据上无任何异常。他的大脑像电脑一样运转，几秒钟内认定，很可能是烧嘴现冷却水盘管处的焊缝开裂。这烧嘴是3层管套在一起的，最外层是氧气，朝里一层是煤浆，最里面一层又是氧气，三层管中的气体同时喷出，相遇后燃烧。如果焊缝开裂，失掉冷却保护的氧气管就会被烧坏，1400℃高温的氧气就会以每小时1万立方米的速度喷出，整个厂瞬时便会变成一片火海。他马上向值班的领导汇报，提出马上停炉的请求。这时，设备已经连续运行了23天又8小时，正在向世界纪录冲刺。有的人认为，微机都没有反应，判断万一失误，炉子一开一停，就要花掉几十万元，还是再查一查为好。然而停机检查的结果，令人咂舌：判断完全正确！

从第一次投料开始，先后出现了五十多次故障，全由自己排除了。同时，摸索十几项我们独有的技术。美国伊斯曼公司总裁、煤化工博士何顿全面了解情况后，肯定地说：你们这套装置比我们的那套好。

1994年3月7日零点以后的27个小时内，我国几十名专家，对装置进行了认真的考核。3月10日下午两点半，考核小组宣布：通过鉴定！会场上爆发出一片欢呼声，为这一项目奋斗了十几年的化工专家、鲁化的干部、技术人员和职工，无不热泪盈眶。

他们怎能不高兴呢？这一成功说明：只用全部引进所需资金的三分之一，便创造了一个可与全套引进相媲美的当代煤化工装置。以每年生产8万吨合成氨计，它可以比鲁化原来的工艺节约原煤20万吨，价值达2000万元以上。更重要的是，他们闯出了一条多快好省的引进之路。鲁化人为"德士古"通过严格的鉴定而高兴，鲁化人更迷恋高效益。他们抹干激动的泪水，又喊出了新的口号：瞄准国际水平，振我中华雄风，打响实现"效益运行"的"三大战役"。

第一战役：提高质量。鲁化人认为，装置虽然通过了鉴定，但不是完美无缺了。他们又集中全厂的力量，攻克二氮肥系统中存在的各种技术难题。经过反复试验，终于筛选出一种理想的添加剂，圆满地解决了水煤浆的流动性和稳定性等一系列难题，将水煤浆的浓度提高了3至4个百分点，使整个系统的生产力比原设计提高了5％。

第二战役：降低消耗。"德士古"原设计使用煤种，价格高，灰溶点高。水煤浆的灰溶点越高，耗氧越多，成本越大；反之亦然。经过反复分析论证，要降低灰溶点，最佳方案就是改变设计煤种。为此，他们跑了远近十几家煤矿，选出了 3 种价格较低的煤种，对它们的可磨性、成浆性、流动性、稳定性、粘度和灰溶点逐一进行试验，新选煤种在设计煤种中所占比例由开始的 5%，增加到 10%，再增加到 15%……

第三战役：长周期运行。1994 年 12 月设备运行达 27 天 15 小时；1995 年 10 月创造了连续运行 38 天又 10 小时的好成绩。1995 年 11 月至 12 月，装置连续运行了 52 天加 21 小时，这一单炉连续稳定运行的长周期纪录，超过了美国的 45 天纪录，达到了世界先进水平。

鲁化人成功了，鲁化一片欢腾。

在"科技兴化"活动中，有一支特殊的队伍——外籍华人专家、教授和外籍专家、教授在默默地为我国的化学工业工作着。

美国凯斯威士顿瑞什芙大学化学工程系主任、超重力场强化传递专家纳尔逊·嘎德纳教授与北京化工大学合作，在我国建成了第一个超重力场工程技术研究实验室，使我国在超重力场强化传递与反应工程方面的研究水平直接进入国际先进行列。这项跨世纪的新技术被我国列为"八五"重点项目，被化工部确定为"二十一世纪新一代分离技术重点研究课题"。这项技术能把高大的塔器分离反应装置体积缩小 1 至 3 个数量级，成为超重机，大幅度降低设备投资和能耗，加速传质过程速率。这项技术将有可能改变传统的化工设备的概念，有人将其比喻为化工领域的"晶体管"。它的应用将会改变能源、化工等众多企业的传统生产面貌，产生巨大的经济效益。

在这个合作中，嘎德纳先生促使美方出资租来实验主机供北京化工大学无偿使用半年，还协助北京化工大学建立了超重力场实验室，又赠送了 16 万美元的试验所用设备。

在他的倡议下，经他所在的凯斯威士顿瑞什芙大学化学系全体教授会议一致同意，一台价值 10 万美元的巨型热重天平和耐 100 个大气压、

1000℃高温高压反应器及全部配件工具等赠送给北京化工大学。这台热天平是化学反应工程领域基础研究的重要大型仪器，对北京化工大学学科的发展具有重要意义，在我国是独一无二的。

嘎德纳、郑冲教授及北京化工大学师生共同研究的超重力强化传递与反应工程技术获得成功，现已申请了多项专利，并在山东胜利油田用于油田注水代替传统真空脱氧塔的工业试验取得成功，居世界领先地位。

油田注水脱氧是采油的生命线。注入地下新鲜水必须脱除其中所含的氧，以保证地下管道不腐蚀，抑制嗜氧细菌的滋生，以防止堵塞油路。国内现行的罐头技术上真空脱氧与化学药剂脱氧相结合的方法，工艺流程长，设备投资高，动力消耗大。以大庆油田为例，每年需经脱氧处理的水为3亿立方米，全油田50座水处理站，一个站每年消耗化学药剂50万元。而采用超重机，大大简化了流程，投资可节省23％，操作费用可节省25％，占地面积扣除地下水库后，可节省60％，其经济前景可想而知。

1995年5月的一天，在北化的高分子系举行了一次别开生面的捐款仪式。走上捐款台的，竟是一位退休的老人——北京化工大学兼职教授、加籍华人魏永康博士。

说起魏博士捐款一事，还有一段感人的故事呢……

1972年，魏永康博士随加拿大科技代表团访问了中国。从此，他就把自己的所学无私地奉献给了祖国的化学事业。

魏永康博士是加拿大籍华裔科学家，退休前是加拿大宝兰山公司科学委员、高级技术顾问。他毕生从事丁苯橡胶、丁腈橡胶等合成橡胶的开发研究，在橡胶、胶乳的合成、加工应用方面有很深的造诣。

自1984年始，魏博士作为北京化工大学的兼职教授，每年来北京化工大学高分子系任教半年，在实验室第一线从事科研开发，并亲自指导研究生。他十分重视应用基础研究，因为那是橡胶工业发展的基础。丁基橡胶生产技术一直为国外少数公司垄断着，国内一直靠进口。随着汽车工业和高速公路的发展，丁基橡胶需求量越来越大。为此魏博士提出了氯化丁基工艺简单、投资少、可先行研究，于是，在化工部的支持下，立项研究，经努力已基本完成小试，填补了国内空白。

几十年海外生活的风风雨雨以及慈母自幼对他的教养，使魏永康博士保持了对祖国的眷恋之情和报效国家的一份真诚。故而，在他退休前，加拿大挽留他，台湾方面力争他去台湾工作，而魏博士却毅然决定每年定期回国，为祖国的橡胶事业多作贡献，以表达他对祖国的深厚感情和真诚热爱。

他为北京化工大学牵线搭桥，促成北京化工大学与台湾金帝化学工业股份有限公司的科研合作，共同开发新产品。他向台湾方面介绍了北京化工大学高分子学科的实力，在他的推荐下，1992年12月双方签订了"橡胶改性"科研合作项目，为期3年。这个项目在国内尚属首次研究，已取得了明显的阶段成果，这不仅促进了北京化工大学高分子学科的发展，而且提高了北京化工大学对外的影响，与金帝公司建立了良好的关系。

1995年5月25日，北京化工大学高分子系举办了"感谢魏先生"师生聚会。会上，魏博士语重心长地说："祖国强盛，教育为本，我捐款给同学们，并不是想让你们报答我，而是要报效祖国。我小时候听母亲说过，母亲在学业上曾经得到别人的资助，她老人家后来成为一名校长，她终生难忘此事。母亲的遗愿就是要我报效祖国，并在教育事业上作点贡献。为了怀念老母，我准备每年捐献6000元人民币，设立'魏母令晖奖学金'，接济和奖励那些农村来的学习好但家境困难的学生。如果谁接受了奖金，但不努力学习，那他将来要把这钱还回来的，但不是还给我，而是让另外一名困难生继续受资助以求学之用。如果你们不好好学习，将来怎样报效祖国呢？"

魏博士不但资助贫困学生，而且每次回国他都要向学校赠送教学和科研用品，如打字机、仪器、药品和图书等，在他们夫妇听说学校的图书馆图书很少的消息后，又主动捐赠图书基金1700美元，捐献给中国化学会5000美元，用于优秀研究生论文和指导教师奖金。

魏永康博士自1984年到北京化工大学任客座教授后，先后指导过7名研究生。在指导过程中，他每年出资1000～1500美元用于课题研究，总计达9300美元。除此之外，他还投资150万元建立了化学工业基金会。

这些钱，魏永康博士是省吃俭用、一点一滴节约下来的。了解魏博士的人都知道，他外出时都是主动打"面的"。他说，什么车都是一样坐，"夏利"和"皇冠"太贵了。只要去过他家的人都会见过这样的情景，每次饭桌上，总会有昨天的剩饭。你怎么也不会想到，一位大博士，一位经常捐款、资助他人的"洋"教授，却经常在家里吃很简单的饭菜甚至是剩菜、剩饭。用魏博士的话说，钱要花在有用之处，为国家、科研和教育事业花多少我都不在乎。这就是一位老华侨、老科学家的人品——他不是企业家，是一位退了休的学者，靠吃退休金生活的教授！

1992年5月26日，在第二次全国化工科技进步工作会议上，表彰了144个化工科技先进单位和198名先进个人，授予陈冠荣、时钧、金日光等10人为"全国化工有重大贡献的优秀专家"光荣称号。在他们以外，更有无数优秀科技工作者在"科技兴化"中做出了杰出的成绩……

海 报

第三届国际热管技术研讨会将于1996年11月在澳大利亚的墨尔本举行。大会组委会由12个不同国度的12位科学家组成，我校博士生导师庄骏教授，将代表中国科学家赴墨尔本参加这次热管技术研讨会。

南京化工大学
1996年3月

大洋彼岸的高格勒先生恐怕做梦也没想到，由他最早提出的"热管"概念会在半个世纪后的中国大地上"领导世界新潮流"。而实现这一壮举的功臣，首推我国热管技术权威——南京化工大学热管技术开发研究院第一任院长、博士生导师庄骏教授。

热管是"热的超导体"。美国人发明之初是将它在航天技术中作为高效散热元件用的。而在当今世界上，充分发挥其高效导热性能并用作节能材料将其推向大规模工业化应用的则是中国。

南京化工大学早在七十年代就开始了热管技术的应用研究。在以庄骏为首的一批年轻科技人员的攻关下，先后研制出我国第一台碳钢——水热管换热器、第一台碳钢——水热管余热锅炉、第一台热管电机、第一台高温热管换热器、第一台高温热管蒸汽发生器、第一台高温热管热风发生器，这在我国热管技术发展史上连创6个第一的纪录，不但揭开了我国热管技术在工业应用上的序幕，也为世界热管技术工业化应用谱写了新篇章。

1976年，南京化工大学成立了由庄骏教授等5人组成的热管科研小组。他们利用有限的资金和简陋的实验设备，一方面进行热管技术的基础研究；另一方面又侧重于工业化应用的研究和开发。在庄教授的带领下，他们针对我国工业生产能源利用率很低的这一国情，决定将国际上公认的热管不相容的技术难题碳钢——水热管技术列入科技攻关课题。为了尽快获得研究成果，他们开始了没有节假日、不分昼夜的实验研究工作，甚至大年初一也在三班倒。夏天，他们头顶烈日的烤晒，在四、五十度的温度下，观察、分析、记录试验数据；冬天，他们冒着风雪蹲在数十米高的塔架上工作……就是这种不畏艰难、为科学献身的精神，使他们经过4年的艰苦努力，终于解决了国外至今还没有解决好的技术难题，实现了碳钢——水热管技术在工业化设备上应用的夙愿。

碳钢——水热管换热器的研究开发成功，是中国的一大发明。因为它采用的材料是普通碳钢，具有造价低的优点，且回收热能的效率高。它的问世，立即引起了国际热管学术界的高度重视。世界热管技术协会主席格罗尔教授说："中国碳钢热管技术应用的开发成功，为热管技术的开发应用作出了重要的贡献。"

能源是当今世界关注的焦点之一，而在我国国民经济发展中更是起着举足轻重的作用。热管技术的应用则是充分利用和节省能源的有效途径。1983年11月8日，江苏省人民政府批准成立的第一家高校与企业的联合体——南京热管技术开发中心在南京化工大学诞生了。在短短的几年当中，经过庄教授他们的努力，武汉钢铁公司集中8国先进技术的3号现代化炼铁高炉，唯一采用的国内先进技术——热风余热回收，就是由庄教授他们提供的分离式热管换热器技术。这项技术被采用后，每吨铁的焦炭耗量节省了 6.36 公斤，每年节能效益为 636 万元，不到半年就将全部设备投资收回。

一天，湖北江北化肥厂厂长找到了庄教授，说他们厂引进了一台 30 万吨大化肥装置，有一段转化炉需应用热管空气预热器。面对厂长那渴求的目光，庄教授他们又开始了新的课题研究。这项新技术的应用，使江北化肥厂每年节能效益达到 654 万元，这一消息传出后，一些亏损厂也纷至沓来。江苏海门化肥厂在采用了热管技术后，实现了"两煤改一煤"，从而大大降低了生产成本，当年就赚回一百多万元。

热管技术在全国开花结果了，他们不但应用于化工企业和产品，还应用于石油、冶金、轻工、交通运输、机械、电子等行业领域，覆盖除台湾、西藏外的全国所有省市自治区。为了更好地为企业服务、为科学作贡献，在南京热管技术开发中心成立 10 周年之际，一个拥有 13 家制造单位，并集科工贸为一体的高科技产业——江苏圣诺热管集团成立了。这是一个跨地区、跨行业、跨所有制的企业集团，这个集团的成立，标志着热管技术作为一个高科技的经济实体大踏步地走出校门，走向世界，走向市场，去为经济建设服务。1994 年，江苏圣诺热管集团公司推广营销的产值收入达 1500 万元，他们开发的"热管技术在余热回收中的推广与应用"成果，于 1994 年 4 月荣获"国家教委科技进步一等奖"；开发的高温热管技术被国家科委列为"火炬计划"项目；开发的高温热管风炉达到国际九十年代先进水平。

中国热管应用技术走在世界的前列，受到德国、美国、日本、韩国、罗马尼亚等国专家的关注。世界热管技术协会主席、德国斯图加特大学教授格罗尔先生对中国的热管技术表现出特别的热情，曾先后 10 次来华访问，赞誉庄骏教授领导着"目前世界上最大的热管技术研究机构"。

"圣诺"，是英文"阳光"的译音，预示着他们的事业如同朝阳一样鲜红而充满生机；"圣诺"，中文的含义则是"神圣的承诺"，代表着他们对科学事业、对企业的承诺，更是对国家的承诺：让热管技术走向全行业、走向全世界！

当一轮红日从东方升起，"圣诺集团公司"正朝着他们"一诺千金"的目标，开始了新的征程。

"我经历了106次的失败，但在接受第107次挑战时，我成功了，中国人可以大声地向全世界宣布：我们终于生产出了'生物素'……"

在第四届全国药物化学的年会上，近百名的专家、学者在聆听着一位青年学者的"生物素立体专一合成研究"学术报告，当他的报告一结束，专家学者们无不为这位青年学者报以热烈的掌声。华西医科大学校长郑虎走上讲台，他紧紧地握住年轻人的手激动地说："感谢你为母校争了光，为我们中国人争了光。"

生物素，这种神奇的"生命素"被陈芬儿研制出来了，这项成果填补了国内空白，使中国学者们几十年的追求终于变成了现实。而华西医科大学的历史也因他——武汉化工学院副教授陈芬儿书写出了新的一页：至今为止，他是华西医科大学培养的研究生中唯一一个以中专学历考取并取得科研成果最多的人。

大凡有所成就的人，都经历过许许多多的磨难，陈芬儿也如是。

他的十多项科研成果，都和药有关：新药、生产药的新工艺、农药中间体。而他又是怎样与药结了缘的呢？

说到药，那些过去的日子，就有如源源流淌的清泉流过他那年轻的记忆，那一幅幅场景，如一部部没有尾声的动画片，一直珍藏在他的心里。

他有位当医生的母亲，这对他是个幸运，因为母亲的医学书使他认识了"药"。说来也奇怪，书架上一排排的医学书中，独有那药理书对他最有吸引力。氢氧化铝加盐酸制成药片就能治胃病，这不是太奇妙了吗？从此，他就对医药发生了浓厚兴趣。中学毕业后，他考取了江西卫生学校。但是，中专的那些课程满足不了他对药物知识的渴求，在读中专时他干脆自修了大学有机化学和药物化学两个专业的二十多门课程。

此间，他没有星期天，没有节假日，连睡眠也被剥夺了一半——每天只睡4个小时。电影与他无缘，公园从不光顾。有人问他为何如此坚韧、如此执著。他总是微微一笑说："这也许是爱的力量吧。我爱这门学科，它那神奇的东西总在吸引着我，使我越陷越深，不能自拔。"

功夫不负有心人，陈芬儿终于以优异成绩考取了华西医科大学硕士研究生，从此踏上了更为艰苦的征程。

陈芬儿有一种敢为天下先的精神，"生物素"是一项国家空白，它的社会效益和经济效益都非常可观。用于人体抗衰老，作为动物饲料添加剂效果极佳。一公斤可值 7000 美元。陈芬儿瞄准这具有世界水平的课题，开始了他的攻坚战。

"生物素"合成很困难，至少要经过 15 个步骤才能完成，我国六十年代就有人开始了这项研究。国家医药管理总局将此项目列入了国家"九五"重点攻关项目，化工部也将此列入了有关开发项目。而陈芬儿的成功至少提前了 5 年。

然而，陈芬儿的成功，并不是在条件优厚的试验室里，也不是在名牌大学或是大研究所，而是在名不见经传的武汉化工学院，在一间不足 5 平方米的小平房里，仅靠一只玻璃瓶起家的。

说到这只玻璃瓶陈芬儿很动感情，在他研究生毕业时，导师曾流着泪送给这位他认为最优秀、最能吃苦的学生一只玻璃瓶作为纪念。这只玻璃瓶寄托了导师对他的无限希望："你这样干下去，一定会做出成就来。"值得这位老学者慰藉的是，陈芬儿没有辜负导师的一片苦心，这只玻璃瓶催生了十多项科研成果和 50 篇论文。

1994 年的金秋，正值全国医药教育优秀教师表彰大会后的第二天，傍晚时分，陈芬儿正同与会者们畅谈心得，外面突然有人喊到："国务院领导来看望大家啦。"

这时，一些人走进陈芬儿他们的房间，国务院副总理李岚清走在最前面，微笑着问："陈芬儿住在这里吗？"

"这就是陈芬儿。"国家医药总局的领导将陈芬儿介绍给李副总理。

李副总理上下打量着这位年轻的教授，亲切地问道："听说你不是在医药总局管辖的单位工作。"

"是的，我是在化工部所属院校工作。"陈芬儿答道。

"可你在医药科研上的贡献可不小哇！……"

说到医药科研方面，小陈的确贡献不小，但他不仅仅如此，还救活过几个企业呢。

"没有陈芬儿，就没有我们这个厂。"河北省武邑合成制药厂厂长这样说着。

这个厂前身是一个濒临破产的印刷厂。厂房破烂，200多人发不出工资。他们数次到武汉，请陈芬儿挽救这个厂。当陈芬儿听了厂长的"流泪倾诉"后，他把自己的最新成果，具有国际水平的"扑炎痛"技术献给了这个厂。使这个厂年产值达千万，年利润200多万元，成为河北地区的明星企业。

陈芬儿救活过工厂，他也研究出具有世界水平的科研成果，但他还是那么清贫。有人劝他自己拉出去办个药物研究所，定能挣大钱。

陈芬儿却说，我无意贬低文化人经商，但我决不去经商，"天生我才必有用"，我的用处是在实验室里，我的乐趣也在实验室里，此情独钟，谈钱何用？

因为对科学的这份爱，对药物学的这份钟情，这位年轻的科学家把金钱看得很淡。否则，他如果有半点的贪心，他早已是个不折不扣的百万富翁了。

得到第一次成果转让费后，他有了一笔收入。他的家庭也很困难，他也很需要钱。可陈芬儿用这笔钱买回一个30多公斤的用于氰化反应的"高压釜"。

按学校的规定，科研成果转让费自己可得三分之一，陈芬儿为学院创收300万元，他却将自己应得的100万元购买了实验室的设备和仪器。

不知有多少人给他送过钱，但他拒绝了，也不知有多少企业要出几十万元买下他的技术，他都一一回拒了。有人说他迂，有人笑他呆，可陈芬儿的话听了叫人心头一震："这世界上并不是所有的东西都能用来做交易的，比如人格、良心。"

陈芬儿为科学甘于清贫，而只有甘于清贫的志士，才可能摘下"九天之上的星星"。

第十八章
弹奏五大洲的乐章

1992年5月。傍晚,一辆黑色轿车汇入长安街上穿梭般的车辆之中。刚刚参加完国务院一次扩大会议的化工部部长顾秀莲坐在车内。她脸上有些倦意,思维却异常活跃。

小平同志的南巡讲话在全国掀起进一步深化改革、扩大开放的高潮。国务院各部委办都在制定新的战略。化工部怎么办?

车窗外已是暮色沉沉。一些商店酒楼开始亮起华丽的灯光,都市的夜晚悄然降临。

"回部里。"她吩咐。

"这么晚了……"司机没有继续说下去。他知道,她的时间太宝贵了。

3个月后,全国化工第一次对外开放工作会议即将召开。她要在这次会上提出加快发展化工外向型经济的战略目标。她必须抓紧分分秒秒,这分分秒秒就是机遇。就是挑战!

首都的夜晚喧闹繁华。这个国际性大都市没有因为黑夜降临而停缓她那快节奏的脉搏及生机盎然的活力。

顾秀莲部长办公室的灯光又亮起来。匆匆赶回的她把自己深深地埋在一堆材料之中。要制定出具体的战略目标,就必须对全局有一个充分的把握。

一份又一份材料。一组又一组数字。

透过这些材料和数字,顾秀莲看到的是一个更广阔、更博大、更深远、更精彩的世界。

化工部的高层决策者们又坐到了一起,他们要寻找一个新的发展起点。

顾秀莲以惯有的平和但却颇具力度的语调开了腔:"当前,以邓小平同志南巡谈话为重要标志,全国范围内加快对外开放的大环境已经出现。作为国民经济基础产业的化学工业,我们必须以高于工业平均增长的速度来发展。因此,如何抓住当前这种不可多得的机遇,加速化工外向型经济的发展,已经成为摆在我们面前的一个十分紧迫的课题……"

稍作停顿,她拿起面前的一份文件,目光环视着室内每个成员:"这是一份没有完全成熟的草案,请大家讨论一下吧。"

每个党组成员和几个综合部门的司局长面前都放着一份刚刚赶印出来的材料。翻开到化学工业发展外向型经济的目标一段,几行用黑体字印刷的数字跳到眼前:到 2000 年,化学工业实现出口创汇 100 亿美元,利用外资 100 亿美元,培养 100 家外向型企业(集团)……

"三个一百!"多么大胆的设想!会场气氛立刻热烈起来。

"出口创汇从 35 亿美元到 100 亿美元,可有一个不小的差距,能实现吗?"有人担心。

"实际利用外资要达 100 亿,恐怕也很难!"有人摇头。

"外向型企业集团如何组建?事涉地方以及许多有关部门,问题复杂得很!"有人咂舌。

顾秀莲带着微笑认真听着,不时地在小本子上做几点记录。对于不同意见,她始终给予足够的重视。长期在领导岗位上的实践使她深知,不同意见在加大措施的保证力度和促进向正确转化方面有着重要作用,而且她始终认为,不同意见正反映出提意见者对问题的思考和判断,这是决策者在决策之前的重要依据。

顾秀莲对统一大家的意见很有信心。在此之前,为了使决策建立在一个厚实的基础之上,她组织几个调查小组,分头由几位副部长带队,深入基层,调查研究,她的信心也正是在深入调查中逐渐增强的。

经过多次反复研究,意见终于渐趋一致。当 1992 年的春天悄然来临的时候,化工部党组提出了进一步扩大开放和发展化工外向型经济的基本思路——

按照国家的总体部署，结合化工具体情况，实行东西南北中全面开放、梯次推进，沿海、沿江、沿边和内陆结合，资源优势和区位优势互补，各有侧重，共同发展的战略；

重点是以国际国内两个市场为导向，调整产业结构和产品结构，发展高附加值、高技术含量、高出口创汇、高市场占有率的化工产品，合理引导两种资金和两种资源的配置；

多渠道、多层次地吸收利用国外资金和技术，实行多元化市场和多元化经营的对外贸易方针，逐步形成外向型经济的新格局。

1992年8月，第一次全国化工对外开放工作会议在北京召开，顾秀莲代表化工部党组正式提出"三个一百"的战略目标。化学工业从此迎来了大力发展外向型经济的高潮……

陈力华肩上的担子骤然加重。

作为化工部国际合作司司长，他深知顾部长所说的"机遇与挑战"的真实意味——那需要勇气和胆识，需要精力与热情的投入，一句话，需要忘我的工作。

要实现全方位的对外开放格局，国际合作司的作用至关重要。在他之前，刚刚调任其他岗位的老司长张庚辛，为贯彻部党组对外开放的总体部署，推进化工外向型经济的发展，做了大量开拓性的工作。在这个基础上，陈力华和领导班子成员经过研究，决定抓好"一个转变、一个提高和两个服务"，即转变政府职能，提高工作效率，面向国外政府的大公司服务，面向地方和企业服务，把宏观调控和导向融于服务之中。

不久，一份专题报告呈在顾秀莲案前。顾部长一边审阅，一边用笔在下面一段话上做了着重记号："发挥三个主动，即：不放过每一次机会，主动做好外方特别是上层领导人的工作；结合国外公司的特点和专长，主动提出一批可供合作的项目，推荐一批地域好、交通方便、管理和技术水平较高的企业，作为合作伙伴；主动搞好后续服务，沟通情况，帮助解决项目'洽谈问题'。"

顾秀莲把陈力华叫到自己的办公室里，开门见山地说："报告我看了，

'三个主动'提得很好。当前美国和西欧一些国家经济不振，正在寻求新的资本输出渠道，而我国具有巨大的潜在市场和劳动力资源，有条件吸引更多的资金和贸易伙伴。我看可以加强与发达国家政府间的高层交往，通过政府牵线搭桥，加强与国际著名跨国公司间的合作，重点引进高新技术，提高技术档次和生产水平。"

已有20年外事外贸工作经验的陈力华知道，"加强政府间的高层交往"这简单的几个字，抓住了一个多么关键的环节，这其中包含的不仅有敏锐、有经验、有知识，而且需要有更多的信心。而在此之前，主管对外经贸合作的贺国强副部长在听取外事司工作汇报时也曾明确表态：

"对目前需要大量进口的产品和必须引进的高新技术，可以让出部分国内市场；对新开发的高技术含量产品，可以先开辟市场，以后加工搞起，再上合成技术；对某些被垄断的技术，可以先购买对方一定数量的产品，进行技贸结合，以产品换技术；进行技术合作或考察某项专有技术，可先签保密协议……"

这些，都还属于对外开放工作中的"禁区"，突破它，表现了部长们的高瞻远瞩和超前意识，这又需要多大的决心和魄力啊！

陈力华及国际合作司的工作开始满负荷地运转……

1993年，中国化工高层领导与外国政府首脑的接触频繁起来——

2月1日至17日，贺国强副部长应日本国际贸易促进会和韩国商工部邀请，率中国化工代表团出访日、韩两国。分别拜会了日本众议院议长、日本国际贸易促进会会长樱内义雄、日中经济中心会长木村一三、日中经济协会理事长诸口昭一；韩国商工部部长韩凤珠、副部长朴熔道、农林水产部副部长金汉坤，与韩国商工部举行了正式会谈。参观访问了两国企业、科研院所、大学等共计41个单位，双方就近期及长远合作进行了积极的探索。

4月13日至5月7日，潘连生副部长率中国化工代表团访问西班牙、荷兰、挪威三国。同政府官员和企业界人士广泛接触，介绍我国化学工业10年发展规划和发展外向型经济的设想，促进了正在商谈中的合作项目。

7月3日至27日，李子彬副部长率团先跨越太平洋飞抵美国，后又前往日本。

9月25日至10月15日，顾秀莲部长率领由化工企业家组成的中国化工代表团，出访南美国家墨西哥和巴西，继而又造访了与我国相邻的泰国。代表团拜会了墨西哥能矿部长、工商部副部长、总统顾问、巴西能矿部长、外交部常务副部长及巴依亚、南大河、圣保罗等州政府的领导人、泰国工业部长、商业部副部长及普额、宋卡、春府等省的省政府领导人。代表团访问了三国的工商和企业协会，参观了科研机构及其设施，企业及其生产厂等共计50个单位，还先后与三国企业举行了四次座谈会；双方就各自化学工业的状况和发展前景交换了意见，洽谈了一批技、经、贸合作项目……

11月10日至26日，谭竹洲副部长率团访问了阿联酋和德国。除参观、考察生产装置、科研机构外，还就双方一系列合作、合资项目举行了会谈。与德方草签了3项合资合同和协议，8项合资合作意向……

11月28日至12月15日，李士忠副部长率中国化工代表团先后出访澳大利亚和新加坡，了解了澳、新发展化学工业的方针政策及经验；与澳方签订了利用膜技术处理工业废水的中澳第一项技术合作协议；与新方达成了在我国合作建设化学工业园的意向；与澳、新化工界达成一批经贸技术合资项目意向；沟通和拓展了院校交流的渠道……

"走出去"一幕刚刚拉开，"请进来"一幕就接踵而来，且伴着收获，伴着成功——

6万吨离子膜烧碱和甲醇装置在香港分别与日本旭硝子株式会社和东洋工程公司签约；

聚氯乙烯装置在北京与法国德希尼布公司签约；

固碱装置在北京与瑞士BERTRAN公司签约；

天然气制乙炔在北京与乌克兰国家化工研究设计院签约；

山东青岛泡花碱厂与法国罗纳·普朗克公司合资建设白炭黑项目签约；

上海染料公司与德国BASF合资生产有机颜料项目签约；

上海吴泾化工厂引进年产 10 万吨醋酸装置与英国 BP 化学公司和约翰·布朗公司签约；

······

政府部门充分发挥桥梁作用，把国内一批优秀企业推向国际，把国外一些大公司引进国门；中央、地方、企业统一对外，一方面把外商的投资活动纳入国家产业政策的轨道；另一方面协助外商处理好各类问题。

化工部党组在对外开放战略上的统筹规划，最终促成中国化工全方位、分层次、多元化对外开放大格局的基本形成。

1993 年 11 月 27 日。中南海紫光阁。

刚刚在人民大会堂与化工部签署了全面合作协议的德国拜尔公司董事会成员贝怡瑟博士眼里闪动着兴奋的光泽，对前来参加签约仪式而后又接见他的国务院副总理邹家华说：

"有化工部的支持和参与，我们有很多项目在贵国找到了理想的合作伙伴。"

邹家华副总理微微点头，面带微笑地说：

"你们通过化工部，跟地方与企业一起搞合作，这是一个非常成功的做法。中央部门掌握全局，地方有积极性，企业作为业主加大对外合作的力度，这样，国际大公司来华投资就可以寻找到良好的伙伴。"

这是中国领导人在外国朋友面前充分肯定化工部的经验。

到 1995 年年底，化工部共与荷兰经济部、墨西哥能源矿产部、美国商务部、葡萄牙工业能源部、波兰工商部、巴西矿产能源部、韩国通商产业部及德国北威州 8 个国外政府部门签订了全面合作协议。与美国杜邦、伊斯曼化工、德国赫斯特、拜尔、法国阿托化学、罗纳·普朗克、英国 ICI、捷利康、瑞士汽巴嘉基、挪威海德鲁、丹麦托普索、意大利埃尼集团和日本旭化成共 13 家国际著名大化工公司签订了专项合作协议。

在全面合作协议的促进下，由过去单纯经济合作，扩大到经济、贸易、技术、企业管理及人员培训的全方位合作；由单项合作扩展到一次多项或系列化产品合作；由短期合作扩展到长期稳定合作······

短短三年，经化工部直接介绍和推荐，与外国公司签署合资合同 43 项，总金额 8.8 亿美元，开展洽谈或进行可行性研究的项目 100 多个，其中超过 1 亿美元的特大型项目有 9 个。

1995 年 7 月 24 日下午。北京，化工部部长办公室。

戴成文说话的节奏似乎要比平时快得多，从他凝重的语气和肃然的神情中，不难看出他内心的焦虑……

这位早年毕业于大连工学院，从车间技术员、主任、厂长到天津市化工局副局长、局长，一步一个脚印成长起来的高级工程师，自 1995 年 5 月接任渤海化工集团公司——这个国家特大型化工企业的最高管理权后，便深感自己肩负的责任重大。大企业要寻求发展，必然要走向世界，这位 56 岁的总经理，对顾秀莲部长提出的大力发展外向型经济的战略领会颇深。他要使自己的企业加快实施这一战略的步伐。

现在，他正向顾秀莲部长汇报着 10 万吨/年聚氯乙烯项目谈判的进展情况。

这是中韩建交两年来，与韩国大公司合资的最大项目之一，也是化工部与外国政府间的高层交往、牵线搭桥的重要合作成果之一。顾秀莲曾派陈力华几次前往天津，疏通与地方政府的关系，寻求积极的支持。她与市委书记高德占及天津市政府领导一起研究商定，将以该项目为起点在渤海化工集团大沽化工厂兴建我国聚氯乙烯基地，以壮大中国化工的整体实力。

10 万吨/年聚氯乙烯项目于 1994 年 9 月 28 日晚在天津利顺德大饭店正式签订意向书。然而至今 10 个月过去了，正式合同仍未签订。戴成文总经理此次进京，正是寻求顾部长的支持，以求加速项目谈判的进程。

带着顾部长的指示，戴成文连夜赶回天津，向市委书记高德占作了汇报，上下又一次统一了谈判原则。回到渤海化工集团，他又立即召集项目谈判组的同志紧急开会……

渤海化工集团大沽化工厂依傍海河，濒临渤海，水陆交通四通八达。

这个以食盐电解为主体的综合性大型国营氯碱厂，向全国25个省市自治区480个厂家提供烧碱、聚氯乙烯树脂、林丹、五氯酚钠、液氯等20多种产品，且出口美国、日本、法国、德国、巴西及东南亚各国……

韩国乐喜集团选中大沽化作为合资伙伴，正是看准了她优越的地理环境和雄厚的实力。

这一天，人们看见厂长董玉华低着头、抽着烟，在那一片开发区上走了很久。谁都知道，他是在为10万吨/年聚氯乙烯项目着急。他脚下踏着的将是一座投资9500万美元的新型的现代化工厂啊！

他生于斯，长于斯，是个地地道道的"海河儿女"。在他尚未出世之时，大沽化工厂就已经兴建了，那是日本军国主义开办的。童年时代他看到的是国民党统治下的大沽化工厂，几座破旧的烟囱时断时续地冒着熏人的青烟。18岁那年，他穿上工装，正式成为大沽化工厂的一名工人。从1964年开始，他的青春年华、热情精力和汗水都献给了大沽化的事业，他的个人成长也一直伴随着大沽化的发展……

一个月前，他随天津市外贸代表团去韩国考察了乐喜集团。不看不知道，一看，董玉华的心情沉重了。乐喜集团淦山精细化学品厂仅330名员工，而年销售额折合人民币已超过10亿元，比我们的企业几乎高出20倍之多！更让老董心境难堪的是，清州聚氯乙烯树脂深加工工厂大门前居然竖立着这样一块牌子：疆土小国，经济大国！

那一"小"一"大"，深深地刺疼了老董的心！

回到国内，他立即向天津市市长张立昌作了专题汇报，并明确要求：大沽化缺乏合资所需资金，希望市政府划拨开发区土地，作为注册资本金进行合资。张立昌市长当即表示同意，无偿划拨给大沽化10万平方米土地，尽全力使项目早日签订合同，上马兴建……

昨天，戴成文总经理已经向他传达了化工部及天津市政府有关部门对10万吨/年聚氯乙烯项目的指示精神。作为项目具体承办者，董玉华此刻考虑的就是如何加快谈判进展，使项目合同早日签字生效……

1995年12月27日下午。三辆豪华的奔驰轿车徐徐驶进渤海化工集团公司的大院内。乐喜集团副总裁成在甲、事业部主管权半助、计划部部长方荣石及法律顾问金锡宪等走下车来,他们的神情都流露出喜悦与兴奋。

经过一年多的谈判交锋,现在是真正握手合作共创未来的时刻了。

戴成文总经理握住成在甲的手:"我们期待这个时刻很久了!"

成在甲接过话茬儿:"这个时刻终于来了!"

随后,他们一同走进渤海化工集团的机关大楼——由我国化学工业先驱范旭东先生兴建的具有中西合璧风格的三层洋楼内。一个历史性的时刻将在这里诞生……

孟加拉国吉大港。骄阳蓝天。碧波荡漾。椰林青青。海风轻曼。一派秀丽迷人的热带风光。

1987年10月,一座以天然气为原料,年产30万吨合成氨、52万吨尿素的化肥厂(简称CUF项目)在卡纳富利河口东南的滩涂上奇迹般地拔地而起,与繁忙的市区隔河相望,为吉大港增添了一种阳刚之美。

身穿戎装、身材高大的孟加拉国总统艾尔沙德参观整座厂房后,心情异常激动。他离开身边的政府官员们,独自走到卡纳富利河畔,目光从那奔涌的河水移向远方,最后停在身后的厂房上,久久地望着那些高耸入云的塔尖。

"这里原是一片荒滩啊,"他感慨道,"今天却是孟加拉最大的化肥厂了!"

"这是孟加拉有史以来第一个提前建成的项目,"他对中国驻孟加拉国大使郑剑英说,"中国朋友了不起!我代表孟加拉国政府和人民感谢你们!"

当翻译把他的话译成中文后,两双手紧紧地握在了一起。

CUF项目是孟加拉国政府1984年决定建设的重点化肥项目，由沙特开发基金会、亚洲开发银行等7个金融机构提供贷款。经过激烈角逐，日本东洋工程公司成为CUF项目总承包商。1984年7月，东洋工程公司将工程分为34个分项标，再次进行国际性分包招标。

36家国际工程公司纷至沓来，展开激烈的竞争，其中争夺尤为激烈的两大分包工程是土建和安装。业主和总承包商采取资格标书、技术标书和商务标书的分阶段评审，以过"三关"的评标策略来逐步淘汰投标者，最后留下极少数分包商进入商务标的争夺。

秦仲达部长办公室。中国化工建设总公司总经理安郁综、副总经理刘明友、中国化学工程总公司总经理黄兴盛、副总经理史学斌和已组成的三人夺标组成员陶湘纪、刘玉柯、袁玉庆等围坐在一起，听候秦部长的指示。

"CUF项目是中国化工首次走出国门参与国际大型承包项目。"秦部长说："把你们两大公司领导请来，就是要联合起来，优势互补，夺下CUF项目。我们搞大型化肥工程已经具备了丰富的经验，要让世界了解我们在化学工程方面所拥有的实力。"他把目光转向夺标组的成员："一定要夺下这个项目。"

史学斌、刘明友亲自组织派往国外的夺标组夜以继日地赶制资格标书、技术标书。在化工部和我驻孟大使的全力支持下，1986年3月15日我方终于夺标。

这是一个历史性的起点，它结束了国外工程公司垄断孟加拉市场的历史，它将揭开中国化学工程走出国门的雄壮诗章！

1986年5月21日，难产的合同终于签订。由于合同签约推迟，工期只剩下18个月了。而合同规定6月7日吊塔，现在只有16天时间了。

中国化学工程总公司副总经理史学斌迅速进行了组织。第七建设公司设备队队长胡军听令，日夜兼程飞离祖国，第二天就进入现场，带着一个起重工投入准备工作。

两座塔都是高64米，直径4米，重231吨的庞然大物。

胡军，这位从江南考到北京化工学院学习化工机械专业，又从北京分配到大西南的汉子，从容地对日本人说："我们会成功地吊起它们的。"

接着，18名起重工来到吉大港工场。组织当地分包商挖地锚租机具，有一家开价比吊塔还昂贵，另一家只答应租赁三天。72小时，不分白天黑夜，前面推土机开路，后面挖土机开挖；左面80吨坦克吊吊地锚放在托板上拉到坑旁，右面150吨坦克吊把地锚放入坑内……6个地锚3天全部埋好了。

然而，总包商还是有些提心吊胆；不久前他们熟悉的一家外国公司在30万吨乙烯施工中将一座大塔吊到半空摔了下来，造成一场事故。为防患于未然，他们花高薪请来一位在全世界吊装过许多高塔的美国专家来吉大港坐镇。

6月2日，现场指挥任时柱从国内赶到吉大港披挂上阵。这位自27岁就担任吊塔指挥的工人技师，经验丰富，胆大心细。年届6旬的美国专家看着任时柱现场指挥的一招一式，知道他是个行家了。当大塔随着任指挥的号令平平稳稳地卸下托板时，这位美国专家不禁脱口而出："我可以回去了。"他的态度使站立在旁边一直观察着的总包商，也对任时柱流露出欣赏的神情。

几天后，二氧化碳再生塔和吸收塔也稳稳地竖立在吉大港的蓝天下，两座红白灰相间的巍巍高塔，犹如互相辉映的丰碑光彩夺目，显示着勇敢者的志气和力量。

日通公司米山先生赞誉："你们的吊装是世界第一流的！"

几乎与吊塔同时，管道工程动工了。

五月末的孟加拉正进入雨季，管焊队长徐亦锦到吉大港时，现场一片汪洋。即使在旱季，挖下去1.5米到2米也要出水。眼下这时节，挖到40厘米就突突冒水，而工程需要挖3米多深。在地面预制的地下管，用吊车下到挖好的沟里，按图纸要求定位，然后就是焊接。上面下雨，下面冒水，管子三面来水，泥沙俱进。固定焊口里外都要焊，里外都要保持干燥。为了提高效率，抓紧工期，总工程师徐用民整整熬了一个通宵，发明了一种"沉箱法",即用板块做成箱状在坑中隔开沁水进行焊接。

当地天气预报说近些天晴到多云。项目经理部立即下达命令,突击地下管道焊接。白天,40℃高温;夜晚,海风一阵紧似一阵,纷纭的焊花映照着整个工地。站在工地高处的总包商,瞪大了眼睛:"中国人,没法比!"

电焊工袁邦杰自管道焊接第一天起,就发现队长徐亦锦走路时勾着头,身腰弯得厉害,而且一天比一天严重。不知内情的同志跟他开玩笑:"徐队长,你在地下找金子么?"老袁知道,徐队长的痔疮犯了,出血严重。从清晨6点直干到晚上7点,他们去吃了点东西,洗了一下,又回到工地。老袁挡在徐队长的面前:"队长,你这个样子不能再加班干了,回去歇歇吧,你的活我顶着。"

徐队长笑了:"你顶着?你顶得了工期么?你顶得了中国人的面子么?"……

为了加速工程进度与现代管理相衔接,中化工程总公司副总经理史学斌和七化建经理汪丽荣责成总工程师徐用民和工程师刘玉柯配合编制总体计划方案、机构组织方案、人力动员方案、当地劳力动员方案……建立了矩阵式为主、直线式为辅的组织机构和3日、3周、3月滚动计划体系,……系统的现代工程管理就这样一步步地展开了。

"中国玛当(女人)!中国玛当来了!"

在穆斯林国家,女人居然上了工地!

像来了外星人,工地上各种肤色的男人乱了营,追着撵着嗷嗷叫。

陆陆续续,七化建公司的19位女焊工来到现场,年长的40岁,年轻的20刚出头。一到现场,她们就碰上总包商的下马威——现场考核。跟男焊工一样,平焊、立焊、仰焊、横焊、全方位焊。焊条在管上搭一下就判不合格。总包商和外方技术总监们都累得出了汗,而我们的川妹子们,神情却一个比一个坦然,技能娴熟得像表演一样,一派行家风范。当100%合格的成绩出来时,总包商与外方技术总监们不禁面面相觑。

川妹子们聚在一起,发出琅琅的笑声。她们是七化建工程焊接的"王牌军"，足迹遍布祖国的大江南北，各大项化工工程中都留下过她们的汗水和成就。

在工地，女焊工与男焊工任务量一样，没有任何性别上的照顾。不分白天黑夜，每天都要手拿焊枪干上十几个小时；有时竟是在烈日下蹲着连续焊接数小时。回到住地，第一件事就是互相掐一掐掌心，因为手指全都麻木了。事实上，她们比男焊工承受了更多的困难。孟加拉夏季温度高达40摄氏度，男同志常常裸个臂露个腿的，女焊工们却清一色着衣整齐，有的甚至连封领也扣着，脚上还穿着反毛皮鞋。她们知道，在 CUF 现场，有马来西亚、新加坡、韩国等各路施工队伍，只有中国公司有女焊工，在孟加拉这个穆斯林国家，她们的一举一动，都影响重大。

每天，从住地走完近 3 公里的路进入工地，她们差不多就是一身汗了，工作量却从来没有落在男焊工的后面！她们许多人身上都生了热疹。由于例假照常上班，一些人经常感到腹痛难忍。早已晒黑的脸蛋开始卷皮脱落，热毛巾敷上去刺心地疼。纤巧的手掌早已粗茸斑斑，但她们居然没有一个停工歇下来！

她们像男焊工们一样经受了"夹饼烤"：焊接铬钼钢时，按工艺需要在现场用电炉丝加温到 350℃，而外面是 40℃烈日，人就在这样的两面高温中作业！

她们像男焊工们一样经历了"打耗子"：为防止高温下连续作业导致中暑和晕倒，她们用包装箱板在现场临时搭起"人"字工棚作业，海风一来，工棚顷刻倒下，打着的"耗子"就会"啊哟妈呀"……

碰上高空作业，男同胞帮着把板子搭好，女焊工们把安全带套在 80 多米高的管子上悬空作业。这一天，22 岁的刘兴桂正在高高的塔架上作业。天空碧蓝如洗，阳光耀眼灿烂。汗水几次弄湿了眼睛，她停下，挪开面罩，擦把汗。这时她瞥见脚下 50 米处有个男人往上瞧着。被男人瞧着，她和女同胞们都习惯了。她戴上面罩，继续焊接。几个小时过去后，她再次发现脚下那个男人仍站在那儿，仰着头看着自己。

这个男人是韩国大林公司的监工，这几天里在工地上他总是盯着刘兴桂。他不能想象，这样一个清秀娇小、体重不足 50 公斤的女孩，居然有这样高空作业的胆量和勇气。刘兴桂从高空下来后,他将早已备好的西瓜递过去,连声说:"太了不起啦,简直不可思议!我国的妇女在家生孩子,不出来,绝对干不了这样的活!"

刘兴桂一口川腔:"郎咯怎好比哟!"

当初在是否让女焊工参加CUF项目问题上,领导班子内部曾有过争议。穆斯林国家男权主义盛行,妇女一般不允许抛头露面;CUF项目环境艰苦,影响重大。这两条因素似乎已决定了妇女不宜。但七化建总经理汪丽荣想,我们一直提倡男女平等,同工同酬,国外并非知道这一切,CUF项目不正好是一个宣传契机么?况且,七化建的女焊工个个技术过硬,经验丰富,男同志到哪,她们到哪,干过历次大化肥施工项目,加上川妹子好胜心强、个性鲜明,她们绝不会给七化建,不,给中国人"脏班子"(丢面子)。汪丽荣最后决定:"让女娃儿去,出了事我担着!"

现在,此举已成为CUF项目施工中最精彩的一笔。业主和孟加拉政府官员把女眷带到工地,让女眷向"太厉害了"的中国玛当们学习。艾尔沙德总统夫人还率领该国妇女组织前来慰问,与她们合影留念。自然,那些当初满口"NO,NO,NO"的人,也开始转口一个劲地称赞:"中国玛当OK,OK!"

中国玛当不仅漂亮美丽,更重要的是,她们的焊接一次合格率超过了世界公认的95%的国际先进水平,比国际公认的优秀标准高出2个百分点!

一夜之间,她们扬名孟加拉!

为了缩短建设周期和减少资金占用时间,业主和总包商对CUF项目的总体安排是统筹网络、多边交叉、衔接作业,即边设计、边订货、边土建、边安装。如此紧张的节奏,没人考虑劳动力、机具是否来得及组织和调整,没人考虑生产、生活设施是否完善。你签了合同,就必须服从整体计划……

中秋节的晚上,月亮从卡纳富利河面上升起来,400多人聚集在一起,等待项目总经理汪丽荣讲话。

坐在临时搭起的主席台上，汪丽荣的眼光久久地游动在台下黑压压的人群中。他说不出话来。

这黑压压的人群，都是他的兵啊！他们别离妻子，跟着他走出巴山蜀水，来到这异地他乡。他们黑了、瘦了！他们已经做出的一切，不仅改变了总包商的看法，使他们心悦诚服，而且树立起了坚强勇敢的中国人形象！他应该对他们说："你们辛苦了，你们应该好好地歇一歇了！但是，他不能……"

汪丽荣终于开口了，但声音有些嘶哑："我要对大家说的是，我们要树立与合作者同舟共济的观念。为了创出声誉，站稳孟加拉承包市场，我们还要拼一拼，搏一搏！我们不能松懈，要咬紧牙关，坚持到底！"他眼睛有些潮红。"大家记住，我们是中国人"！

台下鸦雀无声，但很快爆发出浪潮般的掌声……

1987年12月3日。吉大港喜气洋洋。艳阳普照，彩旗飘扬。CUF项目安装合同施工周期只用16个月，化肥厂提前4个月生产出合格产品！

庆功会上，艾尔沙德总统满面春风、高举酒杯。孟加拉国化工主席在旁说道："中国人以一流的服务、一流的质量、一流的合作。完成了合同任务，我真诚的感谢你们！"

吉大港项目开辟了中国化工建设总公司与中国化学工程总公司及其所属七化建工程项目联合夺标、分工合作的典范。在我驻外机构的支持下，七化建随后又承建了该国贾本那化肥厂、沽尔夏化肥厂、卡夫柯化肥厂等4套大项目，从此在该国站稳了脚跟。

1992年3月21日下午。北京中国大酒店。

中国化学工程总公司（英文总称CNCEC）与千代田工程公司关于香港美孚石油有限公司青衣岛管道和油罐项目合同的签字仪式在会议大厅里举行。

化工部副部长李子彬握住千代田工程公司董事弘宏光武先生的手："希望这次合作成功，希望我们之间成为理想的合作伙伴。"

光武先生微微鞠了一躬："CNCEC的实力我是知道的。我们之间会成为好朋友。"

中化工程总公司总经理路德扬授权副总经理刘玉柯代表 CNCEC 在合同文本上签了字。

在热烈的掌声中，双方举起盛满香槟的酒杯，以示庆贺。

香港青衣岛美孚油库工程总造价 2.2 亿美元，将在青衣岛劈山填海的基地上兴建。我方承担的管道和贮罐虽然只有 420 万美元，但其意义重大——

它是中国承包合同第一次打入香港易燃易爆容器工程承包市场；

它是中国公司第一次承担技术含量高、要求极严格的跨国公司化工工程；

它是中国承包合同第一次带大批劳工成建制地进港施工！

中化总公司总经理路德扬一再强调："这一仗必须打胜、打成功！开辟发达地区的工程承包市场！"

香港，世界金融和贸易的中心。

6 月的青衣岛海湾，骄阳似火，海浪滔滔。我方首批人员 70 多人，于 6 月 16 日进港，17 日便进入现场。

对于青衣岛项目，千代田公司在国际工程公司中是完全按照现代化工程管理组织施工。所有焊工虽在岳阳基地已按美国 ASME 标准考核通过，但到施工现场后，每个焊工的头 3 道缝，还是要进行 100% 的 RT 检查，在焊口旁作出记号，当晚探伤公司检查，第二天即出结果。从管道的切割、坡口、组装点焊直到焊缝的外观质量，都要求仔细检查，并将检查结果填写检验报告。若发现一次不合格，即发出通知单，停止该焊工的工作。

我们的焊工没有被难住，他们精湛的技能令日方的管理人员折服。排号 CA01 的焊工陈小坚的焊件，被日方破天荒地宣布为"免检产品"。

管道工程师们每天都感到自己像一架机器一样在高速运转。

从早晨 6 点起床，乘车去现场，直到晚上 7 点才能回到驻地，有时还要连夜加班。有一次临下班前，女工程师胡金星要复印几份第二天的施工报告，在复印机前，她连按动按钮的力气也没有了，就那样虚弱地伏在机上，不知过了多久……

精力、体力的超常支出，并没有压倒和累垮我们的工作人员，他们知道，只有这种高强度、高效率的工作节奏，才能适应千代田公司的现代管理要求，才能为今后拓展国际承包市场、加速与国际工程公司接轨打下基础。

然而，意外的情况还是发生了。

罐区，毒日如火。在十几米高的油罐上，焊花闪耀。一小时，两小时，三小时，工人们实在支撑不了，就停下来，擦把汗，喝口水。这时，监工就会嚷道：

"你，干活，干活，快干活！听见了吗？"

每天自备的一壶水早已喝完了，汗水湿透了工装，嗓子眼儿干渴得要冒烟儿。

"干活，干活，快干活！"监工在叫。

我们的"主人翁"什么时候居然变成了如此被奴役和驱使的对象！事实上，他们5小时就干完了8小时的活！他们被激怒了……

不久，千代田公司专发的文件送到我方项目经理杜玉根的案前：

> "鉴于贵方一些工人消极怠工，不愿与我方真诚合作，不接受我方的工程管理，我方将对这种状况采取强硬的措施，不久将解雇30％的工人……"

杜玉根看着这份文件，心情异常沉重。四化建在国内历次大工程项目中从来没有打过败仗，难道这一次……

他朝案上重重地砸了一拳。

入夜，香港灯火辉煌。

在一家大酒店里，四化建组织的考察团一行十几人已结束在港考察学习，翌日便要启程归国。此时，他们在清理着自己的东西。

徐家久，44岁，生得高大健壮。他是化工部第四化建公司工程一处主任。这次来港十多天，他觉得收获不小，两本笔记簿记得满满实实。回到单位，这可是一笔管理上的财富啊！

他正在房间里收拾着自己的行李。受总经理路德扬之命，由巴基斯坦途经香港的中化工程总公司副总经理刘玉柯走进房间，他将就地研究对策，调整人员。"家久，"他说，"你可是回不了家啦！"

"开什么玩笑，"徐家久一边收拾，一边说，"机票都揣在我兜里了，你还说这话！"

刘玉柯把他拉到沙发这边坐下来。"总公司已经研究过了，由你去青衣岛工程担任我方罐区安装的施工经理。"

"这是真的？"徐家久十分意外。

千代田青衣岛项目经理部。日方与我方管理人员排列而坐，形成对峙谈判的格局，气氛肃穆而紧张。日方就徐家久制定的罐区施工计划报告逐项研究。

"OK！"徐家久的报告获得一致通过。

接着，徐家久阐述了自己的观点："合同是双方的，要想真诚合作，把工程搞好，就必须平等一致，同舟共济，才能确保提前工期。"

从会场出来，徐家久又坐上了由我方罐区人员参加的大会主席台。

……同志们！你们的心情，我十分理解。但这是在香港，没有我们习惯的平等。在这里，我们必须不折不扣地按照合同要求把工程干上去。只有这样，人家才能说我们是好样的！也只有这样，才是为祖国争光、为中化工程公司、为四化建争光！

他停顿了一下，扫视了一遍会场上的职工们。

"现在我要说，谁要是受不了这里的苦，忍不下这口气，那就请他打报告来。我批，让他回去。青衣岛工程，不需要懦夫！"

经过研究安排，我方项目经理杜玉根与日方交涉，决定撤掉现场的外方监工，改由我方人员进行管理。此外，采取轮流作业形式，确定专人每日负责送茶水到现场；拨出专款，跟其他国际公司一样，我们的职工也享受"下午茶"……

工人们的精神面貌变了，工程上去了。日方的态度也随之改变了，工地上，"OK，OK"的叫好声，不断从日方管理人员的嘴重蹦出来。

两个月后，一份电文呈在中化工程总公司副总经理刘玉珂的办公桌上——

"我非常愉快地通知你，中化工程总公司香港项目经理部目前工程施工安装工作取得突出成绩。对于你的指导及中化工程总公司香港工程全体职工的不懈努力谨表谢意！"

"从现在起，施工安装进入高峰期，希望中化工程总公司继续保持如此优秀的施工安装效率，直到工程结束。……"

青衣岛工程中另一个合同是30台润滑油罐须按美国标准进行设计和制造，中化工程总公司深圳公司经理陈长志专程来到寰球化工设计院，请求支援一名高级设计专家参与设计。院长何立山对陈长志说：

"行！不给钱也去支援！"

设计图纸一版、二版、三版……

在广州一家制造厂里，有关油罐排版、卷制、组装、焊接、试压的计划报告，在日方监制工程师的配合下顺利通过。接着紧张的制造工作正式开始了。深圳公司经理陈长志和书记于嘉业互相配合，齐心协力，一面抓青衣岛工地现场承担部分工作，一面抓30台油罐的制造。为此，陈长志经理累得晕倒在办公室，被送进了医院。

就这样，根据合同要求，30台油罐完全符合美国ASME标准，起航运抵青衣岛现场。

年关将至，隆冬的岳阳，大雪纷飞。

前方一个又一个捷报不断地传到后方，后方要把最好的精神寄托送到前方。佳节思亲，游子思乡，要让他们放心，要让他们踏实。天已黑了下来。国外工程部副主任龚易渝，带着四化建电视台的同志，冒着大雪，挨家挨户，走乡串村又拍摄了一天。这会儿，他走进自己的办公室，坐下来。他感到累。

自青衣岛项目开工以来，他已先后负责将三批人员送出深圳罗湖海关。这批四化建的英雄们，在青衣岛工地的出色表现使他激动而欣慰。但是人们哪里知道，他们当中有 5 位同志已经做了爸爸，4 位同志分别死去了父亲或母亲。

会不会有谁的家庭漏拍了呢？龚易渝看着摆在办公桌上的那盘录像带，那可是前方的英雄们全部精神寄托啊！

他再次从抽屉里拿出人员名单，逐一对照，终于发现还有一名叫盛碧群的妻子忘了拍摄。他立即拿起电话，拨通电视台。不一会儿，他领着两名拍摄人员，冒着纷飞的雪花，朝盛碧群的家里走去……

祖国——亲人，前方——后方，就这样被一组组感人的亲情画面所连接和加固。当四化建的英雄们在除夕之夜、异地他乡，通过电视画面看到了自己的亲人，看到了那尚未晤面的孩子时，泪水不禁夺眶而下……

香港美孚石油有限公司的油罐区安装承包工程和管道工程提前两个月完成。我方负责的 30 台油罐设计、制造达到美国标准，10 万立方米油罐一次试压成功！工程管道焊接一次合格率达 98%，超过国际标准 3 个百分点；创下了香港有史以来各建筑工地安全之最高纪录：400 万人工时安全无事故。港府为此特制了四块奖牌予以嘉奖。由于质量和服务一流，以及工程量增加，承包额由原合同的 420 万美元，增至 540 万美元。

CNCEC 受到了业主和港府的高度评价和赞扬。美孚香港有限公司总裁在给中化工程总公司的贺信中写道：

"你们的工程量完成达到了国际最高标准！"

华侨甘小姐走下舷梯，心情异常激动。

她的青春年华大半是在大陆度过的。改革开放后，她与妹妹双双移居印尼，后来又去香港开公司、搞实业。

此次回国，她的皮包里揣着几份项目合作意向书。这是 1988 年 10 月。在当时，主动带着项目来国内寻找合作伙伴的举动尚为数不多。她之所以这样做，既是出于对祖国的热爱，也是为了报答在那个疯狂年代关心帮助过她们姐妹的人们。

她选定的地点在杭州。那是她成长的地方。

在下榻的宾馆，她拿起电话，拨通了杭州味精厂。

后来，杭州味精厂又拨通了杭州龙山化工厂。

后来，杭州龙山化工厂又拨通了中国技术进出口总公司。

后来，中技总公司又拨通了中国成达化工公司（原化工部第八设计院）……

谁也无法想到，甘小姐这次出现，揭开了成达化工公司（CCECC）走出国门、参与国际型大公司在工程设计、设备出口等方面竞争角逐的帷幕！

这个机缘，他们已经等了很久、很久……

1979年，成达成为化工部设计收费的两个试点单位之一。他们永远忘不了那个"第一次"：为四川省某局设计化工原料库。当设计人员将收费标准忐忑不安地摆上谈判桌时（以前所有设计都是免费的），房间里的气氛顿时尴尬起来。他们甚至都不敢抬起头来正视对方……知识分子清高淡泊的心灵，接受了"钱"的第一次洗礼。

艰苦谈判之后，第一次收取的设计费最终只有1000元。但正是这1000元，让他们思考钱、认识钱，并且在成达的辞典上，增添了"客户"、"合同"、"竞争"等新名词。他们终于意识到，他们面对的是业主！

国际工程公司都具有设计、采购、建设的全功能，对工程项目实行统筹管理，可以使设计、采购、建设合理交叉紧密衔接，确保工程质量，缩短建设周期，控制投资，提高经济效益。从1980年开始，成达公司摒弃了原苏联的设计模式，在专业设置的分工、设计程序、方法和深度上开始按照国际通用的设计体制改革。1984年着手实行工程总承包试点，即以设计为主体，设备采购、施工、开（试）车一包到底，最后交"钥匙"，对质量、工期、费用进行三大控制。经过了国内8个项目总承包的实践，他们积累了经验，培养了人才，增强了在国外进行工程总承包的实力和信心，成为我国第一家与国际工程公司接轨的设计院。

在体制改革的同时，他们系统编辑出版了《化工设计手册》共15个分册、700多个标准。选派专业人员前往美、英、法、日等国对国际型工程公司进行实地学习考察，与成都科技大学、郑州工学院等联系开办专业班，采取封闭式办班方法强化专业人才的英语培训。他们知道，参与国际性大公司之间的较量，必须具备过硬的实力和扎实的功底，为此他们付出了艰苦的努力。

走出国门，万事俱备，只欠机缘。现在，这个机缘来了！

接触，谈判，报价，实地考察，历时近两年之久。成达公司的耐心和信心都受到了考验。

1990年9月，期待已久的第一份合同正式签订，即负责香港天厨味精有限公司年产1万吨离子膜烧碱一次盐水精制工程技术及成套设备出口。

成达人似乎早已铆足了劲，整个工程不到3个月即顺利建成，而且一次开车成功，通过考核和验收，并得到业主和香港安装部门的一致好评！

这是一次零的突破！它成为成达公司对外宣传和业绩的展台，它使成达公司代表我国出口烧碱成套设备和技术在国际市场上一炮打响！

接着，该公司于当年11月又与成达公司签订了年产1万吨离子膜烧碱配套工程技术及设备出口合同……

香港对世界经济和市场的辐射力和影响，通过这两个项目产生了效应。国外许多客商一下子知道了中国有个代表国家水平的搞联碱工程设计的公司——CCECC。

巴山蜀水不再平静。成达人小试牛刀便锋芒毕露。早先埋头学艺、苦练内功的成达公司一时间扬名海外，门庭若市……

市场开了，胃口就大了。

总经理缪大为把经营部、采购部、项目部、施工开车部等部门负责人召集到一起，分析形势，研究对策，制定战略。要做大买卖，就要敢于迎接挑战！

印尼金光集团登门了……

印尼卡蒂姆公司登门了……

成达公司开始在国际风险与实力角逐的漩涡中高速运转……

高级工程师程京波匆匆飞抵雅加达，又转机赶往印尼加利曼坦岛——卡蒂姆公司将上马联碱项目的所在地。他跟考察组成员一道，大量收集信息，了解当地市场行情，调查项目规模和水准，掌握当地的风土人情。

回国后，他撰写的调查报告很快就由总经理办公室转到副总工程师周光耀的案前。这位长期从事我国纯碱工程设计、主持国内多项纯碱生产装置和工厂设计方案的老专家，审阅完报告之后，便开始着手技术标书准备……

印尼卡蒂姆公司为了掌握主动，首轮谈判决定在首都雅加达举行。周光耀作为我方技术负责人坐上了谈判桌。气氛已失去往日那种祥和与友善，彼此庄重而严肃的神情表明：这既是谈判，更是实力与智谋的较量。

谈判由于报价而出现僵局。卡蒂姆公司的联碱规模从 8 万吨开始，先后变更为 15 万吨，20 万吨，我方随之变更报价标准。最后确定为年产 15 万吨，我方项目报价 5000 万美元，对方报价 4000 万美元。出于真诚合作的意愿，我方同意降价至 4400 万美元，并申明这是极限了。但对方坚持压价在 4000 万美元。于是双方相持不下，谈判陷入僵局。

翌年开春。首都京广大厦。双方再次坐到谈判桌前。又是一个星期的交锋。最后卡蒂姆公司终于按我方 4400 万美元的报价在项目总协议上签了字。

然而成达人并没有松上一口气，距离项目合同签字尚有一段更为艰苦的路程！

印尼 15 万吨/年联碱项目为"交钥匙工程"：我方为总承包商，负责从工程设计、设备材料的采购、运输、保管发放、施工安装直至试车考核达到设计能力为止的全过程的协调，以及分包、技术、服务、进度、质量、费用控制管理的全部工作。业主将派代表常驻我方公司，对设计的所有文件进行审核和批准，且要求设计的每个专业、每一步骤，包括设计的表示方法和深度，都要按照国际通用的方式进行。

业主最关心的第一个问题就是工程采用标准的规范。它关系到项目的工艺技术水平、控制水平、设备制造水平、施工安装的质量水平。国际性工程公司可以满足客户所要求的任何规范标准。而国内通用的现行规范标准与国际通用标准存在很大差别。业主要求我方提交中国规范标准与国际公认的相应规范标准的差异文件，且规定了工作语言及文字均为英文。

这是一个十分棘手的问题，因为国内所颁发的标准规范文件，尚没有一个正式出版的英文版本！

那么，短时间内，能把那些多达2000万字的标准规范文件，统统完整地翻译成英文吗？

似乎不太可能。

这个节骨眼儿上，成达人却根本没有任何犹豫和退缩，他们早已横下一条心：一定要争取到这个项目，一定要打胜这一仗！

所有的英语人才都集中起来了。

经理、书记、主任、高工都上阵了。

白天，黑夜。黑夜，白天……

当厚达两尺高的英文版本的规范标准文件堆积在项目执行经理程京波办公桌上时，这位消瘦干练的老知识分子不无自豪地说："成达公司成了我国工程设计方面第一个'吃螃蟹'的人！"

1991年5月8日，一个历史性的日子。成达公司与印尼卡蒂姆公司在雅加达正式签订了项目合同。这是我国以设计为主体的工程总承包第一次打入国际工程承包市场，也是我国大型化工装置第一次进入国际市场！

时光匆匆。花开花落。转眼到了1994年11月。成达公司已先后负责承建了印尼金光集团两套4.3万吨/年离子膜烧碱工程成套装置，一次验收合格，一次开车成功，在印尼金光集团已树立起很高的声誉。

金光集团系印尼最大的企业集团之一，资金雄厚，业务广泛。两套装置上马后，并不能满足该集团生产纸张对于烧碱的需求。于是决定再上第三套烧碱装置，这就又一次拉开了投标竞争的序幕，而这一次较之以往任何一次都更为激烈、更为艰难！

本来，凭借以前两套装置的工程质量和信誉，金光集团可以理所当然地把第三套烧碱项目交由我方承建完成，但由于内部决策层意见不一，国际大工程公司一心想把我方挤出印尼市场，致使金光集团决定按国际惯例公开招标。而这一次前来参加投标的，均为国际型大工程公司。他们通过内部渠道掌握了金光集团不仅要上第三套烧碱装置，而且要上第四套，第五套，甚至第六套的信息。利益丰厚，前景诱人。他们纷纷选派谈判高手，云集印尼首都雅加达，摆出一副一决雌雄志在必得的姿态。

如果说，3 年前成达公司争取印尼卡蒂姆公司年产 15 万吨联碱项目是首次接受了参与国际竞争的挑战，那么现在则是站在与国际型大公司同一起跑线上真刀真枪地厮杀一番了。

岳震一踏上雅加达的土地，似乎就已经嗅到了那种"烽火硝烟"的气息。他停了停，仿佛要把这种感觉强化一下。

这位 1961 年毕业于昆明工学院的副总工程师，作为成达公司海外部主任、谈判组组长、我方首席代表，深知此行责任重大。这不仅关系到一个项目、一笔利润，而且涉及国家的声誉和形象，CCECC 的实力和胆魄。这是一场没有退路的较量！

走出机场，他不禁脱口说道："我们进入战场了！"谈判组其他 5 名成员都是经过精挑细选的，知识、阅历、经验、判断及其他必备的素质一应俱全。他们是一个战斗的集体。现在，各种突变的情况都有可能发生。他们远离祖国，必须独立作战，把握全局，运筹帷幄。

第一阶段技术投标在泗水市举行，这是印尼第二大岛。蓝天海水，风光旖旎。在临海的一座宾馆里，谈判组全体成员整天把自己关在房间里。他们用自备的 DCS 计算机自制图表，赶制各种标书方案，用先进的通讯设备保持与外界的最新联系……

技术投标及谈判，整整持续了 3 个星期。

终于开标了，CCECC 中标：第一名！

然而，岳震脸上的笑容并没有持续多久，他知道，接下来的商务谈判才是更为关键、更为艰难的最后拼杀。

日历翻过了 1994 年。在岳震看来，新年的喜悦和希望尚在酝酿之中。他们坚守在雅加达。他们要拼到最后一刻……

随着商务谈判开始，我方与另外 7 家公司均展开全力以赴、最后一搏的阵势。各家公司台前台后的活动日益频繁；酒桌上觥筹交错，至爱亲朋；桌下里刀光剑影，明争暗斗。参与投标的 4 家工程公司加紧"内线战略"，商务报价处于绝对机密状态。另 3 家均为国际著名的工程公司，即日本 CEC、英国 ICI 和德国 UHDE，均有志在必得之势。日本 CEC 公司一直占有价格和技术优势，决标前一次压价约 150 万美元，并有日本银团给予优惠贷款保证。英国 ICI 公司在投标前阶段一直不露声色，在商务投标最后阶段出奇兵，由一名副总裁带 6 人团组飞抵雅加达，会见金光集团总经理黄志源，进行密谈，而且一次压价 180 万美元，一下子使英国 ICI 公司成为金光集团最后在技术上价格上同我公司进行竞争的参照物。

岳震清楚地意识到，现在是"守得住"与"守不住"的关键时刻了。必须稳住阵脚，不能有一丝气馁！他和其他同志已经通宵达旦地工作了三天三夜；看着他们已经熬红了的眼睛和消瘦了的面容，他心里要说的话依旧是：全力以赴，争取成功！

谈判进入实质性阶段。业主把生产规模从日产 60 吨提高到日产 90 吨，我方当场报价。第二天，业主突然变更为日产 130 吨，我方又再次当场报价，并提供日产 130 吨烧碱装置的总标书。事实上，在这之前，我们早已做好了各种应变的准备……

业主感动了，也服气了！

大厅内鸦雀无声，肃穆的气氛令人窒息。8 家参标公司的代表们坐在各自的席位上，等待那最后的时刻。

这时，后台一扇门开了，西装革履的业主代表迈着稳健的步子走上前台。他扫视了一遍台下，高高举起手上握着的一个封着口的白色信封。那里面装着什么？那里面装着一个世界，一个经过搏斗、拼杀，凝聚着国家尊严、企业实力和声誉的世界！

信封拆开了，心脏似乎也快要停止跳动了。

这时候，一个洪亮的声音传遍大厅：

"CCECC，最后中标！"

岳震和他的同志们似乎来不及鼓掌，泪水早已夺眶而下……

1995年1月18日，项目合同正式签订。

新上任的成达公司总经理罗蜀生飞抵雅加达。他深知，这是成达公司发展史上的一个里程碑，它标志着成达公司已正式跻身于国际型工程公司的行列！

他紧紧握住岳震的手，动情地说："老岳，辛苦了！我们该找个好地方，好好地庆贺一下。"

岳震赶忙摇头："罗总，饶了我吧，让我随便找个地方睡一觉……"

3个月后，成达公司与金光集团又签订了第四套年产4.3万吨烧碱装置的项目合同。

从1990年至1996年，成达公司共签订合同总金额达1.6亿美元，创汇8000万美元，总承包工程考核验收100%。

国际工程权威杂志——美国《国际工程新闻记录》公布1994年全球最大225家工程承包公司名录，CCECC赫然排在其中。

1992年8月。北京。骄阳似火，碧空如洗。国际展览中心彩旗飘扬，鼓乐齐鸣。上午9时，在化工部、中国贸促会、国务院有关部委、参展国的驻华使节、参赞及各界来宾3000多人的注目下，全国人大常委会副委员长陈慕华、化工部部长顾秀莲、中国贸促会副会长崔玉山等走到展台前，为'92国际化工展开幕剪彩。

至此，中国化工史上首次集成就展示、产品贸易、技术交流、信息发布、商品展销于一体的大型国际展览会正式拉开了帷幕。

此刻，站在开幕式展台一侧的化工部副部长、中国贸促会化工分会会长林殷才，在一片如潮的掌声中，心中充满欣慰。为这一天，他度过了多少不眠之夜！

早在1990年7月1日中国贸促会化工分会刚刚成立之际，化工部党组即开始酝酿这一展览会了。顾秀莲部长明确指示要把筹办国际化工展览会作为促进我国化学工业对外开放的一件大事来抓，并责成林殷才副部长负责此项工作。

当时，如何举办国际化工展览会，既无实际经验，又无可供参照的先例。信心和勇气对于筹委会主任林殷才来说，成了必须具备的品质。

不久，4个国外招展团成立了，随即分赴日本、美国、西欧、东欧，广泛开展招展工作，向国外化学公司大力宣传我国化工展览的规模、作用和意义。这样走出国门招展，是中国化工史上的第一次。

那个夏天，对于林殷才来说，是极其难忘的。他知道，筹备如此大规模的首次国际化工展览会是一个要求高、规范严、计划周密的系统工程。它既不同于以往搞的成就展，又有别于纯粹意义上的商品展。这是由国内外化工大企业共同参加的，且要通过展览达到贸易目的的综合类展览。他意识到，自己必须缜密考虑，全盘统筹，未雨绸缪，方能确保整个展览会在组织工作方面万无一失。

从7月中旬开始，林殷才亲自主持夜以继日地工作，终于制定出23个工作方案。这些方案不仅涉及整个展览会期间的日程安排、人员名单、海外馆和国内展团等事宜，而且还包括技术交流、信息发布会、内外贸协调管理以及广告组织、宣传、保卫等事宜，且每个方案都将责任落实到人，确定时间表，一切都按照规范化的系统管理来实施。

这一整套方案不仅为'92国际化工展的成功奠定了基础，而且为'94国际化工展创造了条件，积累了经验，这是一次零的突破！

'92国际化工展从8月18日开幕到23日闭幕，历时6天，参观及洽谈贸易人数达10万人。外贸成交总额达9.6亿美元，内贸总成交额达33.7亿元人民币！

大大超出了预料！一切都充分展示了中国化工的实力和信心！

至此，化工部把每两年举办一次国际化工展览会作为对外开放的战略决策之一，纳入了制度化规范化的轨道。

几年来，中国贸促会化工分会不仅成功地在中国香港、新加坡、马来西亚、迪拜等国家和地区举办了化工展览，而且于1995年11月6~10日圆满地在美国举办了'95纽约中国化工展……

中国化工对外贸易以自己雄健的步伐迈向世界。

1992年4月。美丽的海滨城市大连。碧海蓝天，新蕾嫩芽，万象更新……

大连化学工业公司的人们却从清新的气息中嗅出一种非同寻常的意味。刚刚从东南亚考察化工品市场回来的于朝元总经理，平素乐呵呵的脸上现在多了一层严霜，眉宇间酝酿着一场风暴。

翌日，在有800多名副科级以上干部的大会上，人们果然听见于朝元那激愤的声音：

"……我出了一趟国，带回来的是什么呢？是耻辱！在国外，人家库房里都是欧美的化工产品，包装精美，堆放得整整齐齐；而我们大化的产品呢，被扔在库房的外面——你们看看这些照片！"

于朝元挥动一下手臂，把数十张照片举在手上向大家巡示一遍。

"大化的氯化铵，结块后跟大石头似的，外商用吊车吊起来砸都砸不碎，又用压路车碾，用卡车压……他们就当着我的面这么做，你们知道，我当时恨不能钻到地下去……"

说到这里，这位大学毕业后来大化工作了24载的总经理，把那些照片重重地甩在桌上。

台下鸦雀无声。

"大化有六十年的发展史了，大化人什么困难没有战胜过？我们什么时候丢过这个脸？而且是在外国人面前！"

他的声音通过有线广播传遍大化各个厂区空间。

大化人惊怔了！大化人揪心了！

"大化出口产品必须改变形象！大化人一定要争回这口气！这不仅仅是大化的形象和声誉。不仅大化人丢不起这个脸，咱们国家也丢不起这个脸……"

主攻课题迅速确立：防结块剂研制。

大化公司副总工程师郭立武挂帅，从公司总工办、研究院、规划开发处、生产处、企管处等部门抽调精兵强将：徐志明、韩世奇、赵亚庭、王树基、张宝峰、尹作生、袁荣禄、韩行治等高级工程师组成专家小组，投入技术攻关。

碱厂氯化铵车间主任宋毅挂帅，从制碱研究所及车间召集工艺行家王香春、董发顺、陈文宁、杨春复组成课题研制小组，进行实验性操作。

大化是全国最大的氯化铵生产厂，当时年产在 28 万吨以上，其中出口占三分之一。尽管产品本身质量是 100% 的优质品，且一直保持着部省优金银奖牌，但由于易吸潮而结块，给用户在运输、存放和使用方面带来诸多不便。八十年代初中期，大化人就开始对防结块剂进行研制，由于国际国内尚无先例，研制工作进展缓慢。

现在，于朝元出国考察回来的报告，几乎把所有大化人的心都刺疼了。而于朝元也几乎把话说绝了：

"防结块剂必须尽快研制出来！大化人有争当全国第一的传统，而这次这个第一，我们当定了！"

郭立武的办公桌上，研制方案、报告越来越多了。

这位六十年代大学毕业的高级工程师，作风严谨，敬业精神和工作职责使他对自己的科研课题不敢有一丝半点的松懈。

他进厂就在氯化铵车间工作，对氯化铵生产工艺和设备状况了如指掌。走上大化公司副总工程师的岗位后，他曾先后两次去日本考察，并就防结块剂的科研课题与日方专家交流过，但日方至今尚无良策。

从八十年代中期开始，郭立武及其他科研人员已经找到防结块剂所用原料——脂肪酸和12-烷胺等，但由于这类产品生产厂家不同，产品内在质量各异，因此其防结块效果相差悬殊。特别是配制的用量、比例、加工等至今尚无一个成功的方案。同时，在生产工艺哪个环节进行加料配制，亦成为攻关的关键。

下班的铃声早已响过。郭立武仍旧聚精会神地伏在案头。从计量罐、配制罐到贮罐、离心机至干燥炉，他要从几个方案中做出科学的选择……

在氯化铵车间,以宋毅为组长的课题小组更是摆出了全力攻关的阵势。

这位 40 岁的车间主任起早贪黑,带领着课题小组的同志们,从实验室、配料房到车间现场,观察分析、记录着配料的各项数据。他知道实验性操作对于加快攻关的重要性,而早一天攻克,就早一天使大化的产品在国际市场增添了一分竞争力,早一天争回大化人——中国人的信誉和形象。

董发顺是课题小组中年龄最大的一位,担任副组长。这位 55 岁的工程师把自己早年在湖北化校学到的化学分析专业,全部派上了用场。他每天都要提着小桶,把各种配料带到车间实验室内进行实验;常常佝着腰,在分离机旁观察,在干燥炉边用手一把一把地搓摩着出炉的产品。从小试到中试,他亲手做了几百个小样,做了二十几个种类的不同配料。

一次次失败,又一次次重新开始。大化人从来就有"接受任务不摇头,困难面前不低头,前进路上不回头"的光荣传统。

到了中试阶段,添加量已确立一定标准,配料比例重新调整;根据不同环境和处所,将 14 包样品分两堆各 7 包压放在不同地方,进行长达 8 个月的实验堆放……

春去秋来,秋去冬来。希望的曙光正一点一点地升起……

与防结块剂攻关同时进行的是改进出口产品包装和质量再上新台阶的工作。

许淑珍刚刚由"优秀知识分子"提拔到公司企管处处长的位置上,正赶上于朝元提出包装和质量再上新台阶之际。

在公司经理办公会上,于朝元像点将似的把她叫到面前:"全大化,你是质量的最高权威,任何人也不能动摇你的职责和权力,包括我自己。"

她一下子就感到自己责任重大,压力沉重。

在她的主持和监督下,大化产品的包装改进了,变麻袋包装为编织袋包装,变过去的 50 公斤包装为 20 公斤、40 公斤、50 公斤的不同包装;不管外商的需求量大小,尽全力满足要求提供优质服务……

与此同时,各厂关键岗位所有重要环节均处于质量控制点状态,工艺规范操作严格按照标准进行。

这一天，一份质量报表交到许淑珍的手上。当她的目光首先习惯性地落到"质量标准"一栏时，看到了"0.2%"的字样，她不禁脱口道："不行，必须返工！"

亚硝酸钠出现0.2%的水分，这在一般厂家是可以通得过的，况且水分本身对厂家来说在成本上划算。但在大化，只要水分0.2%达到48小时，即为重大质量事故。当时，亚硝酸钠已经装了几罐车，因为是流水作业，要返工就必须把罐车拖回，整个后续生产线就要停下来。当时生产任务又紧又急，一些基层领导找到许淑珍说情，希望她通融一点，反正产品还是"一级品"嘛。但许淑珍还是那句话："不行，必须返工！"

一些人心存侥幸，找到于朝元及其他公司领导，但得到的答复却是一个口径：

"再亏，也不能亏客户的。在质量问题上，许处长说了算。"

结果，几罐车产品全部返工。

一分耕耘，一分收获。艰辛的汗水终将赢得喜人的硕果。

1993年7月21日这一天，是大化人又一次书写新的"全国第一"的日子。

郭立武和其他专家们，宋毅和董发顺等课题小组的同志们站立在氯化铵车间库房外，几名工人将存放了8个月之久的样品袋搬了出来。

气氛一下子变得紧张而神圣起来。

袋口打开了，郭立武走上前去，用手伸入袋内，一把抓下，他抓到了一把粉状的物质——

成功了！大化研制的防结块剂成功了！

所有的手，都伸向袋内……

喜悦和泪水，使大化人脸上的笑容更加动人！

转眼到了1995年上半年，国内纯碱市场严重滞销，国际市场价格波动不迭。出口量和外销价格有减无增，加上出口退税减少，美元汇率下降，银行贷款利率上升，大化出口创汇的压力越来越大。

大化进出口公司经理王其瑞、副经理吴巧生，一走进公司副总经理顾孔仁的办公室，便感到气氛不对。顾副总经理示意他俩坐下，脸上已没有昔日的亲近和随和。

作为分管外贸进出口业务的副总经理，顾孔仁知道，在国内市场严重滞销的情况下，必须进一步打开国际市场寻求出路。

"长话短说，"顾孔仁的口吻严肃而认真，"公司经理会研究决定，年内你们必须完成出口8万吨纯碱任务。你们这就回去研究，抓紧落实。"

几乎没有任何讨价还价的余地。

王其瑞、吴巧生会同各部门负责人，立即召开专门会议。

在全面分析的基础上，他们最后把范围缩小到东南亚市场。这是大化产品享有很高声誉的地区。

一份份有关东南亚市场分析的报告，送到了吴巧生的办公桌上。这位50岁的高级工程师，从南京化工学院毕业来大化即从事供销和计划工作，搞外贸已近十年，有着丰富的业务经验和实际才干。在分析了所有的专题报告后，他将第一进出口部的报告留下来，并在"泰国"这一市场上圈了一道红圈。

大化公司研究决定，由公司副总经理顾孔仁率团赴泰国考察市场，洽谈业务。

顾孔仁一行在泰国，不仅受到了企业的热情接待，而且受到了官方和新闻界的高度重视。泰国最大的华文报纸《中华时报》及《京华中原报》纷纷刊发照片及文章，热情报道大化公司的信誉和影响，一时间，大化的知名度在泰国企业界和商业界直线上升。考察团当即在泰国签订出口纯碱1.3万吨的合同，这个数目相当于过去出口泰国产品的两倍多。而且，从此结束了美国纯碱长期垄断泰国市场的局面。

目前，大化碱在泰国市场占我国出口碱的70%以上。

1992年8月27日正午。纽约，嘉华银行大会客厅。一个由中国企业独家举办的新闻发布会首次在这里举行。

正值中美关系因中国最惠国待遇问题而变得十分微妙的时刻，这次新闻发布会格外地引人注目。美国新闻界、商贸界、金融界人士怀着兴奋和好奇，络绎不绝地来到会场。

新闻发布会的主人——身材高大健壮的汪海走到众多的麦克风前。他西装革履，精神饱满，两眼闪着智慧的光泽，用颇富感染力和鼓动性的语言正式宣布：

"女士们，先生们！中国青岛双星集团公司将在西班牙的马德里和美国分别注册双星商标，并以美国为基地，成立双星国际经营公司，直接向全世界销售双星牌高档旅游鞋……"

美国鞋业新闻杂志、香港文汇报、纽约侨报、世界鞋报、华语电视和星岛日报……一个又一个记者争相提问，从双星集团的规模现状到市场销售情况，从经济到政治，包括时下最敏感的两国关系问题，汪海对答如流，脸上始终挂着成竹在胸的微笑。

突然，纽约美东时报记者威廉·查理出乎意料地提问道："汪海先生，大家都叫你中国鞋王，都讲双星鞋品质一流，我冒昧地问一句，你现在脚上穿的鞋是双星牌吗？谢谢。"

气氛一下子紧张起来。这是个突然袭击。如果情况刚好相反，中国人就会当场丢丑，整个新闻发布会就将一败涂地。

汪海的脸上却立即绽开轻松的笑容。只见他一边高声说："感谢记者给我提供了这个宣传的好机会。"一边弯下腰，脱下脚上穿的一只皮鞋，不无幽默地说："我知道在公众场合脱鞋既不文明又不礼貌，但是不这样就无法证实鞋底的商标。"

他举起颜色漂亮、款式新颖、做工精细的皮鞋，高声宣布："CHINA DOUBLE STAR！看到了吗？地地道道的中国双星产品。不仅我一年四季都穿双星鞋，我的员工也都穿自己的鞋。我们要脚踏双星，走遍世界！"

霎时，掌声、笑声、赞叹声，伴着一片镁光闪烁。

第二天，当地众多报纸杂志上，登出了汪海满面笑容，手举皮鞋的大幅新闻照片。一位记者评论道："当代共产党人在美国公众面前脱鞋的只有两个，一个是赫鲁晓夫在联合国脱鞋砸桌子，显示他超级大国的威力。第二个就是这位中国鞋王了。改革开放的中国人敢于用自己的产品向美国挑战，这才是真正的厉害！"

双星人大胆出海的序幕是从1988年享有自营进出口权开始的。那时的汪海早已憋足了一股劲，要把双星鞋拿到国际市场上一争高低。"有人就穿鞋，关键在工作。"这是汪海挂在嘴边的一句话。

鞋的市场是一个竞争激烈的行业，但又是一个大有发展前途的行业。只要有人存在，鞋的市场就不会消失。由于劳务费用增长，汇率波动等诸多因素的影响，发达国家的企业家们纷纷把目标转向高技术含量、高附加值、高利润的产业，德国、意大利、日本等原来的制鞋王国相继把鞋业移到韩国、中国台湾等地，然后再进一步转移到中国大陆及东南亚各国。

侦察兵出身的汪海，十分清楚知己知彼，百战不殆的兵家战略。在认真分析国际制鞋业市场变化的同时，他看到经济发达国家胶鞋消费基本以进口为主，发挥国有大企业技术力量雄厚、知名度高、规模经营的优势，就一定能在国际市场上打开局面。

汪海是那种不达目的决不罢休的人。早年的军人生涯使他深知，一支队伍要打胜仗，就必须上下同心、目标一致、观念明确。因此，在全面参与国际市场竞争的起步阶段，双星人就开始了"全员转向国际市场"的观念大转变，接着又接受了十种思想意识的强化教育，使名牌意识、质量意识、创新意识和服务意识在双星人心中牢牢地扎下了根。

现在，汪海只等出击的时刻了。

机遇悄然出现了。

美国布瑞克公司决定在中国大陆寻找厂家，合作生产国际高档名牌运动鞋PONY。美国KEDS、CVD和BROOKS随后也来寻求不同形式的合作。汪海果断地牵住了"幸运之神"，冒着失败的风险接受了苛刻的"合作"条件。

攻关小组在4个月里连续攻克了配方、设备、设计、工艺和缝帮五大技术难关。胶料和粘合剂的配方是任何名牌厂家都不对外提供的绝密技术。双星人从成分到颜色，一遍又一遍地配了上千次，没日没夜地在高温40℃的工场干了两个月才达标。几种国际名牌鞋在60多天中全部研制成功，每年返销欧美市场100万双。登入最高殿堂的"钥匙"就这样落在了双星人的手里。

几乎所有国际名牌鞋都成了双星人研究和探求的对象。经过在材料、结构、款式、性能等方面的无数次优化组合，一种以 DOUBLE STAR 命名的高档运动鞋终于诞生。它不仅具备了许多国际名牌鞋的优点，而且在内在质量和外观上都有新的创造。

现在，汪海的信心更足了。他将开始那向往已久的"远征"。

1992年9月。德国，杜塞尔多夫市。

汪海的"独出心裁"轰动了第124届国际鞋业博览会。

12位中国姑娘，面带东方女性特有的端庄清雅的微笑，身上斜挂着标有"中国双星"的英文绶带，亭亭玉立在各个展馆门口，将印有多种外文的邀请书送到客户手中，欢迎他们观摩中国鞋文化表演，参加双星幸运抽奖。

不同国籍的鞋商从四面八方拥到了双星展厅。

一块8米长2米宽的空地，被各国客商围得水泄不通。从华夏民族远古时代的树皮鞋和古代仕女穿的锦缎绣花鞋，一直到现代城乡的各种便鞋、运动鞋……各个历史阶段，各个文化层次，各种不同款式的鞋子，配上东方女郎美丽的面容和身段，通过舞蹈、小品、时装表演以及幽默轻喜剧等多种艺术形式，充分展示着东方文化特有的魅力。

掌声一次又一次响起。高鼻子蓝眼睛们被深深打动了……

这些"演员"、"模特儿"，全部是双星集团开发部的技术人员。他们展示的每一双鞋，几乎都出自自己的设计。为了使"双星"品牌在这次有世界52个国家和地区1400余家公司参加的博览会上打响，她们通宵达旦地排练了好几个月。现在，她们成功了！

双星幸运抽奖在博览会掀起又一个热潮。

普通奖品为双星自产的一双线袜，特等奖是一件印有"瀚海双星"的文化衫。价值不高，却一箭双雕，既是直观的广告宣传，又准确地利用了"老外"们笃信"幸运"的心理。抽到奖的喜不自禁，抽不到的又第二次去抽。奖券越来越少，人却越来越多。汪海灵机一动，把中奖率提高到80%，从而使大部分顾客都兴高采烈地拿到奖品去看商品，许多人连翘大拇指高声赞叹：

"OK，CHINA！""OK，DOUBLE STAR！"

这次展览会，几天就接待了4000多家客户，订数达200多万双，其中欧洲客户占80%，甚至连世界著名的彪马、皮尔·卡丹这样的大公司也当场签订了供货合同……

从1988年至今，双星集团出口创汇额连年翻番，1992年以来，一直为全国500家进出口额最大企业之一，是全国胶鞋行业出口量最多、创汇额最高的企业。产品出口到世界50多个国家和地区，已分别在美国纽约、香港、阿联酋、莫斯科、波兰建立了双星集团分公司。双星产品被美国最大的鞋业经销商JCP公司和ESO公司评定为免检产品。1995年创汇5000万美元，化工部为此特发贺电，以资鼓励。

双星人永不满足，又在向世界制鞋业更高水平挑战……

1994年春夏之交，一个万紫千红的季节。全国化工第二次对外开放工作会议在北京召开。有这样一组引人注目的数字：

全国已有2000多家化工企业的产品打入国际市场，其中经国家批准获取进出口经营权的企业已达168家，出口创汇超过1000万美元的企业超过60家；

1994年全国化工进出口总额达239亿美元，其中出口额达97亿美元，比1990年增长3.2倍。

1995年，全国化工进出口总额为297亿美元；出口额达116亿美元，已提前实现年创汇100亿美元的目标，分别比1990年增长3.7倍和4.9倍。"八五"期间，利用外资额达66.39亿美元。

化工部提出的"三个一百"战略目标正以惊人的速度向一个圆满的句号接近。

第十九章
巨舰驶向海洋

刘树林说啥也没想到，在他 54 岁时又被派往吉化任总经理。

汽车驶出吉林省会长春，沿吉长公路在东北平原上急驰，矗立在黑土地上枝叶茂密的大豆、玉米、高粱从车窗外飞速掠过。刘树林用手指推了一下微微下滑的眼镜，看了一眼坐在身边的副省长王云坤，又一次陷入深深的思索之中。

这是 1992 年 7 月的最后一天。

一切都来得那么突然，几天前，省委书记何竹康紧急约见。组织上决定，派他到吉化做领导工作。

事出意外，一点思想准备也没有。怎么说呢？他是学建筑的，在基建领域摸爬滚打了几十年，当过省建委副主任、科委主任，后来提拔到副省长的领导岗位，对宏观经济颇为熟悉。而化工对于他，恰恰是一个陌生领域啊！

他想申明自己的理由。可何竹康一再强调："吉化是我国最大的化工基地，也是我省最重要的支柱企业，责任重大呀！"听口气不容置辩，似乎说也徒劳。

谈话进行了 4 个小时。

后来的事情就来得越发急迫。来不及收拾文件，来不及交待工作，便钻进了开往吉化的汽车……

"吱——"汽车猛然减速。一抬头，通往江城的门户桦皮厂到了。转过一个山口再走一程，就能望见吉化成片的塔林了。

在刘树林的记忆里,最令他心颤的莫过于见面会上班子成员向他投来的那一束束情感复杂的目光。那目光分明在问:"你这个当过副省长的总经理,究竟能在吉化待多久?你真的愿到吉化来么?"

"大家一定想知道,我愿不愿来吉化。平心而论,我是搞基本建设出身的,化工并不是我的长项。可组织决定我来干这个总经理,我就有决心同各位一道尽全力把工作做好,不辜负诸位和吉化13万职工的期望!"

到吉化的头几天,还有人问他:"怎么就一个人来了?为什么不带个帮手?"

刘树林笑着回答:"带一个人加我才是两个,带两个人加我也就三个,而一个人不带我却拥有13万人,哪个多哪个少呀?"

一连数日,刘树林没有发表自己对吉化的看法。一位班子成员提醒他:"要不要开个公司干部大会,向全公司职工表个态?"

"不用,眼下我不想说话"。刘树林摆摆手,转身走出办公楼。

谁料,这一沉默就是两个月!对于方方面面企盼新老总表态的人,这是多么漫长的等待啊!

夜深了。江城在沉睡。静静奔流的松花江水,倒映着塔林不夜城闪烁的万盏灯火。刘树林站在铁东外宾招待所临时住所的窗前,一点睡意也没有。两个月来,他进工厂,下车间,召开听证会,与方方面面的干部工人交谈,越谈越感到不轻松,越谈心里越沉重……

吉化曾是全国化工系统的一面旗帜,以其严格的管理而著名。面对已有的辉煌,后来者无异于在巨人肩膀上走路。这条在计划经济海洋里航行的大船,能否抗击市场经济的冲天巨浪?同中国所有被困扰的国有大企业一样,吉化的经济会不会走向低谷?调研中,他发现情况有点不妙。1992年财务报表的一组数字让人忧虑:公司建造职工宿舍,必须向职工集资;企业留利是零;生产建设资金严重短缺,数额巨大,银行无法满足,生产难以为继,只能低负荷运行;三大技术改造项目被迫停工。这让他始料未及。压力巨大,像有一个重磅汽锤每时每刻击打着他的心房。

是按照原有航道继续航行?还是扯去头顶的光环,面对现实,迎难而上,掉头将这艘巨舰开进市场经济海洋?他在苦苦地思忖……

松花江边，龙潭山下，跳荡着一位改革者不眠的心！

新老总终于闹"地震"了！

公司下属炼油厂大礼堂，台下座无虚席。第一次在全公司处室以上干部大会上露面的刘树林表情有些激动，屋顶回荡着他的声音："眼下吉化形势怎么样？如实告诉大家，很困难！原因不是吉化素质不好，而是我们的改革相对滞后，特别是二级单位和广大职工的潜力还没真正挖出来。大家说说，不改革行吗？！"

台下静悄悄的，只能看到一双双表情各异的眼睛。

刘树林提高了声调："怎么看这些问题？我认为这是前进中的困难。我提出一个目标，奋战三年，走出困境！"

1992年12月，在吉化发展史上堪称里程碑上的一个重要会议在吉林著名风景区松花湖召开。经过三天的研讨，吉化的党政领导认真学习了党的十四大提出的建立和发展社会主义市场经济的理论，研究制定了吉化改革的若干条例。

时令已是初冬，气温降到零度以下，可丰满水库的湖面上蒸腾着的却似乎是一片热气。

这是一个扫清雾障，激励人心的会议，与会者心头也像这湖水一样蒸腾着新的憧憬与希冀。

又是一个万物复苏的清晨，铁东招待所的院子里晃动着一个坚持晨练的身影。天光见亮，看门老人终于看清了吉化这位13万职工带头人的平静的面庞，可他哪里知道，这位新老总的胸膛里正酝酿着一场风暴！

王光军当上了偌大吉化公司的经理助理。

这位32岁的年轻人绝没有什么官瘾，但他想趁年轻在更大的舞台上干一番事业。可吉化人事机构这台机器毕竟是太沉重了，论资排辈，一步一个台阶，经理助理的位置，对于他就像天上的月亮，可望而不可即。

王光军是这场改革的亲睹者。一张纸解聘了5名二级单位正职领导干部！像平静的海面上骤然旋起一股飓风，船身开始震颤、晃动。说情人的电话深夜从省会打到刘树林的住所，刘树林说："我们对事不对人，企业要想活，要建新机制，就必须这么办！"王光军钦佩这位拓荒者的胆识与勇气。

不久，公司颁布了"一推双考"的新举措。当时正担任试剂厂特纤车间主任的王光军，鼓足勇气将一份自荐书交到公司，之后便斗胆走进了设在铁东招待所的考场……

与王光军一同走向考场的还有一位叫赵纯的青年人。这位年仅33岁，戴眼镜、方脸、皮肤白净的小伙子毕业于清华大学环保系，现任吉化研究院研究室副主任。有一天，他被院组织部长周明权叫去。周明权说："公司搞'一推双考'，院里推荐你去参考，争取考出好成绩"。赵纯领命赴考，凌云壮志在他年轻的躯体里萌动，升腾。首先进行工业管理基础理论笔试，这位清华大学的高才生不负众望，成绩名列100名考生榜首。面试开始了，面对正襟危坐的30名考官，他对答如流。主考官刘树林突然发问："你对吉化公司未来发展有何看法？""我认为将来制约公司发展的主要问题一是油源不足，二是运输渠道不畅。发展方向是依托化工原料基地优势，发展深加工。今后应组建跨行业、跨地区、跨国界的企业集团，从原料生产型跨入到产品加工型，使吉化成为有竞争力的国际化的经济实体……"。有见地！刘树林眼里闪着兴奋的光，打心眼里喜欢这个看问题颇有些深度的年轻人。

后来，王光军和赵纯双双被任命为吉化公司经理助理，一个管经营，一个负责发展计划。王光军主持制定了《吉化公司物价管理规定》，实现了物价管理内外贸一个价、区内外一个价的转变。赵纯就任新职后，公司各类项目的审批报批工作落到他肩上，尤其是由化工部和国家经贸委确立的两个"双加"项目，他数次进京，立项成功。他还参与组织了公司"九五"规划的制定，充分显示了青年干部的活力……

如果说改革已成为吉化这条巨龙昂首腾云的驱动力，如果你想在吉化改革的众多篇章中探取出一篇杰作，那么，就请去看看吉化染料厂。

1994年1月18日，正值吉化改革攻坚阶段，刚过不惑之年的王学令被派往染料厂任厂长兼党委书记。

面对期望、怀疑与忧虑的目光，他镇定。但是，面对染料市场极不景气的严峻形势，他心里却涌起了波澜：染料厂曾几度辉煌，是名噪神州的首批国家一级企业，可猛然跳进市场经济的海洋冲浪，却显得一筹莫展，经济效益严重滑坡而令人担忧。

有人说，染料厂便是吉化公司的缩影。

王学令走马上任时，刘树林早给像染料厂这样的二级单位断了奶。按照刘树林的观点：刚学走路的孩子，越扶越学不会走路。活路只有一条，到市场经济的海洋中经受风浪。

业绩是人创造出来的。王学令毕竟是一条热血汉子。

在染料厂班子见面会上，王学令开门见山地说："我不烧三把火。干部原则上暂不动。我先熟悉一下各位，再行聘任。"

人们隐隐地感到了压力。看来，这位面皮白净、外表温和的新厂长绝不是好惹的。

王学令的血管里涌动着一股改革的热血。深入基层调研之后，他开始动真格的了：与全厂职工的见面会上，他宣布调离一名上班打麻将的小车司机，开除6个违纪者。在职工经久不息的掌声中，他深深领悟了群众对改革的热望。

2号车间要聘任一名车间主任，多数人猜想大学生出身的代理主任会当选。谁料，宣布的却是工人出身的申景云。甲苯新装置要在年末开车，时间短，又值隆冬，人们都说不可能。可申景云偏偏就创造了一个奇迹，12月30日那天拿出了合格产品……

行政处的班子不称职，房子分配不合理，大家编了顺口溜，叫做"工人住房顶天立地"。后来又出了"臭鱼"事件，职工把行政处采购的臭鱼提到了厂长室。王学令愤怒了，顶着来自方方面面的压力，下令解聘处长，将副处长调离……

58岁的研究所所长曾维新，带领攻关组向还原蓝染料不合格发起冲击。他当组长，王学令却安排一位副厂长当副组长，为的是给他开道做好后勤保障。老曾有血压病，厂长就派自己的车每天送他到炼油厂医院治疗。结果，项目提前81天完成，按激励政策该得奖金10.8万元，王学令召开全厂大会，当场兑现。尊重知识，尊重人才，迎来的是暴风雨般的掌声。会后，曾维新来到厂长室，向王学令毕恭毕敬地鞠了一躬，含着眼泪说："厂长，我把所长职位让给青年人，就当攻关组长，攻下 H 酸收率难关。"要知道，如果能将 H 酸收率从 46％提高到 60％，每年便可增创效益 2000 多万元呀！

刘树林常对公司职工讲："管理也是一场革命，尤其是建立一套适应市场经济的新的管理制度更是如此。"

王学令对此有着深切的体会。他在营销系统建立《程序审批制度》、《责任追究制度》，断了一些人的财路，却获得了用户和市场！

为自己找饭吃，1994 年深秋，王学令出了一趟国。在美国 12 天，飞机起落 26 次。在美国东南部南卡罗莱纳州的小城卡尔斯顿，他一次就订出 88 吨蒽醌……

数字是枯燥的，但数字也是最有说服力的。

1994 年染料厂实现利润比前一年增长 93％，1995 年 1 至 10 月实现利润比去年同期又增长了 56.28％，占全年利润指标的 91.16％……

还有什么比这闪光的数字更诱人呢？吉化人脸上绽开了欣慰的笑容。

班机轰鸣着，从美丽的维多利亚海湾的一座机场腾空而起，直冲碧霄。刘树林和他的两位助手陆启荣、施建勋几乎是同时轻轻地吁出一口气。

这是一次不同寻常的旅行，从 1995 年 5 月 1 日到 25 日，他要访问 8 个国家，穿梭 16 座城市，为吉化股票上市实施"路演"。他要让吉化这艘现代工业的巨舰以崭新的姿态在国际经济舞台上亮相……

再过一会儿，飞机便要到达欧洲，然后转乘由吉化公司包租的一架小型客机由德国的法兰克福飞往塞纳河畔。

行程安排得紧张而有秩序。与投资商们约定的时间，必须分秒不差，这样才能体现吉化人的工作效率。就连早餐和午餐会也安排了演讲，常常只顾讲话而忘却了吃饭。有时一天飞两三个国家。有人统计了一下，这些天，共与 44 个投资机构谈话，其中午餐会 13 次，三百多人参加。刘树林和他的伙伴们面前交替更换着那些数不清的蓝眼睛、黄眼睛、褐色的眼睛……

投资者的心理不同，提出的问题也就不同。亚洲地区的投资者对公司的近期效益情况比较关心，欧美的投资者对中国的宏观经济政策、企业的长远发展比较注重。但是，他们普遍关注的，一是中国的原油价格及对公司的经济效益有何影响；二是公司的"三角债"也就是应收入账款较高，如何解决；三是目前中国市场石化产品价值和市场的销售情况；四是公司兴建乙烯工程的资金来源、效益、预算控制及投产后的竞争能力等状况；五是吉林化学工业股份有限公司与吉化集团公司的关系等。充分的思想准备，翔实可靠的数据资料，自然使投资者提出的问题得到了圆满的解答。但是，不能不承认，几十年封闭的经济政策和计划经济体制，在不少投资者心中还埋有阴影，他们对中国知道得太少，对吉化知道得更少。正是通过这种推介使更多的人了解了中国、了解了吉化。吉化也相应地了解了国外、了解了世界。

夜，漫长而沉寂。刘树林翻来覆去睡不着，就瞪着眼想心事。他想起一年前那段极其艰难的岁月。

是不是改革的动作太大了？三十几家二级厂全部扔掉了计划经济体制的铁饭碗，自主经营，自负盈亏，走向市场，背水一战；十几万职工通过实行全员劳动合同制，好的上岗、差的下岗，14000人从一线岗位下来，到第三产业和经济实体去就业；精简领导机构，避免人浮于事，公司机关原有667人。一下子就减到238人；实行干部聘任制，引进竞争和激励机制，在360名厂（部）级干部中，第一次就落聘55名，以后又解聘了29名；以国有大企业就要有大作为的气魄和胆识，对企业进行重组和股份制改造，诸如学校、医院、食堂等后勤部门的数千人从生产企业中彻底剥离出来，组成公用事业总公司……

不不，改革既是个痛苦的过程，也是个不可逾越的阶段。企业要走向市场，就必须建立新的体制，强化经营管理。吉化不走这三步，就没有今天的成就。改革有难度有风险，但真的搞好了，就真能调动积极因素，就真有效益。改革没有捷径，只有理论联系实际，敢于创造，才能取得成功。

可是，为什么还有人来办公楼前聚众上访？这不足为奇。改革牵动着千万人的利益，有误解，能不让人站出来说说？想不叫人骂，吉化就走不出困境。党委扩大会为此开到深夜，他就是这样对班子成员讲的，稳住了焦虑情绪。有人说他有大将风度，处乱而不惊。他哈哈笑着更正："这话很不确切。那是因为我早有思想准备。为了吉化的腾飞，我甘愿受指责。况且，那场关系吉化前途与命运的股市风波，不是叫我颇费思量？"

那是 1994 年 7 月间的事。美国因银行利率提高，香港受中英关系等国际气候的影响，两地股市猛然跌到战后最低点，所有国企股均跌破发行价。这对原计划 7 月股票挂牌上市的吉化来说无疑是一个致命的撞击！偏偏又传来原定于 7 月挂牌上市的武钢公司停止运作的消息。险象环生，中介机构失去了信心。电话深夜打到吉化经研室主任高金生家里，话语中颇带微词。是做还是不做？做下去，前途未卜；不做，已经付出的 3000 万元中介费便会付之东流。高金生犯难了。他一面稳住美林投资公司常务理事曾玉皇，一面去请示总经理刘树林。

"老高，要不就不干了？"刘树林笑眯着眼盯着高金生。

"不干，3000 万就白扔了！"高金生一脸苦相。

"1994 年下半年国际市场石化产品的价格不是上扬的么？你怕什么？"

"嗨！好你个刘老总！"高金生皱紧的眉头缓缓地舒展开来。

刘树林认真起来："成立股份公司，境外上市股票，其目的是转变机制，与国际市场接轨，决心不能动摇，要积极准备，待机而动！"

语调不高，却掷地有声。

何去何从，世界关注着吉化。

为让境外中介机构和投资者对吉化充满信心，当年 9 月，刘树林带上高金生、王德林等飞赴美国纽约。7 天时间，拜访了美林公司总部、纽约股票交易所、纽约银行及众多的投资商。工作节奏之快，真让人有点吃不消。高金生第一次来美国，却没抽出一点时间游览，只是经人指点，在纽约银行大楼 27 层的窗口，匆忙看了一眼自由女神像……

时机终于来了。

"路演"获得了极大成功。在那些蓝眼睛、黄眼睛、褐色眼睛的瞳仁里，吉化的领导者们诚实、干练、快捷、颇具现代管理艺术，是值得信赖的合作伙伴。

1995年5月22日早晨，纽约股票交易所、香港证券联合交易所门前升起了中华人民共和国国旗。交易大厅里悬挂着"欢迎吉林化学工业股份有限公司成为我们大家庭新成员"的中英文横幅标语。随着开盘的槌声，纽约和香港股票交易大厅里那巨大的电子屏幕上打出了吉林化工的字样，它随同世界各国上市公司的名头一同在滚动。这标志着吉化从此将跻身于世界经济的大潮，身着中国企业"国家队"的战袍，面对如林的对手去作一次艰难而又不可避免的较量。

吉林化学工业股份有限公司的股票，自5月22日、23日到6月2日在美国、中国香港上市交易以来，按平均价格计算分别比发行价高出1.3%和4.6%。在国企股一直表现欠佳的状态下，吉化股票仍表现出如此坚挺的盘升趋势，这与企业被世人认同的经济实力密不可分，同时，与推介路演团的辛苦劳作和合理议价也紧紧相连。

为庆祝吉化股票发行的胜利，推介路演团举行了答谢宴会。当刘树林举起斟满葡萄酒的酒杯，提议为吉化股票发行圆满成功干杯的时候，远隔千山万水的吉化人似乎也都品尝到了这酒的香醇，以及这香醇中溶含的不身临其境绝难体味到的酸甜苦辣。

盛夏的朝阳从长江与大海的交汇处喷薄而出。

上海太平洋化工（集团）公司和中国最大的轮胎企业及氯碱基地在朝阳的辉映下像三条欲飞的巨龙静卧在长江与大海交汇处的这块土地上，高昂的龙首仿佛要向世人诉说什么。

上海自1843年开埠成为国际通商口岸以来，曾创下无数惊世奇迹。上海三大化的腾飞又提供了一个例证。

改革究竟给上海三大化带来了什么？

前不久，一位世界著名的轮胎跨国公司的首脑专程来到上海谈合资问题，条件是由外方控股。宋壮飞婉言谢绝，海外来客带着深深的遗憾离去了。

合资，控股。跨国公司来华投资的目的，无非是在维护全球市场已占份额的前提下，占领中国市场。有的竟限制中国生产的轮胎出口到国际市场与他们竞争。

在中国，近两年轮胎企业合资热来势迅猛。米其林（法）、固特异（美）、BS（日）、大陆（德）、住友（日）、皮列里（意）等所有跨国轮胎公司同时进军中国，已合资和签约的超过二十家。

"合资热"加剧了投资规模失控和投资分散化。

未来的中国轮胎市场谁主沉浮？

中国的轮胎工业将如何走向世界？

作为中国最大的轮胎企业之一——上海轮胎橡胶（集团）股份有限公司的总经理宋壮飞咬牙坚守着中国民族工业这块阵地。

上海轮胎集团被称为中国轮胎工业的一匹"黑马"。

进入九十年代，上海轮胎集团愈来愈令世界瞩目。上海市企业改革的重大举措它榜上有名。江泽民总书记等多位中央及部委领导亲临视察，开会座谈。市委书记、市长多次到公司调查研究，现场办公。来访的企业、新闻、理论等各界人士川流不息。五万多中外股东关心它的经营业绩，数以百万计的股民注视着它的股票价位。

公司成立不满四载，三年迈出三大步，是改革使上海轮胎集团走上腾飞之路。

宋壮飞记忆犹新：1990年春天的一天，当时任上海市长的朱镕基点了大中华、正泰两家橡胶厂的名，提出强强联合组建集团的改革思路。

正泰、大中华都是有六十多年历史的大型一档企业，在私营时期又都是股份有限公司，各有一批所属工厂。首先是这些早已分离独立的工厂，要求组建集团。

1986年年底，正泰挑头组建了"回力集团"。

1987年年初，以大中华为龙头的"双钱集团"诞生。

两个集团基本上把原属上海市橡胶工业公司的几十家企业一分为二，各有所归。成立之时，也热闹一阵，风光了一番。但运行一、二年后，这种没有资产联系的松散的企业联合体，作用十分有限。两个龙头厂在实践中认识到，组建集团的基础是资产纽带，发挥集团作用的关键是要有一个强大的核心企业。

宋壮飞在初闯市场后痛彻地感受到，现行的工厂体制不适应商品经济的发展，在行业调控尚未建立起来时，无序、无理、无利的同行竞争，在销售、出口、采购、上项目、开发新品上已经显现，且有愈演愈烈之势。

尽管当时对强强联合组建公司尚有这样那样的非议，但崇尚"实事求是乃工作为人之本"的宋壮飞却默默承受着来自各方面的压力，抱定组建集团公司的决心。

1990年6月19日，公司宣告成立。参照国外大轮胎公司的模式，进行企业组织创新。即公司是投资中心和核心层工厂的利润中心，集中精力抓市场；工厂成为成本中心，专心致志抓现场。一项项改革方案、管理制度和实施细则，冲破观念上、习惯上和由于权益再分配带来的阻力，层层贯彻落实……

公司化改造初战告捷，宋壮飞便雄心勃勃地跨出改革第二步："仿三资转机"，即国有企业参照执行"三资"企业政策，实行开放经营，转换机制。继而，又向股份制迈进，开辟了新的融资集资和吸引外资的渠道，筹集了重点建设项目资金13.17亿元。通过对企业原有资产的清理、界定评估和折股，大大提高了国有资产的保值增值和使用效益。

改革不是轻而易举、一帆风顺的。上海轮胎集团在不停顿、高强度、快节奏的三年改革中，取得了令世人瞩目的业绩。

在闵行开发区新建了两座具有当代先进水平的轮胎厂：乘用轮胎厂"140万条子午线轿车胎项目"建成出胎；载重轮胎厂"30万套全钢丝子午线载重轮胎项目"通过验收。乘用轮胎厂是一座占地30公顷的现代化工厂，主厂房面积相当于7个标准足球场，主要设备从国外引进，列为上海市重大项目，其建设周期不到一年时间。载重轮胎厂1989年年底与美国费尔斯通公司签约引进技术，同时引进国外先进装备，1992年建成投产，当年产量即达到15万套，第二年超过设计能力达到35.7万套。产品质量已通过美国DOT和欧洲ECE认证。40%的产品以美国、欧洲为主要市场出口。另有一座具有国内一流水平和已定为全国40个集团技术开发中心之一的轮胎研究所正在兴建中，同时已在美国轮胎城——阿克隆市设立了技术开发机构（上海TRTR公司）。

目前公司已拥有工厂6家，独资子公司16家，控股子公司10家，参股关联企业15家。到1993年年底，资产总额达35.9亿元，净资产为21.7亿元，分别比1990年增加3.5倍和6倍！

1993年12月29日，上海市黄菊市长再次来到上海轮胎公司，在闵行新厂，黄菊对陪同的公司干部们说："你们主要是路子对，政策好，人努力。"

宋壮飞不失时机地向市长汇报了《发展和建设大集团方案》，到1996年前后，将初步建成以产权联结为纽带，跨行业、跨地区、外向型、集工业、贸易、科技、金融于一体，拥有8个支持行业，兼有综合商社功能，建立起现代企业制度的大型企业集团，力争达到总资产60亿元，净资产30亿元，营业额70亿元，轮胎产量1000万套……

徐荣一眼前闪动着那双红舞鞋。

美国影片《红舞鞋》中的主人公穿上那双红舞鞋后，至死不能停步。有人风趣地将股份制企业比喻为犹如一个足蹬"红舞鞋"的人。也许这个比喻不尽恰当，但却道出了搞股份制追求最大利润别无选择这样一种风险机制的特性……

眼下，徐荣一脚上就穿着这双"红舞鞋"。

一年前，在市政府召开的大中型企业厂长经理座谈会上，到会的老总们纷纷呼吁优惠政策，争当"仿三资转机"企业试点。

上海氯碱总厂厂长徐荣一却独坐一边，沉默不语。

这位作风严谨、思维敏捷的专家型企业家内心深处正酝酿着更大的改革举措。

徐荣一放弃了诸多的优惠政策，率先向市政府提出要搞股份制改造！

此时，市领导才知道，徐荣一早已调度人马暗地里做了半年的准备工作。

此刻，徐荣一推开办公室窗子，举目远眺：从黄浦江东岸两座万吨级自备码头，到龙吴路西侧五股道自备铁路专线，上海氯碱以其东西长3公里、南北宽1.5公里的辽阔厂区，托载着一排排大型现代化引进装置，向世界展现出近40亿元资产的中国最大氯碱基地的雄厚实力。

从1987年5月至1990年3月，氯碱总厂的开拓者们大胆举债吸收中外资金18.4亿元，从日、美、意、加4国引进国际一流技术装备，仅用3年不到时间就建成投产了吴泾乙烯工程全部6套具有国际八十年代中后期水平的大型化工生产装置。

30万吨乙烯吴泾工程刚刚落下帷幕，徐荣一便挑起了归还贷款和抓住机遇二次创业的重担。

徐荣一心里清楚，要成为世界氯碱工业重量级较量中的优胜者，就必须抢占高科技领域的制高点。而科技开发最最急需的是那两个字：资金！

怎样才能既摆脱举债建设的沉重债务，又投入足够的资金，完善和扩大生产能力，实现国有资产的保值增值，使企业走上良性循环之路？冷峻的思考过后，他便在厂务会上一字千金地吐出了那三个字：股份制。

1992年7月，氯碱总厂成功地改组为上海氯碱化工股份有限公司，向国内外发行股票83181万元，成为当时国内最大的股份制企业。

从股民手中拿来的16亿元资金又是何等烫手！徐荣一感到，背后有无数双眼睛在盯着他。公司的一切行为必须由自己负责，经营运作，企业盛衰都要接受股东的监督。

徐荣一提出："以效益最大化为目标，以一切合理合法的手段创造最大的效益"。为此，他对企业原有机制大刀阔斧地进行改革：对公司本部和核心层，各厂之间的集分权关系和管理原则作了新的界定。明确公司是经营决策和利润中心，公司下属各厂是生产、成本、质量责任中心，提高了公司这个有机整体的运转效率，消除了各个环节的滞塞现象。继而又根据规范化股份制企业的要求，对管理组织机构进行了职能归并和职责调整，把原34个处（室）精简为19个部（室），使生产管理职能和专业管理职能的重心从公司向各厂转移，建立了精简、高效的管理组织机构。实行了以"一岗多薪、上岗起薪、易岗易薪、拉开差距、动态考核、全额浮动"为原则的新分配制度。在全体员工中逐步形成了"主人与雇员"双重地位的观念，确立了市场竞争的整体观念，建立了以效益目标最大化为特征的经营管理体系。

改革使氯碱公司运足了底气，徐荣一便抓住时机带领他的团队抢占科技制高点，拥有了一批具有当代国际先进水平的化工生产装置和一系列具有国际一流技术的新材料、新产品：年产15万吨离子膜烧碱装置；年产20万吨聚氯乙烯装置；年产1200吨聚四氟乙烯生产线……

1995年12月3日，贺国强副部长带队到上海调研"九五"化工发展规划。当看到上海氯碱公司和上海天原化工厂同时在漕泾开发区购买了大片土地，准备上的产品又都是烧碱和聚氯乙烯后，向徐荣一和天原化工厂的刘少引厂长提出了联合的建议。第二天，在与上海市政府交换意见时，又对分管工业的副市长蒋以任谈到这个问题。蒋副市长说："你的意见很好，我们正在考虑这个问题，准备加快步伐。"两个月以后，1996年1月28日，联合成为现实。一个年产35万吨烧碱的国内最大的氯碱联合企业——上海天原（集团）有限公司诞生了！

展望未来，董事长徐荣一踌躇满志。上海天原（集团）有限公司正抓住上海新建60万吨乙烯项目提供的原料机遇，加速漕泾化工区的开发，争取在更高的水平上利用外资，调整产业结构和产品结构，发挥规模经济的优势，真正体现国有大企业在国民经济中的支柱作用。

氯碱巨子势纵横。滔滔黄浦江作证，上海天原（集团）有限公司必将在世界氯碱工业的重量级较量中让世界投来惊诧的目光。

时光进入九十年代，上海市几家大型化工企业遇到严峻的挑战。

——吴泾化工总厂油品等主要原料价格受市场冲击大幅度上涨，从1991年开始经济效益逐年下降，主要化工产品受到国内、国际同类产品两面夹击，部分生产装置被迫停产；

——焦化总厂1992年仅煤炭价格连续三次大幅度上涨，影响经济效益1亿余元，而长期被喻为"皇帝女儿不愁嫁"的焦化产品，除煤气等少

数产品外,大部分均已逐步沦为自寻销路的"布衣女";

——溶剂厂也同样面临原料价格上涨的困境,且涨幅惊人,货源奇缺,尽管企业内部不断挖潜,降低物耗和能耗,无奈"巧妇难为无米之炊",生产经营步履维艰……

企业的出路在哪里?

走联合之路!组成联合舰队挺进风急浪高的市场经济海洋!

1992年8月18日,以上述几家国有大企业为主的上海太平洋化工(集团)公司正式挂牌运营。

谁料,大船尚未起锚,便遇到前所未有的困境;原打算组成公司,便可发行股票、聚拢资金,缓解燃眉之急,再图发展。偏偏"生不逢时",公司刚刚成立,便传来国家停止审批企业发行股票的指令。而进入1993年的原料涨价来势更猛,上海化工系统的涨价因素有6.3亿元,背在太平洋(集团)公司身上的各种涨价因素就占去5个亿!

航道骤然变窄,大船面临搁浅。

时隔不久,太平洋集团一项又一项改革措施出台了。

经过公司全体员工一年时间的奋战,人们终于透过厚重的云层看到了曙光:"太平洋"从困境中挺了过来,制止了经济效益严重滑坡势头,实现了扭亏增盈的奋斗目标。悬空高挂的"红灯"终于被摘除了!

"太平洋"人明白,这艘巨舰要驶进国际深海,就必须搞大动作,做大文章。

公司初创,便定下要上七大工程,居首位的是上海人民关注的"三联供"工程。该工程以煤为原料,采用国际上八十年代末九十年代初的气化工艺制取原料气,继而生产合格的城市煤气及用途广泛的基本有机化工产品,并可利用余热循环发电,最终实现城市煤气、化工产品、热电的三者联供,具有显著的社会效益,是一项造福于上海市民的重大"实事工程",因此,该工程被列入上海市"八五"规划。

1992年3月2日,孕育已久的三联供工程在振聋发聩的锤声中打下了第一根桩,拉开了工程全面进入施工的帷幕。

"太平洋"人用自己的汗水创造了奇迹。1993年12月23日,"三联供"一期工程第一阶段供应 40 万立方米/日煤气的建设目标顺利实现,并于 12 月 28 日隆重举行投产剪彩仪式。

1993 年 2 月 26 日下午 5 时的钟声响过,在北京人民大会堂,举行了 10 万吨醋酸专利技术转让合同签字仪式。此刻标志着"太平洋"公司又一次"大写意"的开端。该项目由英国石油公司转让专利技术,英国约翰·布朗工程公司承包工程,在生产技术、原料路线、能耗成本、产品质量上都具有明显的优势和竞争能力。"八五"期间,国内每年尚缺 15 到 20 万吨醋酸产品。10 万吨醋酸工程建成后,将为醋酸乙烯、醋酸纤维等下游产品,为碳一化学的发展打下良好的基础,并且每年可为国家节约外汇 2000 万美元。故而,该项目已成为上海市工业经济发展的新生长点之一,同时也为"太平洋"增强后劲植入了一根"大动脉"。这项总投资达 10 亿元的浩大工程建成投产后,预计每年可新增产值 4 亿元,税金 4000 万元,实现利润 1.2 亿元。

多么诱人的数字和前景啊!

"太平洋"组建不到一年,便尝到了发挥联合优势的甜头:三联供煤气化工程和醋酸工程都是总投资在 10 亿元以上的"八五"重点项目。醋酸工程以一氧化碳作为羰基合成醋酸的主要原料。如果采用焦炭作为起始原料,恐怕技术风险大。因此吴泾厂对于国外可供选择路线如德士古炉、威尔曼炉、鲁奇炉等工艺路线都进行了实地考察,最终选中了由德士古炉和净化分离设备来制取一氧化碳的工艺路线。但是,要上德士古炉,就必须重新购买设备,而且要和英方重新谈判。如此,由于技术保密等因素,就会影响到英方利益,延误施工进度。于是,吴泾厂及时提出利用焦化厂三联供工程增建德士古炉和净化分离设备来制取一氧化碳作为醋酸工程一氧化碳原料的方案。这样,增建所需德士古炉作为焦化厂和美方后期追加谈判项目,既节约时间又节省资金。由于这一方案的实施,使醋酸工程节约资金上亿元,投资回收期缩短一年。

一张"太平洋"发展蓝图令人振奋:到 2000 年,工业产值将达到 55 亿元,销售收入达到 80 亿元,利税总额达到 10 亿元;到 2005 年,工业总产值将达到 125 亿元,销售收入达到 200 亿元,利润总额达到 30 亿元!

每当看到这张蓝图,每一位"太平洋"人的目光就变得凝重起来。

长风破浪会有时,直挂云帆济沧海。"太平洋"——这艘中国化工改革开放的"航空母舰"正劈波斩浪驶向新世纪的港湾。

陈鸿光迎风挺立在"甲板"上。

长江浩荡,承载着历史的激情和文明的呼唤流过这里。

晨曦中,拥有 4 万职工的南化集团公司恍若一艘大船,静静地停泊在长江下游的北岸,船身在风浪里颤动着……

轮到陈鸿光当"船长"了,却遭遇了南化发展史上前所未有的一场飓风:

南化,新中国最早建立起的化工基地之一,从范旭东、侯德榜建造它的那一天起,已经历了近半个世纪的风雨。早在改革开放之初,他们就较早地决策上新项目,集中力量大上 30 万吨乙烯工程。谁料,突然有一天,国家下令将已经做了大量前期工作的扬子乙烯工程从厂里划出去,归中国石油化工总公司管理。重上项目远水难解近渴,留下的依然是那个老企业,包袱沉重,又遇近年冲天而起的市场经济风浪,南化这艘巨舰将驶向何方?

老船长郭克礼在船头的桅杆上竖起一道风帆,上书几个大字:联合、兼并、发展。雾障刚廓清,在新船长陈鸿光的眼前却又横着一块突兀的礁石:效益下滑,企业亏损!

是绕道而行?还是打碎暗礁?

陈鸿光苦苦思忖着。

要书写南化改革发展史,不能不提到邓正汉。

邓正汉原来在南化氮肥厂任副厂长,后调到建设公司当施工经理,在扬子乙烯工程上打了几个漂亮仗,又回到氮肥厂升任厂长。他给人的印象是能啃硬骨头。

1989年元旦前夕，省委组织部突然把他召去，干部处长握住他的手说："老邓，派你一个美差，你猜……"

"有话直说，少跟我卖关子！"老熟人，邓正汉干脆不客气。

"晓得连云港碱厂吧？国家'八五'重点项目，中国新建三大碱厂之一……"

"让我离开南化？"

"这是组织决定，派你去当厂长。不过，户口不用迁出南京，干两年就可以回来。怎么，不想去？那可是个现代化工厂啊，老远一看很雄伟哩！对了，人家的宾馆可比你南化的气派多喽！"

邓正汉的心真被说动了，眼里闪出兴奋的光。

回到家，他对老伴说："组织上派我到一个很不错的厂子去，干两年就回来。时间不算长，你不必挂心。"

离开南化到连云港赴任那天，邓正汉真真风光了一下子。公司党委书记陈德兴和氮肥厂书记蒋国裕陪他前往，由数辆轿车组成的车队离开大厂镇向连云港驶去。

下午，汽车开进一座工厂的大门，一下车就听"扑哧"一声，原来是邓正汉一脚踩进泥浆里，差一点儿伤了腿。

邓正汉骂了一声。举目望去，不远处的一片空地上荒草没人，几排厂房的玻璃残缺不全，头顶纵横交错的管道上保温棉随风飘扬。

这就是不知在睡梦里出现过多少遍的连云港碱厂？邓正汉感觉眼前一黑，心说："完了，上当了！"

既然来了，就再难说"回去"二字，邓正汉把牙一咬，去办公室给老伴打电话。他尽可能平声静气地对老伴说："我已经到碱厂了。看来两年回不去了，你过来给我做饭吧。"

"那边情况怎么样？"老伴在电话里问。

"挺好，一来你就知道了。"邓正汉挂断电话，自嘲地苦笑道："老婆子，对不住了，我也只好把你先骗来再说了……"

一听汇报才知，碱厂是一个"老大难"单位。首先是施工质量差，许多设备开开停停，不能正常运转；其次是人员素质低，加之管理混乱，工厂处于"休克"状态。

邓正汉到下边转了一圈，印象最深的是在一座空空荡荡的厂房里，一群工人在打扑克，一个青年工人操作阀门不用手扳而用脚蹬……

邓正汉自然是叫苦不迭。但转念一想：顺顺溜溜的企业人家派你来干什么？罢了罢了，不干出个样儿来就对不起组织上的信任，更对不住邓正汉这三个字！

百废待兴。从何入手呢？冥思苦想中他猛然想到了与南化联合。

没过多久，化工部副部长林殷才来碱厂视察，找来邓正汉，认真地说："老邓，你说说吧，这个企业还有没有救？办法呢？"

邓正汉无语。

"我看，这个厂不仅仅是缺少资金，更主要的是缺少技术和懂工业的管理人才。"林副部长口气缓和多了。

到底是共和国的副部长，一下子就点到要害。这些话正是邓正汉要向部长汇报的。

夜深了，润凉的风鼓动着暗绿色的窗帘儿。

林部长沉思良久，目光一亮，说："你去找我南化的郭克礼，争取他的支持。"

啊呀，真是不谋而合！邓正汉眼睛里也闪过一道光亮。

邓正汉去找郭克礼，却原来郭克礼也在打碱厂的主意，正想把碱厂拉进南化，壮大集团实力。

联合之事是在连云港的神州饭店敲定的。邓正汉请来郭克礼和连云港市委书记秦兆负。三人一拍即合，彻夜长谈，憧憬着碱厂的未来。

这之后，郭克礼便向省政府和化工部打报告，提出了优势互补，新老结合，以老带新，以新促老的原则。1990年9月，化工部批复下来，10月，省政府正式决定双方合并为一家。

南化的技术、人才、资金开始输入碱厂，何伏明等一批管理人才充实到副厂长、处长等领导岗位上。

最令人头痛的是设备。有人计算了一下，几乎是三天停一次车，9个月停车91次！为此，南化组成了由40名老工人参加的名为"康福公司"的修复队，由陈杰带队，开进碱厂。这是一支技术全面、经验丰富、作风过硬的队伍。他们一个一个车间地检修设备，哪里最脏最累哪里就有他们的身影。昼夜奋战，一个个车间逐渐稳定下来。碱厂的工人们感动了，编出一段顺口溜："康福像太阳，照到哪里哪里亮……"

锅炉熄火是影响正常生产的拦路虎，南化的副总工程师王甫林带领技术人员大打技术改造之战，从根本上解决了这个难题。

邓正汉有了底气，开始整顿队伍。

厂里成立了岗检科，40岁的王玉才任科长，当起"黑脸包公"。一位领导干部的女儿在工作台上乱画，王玉才沉下脸，当场罚款100元！这位干部便放风要整王玉才。

王玉才找到邓正汉："这个差事天天挨骂，我不干了！"

邓正汉说："你小子别怕，我给你做主。"

那位领导干部果然来找邓正汉。说他丢了面子，高低要让王玉才写出检讨贴在厂门上。

邓正汉说："处罚的是你女儿，又不是你，你着啥急？"

他碰了软钉子，红着脸一时无语。

一天下班，盐水车间主任胡见山刚蹬上开往市内的班车，却被人猛然拉下车门，正要骂，回头一看，是邓正汉黑着脸站在身后，立即改了语气，讷讷地问："厂长，你这是……"

"你那个车间管道堵了，你晓得不晓得？工人们都在加班，你就好意思回家？责任心叫狗叼去了？！"邓正汉眼里在冒火。

胡见山只好回车间同工人一起加班，一直干到深夜2点。

第二天，邓正汉宣布免去胡见山盐水车间主任职务。

检修车间主任孙起孟，每次夜里车间出事故，打电话准找不到他。

一天，车间又出了事故，打到孙起孟家的电话没人接，邓正汉叫来秘书，说："去，到他家看看。"

秘书去了，敲门足有十分钟。门开了，睡眼惺忪的孙起孟出现在门口……

邓正汉发怒了！在第二天的调度会上，他拍着桌子，似乎是在吼："国家花那么多钱盖起来的工厂，非断送在这些人手里不可！"

孙起孟自然也被免职。

这两件事，在全厂引起很大震动。

邓正汉抓住时机，又出台了42条管理制度，执行起来一丝不苟，奖惩分明……

转眼到了1993年盛夏，邓正汉因工作需要调回南化任副总经理，厂长一职由陈鸿光接任。过了半年，陈鸿光也回南化任职，青年厂长何伏明又走马上任连云港碱厂厂长。

如今的连云港碱厂已今非昔比：厂区洁净，纪律严明。1994年实现产值4.17亿元；全员劳动生产率11.3万元/人，高居同行业第三；利税4400万元，除去5000万元折旧费，1994年比1990年增1.4亿元！1994年被国家经贸委确定为扭亏增盈先进单位。

郭克礼和邓正汉导演的这台"联合"的大戏，终于有了令人振奋的辉煌的结局。而在集团改革中兼并的泰州帘子布厂和无锡地毯厂也在竭尽全力书写着明日的辉煌……

每当陈鸿光站到矗立在长江边上的范旭东像前的时候，便会产生一种沉重。

1994年1月4日，陈鸿光接任南化集团公司总经理。这位48岁，大学毕业由技术员干起，一步一个脚印走过来的开拓者，有着创新精神和坚强的毅力。

眼下，一只拦路虎正注视着他。

这只拦路虎便是公司下属的建安公司。

成立于1973年的建安公司，曾有过一段辉煌的历程，可现在却连年亏损，1993年亏损268万元，1994年亏损429万元，1995年还将亏损……

一个极其沉重的包袱！

陈鸿光最难面对的是建安职工的企盼的目光。他明白，他们是乞求他给建安一些项目,给建安一些资金,一句话,给建安输血!

"救救建安吧!"一个苍老的声音不时地从遥远的天边滚来,在他耳边轰鸣。

陈鸿光的内心是痛苦的。

又是一个江雾迷漫的早晨。在经历了整整一个夜晚的漫长的痛苦思索之后,陈鸿光出人意料地做出一个惊人之举:解散建安,在总公司内实施企业重组!

一石激起千层浪。建安人睁大惊诧的眼睛。

陈鸿光说:"建安只有被打碎,存量资产才能盘活!"

重组是为了获得新生。

靖连宝的表情也是痛苦的。

有人说,一分耕耘便会有一分收获。可靖连宝却收获了一颗苦果。

靖连宝,30岁任公司团委书记,全国"五四"奖章获得者。1989年任党委宣传部副部长。1990年7月,他抱定越是困难越是要拼一下的信念来到建安公司任党委副书记,两年后主持建安全面工作。

要说靖连宝工作不努力,真是冤枉了他。问题出在哪里呢?1989年,南化公司对二级单位实施改造,建安由近3000名职工缩减为不到800人,精兵强将被抽走了,却留下三百多名退休人员。加之近年建筑行业竞争激烈,不得不改为产品生产型。犹如一个丧失了元气的病人,如何能抵挡12级台风?靖连宝使尽浑身解数,远在南京的爱人身体有病还要带孩子照看父母,他都没时间回家看上一眼。为开发新品,他费尽心机。外出联系业务,在公共汽车里挤得满头大汗。抓管理,他敢于碰硬,把个人安危置之度外……可是,近千名职工看着他,到发工资的日子,"算盘一响,汗水直淌"。常常深夜两点醒来就再也无法入睡……

解散建安,对于他,既是痛苦,又是解脱。

陈鸿光站在讲台上,目光炯炯地看着台下表情沉痛的建安人,他提高了声调:"二十多年来,建安公司承担着公司的技改、技措、老厂改造和主要生产装置年度大修的重任，有力地保证了公司的正常生产和发展，先后获得过省、市'工业学大庆先进企业'和'省级先进企业'称号。为了5万吨己内酰胺工程早日建成，建安公司识大体、顾大局，让出了设在氮肥厂区域内的全部生产基地，紧接着又接受了公司对你们的改组缩编任务……"

台下寂静无声。

"可是，近年来，在机制转换过程中，建安难以适应市场经济需要，产品缺乏竞争力，企业靠借贷经营，亏损日趋严重！解决这一问题，只有按市场经济的要求，走企业组织结构调整的路子，按照高起点、专业化、系列化、规模经济的原则，实现资产的优化配置，使生产力要素变成现实的生产力。怎么才叫盘活存量资产？你们公司闲置的18万平方米土地用于新建大化肥装置，可以节省多少征地费？闲置的设备分配到公司各单位继续发挥作用，公用设施如办公楼、大礼堂、单身宿舍等统一调配使用，均可节约大量资金，特别是人才浪费问题也将得到解决。我就不信，你们愿意趴在这里吃亏损饭！我相信，无论是过去或是现在，建安人永远是识大体的建安人！建安人走到哪里都不失英雄本色！"

掌声响起。这掌声显得有点悲壮。

那是一顿什么滋味儿的晚餐哟！中层干部到齐了，菜也上齐了，却没有人动筷子，大家似乎有许多离别的话要说，却又讲不出来。靖连宝端起酒杯："首先，感谢大家几年来对我工作的支持……希望大家到各单位干好各自的工作……今天只谈友谊，不谈让人伤感的话……"

靖连宝说不下去了。泪水早已挂满两腮。

人世间，本来就没有不散的宴席。

人们迈着沉重的步子散去了。乘着夜色，靖连宝摘去在办公楼前挂了二十多个春秋的建安公司的牌子，换上了一块崭新的还散发着油漆味儿的"大化肥指挥部"的牌子……

与此同时，一位已分配到大化肥基建指挥部安全科工作的名叫张洪的老建安却直奔一个即将爆破的现场——原建安公司的一座破旧的厂房前，细细检查现场四周的不安全因素……

次日中午，伴随着一声震耳欲聋的巨响，一座旧的建筑轰然倒塌，一座崭新的大化肥主体装置即将在这里崛起……

陈鸿光毕竟是一个出色的船长。

上任刚刚一年多，经济效益便逐月增长。产值：1995年1～10月比上年同期上升27.68%；销售收入：比上年同期上升41.63%；利税：比上年同期上升150%；产销率接近100%。

礁石已被打碎，航道已经开通。以市场为导向，以现有优势为基础，优化产业结构，实行大中小并举，继续巩固和发展化肥、纯碱、己内酰胺、催化剂、化工机械制造五大基地，同时充分利用化肥、己内酰胺、甲醇和纯碱四大主线产品优势开发纵深产品；发展有机化工原料、有机中间体及精细化工产品，形成规模经济。一个到本世纪末产值达56.32亿元，实现利税达9.1亿元的大型企业集团，将屹立在浩荡东去的大江边上。

在中国的"古铜都"，悄然兴起了化工业。

铜陵化工的摇篮——铜官山化肥厂，原只是铜陵有色冶炼厂的一个车间，1962年2月22日正式建厂挂牌之时，铜化人的先辈们便开始用自己艰辛的汗水来谱写创业史了：在破烂的芦席棚里土法研制，在瓦缸里人工搅拌；吃睡在工地上和废旧的热风炉里；在破旧的包装箱上办公并绘制蓝图；在四周野草丛生的狼尾湖里，洗去泥垢和汗水……

那是怎样艰苦而又豪迈的创业呵！

32年后，当年那个年产一万多吨磷肥的小厂，一跃成为全国大型磷肥、硫酸生产厂家之一，且有4个部优、2个省优产品，累计上缴利税是国家投资的7倍！

创业者们不仅仅留下了累累硕果，更重要的是把铜化人艰苦创业、自力更生的优良传统，一代代地传了下来。"七五"期间国家重点项目——总投资达2.06亿元的铜陵磷铵厂，从1986年3月25日破土动工到1987年12月31日一次投料试车成功，体现了铜化人优良传统的发扬光大。当创业者们抹去汗水，把欢笑融进轰鸣的机器声中时，作为国家大型企业的铜陵磷铵厂，即以它拥有的国内首套从国外引进的年产12万吨磷酸装置和属国内第二套的年产20万吨硫酸装置，在国民经济支柱产业中占有了一席之地！

同样，于1983年6月1日成立的铜陵有机化工厂，原只是化纤厂的一个车间。从拆迁、基建设计到安装当时全国最大的年产3000吨苯酐装置仅用3个月时间，实现了当年投产，当年发挥效益！10年时间，当年的小车间已发展成为拥有6大系列产品16个品种的中型企业，固定资产增值12.7倍，且有5项新产品研制投产，填补了省市的空白。

如今被誉为安徽省"首富"矿山的新桥硫铁矿，十多年前曾因"水不可治、矿不可采"而被遗弃。然而，真正的创业者们改写了它的历史：10年时间里，仅用60万元投资便建成了2个60万吨规模的矿山，为国家建设了2个矿，上交了一个矿，赚回了1个矿！

然而，时代在前进，铜陵化工从无到有，从小到大，从小作坊式生产到大规模机械化运行，却依然停留在各自为政、散兵游勇式的经营格局上，组建集团化经营体系的思想已逐渐在铜化人的心中萌动。

1990年盛夏，几辆轿车飞驰在"古铜都"的公路上。天空刚刚洒过一场急雨，阳光灿烂，空气格外清新。

汽车停在新桥硫铁矿，从车上下来了化工部部长顾秀莲。她在矿山转了一圈儿，越看越兴奋，回过头对陪同的铜陵市领导说："你们有这么大的硫铁矿，又有那么好的磷铵厂，为什么不搞集团？如果组织起来，实行集约化经营，形成规模经济，加上这么丰富的资源，就能发挥更大优势，把你们铜陵建成我国重要的磷硫化工基地……"

顾秀莲一番话，一下子点燃了埋藏在铜化人心中的希望之火！

铜陵天井湖宾馆。

会议室里凉风习习，顾秀莲微笑着对铜陵市委书记孙树兴、市长汪洋说。"怎么样？今天咱们就议一议如何组建集团公司的事情吧？"

顾秀莲的建议得到了龙念副省长的支持。

会场的气氛顿时热烈起来。

安徽省化工厅厅长高前清不无幽默地说："有顾部长和化工部的支持，还愁集团搞不起来？你们不干，我来当总经理！"

市长汪洋当即表示，铜陵的化工企业几经周折，一直未能很好地统起来，这一次在顾部长的支持下，一定能做好这篇"联合"的大文章……

市委、市政府这次真的下了决心，组成了由常务副市长汤守道、市经委主任陈孝厚、市委组织部副部长赵国屏等同志参加的化工集团公司筹备组。

筹备工作紧锣密鼓地进行着。

1991年12月14日，铜陵化工集团公司正式成立。它昭示着一个时代的结束和另一个新纪元的开始！

它是安徽省第一家实行资产经营一体化的国营大型一类企业；

它是安徽省最大的计划单列的化工集团公司；

它是我国重要的磷硫化工基地之一。

铜化集团公司组建伊始，并没有可供参考的集团模式。"绝不能停留在老体制上，更不能穿新鞋走老路！"公司党委书记、总经理汤守道如是说，"必须以改革的精神，闯出一条新路来。"

这条新路的内容是：对所属企业实行统分结合的管理体制。在实行计划、经营、核算、纳税、承包、开发、融资7个统一的同时，实行7个放权，即对内设机构放权；对中层干部的任免和技术干部的聘用放权；对生产指挥和经营管理放权；对计划外产品、物资销售供应放权；对经核准的自有资金支配放权；对企业职工的奖惩放权；对企业内部的分配放权。在分配机制上，对所属企业按照内部责任合同，严格考核与奖惩；各企业的工资总额与各自的经营成果挂钩来杜绝企业内部的"一平二调"、"吃大锅饭"等平均分配现象发生。

与此同时，为把强强联合的优势发挥出来，集团公司在决策上对所属企业的资源、设备、产品、资金、人才等，进行重新配置和组合；依据"三个有利于"的标准，打破"大而全"、"小而全"的传统格局，对公司内部分布在较小空间、自成体系、不能形成一定生产规模的生产要素进行调整，优化组合，使之符合社会化大生产的需要。把分散在各企业的二百多台运输车辆集中起来，组建铜化集团汽运公司，除统一承担全公司每年200多万吨的生产运输任务外，还对外承接运输和修理业务；把原各企业所属的劳动服务公司划出来，对这些集体企业实行统一管理，成立裕达实业公司，使安置性的企业变为生产经营型企业，并逐步变成"四自"企业；在各企业的化工研究所和技工学校的基础上，成立铜化集团化工设计院和教育培训中心；成立公司资金结算中心，引进银行管理办法，统一平衡，调配融通资金，发放内部贷款等。

大的管住，小的放开，集团公司成为决策中心、发展中心、管理中心和利润中心，形成了充满活力的运行机制。集团公司运行当年，工业效益综合指数就名列全省同行业和铜陵市工业企业之首。并跻身全国500家大型企业、全国化工百强企业和安徽省50强工业企业之林！

美国未来学家奈斯比特曾说：时势像一匹骏马，只有那些识势者才能驾驭它，以他无以比拟的速度向前发展。

铜化人是善于审时度势确定自己的发展方向和努力目标的。在确立"巩固矿酸肥主体基础，以市场为导向，大搞综合利用，新产品开发，整体推进，全方位发展"的指导思想后，陆续推出"科技兴化"战略，"借船出海"战略，招商引资，内联外引，从而揭开了铜化人勇闯市场的新篇章。

先后成立了进出口公司、上海浦东裕铜公司、海南海口琼陵实业股份有限公司、北京分公司、合肥分公司和即将投入运行的深圳都达公司等，形成从南至北、贯穿沿海至内陆腹地的商贸发展网络。

组建了铜陵市第一家合资企业——安徽宏大化工有限公司，随后又组建了中美合资企业——运威铜材有限公司、中外合资安纳达钛白粉有限公司和龙腾制衣有限公司等，此外尚有一批项目正在与外商洽谈之中。

打破传统观念，跳出"矿酸肥"的老圈子，实施跨地区、跨行业、全方位的发展战略。在1993年全国性的化肥市场萧条、资金极其匮乏的情况下，铜化人硬是把牙缝里省下的钱，用于新产品开发上。投资达1245.47万元的信灵制药厂项目，从动议、征地、报批到项目开工，仅用了4个月。当时，公司总经理汤守道在开工典礼上曾激动地说："这个速度和效益是铜化史上第一次！铜化人搞医药化工这也是第一次！"同样，被誉为"深圳速度"的铜化集团公司工程塑料厂项目，仅用不到两个月时间，即完成了项目评审、上马和设备安装，并一次性生产出合格产品。而仅用一个多月时间上马开工的中外合资龙腾制衣有限公司，开业不久即生产出7000只美观雅致的小提包，远销到美国市场……

铜化人不再只会生产化肥，更懂得商贸，懂得市场，懂得如何借助于市场来壮大自己，巩固实力，向前发展！

在积极向外发展的同时，铜化人更精于自己内部机制的改革。当现代企业制度刚刚兴起之时，铜化人即把三项制度改革作为突破口，由点到面逐步铺开。集团公司运行的当年，在"三改"中下岗人员就达354人。全面实行全额定编定员定岗制度，岗变薪变，形成职工能进能出、干部能上能下的动态管理机制，拉开了分配档次。接着，以贯彻新会计制为契机，划小核算单位工作在全公司试行，加强了财务和成本管理，加快了与国际财务惯例接轨。

海南琼陵实业发展公司股份制改造已顺利完成，法人股和内部个人股股票发行已经结束。全公司实行公有私营的单位已达7家，其中3家为独立法人经营，4家为内部租赁承包经营。值得一提的是，公司副总经理孙远鹏主动接受挑战，承包经营长期亏损的钛白粉厂，成为铜陵市副地级干部搞个人承包的"第一人"。

哥伦布在发现美洲大陆的同时还发现，一只蝴蝶，居然能从欧洲到美洲，横渡大洋，飞行几千公里！他的结论是：那只蝴蝶遇上了顺风！

铜化集团公司伴着改革大潮诞生，并乘上了改革开放的强劲顺风。目前已形成以硫磷化工为主体、采矿选矿、铜材加工、铜工艺品、精细化工、医药化工、有机无机化工、塑料、包装材料、铸造、汽车运输及维修、丝绸纺织、服装、建筑、进出口贸易、科研设计、教育培训、印刷等多行业的综合发展体系,产品有十多类近百余种。

公司现任总经理张凤腾洋洋洒洒地描绘着铜化的未来,他眼里闪着自信的光:"铜化可望近期再建设一批重点项目:一是磷铵技改扩建项目已批准开工,二是新桥矿二期工程,三是磷铵二期工程,四是年产1万吨金属冶炼厂和年产1200吨电解铜项目,合计总投资近3亿元。上述项目预计'九五'期间均可基本建成投产,届时我公司的总产值将突破20亿元,利税突破4亿元!"

铜化人正带着渴望和憧憬,带着光荣与梦想,以坚实的脚步从中国的"古铜都"走向二十一世纪。

一座美丽的城市,辉映着南中国海的大陆架,它的名字叫深圳。

当中国改革开放的脚步迈进二十世纪九十年代,像国人赞美"深圳速度"一样,"深圳石化模式"在化工战线激起不小的冲击波。

深圳石化联结着两个有魅力的企业家的名字:俞永民和陈涌庆。

1990年8月,深圳市石化公司又一次调整了领导班子。俞永民当了董事长兼党委书记,陈涌庆则做了总经理。

摆在两位新任领导面前的石化公司是怎样的状况呢?

1983年3月,深圳市石油化学股份公司正式成立。靠银行贷款,在不到两年的时间内,建立了17个工厂和2个贸易公司,铺开了摊子,打下了基础。

1984年年底到1985年年初,一个下属贸易公司贷款参与"海南汽车事件",一下子使7000万元泡了汤。石化公司背上沉重的债务,声誉跌到了低谷。

随后的两年，由于流动资金不足，生产不正常，公司无经济效益可言。

1986年3月，公司领导班子再次调整。次年，在全公司范围内转入正常生产，开始略有盈利，随后又发展了一些项目。但领导班子产生了意见分歧，且愈演愈烈，严重影响公司的生产经营活动。

到俞永民、陈涌庆上任时，石化公司仍处于声誉低、管理乱、效益差、人心散的状态。

因而，振兴"石化"的重任，就落到新的领导班子身上了。

俞永民和陈涌庆是从不同的地方走到一起来的。俞永民原是甘肃省石化厅副厅长，曾在石化行业干了二三十年。陈涌庆原是深圳市煤气公司经理，业绩卓著，曾获全国"五·一"劳动奖章。两位均为有一定管理经验的内行。

俞永民和陈涌庆深知，石化公司之所以管理混乱，发展缓慢，关键在于领导班子形不成拳头，工作不协调。他们同班子其他成员多次研究，在广泛听取意见的基础上，初步制定了振兴"石化"的目标、改革的方案和实施的步骤，决心要用3年左右时间使"石化"翻身，还立了个"军令状"：达不到目标，两人自动辞职。

于是，在他们领导下，"石化"的翻身仗于1991年元旦刚过便拉开了序幕。

1991年1月3日，深圳石化集团公司在小梅沙宾馆首次召开计划会议。

清幽别致的小梅沙宾馆。室外，海风呼呼，春寒料峭；室内，热气腾腾，像炸开了锅。

陈涌庆总经理在热锅上再撒了把盐。他说："在我们面前有两个选择，一是摘牌子，改名称，让石化公司自行消失；二是迎头赶上，起到石化公司应起的作用，使之名副其实。"

与会者再也坐不住了，在他们心头，一种紧迫感、危机感和使命感油然而生。大家昂然表示："我们承认落后，但不甘于落后，更有决心摆脱落后！"

夜已深沉，人们难以成眠。有的伏案挥笔，写计划，测算自己企业的各项指标；有的三五成堆，商谈"石化"翻身良策；有的凌晨两三点钟敲开总经理陈涌庆的门，摆问题，谈设想，表决心。

就这样，会议响亮地喊出："消灭企业亏损！消灭亏损企业！"

就这样，会议抛出全年的计划盘子：实现 7000 万元利润！

同样的企业，同样的人马，同样的设备，同样的市场，石化公司 1991 年要实现的利润却是上年的 3.5 倍。这个数字，超过他们公司成立 8 年来利润的总和了。

这个指标太冒进吗？会议的主持者认为，这不是凭空拍脑袋的产物，是经过大量的调查研究，根据各个企业的人力、物力和潜力制定出来的，是科学的和符合实际的。只要大家努一把力，就一定可以完成或者超额完成。

当然，一下子把指标提高 3.5 倍，完成它确有相当难度。如果没有旺盛的斗志，没有拼搏精神，人们是难以接受的。对上年的计划指标，许多二级企业就讨价还价，签承包合同拖拖拉拉，一直拖到八九月份。

这次，与会者没有叫喊困难，没有讨价还价，而是憋足了劲。有的说："我们不甘心被'消灭'，一定要把效益抓上去"；有的说："为了'石化'翻身，就是掉几斤肉，脱几层皮，也一定要完成指标"。就这样，大家把 7000 万元的利润指标，高高兴兴地背了回去。

"小梅沙会议"后，石化出现一片热气腾腾的景象，但他们背上的包袱实在沉重：1990 年年底全公司有 13 家企业亏损，亏损总额达 1200 万元。

一些"老亏损户"，工资照发，奖金照拿，"大锅饭"吃得很香，还有的企业，产品无前途，"咸鱼难翻身"。有一个做塑料薄膜袋的厂，产品成本每吨 12000 元，而销售价每吨才 9000 元，卖一吨就亏 3000 元，生产得越多就亏得越多。这个二百多人的厂，占着 3000 平方米厂房，1989 年亏损 280 万元，1990 年又亏损 240 万元。这些钱让二百多人坐着吃已够了，还能让"越干越亏"的局面存在下去么？

公司董事会认为，企业如长期没有经济效益，就没有存在的必要。于是毅然决定："消灭"10家"老亏损"企业，对它们进行关停并转。

这个决定一下，公司闹腾开了！吃惯了"大锅饭"的人说，以前的班子办企业，现在的班子撤企业，不像话！一些被"消灭"的企业经理顿觉脸上无光，向上求情：留个摊子，保个位子。公司董事会再次开会统一认识：这些要"消灭"的企业，都是产品质量差，产销不对路，经营不善，已经回天乏术的，是个包袱了。只有甩掉包袱才能轻装前进。坚决"消灭"，10个企业一个不少！公司副总经理傅锁主动请缨："创7000万元利润，好比百万雄师过大江。大部队在前头冲锋，后面要有人打扫战场。把整顿治理企业的任务交给我吧！"

整顿治理，不是简单的"消灭"，而是积极地让企业在另一种条件下获得新生。

圳江塑料有限公司过去洋设备要吃洋原料，产品成本高，连年亏损。他们通过市产权转让办公室当"红娘"，与生产聚氯乙烯原料的大户——齐鲁石化公司联营。"圳江"以设备折款1/3入股，还腾出了70万元的设备折款。齐鲁公司也在深圳"窗口"找到了落脚之处，落得个皆大欢喜。重新组合后仅几个月就投产，生产搞得火红。石化公司像"圳江"这样"招郎入赘"的厂就有6家。还有的亏损企业就干脆拍卖，另找"婆家"。原来估计"消灭"10家企业可能要损失1200万元，但由于集团公司重视找联营伙伴，亏损企业的大部分国有资产保住了，10家企业新生了，亏损大窟窿堵住了。

亏损企业"消灭"后，经理们怎么安排？集团公司党政班子郑重宣布：10家撤并企业的经理，两年内不得易地当"官"，在集团公司内按其专长安排工作，工资待遇也同步降下来。干得好，两年后可以"东山再起"。这个决定产生了震动效应。

石化腾飞靠什么？他们在实践中得出的结论是：靠强化集团公司的功能。

集团公司的作用能否有效地发挥，在很大程度上取决于集团本身的实力和效能，看你能不能为企业办实事，解决实际问题，扎扎实实地为企业服务。他们总结出集团公司的功能为"五个中心"：内部财务决算中心，管理中心，资产经营中心，投资中心，服务中心。

一天晚上，深圳塑料公司锅炉控制器上的集成线路块突然坏了，刚投下的原料开始凝固。如不及时抢修，原料及设备就会报废。事故很快就报告到集团公司24小时值班的调度室，调度室火速将情况汇报给值班领导。一道指令迅速下达：塑料公司马上到已停产整顿的纸箱厂，将那里的锅炉控制器集成线路块拆下来。前后不到一小时，锅炉控制器修好了，蒸汽供应正常了，开始凝固的原料又熔化了，设备保住了，挽回了可能造成的20万元的损失。塑料公司的经理非常高兴，特地跑来感谢集团公司为下属企业排忧解难。

加强财务管理，是强化集团公司功能的一个重要内容。石化集团公司以组建内部财务结算中心为主要手段，强化监控约束机制，把企业中最敏感，最容易出问题，而又至关重要的财务管理抓起来。首先建立财务部长下管一级制度，二级企业财务部长由集团公司任命，工资在集团公司发，奖金在二级企业拿。要他们既当好企业经理的参谋助手，又要为集团公司把好关，确保国有资产的安全。过去，好多二级企业的财务人员是"站得住的，顶不住；顶得住的，站不住"。根本原因是，会计是经理任命的"亲信"，言听计从，稍有"不听话"的，便被"炒鱿鱼"。实行任命制度化以后，财务部长的腰杆硬了，敢于坚持原则了。陈涌庆说："这不，我睡觉也踏实了"。

接着，他们建立了内部财务结算中心，加强对二级企业资金流向的管理，缓解资金供求矛盾。过去，一些企业资金短缺，工业企业不能选择最佳时机进行原料储备，贸易企业往往坐失良机或忍痛让利于人，影响企业效益。但另一方面，也有部分企业存在资金闲置沉淀的现象。成立了内部结算中心，就把有限的资金集中起来，统一调度，集中使用，调剂余缺，提高了资金使用效果，发挥了集团公司的整体优势。

1991年5月，石化进出口公司在香港市场中标购买5.7万吨原油，急需900万元美金。对方要求必须在7天之内开出信用证，否则合同作废。进出口公司四处找钱，4天过去了，仍一无所获。经理急得像热锅上的蚂蚁，只得求助于公司内部结算中心。内部结算中心因为集团公司的信誉好，与一家银行贷款谈判很快成功，3天内开出了900万美元的信用证，做成了一笔大买卖。前后不到6个月时间赚了350万元纯利，提前10天连本带利还给银行。这个公司经理激动地说："有了结算中心，腰杆硬了，工作好做多了，再也不必为资金犯愁了。"

有两件事表现出陈涌庆的远见。

例如海上油库的建立。这个油库是一条船，一条巨轮。载重25万吨，不仅在中国，在远东，这么大的油轮也屈指可数。陈总是搞油出身，兰炼、长炼……都留下了他青春的脚印。他接手时的深圳石化与油并没有什么关联。对中国油品市场的全面分析，使他感到越早越大规模地介入油品市场越好。因为到二十世纪末，中国将是一个原油进口国。而眼下，南方的油价一日三变，更表现出工业的食粮——油品缺口很大。同样看好中国油品市场的新加坡路易·达孚集团财力雄厚，年销售额达250亿美元，在世界也是数得着的大公司，经营范围很广阔，拥有300万吨的船位。路易已与中国从中央到地方的多家大公司进行广泛接触，皆因种种原因未能获得成功。与深圳石化的谈判，也是周折颇多。但是他们很快就发现，陈涌庆讲信誉，办事效率高，说话算数，办事作风最使合作方心悦诚服。最后决定买一艘二手大油轮经改造后作油库，而不是在陆地建油库或者租油库——只有这样，才能在尽可能短的时间内出效益，而且是大效益。海上油库的投产，平抑了油价，给闽、粤、琼三省的油品市场提供了充裕的来源。路透社和美联社等世界新闻传媒纷纷发出消息，认为这是一个"大胆创举"、"一个十分有潜力的项目"。

当又一个春天在大鹏湾驻足时，石化人又开始了综合商社的试点，用他们改革的壮举继续构建着新世纪的基石！

第二十章

托起明天的钢铁林莽

孙震岩陷入了深深的困扰之中。

作为由 52 家企事业单位、8 万名职工组建起来的北京化学工业集团公司总经理,他深深地为自己的企业自豪。

1949 年,北京东皇城根南锣鼓巷,一座旧铁匠铺的院子里,毕业于清华大学、留美归来的化学专家高崇熙教授和几位教职员工挂起了"北京新华试剂研究所"的匾牌,开创了北京化学工业的先河。如今,经历了四十多年的风风雨雨,那个十几人的试剂所,已发展成为具有现代化生产规模的北化集团精细化学品有限责任公司,在全国化学试剂七大生产基地中名列前茅。而全公司则拥有有机化工原料、化学试剂、助剂、化肥、染料、涂料、焦炭、化纤、轮胎、橡胶制品、化工机械设备等二十多个门类 600 余种产品,成为具有一定优势的大型企业集团。

但是,大有大的难处。他和党委书记曹印修带领一班人反复研究,通盘策划,出台了一项又一项决策,解决了一个又一个难题。现在,老企业产品结构不合理和装置老化的问题,却越来越使他食不甘味,夜不安枕。如何加快技术改造速度,避免北京化学工业走下坡路的局面?

公司一些装置每年因乙烯原料不足,不能满负荷开车,白白损失一亿多元的利润,是否可以由此打开技术改造的缺口?

不约而同地,公司的几位主要领导人想到了一起。很快,一幅依托老厂建设北京乙烯工程的蓝图勾勒出来。在国家计委、化工部和北京市政府的支持下,由北京市政府与中国石油天然气总公司共同合建的北京乙烯工程，被命名为"北京工业一号工程"，列入了国家"八五"重点项目，点燃了孙震岩和北化人心中的希望之火。

北京通县张辛庄，古运河西侧。邵锡全跳下汽车，抬腕看看表上的日历：26。

1992年6月26日，北京乙烯工程破土动工的日子。上午，开工典礼在东方化工厂主装置区进行。顾秀莲部长与北京市党政领导人在奠基石上挥洒第一锹土时，他感到了作为工程副总指挥肩上的责任。

典礼甫毕，他便驱车到涉及北京通县、房山县和朝阳区等区县共六大战区的现场逐个施工点踏勘，唯恐出半点纰漏。

天快黑了，司机问道："回吗？"

"再看几个地方吧？"邵锡全用商量的口气："不看完心里不踏实。"

邵锡全的心里从来没有踏实过。他像一头黄牛，耕种出一片片金黄色的丰收，沉甸甸的。

他1938年出生于辽宁抚顺，年近弱冠便进入吉林化肥厂工作。1964年从吉化调入北京有机化工厂，参加中国引进第一套维尼纶原料装置的建设工作。先后担任过工段长、车间主任、政治部主任、党委书记、厂长，1984年进入北京化工管理干部学院深造。在窗明几净的校舍里，他沉思人生，最得意的杰作是参与了被行业誉为"东方明珠"的东方化工厂的建设。

那是十一届三中全会以后，中国大地，百废待兴。国家经过十年阵痛后，又调整航向继续前进。当时国内丙烯酸生产还是空白，但建筑、油漆、纺织等十多个产业都急需这种产品。为满足需求，国家从日本引进了一套年产3.8万吨的丙烯酸及酯类生产装置，他挑起了筹备组建的重担。一个铺盖卷，一张木板床，一顶芦席棚，过起了风餐露宿的生活……丙烯酸投产以来，为国家创造了巨大的经济效益，只可惜，苦于原材料——乙烯不足，不能开足马力。

"什么时候我们也建一座乙烯厂呢？"邵锡全身坐教室却目视窗外。

窗外，春雨绵绵，白雾四起，飘飘渺渺。那是邵锡全的乙烯梦。

梦终于能圆了，邵锡全能不惜时如金吗？这项投资四十多亿元的巨大工程，举国观望哩！

1993年4月28日，春风拂面，桃李飘香。邵锡全看看75米高、208吨重的丙烯精馏塔在飞飞扬扬的柳絮中徐徐起立，心里惬意极了：这台乙烯工程中最高的设备终于乖乖地矗立起来。可是，迎接他的并不是玫瑰色的鲜花，而是雪白的请求资金的纸片。

资金紧缺！

一颗报警的红色信号弹正在升起。怎么办？

1993年春夏之交的资金紧张是全国性的，一时难以解决。虽然邵锡全与孙震岩一起马不停蹄地在各级领导和银行部门之间穿梭行走，但收效甚微。资金不能按需到位，设备订货难以进行，钢结构和部分设备安装建设延期，物资采购支付乏力，甚至连施工单位的工资、奖金都难以保证。

在工程最困难的时候，集团公司党委书记曹印修、总经理孙震岩带领一班人在现场召开党委扩大会，统一认识，坚定信心，克服困难，加强调度指挥，为确保进度提供了强有力的保障。

奇迹是在艰苦的条件下创造的。邵锡全要各单位紧缩开支，咬紧牙关，共渡难关，不拖工期。他自己则扎下身子，与施工队伍一起干，一道睡，现场吃饭，坐地办公，有困解困，苦难同当。从早到晚，邵锡全披一身星月；三伏天的管道里、球罐里，他的身影与电弧一起闪现。

过了小年是大年。

过了寒冬是春天。

1994年8月底，邹家华副总理到工地视察后认为，北京乙烯工程是全国5个同类工程中建设速度最快、质量最好的样板工程。有这个评价，邵锡全和他的伙伴们所有的辛苦便得到了一种报偿。

1994年年底，整个工程竣工剪彩。通过长达24公里的地下管线和铁路运输，这个工程把东方化工厂、有机化工厂、化工二厂、助剂二厂、化工四厂、北普公司连成一体，根除了首都东南郊因电石生产所带来的环境污染，使北京化学工业产品结构得到有效调整，缓解了石化原料短缺的局面，带动了老企业技术改造，生产装置达到二十世纪九十年代初国际先进水平，集团公司的整体实力将大大增强。

邵锡全看看他在乙烯工地上的行车里程表：20万差3公里；对镜看看头发，稀落了许多，花白了许多；上秤称称重量，消瘦了许多；脸色也黝黑了许多。但看一眼那片崛起于沙滩之上的莽莽塔林，他的心中感到了一种莫大的慰藉与满足……

阳光很刺眼。龙潭山下那片荒芜的雪野显得异常沉寂。焦海坤的皮靴踏到雪地上，发出"嘎吱嘎吱"的声响。他仿佛听到了汽锤的轰鸣、电焊枪的嘶叫，眼前虚幻出一片钢铁林莽。

焦海坤个子不高，河南口音，在公司副总经理中属于"少壮派"。从他被任命为吉化30万吨乙烯建设指挥部副总指挥那一天起，就从总指挥刘树林的话语里感到了一种实实在在的压力："吉化的30万吨乙烯工程，投资121个亿，装置一投产，吉化的效益可翻一番，就等于再造一个吉化！"

大建设轰轰烈烈地来了。

4万建设大军把龙潭山搅得昼夜不宁。

从开工那一天起，焦海坤的汽车里便多了一顶安全帽和一套工作服，不管是白天黑夜或是风天雨天，他那不算高的身影随时有可能出现在现场指挥部的活动板房里。

"1996年9月这个日子，要牢牢记住！知道迟开一天车意味着什么吗？损失1000万！晚投产一年就要白白付出二十多亿元利息！这样就把几代人辛苦干出来的吉化断送了。你们想当罪人吗？反正我不想当！"河南口音挤出板房，飞向天边，是焦海坤又在"唠叨"了。

1996年9月。

建设者们牢牢记住了这个日子。争分夺秒，保质保量。吉化公司建设公司的"十二朵焊花"、"八棵不老松"拼搏在主装置安装百日会战的工地上。早晨4点来到作业面，夜里两点还未离去。一日三餐吃在高高的工作台上。化建公司总经理杜钟灵看到女焊工仰卧在摄氏零度以下的冰水中作业，男架子工手上淌着殷红的血滴，禁不住泪水横流……

"钢魂铁骨"的吉化人啊！

钢铁林莽奇迹般地矗立在东北雪原上。

1995年新年又来临了，人们沉浸在喜悦的气氛中。可副总指挥焦海坤却被资金问题深深困扰着。

安装到了关键时期，堆积如山的进口设备却因一时拿不出10亿元关税和增值税而趴在港口上。设备进厂受阻，无异于断粮断炊，眼睁睁就要停工。

焦海坤找到刘树林寻求良策。刘树林沉思良久，说："老焦，你跑一趟北京，争取中央的支持"。

焦海坤来到北京，直奔亚运村找化工部。顾秀莲部长不在，去京西宾馆参加国务院的一个会议。焦海坤又赶到京西宾馆，将一份呈给邹家华、李岚清副总理的报告交到正在吃饭的顾秀莲手里。顾秀莲立即在餐桌上审阅修改起来，然后同来参加会议的吉林省长高严一起郑重地签上了自己的名字。

报告很快得到两位副总理的批复。

江城又一次沸腾了！

1995年6月24日，是吉化公司历史上最令人难忘的日子。连续几天的阴雨天气变晴了，明媚的阳光透过湿润的空气遍洒在龙潭山东麓秀山脚下的30万吨乙烯工程施工现场。中共中央总书记、国家主席江泽民迈着矫健的步子向工地走来。江泽民边走边对刘树林说："四年前，我来过吉化，这次来看，你们的变化很大……"

吉化公司在这三年创造了这样一个现实：1993年利税实现13.7亿元，结束了效益3年徘徊局面；1994年利税达到16.2亿元；1995年1~9月利税已完成15.39亿元；3年之间，职工收入翻一番。

历史留下了里程碑。而30万吨乙烯装置的建设正在为吉化人描绘着美好的未来。吉化人不会辱没历史，更不会愧对未来。在涌向新世纪的热流中，又一个新的开端已拉开序幕。

这是一片创造奇迹的戈壁滩。

独山子，因一座孤立于戈壁之中的泥火山而得名。维吾尔语称其为

"玛依塔克",意为"油山"。它位于新疆天山北麓,准噶尔盆地西南缘。被称为古丝绸道路上的一颗明珠。1992年7月至1995年7月,三年间,独山子人奋力拼搏,建成总投资42.7亿元的乙烯工程并使其具备试车条件。1995年8月13日投油试车,产出合格产品,为党中央国务院开发西部的总战略涂上了重重的一笔。

这是部区联合发展化工的结晶。

八十年代,地质矿产部的开山勇士们在新疆的浩瀚戈壁中发现了储量丰富的大油田。茫茫沙漠变成了流金淌银的风水宝地,给石油化工带来了可遇不可求的契机。新疆维吾尔自治区与化学工业部在改革开放的紧锣密鼓中进行了历史性的握手。

1989年8月25日上午。

北京,化学工业部的一间简洁明亮的会议室里,化工部长顾秀莲接待了一位不太寻常的客人——新疆维吾尔自治区主席铁木尔。随着那浑厚铿锵的男中音,人们仿佛走进了天山的怀抱,还有那昆仑苍苍,祁连巍巍,瀚海浩渺,绿洲滴翠……在恢宏沉默的地壳覆盖下,煤资源、盐资源、芒硝、钠硝石资源都在全国占有重要位置,石油、天然气资源更为全国乃至世界瞩目。开发出这些宝藏,将新疆建设成石油化工基地,对于缩小东西部经济发展的差距,意义非同一般。而且,边境贸易前景亦很可观。"丝绸之路"横贯其中,周边国家星罗棋布。与之接壤的有蒙古、巴基斯坦、俄罗斯、阿富汗、印度等8国,呈现出广阔的开发前景。能否部区联合,共同开发新疆呢?顾秀莲怦然心动。

1989年,化工部与新疆维吾尔自治区人民政府先后3次在北京与乌鲁木齐召开部区联合会议,商讨、规划在新疆建设大型化工基地的相关事宜,并签订了部区联合协议,成立了新疆化工基地建设领导小组。

1990年4月,顾秀莲部长率化工部有关司局领导和专家在天山南北进行了为期9天的考察,在与自治区党政领导的座谈中逐步理清了建设新疆化工基地的基本思路。

1991年10月,化工部和自治区人民政府在乌鲁木齐联合召开了由国家有关部委参加的"新疆化工基地建设经济技术协作会",在资源开发、资金投入、技术交流等方面进行了广泛磋商。嗣后,召开沿海省区10个化工厅局联合开发新疆的会议。在一批援建项目建成后,1995年,为了在市场经济条件下进一步转变职能,加快化工发展,由化工部牵头,地矿部、中国石油化工总公司、中国石油天然气总公司携手在新疆进行油气勘探并达成综合开发利用意向,形成了合作纪要。

3年后,党中央、国务院明确提出了开发西部的跨世纪战略。

一年后的7月1日,由七化建承建的独山子14万吨乙烯工程在浩瀚的沙海之中破土动工。从这个骄阳似火的夏天开始,七化建的一千名健儿将在这198公顷的戈壁荒滩上挥汗化雨三个寒暑。

几度风雨。几度春秋。独山子乙烯工程拔地而起,结束了茫茫戈壁滩的千古沉寂。

1992年3月,整洁美丽的山东潍坊,国际风筝节刚刚落下帷幕,那些拽断了线的五颜六色造型别致的风筝还在蓝天白云之间遨游之际,鸢飞大酒店便张开浑厚遒劲的臂弯拥抱了共和国化肥工业一次有些特别的会议。

一个特别的会议名称:加快小氮肥技术改造步伐,增强县级财政自给能力;

两个特别的会议主持单位:化工部和财政部。

中华人民共和国化学工业部部长顾秀莲、副部长谭竹洲、财政部副部长迟海滨及来自全国各地的小化肥厂厂长云集此地,给这个滨海小城贯注了盎然生机。

专业主管部门与财政部联席召开会议,在中华人民共和国的历史上似乎不多,而坎坎坷坷的小化肥竟然得到了如此关注,使与会者精神顿然振奋起来。

中国小化肥工业,是中国国情的产物。七十年代以前,除了少数中型化肥企业以外，中国化肥工业全靠小化肥扛鼎，在保证农业稳步增产中作出了贡献。七十年代至今，尽管大型化肥装置不断增多，小化肥产量仍在全国化肥总量中高占50％以上，二分天下有其一。但小化肥技术水平急待提高。如何在充分考虑国情的基础上，迅速提高我国氮肥工业的水平，一直争得沸沸扬扬。一种意见认为，中国化肥的根本出路在于兴建大型装置，小化肥达不到规模经济的要求，应该干净、彻底、全部地淘汰。另一种意见认为，中国幅员辽阔，财力有限，全部淘汰小化肥不现实也不可能，应该注入专项资金，在技术改造上下功夫，使之达到当代技术水平。

1986年，正值化肥供不应求的高峰席卷中国大地时，化工部长秦仲达风尘仆仆地赶到成都调查研究。当看到成都化肥厂成功地将小碳铵改造成4万吨尿素装置，认为这是小化肥企业生存发展的一条重要出路，对于改变中国小化肥工业的技术和结构现状有重大意义。回到北京，风尘尚未掸尽，便向中央打了报告，要对小化肥品种结构进行调整，请国家拨给专项贷款资金。谁知，由此引发了一场更为猛烈尖锐的论争。

河南辉县。化工部小尿素改造现场总结会。潘连生副部长代表化工部充分肯定了小尿素改造的成功经验。参加会议的有关部门却有人指出，小尿素改造在技术上、经济上都还不能过关，从总体上看，不如新建大型化肥装置更为合理；小化肥企业已经完成了它的历史使命，今后应以建设引进的大化肥装置为主。

一石激起千重浪，会议沸腾得滚开了锅。首都一家报纸通过新闻媒体公开指责化工部搞小化肥技术改造是浪费资金得不偿失，在社会上引起了轩然大波。

小化肥的生死存亡到了关键时刻，沉重的压力使人感到大有"黑云压城城欲摧"之势。重新审核，小尿素在工艺技术上是成熟的；重新核算，综合效益在某种程度上优于大化肥装置；重新估价，小化肥作为民族化肥工业的股肱，关系到农业大局是否稳定。十二亿人口吃饭，完全靠建设大化肥装置满足需要，现实吗？可能吗？国家财力能允许吗？

一项颇有些风险的决策就这样拍板了：中国化肥工业的发展必须坚持大中小结合的"两条腿走路"方针；小氮肥必须尽一切可能抓紧抓好品种

结构调整和节能技术改造。

谭竹洲是1984年2月从上海市化工局局长任上调到化工部做副部长的。主管生产经营，对他来说是轻车熟路。他籍贯山东，解放前举家迁入大连，解放时13岁。1957年进入上海化工厂工作，1960年调上海有机化学工业公司，从技术员干起，一直干到技术科长、副经理、经理兼总工程师。1979年调上海市化工局工作。几十年的坎坷经历，练就了他豁达乐观的品性，也积累了丰富的生产技术和管理经验。而在副部长的位置上主管生产经营，他又有一番独特的感受。

"中国要稳定，靠的是粮食。"他常说："我琢磨着，'稳'这个字很有点意思。它是由'禾'和'急'两部分组成的。'禾'就是庄稼，'急'就是不能怠慢，可以理解为种好庄稼是天下第一号的急事。"

令他焦心如焚的是小化肥生产数度跌入低谷，举步日趋艰难，而我国化肥每年仍有大量进口。"小化肥改造刻不容缓"，他的这种信念在秦仲达部长之后再次得到了顾秀莲部长的肯定。而争取国家财政的支持已成为改造能否进行的一个关键。他找来财务司副司长朱静华、化肥司小氮肥处处长孔祥琳，一起研究如何争取支持。孔祥琳带领小氮肥处几位"女将"，一次次跑财政部，与财政部各司局广泛接触，阐述小化肥技术改造的重要性、必要性和可行性，终于促成了财政部与化工部到县办小氮肥厂的联合调查，终于找到了化工部与财政部的结合点：小化肥技术改造的同时，提高经济效益，增强县级财政的自给能力。然后，才有了今天的这次历史性盛会。

此刻，顾秀莲部长的讲话在会议室的各个角落里回荡着："中国农业的发展，必须把着眼点和立足点放在自力更生上，而民族化肥工业的发展必须坚持'两条腿走路'的方针。在抓新建大型装置的同时，必须给小化肥发展找一条出路。而我们现在已经找到了这条出路……"她的这番话是有充分基础的。中国第四化工设计院设计出的小化肥技改方案已经彻底克服了能源消耗高、经济效益低的弊端，使小化肥生产技术达到了先进水平。

谭竹洲在总结讲话中再次布置了"两水闭路循环"、"两煤变一煤"和"碳铵改尿素"的各项任务。

"两水闭路循环"是小氮肥行业普遍推广的先进的节能技术之一。就是将过去生产过程中排出的废水回收回来，闭路循环，废水再用，既净化了环境，又节约了水源，降低了生产成本，提高了经济效益；"两煤变一煤"中的"两煤"，指燃料煤和原料煤，将生产过程中的余热回收利用，燃料煤便彻底被"淘汰"。两种技术一同实施，加上品种结构向高浓度氮肥发展，中国的小化肥工业将在技术水平上产生一个极大的飞跃。

精诚所至，金石为开。国家计委、国家经贸委统一了观点，先后投资20亿元、45亿元和95亿元巨款投入小化肥技术改造，使小化肥改造焕发出空前辉煌壮丽的局面。

截至目前，全国在建和建成的小尿素装置已达143套，投产84套，产量达343万吨。在大规模进行碳铵改产尿素和小磷肥装置建设的同时，还有438个厂完成了蒸汽自给、200个厂完成了两水闭路循环的改造。

山东省独领风骚——几乎同期搞了十几套小尿素，建一个成一个，开一个好一个。

山东德州，颜真卿墓前，刘秉章心情忐忑。他接任德州化肥厂厂长刚过3天，为小化肥改造问题便与上级发生了争执。

这是一个县级小化肥厂，投产以来，耗能高，效益低，加上几番折腾，累计亏损300万元，化肥厂呈现出一片破落衰败、四面楚歌的景象。取得化工部和中央财政的支持是结束这一局面的天赐良机，可就在改产4万吨还是11万吨尿素的问题上争持不下。4万吨是上级的指令，11万吨是自己心底的算盘。看着天边飞驰的火烧云，他的眼前又仿佛出现了那场面红耳赤的争端。

"叫我当这个厂长，我就搞11万吨！"在那间充满尘垢的会议室里，刘秉章拍案而起："不叫我当就拉倒。"说罢甩袖而去，留下满座尴尬。

一双巴掌重重地拍在刘秉章的双肩上，蓦然回首，见是县长，刘秉章火气便不打一处来。

"好了，好了。"县长拉刘秉章坐下，递过一支香烟熄熄火气："你的计划我批了。"

原来县长听到汇报后，觉得刘秉章提出的是一个大胆而又可行的计划。多年交往使县长深知刘秉章脾气是爆了点，但干起事来却是叱咤风云，百干百成，更何况德州需要尿素啊！韩信将兵，多多益善！

"真的?"刘秉章不相信自己的耳朵。

"击掌!"三击掌后，四只大手紧紧地握在了一起。

握出了德州小化肥改造的一片崭新天地。

水闭路循环。余热回收。刘秉章日夜食宿在工地上，唯恐哪一个环节出现闪失。360个斗转星移，五千里云月追电，一座崭新的11万吨装置的当代水平的尿素厂矗立在德州的黄土岗上。直刺蓝天的尿素塔像不像当年颜真卿飞龙走蛇的巨笔？

往日的破败为之一扫，德州化肥厂出现了门庭若市的景观：晶莹透明的白色颗粒刚刚走下生产线便被排队农民一抢而空。随着生产能力的提高，德州尿素还跑到河南、安徽、河北去帮助农民多打粮食。

德化人喜在眉头笑在心。

刘秉章却笑不起来。

旧的矛盾攻克了，新的矛盾出现了：1993年产量达到了设计能力11万吨，可合成氨却不能满足供应。刘秉章骑着一辆旧自行车在回家的路上思谋着：如何扩大合成氨的生产能力使之与尿素产量匹配？

夜色暗了下来，下班的人流动在街渠里。刘秉章曲扭拐弯躲避着人流，一不小心撞在道旁的一棵树上，人仰车翻，撞落一树秋叶。树荫掩映的银行里走出一个人来笑道："好你个刘秉章啊，当了大厂长，还骑这个老掉牙的破车呀？""李行长啊!"刘秉章推车逼近："翻了车我才想起银行。贷点款中不中？"

"贷多少?"

"3000万。"

"妈呀!"李行长返身就走："现在紧缩银根，我连3万块都拿不出哩!"

刘秉章讨了个没趣，回到家连妻子泡的一杯龙井茶都没有心思喝下，便悻悻地睡下。

他是个火爆脾性的人，心里装不得事，有事便睡不着。到后半夜好不容易迷糊一会儿，梦里却又遇着那个行长。贤惠的妻子体谅丈夫的苦衷："三两百呢，咱还凑得出来；三两千万呢，数字太大了！……"

一人三两百，十人呢？百人呢？刘秉章灵犀贯通了：集资吧！他披衣而起，便又骑上那辆破车劈一路晨风向化肥厂驰去。

8时整。

化肥厂办公室。科室以上干部全部到齐。刘秉章清了清嗓子，声若洪钟："今天研究集资扩建合成氨生产线的问题。凡有钱者，能多则多，无多有少，10元一股，入股分红。集资不足部分，争取得到批准，向社会发行债券。"

应声如雷。

一个月过去，3000万元，一分不差。

一年过去，新生产线竣工投产了。

两年过去，刘秉章还清了全部债务，还盈利三千多万元。

有了盈利，刘秉章便从美国购进建设了电子计算机中心，将合成、变换、精炼、甲醇四个主要工段的工艺操作联网并机，配上微机 DCS 系统，对生产全过程进行高度监控，有一点违章操作行为便从控制室的屏幕上反映出来，大大地提高了产品质量。

有了盈利，刘秉章便高高筑起"黄金台"，四处网罗人才。

毕业于吉林工业大学的副总工程师周振戎越过白山黑水来了，刘秉章委以重任。

毕业于西北大学化学系的西安姑娘刘婉萍越过渭水来了。刘秉章见姑娘虽然稚气未脱，但却透着一股灵气，便将专家宣判"死刑"的锅炉内芯U型管大面积腐蚀的难关抛给她，试试深浅。七月流火天气，姑娘默默地钻进管道，将书本上的科学用实践推敲。汗从前额上渗出来，浸湿了两绺儿头发，糊住了她那圆圆的黑宝石一般的双眼，撩一下，再观察；烟垢将她那满月般生气盎然的脸糊得漆黑一团，没关系，仔细诊断。一天，两天,三天……第七天,痴心的姑娘终于攻克了这道难关。

"是条好马驹!"刘秉章当众嘉奖,破格提升为厂长助理。

经过几年的"萧何月下追韩信",刘秉章的周围集合了一批科技精英。他们以厂为家,爱厂如命,不断地写出两个文明建设的辉煌篇章。

各项技术改造后的小化肥企业,技术含量明显加大,能源消耗大大下降,经济效益明显上升,涌现出了很多像德州化肥厂那样的利税大户,极大地壮实了县级财政的经济实力。而对于完美的追求仍然是无止境的。下一步,许多企业正在向肥化结合或专业肥方向发展——将大批量生产让给那些大化肥装置,在市场经济的夹缝里生产那些大厂不宜生产的专用肥:蔬菜化肥、水果化肥、花草化肥之类,产量小,市场大,农民急需。还有素有"工业味精"之称的蛋氨酸、赖氨酸、磷酸氢钙之类的饲料添加剂。鸡吃了,28天就长大了;奶牛吃了出奶率可提高一倍以上;猪吃了,不仅长得快,而且出肉率高,瘦肉多肥肉少。这些高科技精细化工项目的引进与消化,正在企盼小化肥企业的青睐。

秦皇岛边。白帆落日之间,矗立着中国化工行业第一家现代化的大型合资企业——中阿化肥有限公司。这个年产48万吨高效磷复肥的装置,于1991年正式投产,1995年达标。现在,254名职工年创产值5亿元,人均销售收入居化工26家合资企业之首,人均利税居全国第二。党和国家领导人评价,这是"南南合作的典范"。它的独特价值不仅在于合资本身的经济意义而且具有重要的国际意义。她是中国与突尼斯、科威特三个发展中国家密切协作的产物,更是三国人民友谊的象征。而与此同时,一个合资企业,采用了由中国总承包的管理方式,她的成功运作亦不断地吸引着探索者的目光。

只有少数人知道,它是由多少坎坷和血汗垒积而成。

二十世纪六十年代初期,周恩来总理访问北非几国时就指出,中国要加强同第三世界的合作。

1983年，国家计委、经贸部、化学工业部组团访问北非的突尼斯共和国。双方本着南南合作的精神，探讨了利用突尼斯的磷酸资源和中国的合成氨、硝铵生产技术及广阔的市场，在中国合资建立复肥工厂的可能性。

1984年，当时的国务院副总理李鹏访突时，突政府希望促成此事，把它办成南南合作的样板。

突尼斯位于北非地中海南岸，有丰富的磷矿资源，在发展磷复肥工业上已步入世界先进行列，且所产磷酸在国内供大于求，急欲寻找国际市场。中国有发达的合成氨工业和巨大的市场，由于缺少磷矿资源，磷复肥和钾肥的生产供不应求，氮磷钾比例不合理，产品结构急需调整。科威特有资金。三家合资，珠联璧合，互惠互利。

一个美好的愿望要从理想转化为现实，却又是复杂多变的。

1985年1月4日子夜12点。

北京西苑宾馆。

双方谈判陷入了僵局。争论的焦点是：外方希望中方政府包销合资企业的产品，而中方认为企业产品应向市场推销，中国政府不能承担这个义务。这个看似简单却很复杂的问题争议了3天。中方代表团以化学工业部副部长林殷才为团长，中国化工建设总公司总经理安郁综为其成员，经贸部张月姣为法律顾问。艰苦的谈判进行到第二天时，安郁综晕倒在谈判桌前。紧急抢救后，谈判继续进行。双方都不想谈崩，却又争执不下，寸步不让。12点10分，宣布暂时休会。

林殷才副部长下了谈判桌，直奔电话室，给国务院有关部门的领导同志打电话。这位领导同志说，"你等着，我请示一下。"林殷才守候在电话机旁，心里像有十五只水桶七下八下地。这个合资工程，党和国家领导人都很重视，副总理以上的国家领导几乎都有批示，六名政治局常委有五名圈阅，军委主席邓小平指示说："这个合资项目超越三国范畴，对推进南南合作有积极意义。"一个合资项目牵动这么多党和国家领导人，在化工部的历史上并不多，林殷才感到责任重大才请示的。回电说，"坚持原则，不能包销。"林殷才心里有底了。

林殷才打电话的时候，对方代表团也没闲着。1月5日，科威特财经兼石油大臣访华，将参加项目的草签仪式，而现在争议尚未解决，外方也很着急。

深夜两点，双方又重新回到谈判桌前。

对方的语气明显地和缓下来，林殷才猜出了所以然。中方也让一步，在草签书上写道："中国将购买合资企业产品。"

双方握手，皆大欢喜。

1月5日，三方草签协议。

2月15日，三方在人民大会堂正式签约。

一波未平，一波又起。在由谁贷款的问题上又卡了壳。

这个合资项目实际上是三方四面的关系。总投资为5800万美元，外方承担60%，中方承担40%。外方的60%，两国一分为二；中方的40%，则由化工部出25%，河北省出15%。中外双方自有资金30%，其余部分贷款。中方以为，外资占大股，应按投资比例分别负责贷款；外方以为，在中国的土地上建厂，应由中方贷款。双方又一次争执不下。

最后仍是由国务院有关部门的领导同志解了疙瘩。他说："虽然国务院没有明确分工叫我管这件事，但是中央很重视，小平有批示，我愿意当这个项目的协调员。"当林殷才汇报中国人民银行认为这样筹资没有先例时，那位领导同志便于1985年12月31日下午6点30分召集了财政部、中国人民银行、化工部联席会议，做通了各有关方面的工作。中国人民银行认为："我们可以做贷款担保，但要化工部反担保，风险共同承担。"林殷才接受了这个条件，与河北省一起共同做了担保。于是，协议达成，秦皇岛边响起了隆隆的机器轰鸣声。

1991年1月7日，项目建成投产。新的问题又出现了：产量低，利润出现了负值。这显然与一个高科技的现代化大型企业应有的要求不符。若不尽快解决，合资三方四面不但得不到利润，还贷也成了问题。究其原因，主要是合成氨的价格问题。

中阿公司成立于1985年，当时国内每吨合成氨仅合人民币400元，但到 1991 年开车时，每吨成本已涨至 700～800 元。同期，国际市场合成氨却价格回落，仅合人民币 650 元左右。当时供氨的三家氮肥厂包括贷款利息，吨氨成本已突破 1000 元人民币。如按当时合同，中方就得赔老本，此路明显不通。但外方管理人员对此不予理解，坚持合成氨必须按国际市场价格提供。中方供货者不能承受。致使 1991 年至 1992 年，企业一直处于半停产状态，造成巨额亏损。这样巨大的损失，股东是不能容忍的。

1992 年年底，经三方股东和三国政府的多次晤商，一个大胆的尝试拍板了：更换外方总经理，由中方负责总承包。

1993 年 1 月 1 日，中方对中阿化肥有限公司实行全面管理。董事长赫崇骧与中方总经理亮出三把"杀手锏"。首先从管理体制上，按生产及经营需要设置机构，保持高效的组织机能。其次是在用工制度上实行以合同制为基础的系统管理。再次是经营管理上，将质量和信誉视为企业的生命。剑出鞘，弹上膛，精神面貌，劳动纪律焕然一新。开足马力生产，一流质量出售，很快赢得了用户信赖。当年扭亏为盈，次年盈利大增，1995 年盈利 3000 万元。一个高科技武装的现代化企业实现了应该实现的价值。赫崇骧站在白浪拍打的船头上眺望那万顷波涛上的蓝天，心中涌动着一种新的激情：用三五年时间将生产能力扩大到 100 万吨，因为中国广袤的红土地饥渴地等待着高效磷复肥啊！

如果说中国第一套高科技现代化的高效磷复肥装置体现了南南合作的国际精神的话，那么，中州大地的第 18 套大化肥装置在九十年代的春风里拔地而起，体现的则是中国人民自力更生的精神。

中原化肥厂坐落在河南濮阳。它是全国 18 套大化肥装置中唯一一套没要国家一分钱，完全靠地方自筹资金建设的一家高起点的现代化肥企业。

随着人口的几何级数增长，人类对能源的使用日渐吝啬。由此导致的石油、天然气价格的不断上涨，迫使化肥行业不断研究开发节能新装置。在各种节能新技术中，英国帝国化学公司研制的合成氨第五代最新技术，技高一筹，独步青云。1988 年，德国伍德公司首次使用这项技术为加拿大建成了一座年产30万吨合成氨、52万吨尿素的工厂,投产后节能增产明显,公认为世界一流水平。中原化肥厂是引进化肥装置的第18套,前17套引进技术已经消化吸收,轻车熟路,现在却要"另搞一套"世界都没来得及普遍采用的新技术,风险是否过大?

中原油田已初具规模,具备建设大化肥的能源条件;河南是产粮大省,小麦产量居全国首位;田野渴望化肥。省委、省政府拍板定夺了:"就是当了裤子,我们也要把大化肥搞上去!""搞就搞最好的,哪怕多花一点资金!"

于是,一座化工城在古城濮阳诞生了。

于是,陈留栓就任厂长了。技术越先进,自动化程度越高,越需要一支高素质的职工队伍。开车之前,他便在整肃劳动纪律和提高职工素质上狠下了一番功夫:请外国专家进厂授课,消化尖端技术;送技术人员出国现场观摩,熟练操作技术。双向培训,反复磨练,终使这座高新技术浇铸的现代化工城高速运作起来。

党委副书记刘进修便是首批送往意大利"进修"的。那段日子使他真正感受到什么叫大化肥生产,中国化肥生产在科技领域里与世界先进水平有多大距离。学成归来,奋起直追,胸中时刻燃烧着一团火。

全国人大代表、副厂长崔纪哲虽未漂洋过海,却令"洋"人折服。他发明的合成氨低位能热回收技术,成功地解决了合成氨脱碳余热回收利用难题,每年节约成本108万元,被化工部推广到全国大化肥企业。

高级工程师谢文范将燃汽轮机用于合成氨装置,使屡试屡败的国外专家由衷地赞叹。

……

中原化肥厂群英荟萃,800名科技人员优势互补,同样生产45万吨尿素,兄弟厂消耗4亿多立方米天然气,中原化肥厂却是3亿,尖端技术在这里换算成了经济效益。

年仅5岁的中原化肥厂书写出一串辉煌:投产第一年,跻身于全国500家最大工业企业之列;次年,国家授予一级企业称号;1995年,国家质量检验协会授予"中华之光名牌产品"称号;1996年年初,国家环保局授予"全国环保先进企业"称号……

　　1996 年 4 月的风，轻轻的，柔柔的，吹皱了渭河水，吹绿了秦川草，吹开了三秦父老心头的希望之花——渭河化肥厂那耸立入云的烟囱。

　　不错，这座投资 40 亿元、采用德士古水煤浆加压气化新工艺、年产 30 万吨合成氨、52 万吨尿素、年创利税 1.6 亿元的代表九十年代化肥生产先进水平的化肥厂，正是开在三秦父老心头的一朵璀璨之花。

　　催开这朵心花的是创业者的心血和毅力。

　　1989 年 6 月 13 日，国务院批准建设渭河大化肥企业的计划。

　　1992 年 1 月 28 日，陈慕华副委员长在人民大会堂举行国际招标签字仪式。从这一刻起，三秦父老知道八百里秦川将拥有自己的现代化大型化肥厂了。

　　北京城的一个会议室里，中外双方正在议定标书编制。渭化总工程师王治普面孔严峻，冷若冰霜。在外国人面前，他一点恢宏大度都没有，一个标的一个标的的评定，一项条款一项条款的审议，一分钱半分钱，据理力争，寸步不让。外国人叽里咕噜地说："真是一个精明干练的谈判对手！"

　　三伏天气，空气热得差一点就会爆炸。厂长郭金鹏、总会计师罗金泉往返奔走于西安与北京之间，12 个部门走遍，终于争取资金到位，迎来了动工奠基。

　　1992 年 3 月以来，数千名三秦儿女在这方圆近千亩的黄土地上用汗水编织着八百里秦川的化肥梦，创作着一曲曲美丽动听又感人的故事。

　　1993 年 7 月 27 日黄昏，晴得好好的天气突然落下一场暴风雨来，渭河顿时暴涨，小溪也恣意纵横。来自边远山村的女工李娟多担了十担黄土便被暴涨的小溪流阻断了归路。退也不能退，进也不能进，浑身淋了个透湿，眼看得旷野寂寂，无人搭救，只得眯着眼睛过河，生死由天。尚未到溪中，那浪便吼啸而来……"危险！"一个声音从背后传来，旋即闪电一般跃入溪流，救起了被浪花吞没的姑娘。小伙子名叫王七，住在溪边的民工棚里。她救起姑娘，将之背进棚内，将睡熟了的民工喊起来，燃一堆篝火,帮姑娘烤干了衣服,山溪水也就消了。以后,他们在工地上经常见面,据说,还建立了一种比较深厚的友谊,副厂长宋效谋经常深入现场了解情况,听到这事后很是赞扬。

如今,三秦儿女们站在鳞次栉比的钢塔铁林之中怡然而乐,因为那里面浇铸的有他们的一节生命。

在海南岛,继部区联合使新疆的石油化工呈现出一派勃勃生机之后,部部联合也绽放出一朵奇葩。1995年10月,化学工业部部长顾秀莲与海洋石油公司总经理王岩签订协议,利用海洋石油资源,制订了"东方117计划","九五"期间在海南建成年产240万吨的尿素基地。此计划得到了李鹏总理的高度重视。不久的将来,一座我国目前最大的化肥装置将出现在"天涯海角"上,与西部边陲独山子乙烯工程的塔林遥相对峙,一西一南,共同书写时代的交响乐章。

郑维峰搞了一个惊人之举。

在轮胎市场供大于求、产品积压日趋严重的1992年,决定投资2.5亿元兴建我国第一条100万套国产化子午线轮胎生产线。

一些好心人开始担忧了:当时中国尚没有几条高速公路,子午线轮胎的优越性远远未被国人所认识,价格高,市场需求量小,而当前市场形势又如此严峻,兴建这样一个大型项目,结果只会给企业制造出一个沉重的包袱。

郑维峰笑了。笑得依旧温和儒雅,却也依旧透着一股果决和坚定。

在他的一生中,类似的抉择不是第一次。

1973年,高中毕业的郑维峰走进山东荣成成山农机厂,当上了人人都羡慕的会计。可是,谁也没想到,仅仅两年零一个月之后,他却要求下车间学修理电机,当了工人。

当了几年的维修工人，郑维峰对轮胎生产设备几乎做到了了如指掌。而这时，化工部正发动着一场"以机代罐"的革命。

1979年以前，我国轮胎生产中的硫化过程采用的设备是硫化罐，笨重、落后、产品质量低而不稳。

"周厂长，我看以机代罐咱们可以自己搞。"郑维峰在反复考虑之后，果断地向厂长提出了方案。

周明军深知郑维峰的个性，然而对于荣成橡胶厂这个还名不见经传、资金短缺、技术力量薄弱的小厂来说，自行设计、制造双模硫化机，谈何容易。

支持是支持，但能不能搞成，却也不无疑虑。

得到领导的支持，郑维峰便带着伙伴们干起来了。

有一个难题，憋了好几天也没啃下来，郑维峰只好跑到设计院去请教。

天上是火辣辣的太阳，郑维峰走进设计院的大门时，刚好是午休时间，看着进进出出的设计人员，郑维峰不忍打扰专家们的休息，便坐在门口的台阶上等。直至上班的时间到了，他才怯生生地敲开了专家办公室的门。

当专家们发现顶着正午太阳静候在门前石阶的年轻人，竟是来求教自己的时候，无不感动。尽其所能，他们对郑维峰敞开了大门。

为了计算出一组设计数据，郑维峰通宵达旦地在公式的海洋里遨游了两天，当天边出现一抹霞光的时候，终于有了结果。他感到有些饿，伸手从桌角摸起一片饼干放到嘴里，狠咬一口。

饼干没被咬开。

定睛一看，塞进嘴里的竟是一块胶合板块。

郑维峰哑然失笑，拍拍自己的脑袋，自言自语："糊涂了，糊涂了。"

功夫不负有心人，自行设计、制造的双模轮胎硫化机，矗立在山东荣成这个名不见经传的小厂里，也矗立在了郑维峰和伙伴们的身边。

荣成橡胶厂在全国同行业中率先完成"以机代罐"的设备改进。工效翻番，节汽30%，产品性能达标，质量稳定，并节省设备改造费用1750

万元。此后，郑维峰正式担负起厂里机械设计和安装的任务。时势造英雄。10年间，郑维峰主持完成了36项科技攻关项目。

历史把郑维峰推上了董事长、总经理的岗位。

经过青岛海洋大学经济学院企业管理专业的系统学习，郑维峰对市场发展规律已烂熟于心。

"尽管眼下市场需求量不是很大，但是，这种技术难度大、投资也大的项目，等到急用那一天再上马开发，那就来不及了。"这是他必须考虑的一个问题。"子午线轮胎是当今世界轮胎家族中最先进的品种，具有高速、耐磨、耐刺、节油、舒适、安全等许多优点。使用寿命比传统的斜交胎高95％以上，从长远看，是中国轮胎工业发展的必然趋势。"这是他思谋再三的结论。

于是纵横捭阖，动之以情，晓之以理，众人心悦诚服。

1993年，100万套国产化子午线轮胎生产线在离中国天鹅湖不远的黄海之滨建成投产。

当年开发出轿车、轻载系列聚酯无内胎子午胎等二十多个规格，当年试产40.5万套，远远高出国家规定的行驶标准，设备和原料的国产化率分别高达82％和85％，新增产值1.3亿元，新增利税3000万元。

与此同步的是凭据不断壮大的实力，组建了集科、工、贸为一体，以轮胎为主导产品的成山橡胶集团公司。

站在渤海滩头，郑维峰并没有被海风吹醉。他所领导的集团每年以20％的速度发展，1994年主要经济指标已跃居全国同行业第二位，1995年的销售收入达9亿元，在世界轮胎王国里坐第32把交椅。但市场风浪大，企业只有不断发展，才能站稳脚跟。一个投资6亿元，用3年时间建成年产300万套子午胎生产线的决策又在实施当中。

当青岛第二橡胶厂厂长袁玉绥跟这个研制成功过6种飞机轮胎、被"史无前例"遗弃10年于农村的大学生贺学圣谈话时，贺学圣已是未语哽咽，涕泪长流："我还干设计吧？"

"不！"厂长作了否定："派你去北京，接受化工部主持的重新制定

《全国轮胎系列和产品国家标准》的任务。"

受宠若惊，贺学圣平反回厂的第二天便举步登程，一颗被尘封了许多年的心又重新鼓起了希望的帆，一双被锄柄儿磨了许多老茧的大手不时地搓动着衣襟：我这不是梦吧？

会上听精神，恍若隔世。

归来查资料，如饥似渴。

北京、上海、广州，风餐露宿；湖北、湖南、江西，寻根辟理。几年奔波，几多艰辛，终于用汗水和心汁浇铸出中国轮胎新标准。新标准以严谨的治学作风、准确的调查分析，被国家标准总局评为一等奖，被国家科委评为全国科技进步二等奖，化工部更是锦上添花，评他为全国化工劳动模范。当他以其优异的科研成就当选为全国人大代表，与党和国家领导人共论国政时，心中豪迈之情油然而生：回去还要加劲干，不负众望，不废流年。

与贺学圣齐名的在青岛第二橡胶厂还有一个瘦小寡言的孙美娟。她研制与"切诺基"配套轮胎的故事人们还记忆犹新。那是一个凉风嗖嗖吹的早晨，她骑着自行车一路旋风去上班，但只见一台"切诺基"停在光明商场前傲视着匆匆过客。孙美娟经不住诱惑，停下车来仔细打量——她是搞轮胎设计的，见到一种新型轮胎便特别注意。先是站着瞧，后是匍匐着看，就像久别的妈妈见到了心爱的儿子，如痴如醉。

她的奇异行为招来了许多人围观，司机以为发生了什么事件，过来一看，原来如此，火气窜出来："滚！"

孙美娟并没有滚，她研究设计的轮胎却真的与"切诺基"配套滚动起来。

袁玉绥谈起贺学圣、孙美娟便眉飞色舞，他说，正是像这样的一群人带动企业的起步奋飞。可他从来不谈自己。自己有什么好说的呢？

青岛橡胶二厂的历史和袁玉绥的工龄几乎一般长。他出生在胶东解放区，做过"青年救国会长"，16岁就加入了共产党。1948年考入华东化工专科学校，先在牙山，随着解放区地盘的扩大，学校开到张店，再后来，进了济南。

本来这些根据地的青年学生是红色政权工业干部的后备队,应随大部队南下的,可历史偏在接收青岛橡胶二厂时,把他留了下来。

19岁,当科长。

29岁,副厂长。

60岁,当厂长。

谁说是廉颇老矣?看袁玉绥雄风不敛,宝刀不卷,领导橡二全体职工一路过关斩将。

在青岛橡胶二厂的厂长办公室里,悬挂着一块醒目的横幅:

"不唯上,不唯书,只唯实。"

这块横幅就挂在袁玉绥的头上,是袁玉绥的座右铭。

袁玉绥有条理论,大企业不能一味跟着市场转,还必须以超前的意识引导消费,主动控制市场,创造市场。

1989年,青岛二橡利用亚行贷款,投资2.5亿元,建设30万套全钢丝载重子午胎生产线,1993年10月8日,作为献给企业60岁生日的丰厚礼物,这条生产线正式投产。是年,该厂又投资4800万元,建成了20万套半钢丝子午胎生产线,当年立项、当年投产、当年见效益。

1994年10月8日,以橡二为主体组成核心层青岛橡胶集团,联合橡胶六厂、同泰橡胶厂、钢丝绳厂、乳胶厂、橡胶制品厂、橡胶机械厂等12家企事业单位,组建了青岛橡胶集团。

在激烈的市场角逐中,作为我国轮胎业"四大家族"之一的青岛橡胶二厂,依然保持雄厚的实力,日益焕发着勃勃的生机。

丁玉华辞别妻子上路,颇有点荆轲赴秦庭的豪勇悲壮:卸任荣成市经委主任,就任威海橡胶厂厂长,风险与机遇并存,成功与失败同在。

这是1991年元旦前夕。

丁玉华来到厂部办公楼一间8平方米的办公室里,架起硬板床,支起酒精炉,开始了类似创业的艰苦生活。威海橡胶厂是一个较为年轻的轮胎厂,由于管理不善,加之市场疲软,整个工厂呈现出一片萧条冷落,1990年比1989年利润竟下降70.7%。丁玉华一头扎进车间、班组,进行了一段时间的调查摸底，终于弄清了问题的症结所在：缺乏严格管理。于是，他出台了一系列用人和管理制度。制度颁布之前，他召集了一个领导班子吹风会："今后无论是谁，触犯了制度，莫怪我下手无情！"

月底的一天刚上班，副厂长侯玉成推门而入："这个月质量指标没完成，照制度应扣质检处和有关车间操作人员的奖金，你看？……"

丁玉华拿起笔在报表上写道："罚丁玉华 50 元。"

侯玉成一愣："这样不好吧？"

"你们也别落下，每人罚 40 元。"丁玉华掷笔下了车间。工人闻听此事，纪律肃然一新。

凡事，名不正则言不顺，言不顺则事无成。整罢纪律，丁玉华思谋着给企业改名。理由是市场经济则需要市场形象。厂名叫橡胶，市场知道你是生产橡胶还是加工橡胶的呢？索性改为山东轮胎厂，用户一看，知道你就是生产轮胎的专业厂。

纪律肃然，质量上乘，用户先是悄悄观望，后是结群而至；先是国内用户，后是国外用户慕名而来，"三角"牌轮胎不仅在国内市场走红，而且还销往海外。

山东轮胎厂活了。

1992 年 7 月 24 日清晨，丁玉华带领他的副手侯玉成、鞠庆龙、刘延超站在厂门前，等待江泽民总书记前来视察。

8 点 45 分，一辆乳白色面包车缓缓驶进厂门，总书记健步走下汽车，丁玉华迎上前去握住江总书记的手，他感觉到这双手很有力量。

看了 3 个车间，总书记说："你们干得很好，出口成绩很大，要再接再厉，再上一个新台阶。"

当总书记离去时，太阳已经从山东轮胎厂对面的日岛，上升至高空。

丁玉华沐浴在阳光下。

黄海，以它博大雄浑的气魄雕刻了威海这块金色的海岸，海岸南端的龙羊湾更不负改革春风的幅度，活脱脱推出一片辉煌。

受过毛泽东、周恩来检阅，为抗美援朝立过奇功的桦林轮胎厂不知咋的，走进1990年，就好像走进了死胡同：14万套积压轮胎紧紧地抱在一起，耐不住牡丹江寒风的侵袭。

原胶用光了。炭黑没料了。钢丝告罄了。发放工资困难了。

贷款金额1.8亿元，负债2.1亿元，利税下降45.8%，利润仅有75万元。

这是一组火烧眉毛的数字。

这是一个行将崩溃的厂情。

王见智忧心如焚。他是1988年卸任的，不在其位，不谋其政。但几千人要活下去啊！

1991年正月初六，王见智第二次出任厂长。他将工厂窘况向职工抖落个明白，要大家出谋献策；他将桦林的情况汇报到牡丹江，汇报到黑龙江，汇报到北京城。

黑龙江的调查组来了。化工部、国家计委、国家建行、对外经贸部的联合调查组来了。现场办公，开了一剂"投入产出总承包"的良药，给了外贸进出口权。

为收复失地、扩大市场，王见智率团"八千里路云和月"，亲自给用户道歉，感动得"上帝"热泪盈眶。

5个月，沉疴尽去，恢复生机。

1991年5月，桦林月产值、销售、利税均达历史最高水平。

素馨。蓝天。白云。

鲜花。腰鼓。嘉宾。

1995年11月6日，东风轮胎集团公司一个永载史册的日子。清晨，小学生们挂一张张腰鼓鱼贯而入，一张张稚嫩的面庞被北风削得通红，但是，他们的心里热乎乎的。来自化学工业部各有关司局、湖北省委、省政府的相关单位齐聚鄂西北这片山坳里，对我国目前最先进的子午胎生产线进行竣工验收。

沉寂的工厂沸腾了。

厂房披上了节日的盛装。

由领导、专家组成的剪彩队伍绕过鲜花环绕的鱼池,陆续进入子午胎生产线。高阔的厂房,全封闭恒温条件下的流水线,世界最先进的轮胎生产设备,美丽大方的子午胎产品,令嘉宾们啧啧称奇。边走边介绍情况的是该集团董事长兼总经理刘玉斗。他说,这条30万套全钢丝载重子午胎生产线,历时五年,投资5亿元,总建筑面积为11万平方米,其中有4.5万平方米关键设备的厂房是空调恒温的,这在国内轮胎行业中绝无仅有。透过他的演说,人们仿佛回到了过去的那个年代。

1989年冬天,年近五十的刘玉斗当选为当时的东风轮胎厂厂长。没有新官上任的兴奋,有的只是对企业发展的一种深层次的担忧。当时国际轮胎市场已经显示出子午化趋向,国内有远见的企业也已先后开辟出子午胎生产线。而东风的子午胎计划是国家计委早在"七五"期间就批准立项的,至今仍未上马,"起了个大早,赶了个晚集"。刘玉斗眉头紧皱,心如火烧。

"想啥哩?"副厂长董文铎拍门而入,"是不是想上子午胎工程?"

英雄所见略同。刘玉斗看着这位精明干练的副手一字一顿地说:"我们也要搞子午胎。你去通知引进办、技术处,明天我们去桦林!"

桦林,中国轮胎工业的摇篮,也是刘玉斗的第二故乡。他生于山东,后随姐姐在桦林读书,并在桦林参加工作,此次回来,颇有点故地重游的感觉。桦林厂以老大哥的风度热情接待了刘玉斗一行,并毫无保留地请他们参观了子午胎生产线。

夜静了。牡丹江的贼风溜溜吹个不停,搅得皑皑白雪漫天狂舞,不时地敲打着窗户劈啪作响。

"莫管它。"刘玉斗拉近了规划图,"我们把仓库转移,将小北山头削掉,作为厂址。"刘玉斗将征询的目光投给了董文铎。

"我看可行。"董文铎估量说,"这两个地方加起来有十多万平方米的面积,容得下30万套轮胎。"

"设备选型呢?"刘玉斗将目光投向了副总工程师朱伯明,"你们到国外考察一下。我们要么就不干,要干就干国际上技术最先进、质量最上乘的!"

一个方案一个方案地落实。

一个细节一个细节地敲定。

一切都弄踏实时,东方已透出了鱼肚白,刘玉斗揉了揉布满血丝的双眼:"文铎啊,我看,你就担任这项工程的指挥吧!"

"倾心竭力,在所不辞!"董文铎忽地站起,颇有点临阵受命的英勇。

1990年,东风人用愚公移山的精神将小北山几十万立方米的山头削掉。1991年的山花开了,刘玉斗和他的决策集团为30万套工程奠基。自此,刘玉斗的心便拴在了工地上,就像孩子一样,他希望它快快成长,茁壮成长。可是,历史并不总是敲着理想的鼓点前进的,有时节柳暗花明,有时节却又风雨如晦。当工程进展到1993年冬季时,资金发生了严重危机。

腊月三十,风卷残雪,冰冻三尺。刘玉斗裹一身风雪驱车武汉。一路上,千家万户过年的爆竹已经炸响,刘玉斗的心里一点年滋味都没能感觉得出。他的思维聚焦到资金上。

30万套工程,他跑遍了国家计委、国家经贸委、化学工业部,几经反复,数度受挫,终于弄成今天这个局面,总不能因为资金问题半途而废吧?筹资渠道有三:贷款;合资;争取省委、省政府的倾斜政策。贷款超过了临界点,利润抵不过利息,债务就像滚雪球,越滚越重,使企业不堪重负。合资,先后与一些外国轮胎公司接触过,人家不是以二流设备入股,就是要提取巨额技术转让费,条件太苛刻,令人难以接受。唯一的希望就是争取优惠政策了,能不能成功,他心里没底。

"背水一战,孤注一掷吧!"他叫司机加大了油门……

刘玉斗的苦衷与湖北省的经济发展战略不谋而合:组建企业集团,扶助企业集团,特别是像东风这样的全国500家最大工业企业,更在省政府倾斜政策的视野以内。刘玉斗心里踏实了。

是年冬,与马来西亚金狮集团合资,产生东风轮胎集团的子公司——东风金狮轮胎有限公司。资金问题无虞了。

工程无虞人有虞。

1994年6月27日晚,刘玉斗脚下走失,那脚硬是突突地肿大起来。

住了一夜院,他便叫医生做了一双肥大的鞋,套上那只肿脚,挂着拐杖,一步一颤地赶到了工地。施工人员见挂着拐杖的厂长天天赶到工地,潸然泣下,进度明显加快。当刘玉斗的脚消肿的时候,新车间已经产出第一批试验胎,运往襄樊试车场。

1994年9月,在襄樊试车场的环形跑道上,法国轮胎专家紧密注视着东风轮胎的各种技术参数。

里程。耐磨性。速度。舒适性……各种性能基本达到世界王牌轮胎——法国米西林水平,东风轮胎取得了中法合资生产的富康轿车的配套资格,现已正式配套。

1995年春天,东风外贸公司从新生产线上随机抽出一条热乎乎的轮胎传递美国,一次性通过DOT(轮胎市场准入标准)检验,东风轮胎首次进入美国市场。1995年,东风轮胎出口海外三十多个国家和地区,创汇2000万美元,居全国同行业榜首。

刘玉斗向嘉宾们介绍了这些创业过程后描述说:"东风轮胎集团准备在'九五'计划期间建成武汉-十堰-黄石三大轮胎基地,形成年产千万套的生产能力,与国际轮胎巨子们决一雌雄!"

信夫?

长江作证。

第二十一章
扬起跨世纪的征帆

一轮红日高挂在灰白色的苍穹上，给2月的北京涂抹上千万缕柔和的色彩。

这是1992年的冬末。

平日工作紧张而有序的国务院各部委，近日渐渐有些涟漪泛起。政府机关机构改革即将开始，人们在关切之中伴随着一种期待。

二十世纪九十年代的中国，市场经济体制的建立正以前所未有的速度大踏步地推进，而经济体制的改革必然要求国家机关做出相应的调整。

由部门管理转向行业管理，这是历史的必然。

管理体制、管理方式和管理职能的变革是脱胎换骨式的。举国注目北京，世界注目中国。

李士忠匆匆走进化工部机关大楼，有点不太习惯地走进了人事司那间新近才属于自己的办公室。

54岁出任人事司长，这件事本已出乎意料。更没想到，就任后仅仅二十多天，没等椅子坐热，连情况都还没有完全熟悉，机关机构改革的压力就排山倒海地压下来了。

昨夜，万籁俱寂。叨咕累了的老伴早已睡熟，他却翻来覆去怎么也睡不着。自1957年在北京工业学校毕业后，他先在北京新华橡胶厂当工人、化验员、技术股副股长，后来调入化工部办的橡胶"托拉斯"。人世沧桑十五载，他由调度员、生产处长到生产司长，干的全是生产管理工作。在这个熟悉的领域里，他可以说是游刃有余。可人事工作就不是那么回事了。这是一个陌生的领域，满脑子数目字要换成满脑子人名，角色置换的反差太大太猛太强烈，使他感到就像要从北极到南极，需要探险，需要摸索。而且，与人打交道的工作，干得好或不好都容易落下不是……

现在，身上的寒气尚未褪尽，他却已心无杂念地将自己沉浸在文件之中了。这是一副有历史意义的担子，无论如何也不能辜负部党组的重托，他想。

这次国家机关机构改革，总体要求是压缩专业管理部门，加强综合管理部门。第一个难题就这样跃在眼前：化学工业门类多，品种复杂，生产大多具有有毒有害、易燃易爆的特点，行业特殊，管理部门能不能保留呢？顾秀莲部长已经多次召开各种会议，研究探讨这个问题。大家翻来覆去地琢磨，总觉得没有一批专业人员管理这样一个复杂的行业不行。李士忠赞成顾部长和大家的意见，于是大量的协调工作便成为他上任后的第一要务。

1992年3月1日，化学工业部机构改革3人小组成立，后扩大为6人，他们是：李士忠、谢钟毓、李义杰、周士均、孟全生、朱静华。部长顾秀莲、副部长贺国强分别担任机构改革领导小组的正副组长。

根据顾部长和贺副部长的要求，李士忠牵头，组织6人小组召开多次会议，研究提出化工部机构改革的总体设计方案。

1992年3月21日，顾秀莲部长率有关司局到中央机构编制委员会交换对机构改革的初步设想，达到了双向沟通。

1993年5月24日，《化学工业部职能设置、内设机构和人员编制方案》正式上报中编委。

1993年初春的一天。中南海一间宽敞简朴的会议室。经过多次向党中央、国务院汇报，顾秀莲携李士忠等人坐在这里。讨论化工部"三定"方案，确定化工部主要职能、机构设置和人员编制的会议召开了。

顾秀莲依旧挂着平和而乐观的微笑，语气中却透着坚毅和自信。她主持全国化学工业大局的时间并不是很长，但却深深地热爱这份事业。抿一口微微有些发烫的酽茶，她把目光投向国务院副总理邹家华："化学工业与多行业配套，化肥、农药等大部分产品关系国计民生；国际上化工发展速度明显地高于其它工业，而我国是滞后的。特别是考虑到行业的特殊性，希望给我们 320 个编制，要设立基建司并增加 2 名司级干部职数……"邹副总理沉思片刻，目光缓缓地环视着大家，说："让他们试试看吧……"

1993 年 8 月下旬，国务院办公会议正式通过了化工部"三定"方案。

此次机构改革强度大，涉及面广，司局精简 20%，处室精简 26%，行政编制压缩 44.5%，是化工部成立以来空前的大动作。而在这一连串的大动作中，最难办最棘手的是人员分流。虽然部里组建了几个直属公司，为人员分流凿开了通道，但将近一半坐惯了机关的人忽然要"下海"，思想观念上要来一个"急拐弯"，接下来还有形形色色的个人利益问题，事情便变得复杂难测。

整个夏天，李士忠高度紧张的神经几乎没有片刻的放松。人上一百，形形色色。要四百多人都愉快地接受安排，不是一件容易的事。而李士忠认为，虽然从整体上看，被分流者只是几百分之一，对于当事者本人却是百分之百。因此，他苛刻地要求自己对每个人负责。有的人竟然先后谈话八、九次。

1993 年 8 月，天气燥热得很，机构改革也进入了攻坚白刃战。

自从接任人事司长以来，李士忠几乎没睡过一夜囫囵觉。现在，已经成为化工部副部长的他，一如既往地处于"陀螺转"状态。每晚 12 点上床，老虎打盹一般，有时 4 点便醒，对着卧室中悬挂的"沉思泉涌，华藻云浮"条幅默默地出神，或者对着天花板沉思，筹思着今天上班要办些什么事或者与哪些人谈话，怎样谈，用什么钥匙解开思想疙瘩，唯恐出半点纰漏，影响改革大局。人非铁浇钢铸，日夜殚思竭虑，血肉之躯岂能无病？

8 月 4 日下午，李士忠没耐得住高温的袭击，发起高烧来。十几天里，体温在 37℃至 39℃之间徘徘徊徊，持续不退。别人热得只穿背心，他却捂上一条毛巾被。谈话，谈话，不停地谈话。有的人伸手摸一摸他的体温，叹息而退；而有的人实在不能不谈，他便一直跟他谈到深夜。顾秀莲部长看在眼里忍不住说道："小孩子高烧 39℃尚且抵挡不住，何况五十多岁的人呢？你要注意休息啊！"可是，他哪里有时间休息，又怎么忍心休息呢？夜深静思，这些分流人员反映的问题有一定的代表性，解决不好，改革将难以进行，他的肩上责任沉重啊！

下了公司，分房子怎么办？提前内退，长工资以及各种福利待遇怎么办？……所有这些关系到分流人员切身利益的问题，必须有一个合理的考虑。李士忠找来副司长熊传勤、马汉章和机关人事处处长，一起研究起草一个文件。

熊传勤长期从事人事工作，情况熟悉，经验丰富，而这一份文件的分量格外沉重。他扶一扶微微下滑的眼镜，重新把自己埋于灯光之中，一字一句地继续推敲机关人事处连夜加工起草的文件。

两天之后，两份有关文件即后来变得十分著名的"双十条"摆上了部党组会议，一系列条款实实在在地解决了现存的各种问题，速度之快、效率之高令大家称赞不已。

机关机构改革得到了绝大多数干部的支持。他们从大局出发，克服了许多自身的困难，解决了许多思想问题和实际问题，有的符合"内退"条件的提前退休了；有的该"分流"的心平气和地离开了工作多年的机关，到新的陌生的领域去开拓一片新的天地……

1993年的夏秋之交，对于化工部机关来说，是一个意义非凡的季节。中国昊华集团公司、中联橡胶总公司、东方和国力肥料发展公司、速达碱业公司……鲜花鼓乐之中，十几家公司相继成立。每成立一家公司，部党组成员必到会祝贺、勉励；每撤销或组建一个司局，顾部长及其他几位副部长必到现场办公，解决问题，给予勉励。

1993年8月28日，一个化工部职工盼望已久的日子。十几层高的办公大楼安安静静，三楼一间宽大的会议室里座无虚席。顾秀莲部长在这里正式宣布化工部新的机构开始运作，公布了司厅设置和司局长名单，从此，一部新的历史便从这里写起……

1993年9月7日，国务院办公厅正式印发《化工部职能配置、内设机构和人员编制方案》。

1993年9月底，化工部完成了处室干部的任命，工作人员全部到位。

在一片喜悦祥和的氛围中，李士忠突然感到食欲不振，胸塞气滞，体重一下子减轻二十多斤，变得凹眼削腮，判若两人。新年钟声刚落，他便因腹中严重积水住进了医院。幸好得的不是绝症，仅有5％的希望飘然落在他的身上，3个月后，终于摆脱了那个胁迫生命的阴影……

新的机构刚刚运作，许多业务关系尚在协调之中，一个划时代跨世纪的大动作——"九五"计划及2010年远景目标的编制便开始在顾秀莲心中孕育了。

"九五"计划的编制，涉及到党中央提出的到2000年战略目标的最终实现，关系到下一个世纪化工发展的整体水平。而化学工业的发展又直接关系到下一个世纪国民经济各条战线……作为刚刚组建的化工部新机构的"领头雁"，她将对党和国家，对380万化工职工有一个怎样的交待？

酷暑。黄昏。大汗淋漓的贺国强副部长迈进家门，很快又把自己埋进资料中。部党组把编制"九五"规划的重担交给他负责，一贯勤于思考的他便让自己的大脑更加忙碌起来。

"九五"计划的编制面临两个难点：计划经济正在向市场经济转变，怎样才能在计划中体现市场的特点？作为跨世纪的蓝图，怎样体现高起点？他觉得必须改变以往那种一开始就偏重于安排建设项目的做法，首先要从理清思路入手。而一个新思路的产生，一靠学习文件，二靠调查研究，二者之间的关键在于"结合"。"结合便能创造新意"。他一向这样认为。

1993年11月26日，全国化工"九五"规划编制工作座谈会在北京东郊召开。贺国强代表部党组，提出了经过反复讨论的五条基本思路：经济体制由单一计划经济向社会主义市场经济转移；产业结构由原材料生产型为主向原材料与深加工并重的方向转移；生产经营方式由粗放型向依靠科技进步和提高劳动者素质方向转移；科技开发由仿制型向自主开发型转移；生产经营从以国内市场为主向与国际市场互接互补的方向转移。

一种"结合"创造出来的神奇!

爱因斯坦的时空弯曲理论与居里夫妇的天才发明相结合,便架起了人类探索宇宙奥秘的桥梁;马克思主义的普遍真理与中国革命的具体实际相结合,便实现了中国人建立强大中国的百年梦想;邓小平的思想与中国国情结合起来,便弹奏出经济发展的辉煌。化工"九五"规划的编制,在党的十四届五中全会精神指引下,六十余名领导、专家、学者分赴全国各地,经过近三年的调查研究,写出了化学工业跨世纪的宏伟交响乐章。

8月25日。

暑气尚未褪尽的北京机场。

一架银白色的专机冲天振翅,载着共和国的副总理邹家华和化学工业部部长顾秀莲向青海方向拍云而去。掠过蓝天,撕裂白云,顾秀莲俯瞰共和国的西部山川,心情难以平静。改革开放以来,东部沿海地区经济建设的加速度发展反衬出西部地区的相对落后。怎样在"九五"期间缩小这种差距呢?顾秀莲望着沉默而丰厚的戈壁,陷入了久久的沉思。

青海是我国一个资源十分丰富的省份,柴达木盆地是我国著名的四大盆地之一。在柴达木盆地中南部,卧着那个昔日"天上无飞鸟、地上无寸草"的察尔汗盐湖。这里蕴藏的盐、石油、天然气、煤炭、有色金属、非金属矿产资源不但储量大、品位高,而且品种齐全、分布集中。其中,部分资源为国内所紧缺,开发价值大,市场前景广阔。党中央国务院对开发柴达木盆地极为重视,并将开发它作为启动青海经济的钥匙。而在一系列开发计划中,化工项目将有相当大的比重。"开发西部,化工责任重大,前景广阔呵!"想到这里,女部长思维的屏幕上出现了一组"蒙太奇"。

——国务院副总理吴邦国一路风尘考察青海和他那热情洋溢的讲话……

——青海省副省长王汉民一行在化工部办公楼风尘尚未掸尽便向她描

述柴达木盆地开发远景时那一张张粲然的生动面容……

女部长的心里怦然一动,飞机着陆了。

在与青海省委、省政府交换意见达成共识后,顾秀莲陪同邹副总理一起驱车格尔木。我国最大的也是唯一的大型钾盐生产基地——青海钾肥厂就坐落在那里。1978年国家计委批准青海钾肥厂建设总规模为100万吨。一期工程20万吨能力已于1992年4月通过国家验收并投产。80万吨二期工程拟与以色列合资建设,总投资42.75亿元。现在,这座矗立在祖国西部边疆的钾肥企业"大哥大",以袒露的胸怀接受了邹家华副总理、顾秀莲部长的检阅;刘家峡、龙羊峡用粗犷的野性、粼粼的碧波诉说着青海美好的未来和柴达木的卓越。

两位领导人做了大量详尽的调查研究后,在青海部分化工企业领导人座谈会上发表了重要讲话,为青海"九五"期间化学工业的发展描述了一幅波澜壮阔的前景。

"青钾二期工程,初步匡算需资40多亿元。邹家华同志非常关心此事,先后六次批示。我们要用最好的形式最快的速度在'九五'期间把这件事办好,让党和国家领导人放心。"女部长目视邹家华副总理:"这是我国西部地区的一篇大文章,须得大手笔才能写好写成功。仅凭青海的技术、经济实力如果有困难,部里可以派人帮助,上下一心,共同努力,打一场脱贫致富的白刃战,为青海人民献一份跨世纪的厚礼。"

邹副总理颔笑首肯。

化学工业部副部长贺国强接踵而来,对青海柴达木盆地做了详尽深入的调查研究后,向国务院递交了调查报告,并作了详细汇报。青海省的化工之舟拔锚起航了。

长江三峡,在碧波托起的客轮上,贺国强迎着飕飕的江风正与湖北省党政领导人及有关专家开着新颖别致的"甲板会议",为"九五"期间的沿江开发计划敲定篇目大纲，撰写"段落大意"。三峡美景融入沿江开发计划中，调查与研究水乳交融，规划更接近了客观实际。

三峡工程启动了，百万移民亦是个浩大工程，为配合移民规划，围绕三峡开发发展化工，部党组决定由贺国强带队去三峡区域调查。这几天，溯江而上，边调查，边行路，边讨论，沿江化工开发规划的思路逐渐清晰起来。

贺国强出生在毛泽东的家乡，也是一个农民的儿子。文革前毕业于北京化工学院，即分配到山东干起了化肥技术工作。由技术员、车间主任、厂长到化工厅厅长，再到山东省委常委、济南市委书记。调入化工部时方当壮年，岁月的风霜在他的面孔上雕刻出几缕纹线。这次甲板会议，他先是听取了沿江特别是湖北沿江带的资源配置情况，再听取湖北省及宜昌市委的意见。

湖北地控全国中部，水控长江中游。1061公里的黄金水道从全省境内流过，且矿产资源亦十分丰富。现已发现沿江矿产资源131种，其中磷矿石储量居全国第一，岩盐、石膏、铁、铜等二十余种储量居全国第六，主要分布在沿江地带。这一地带还有石油、天然气资源。湖北省委书记贾志杰说："化学工业是湖北省的一个大产业，门类全，基础好，潜力大。要抓住兴修三峡水库的可遇不可求的历史机遇，加速发展沿江的化学工业，使之成为带动全省经济快速发展的一个主要支柱产业。"在振兴湖北经济的21个跨世纪项目中，化学工业项目已安排5个，并提出了建成磷化工、盐化工大省的奋斗目标。湖北石化厅厅长邓庆宗说："'九五'期间，湖北化工总产值力争达到250亿元，实现利税29亿元。主要化工产品力求有大幅度增长，精细化工产值率将达25%。化工产品出口创汇额达2亿美元。"

船溯江而上，"甲板会议"热烈而扎实。浪涛拍打船舷，发出激越的吼声，与甲板上的争议声相互唱和，极具雅趣。山行水流，人议船走，秭归到了。

秭归是中国伟大诗人屈原的故乡。贺国强无暇登陆凭吊，恩施土家族自治州的党政领导已经登上甲板，参加了关于化学工业在该州的"九五"

发展的讨论，以及巴东化肥厂移址迁建研究。

船抵巫山县，恩施土家族苗族自治州的领导下船，"甲板会议"结束。贺国强将一路讨论成果集合归纳为《关于三峡区域化工综合开发规划》，返京后向国务院汇报，并得到了批准执行。这是后话。

当时轮船继续溯江前进，过夔门，近白帝城，江雾四起，暮霭便低垂了下来。随行人员绞了几天脑汁，都已疲惫不堪，酣然入梦。贺国强独立船头，仰望白帝城头上的几点灯火，感叹三国旧事，筹思化工远景，渐渐进入一种天人合一的意境。

江风呼呼，夜色已深。

北京还是阵阵北风尖啸的时候，云南昆明的滇池边上已然繁花似锦春光明媚了。

贺国强下了飞机，与随行人员在机场用了简单的便餐，便直驱工厂调查研究。驱车 4 小时又 7 分，贺国强的思维像拧紧了的发条，一刻也没有停止转动。来参加开发云南磷化工发展联席研讨会的有国家计委、铁道部、中央投资银行的领导与专家，自己得将企业状况调查清楚，以便有的放矢，取得中央各部门与云南省委省政府的支持。他首先思考的是如何处理好中央与地方的经济利益关系，以便使两个积极性发挥得更充分更彻底。中央要为地方经济发展考虑问题，地方当然也要站在中央的角度想一想，这样"换位思考"，容易统一认识，达成共识。

那是去年秋天的蒙古草原吧？他带着内蒙古自治区党委提出的在"九五"期间建立六大化工基地的构想在夕阳下的草原上散步。草原深处，落日抖落了最后一片残辉，便在天地接吻处滚动。小小的，红红的，亮亮的，圆圆的，煞是可爱。放眼苍穹像一只倒扣的锅，而地则像一块圆锅盖。白雾在落日边缠绕着，看上去像一枚被天地蒸煮的鸡蛋。他想，人看落日像一枚煮鸡蛋；落日看人呢？如果站在内蒙古自治区党委的角度思考问题，那么，这六大基地的建设则是内蒙古人民脱贫致富的工程之一，不单应建，而且应该快建。可是中央政府财力有限，不可能在一个五年计划里全面开工。用几个五年计划建立六大化工基地如何呢？"成熟一个建一个，自我积累，滚动发展"。一个思路在他心中逐渐成熟。翌日，他将此想法与自治区党委沟通，一拍即合，双方欢喜。而云南的情况则大异其趣。

云南省委书记普朝柱、省长何志强在中央工作会议期间找到顾秀莲部长，提出云南要把化工作为支柱产业，希望化工部支持，把云南建成磷化工基地。顾部长陪同吴邦国副总理专程到云南去视察。吴副总理支持这个设想。顾部长亲自带领规划院的尹仪民院长曾先后两次到云南考察协调，之后才派贺国强进一步调查研究，因此大致的情况他是清楚的。

云南有丰富的磷矿，云南省委省政府想争取国家立项投资，办成磷肥基地。但生产磷肥须得磷矿与硫铁矿的化学结合，而云南没有硫铁矿。欲办磷矿基地，须要大量运进硫铁矿，这又是铁路运力所承受不了的。若跨省经营，在硫铁矿资源丰富的地方亦建一对等规模的磷肥基地，出省运磷矿，进省运硫铁矿，不单提高了铁路的有限运力，亦达到了资源最优化配置的目的。他本已成竹在胸，仍然抢时间在研讨会前深入调查两家企业，目的是进一步验证自己的观点，以求决策万无一失。

轿车在坎坷不平的路面上颠簸了一下，贺国强的思维转了个弯。为编制"九五"计划，架构大化工通道，摸清行业现状，取得相关部门的理解与支持，他率队先后走访了农业部、电子部、机械部、建设部、汽车工业总公司以及中国石油化工总公司、中国海洋石油总公司，加强了横向联系，并与天津市委一起研究解决了天津4家分属不同主管部门管辖的原材料相互补充的化工企业横向联合的问题。那么云南石林地界的两家化肥厂——解放军化肥厂和红河州磷肥厂，相距仅仅2公里，原材料亦是相互补充，隶属关系与天津颇有点类似，前者隶属省石化厅，后者隶属红河州，能否打破隶属界线，组建企业集团呢？

车到解放军化肥厂已是日暮时分，山野寂寂，田畴蛙唱，一行人却早已是饥肠辘辘了。随行的王心芳司长与贺国强一样也是农民的儿子，严谨朴实，好学有为，先干小化肥，后挑起了分管全国化肥工作的重担，干得红红火火，扎扎实实，有声有色。现为化工部计划司司长。自从"九五"计划的编制任务压上双肩后，他日以继夜，上传下达，动脑筋，想办法，总想编制一份高质量、让后人无可挑剔的计划。贺国强副部长曾不无赞赏地说他是编制"九五"计划的中枢和纽带，此言一点不虚。

解放军化肥厂热情接待北京来的贵客：四碟野味各具特色，一钵"过桥米线"更是馨香扑鼻，令人陡增食欲。好久以后王心芳仍回味无穷地说："我走南闯北几十年，从未吃过这么好口味的'过桥米线'。只可惜汤太热，来不及品尝完，贺（副）部长便起身下车间考察去了。"

解放军化肥厂原是驻军所建，后移交给云南省石化厅。虽是依山环水，景致优雅，但却设备老化，需要大规模技术改造。红河州磷肥厂产量没有达到设计能力，存在一个达标达产的问题。贺国强像一个高明的医生，一一诊断出两厂的病情。研讨会的思路便在一路风尘中形成。

云南省政府招待所，省委、省政府及中央各部门负责人环桌而坐，研讨开发云南磷化工的会议拉开了序幕。省委书记、省长先后发言，阐述了云南的资源优势和开发云南的愿望。"资源优势并不等于经济优势。"贺国强欠了欠身子，省长的话音刚落，便侃侃而谈："这种转化受到很多条件的制约，譬如铁路。因此，我提四点建议：一是现有企业要尽快达标达产；二是条件成熟的企业可组建集团；三是建议中央投资银行对云南磷肥基地进行倾斜投资；四是建议南昆铁路建成后要尽可能增加矿、肥的往返运输能力。"他的建议为各方所接受，云南的磷肥基地便在中国化学工业"九五"规划中落下了第一笔。

无人知道，此时的贺国强正强忍着高血压发作、腰间盘脱出的双重挫痛。

李勇武在一种特殊的心境中踏上了这片神奇莫测的土地。

汽车驶离四面环山的贡嘎机场，沿着积雪覆盖的山间公路蜿蜒蛇行，向一百多公里以外的拉萨市内驶去。3月的高原寒气未退，远山近峦仍旧一片耀眼的白色。偶尔，藏民矮小的民居一闪而过，星星点点的牦牛和羊群给清冷的群山增加了一丝暖意。

这就是那片遥远而又有些神秘的高原厚土么？

李勇武怎么也没想到，自己会在这样一种时候以这样一种身份来到西藏。

不久前，刚刚接到中央通知，任命他为化学工业部副部长。

在天津的工作尚未交接，他便奉顾秀莲部长之命，代表化工部进藏，去安排一个特殊的基本建设项目——西藏扎仓茶卡硼镁矿工程，同时考察研究西藏化学工业的发展。

扎仓茶卡硼镁矿是西藏第一家正规化矿山企业。在此之前，1971年，国家投资兴建了拉萨化工厂，却因产品档次低、质量差、连年亏损而又无力改造，被其他行业兼并了。目前，西藏全区除个体经营者从事少量的化工产品加工和销售外，基本上无化学加工工业。因此，虽然同内地相比，这个化学矿山的规模不算很大，却在西藏化学工业发展史上具有特殊意义。特别是在西藏自治区成立40周年大庆前夕，作为62个援藏项目之一的这项工程，是全国化工系统集资2000多万元援建的，它凝结着380万化工人一份厚厚的情意！

他感到一种多重内涵的兴奋。

著名的雅鲁藏布江以多彩的舞姿迎送了他们，拉萨河又近了。海拔4000多米的高原使人渐感胸闷气短，李勇武的思维却比平时更加活跃。人在高原之上，本应陡峭的山峰显得有点平实了，这使他忽然悟到，世界上看来神秘的一切事物，其实深入进去便知道远非想象中那样难以征服。

西藏化学工业的发展如此，尚还陌生的化工部副部长的岗位如此，他在天津市工作的那一段难忘的经历不也如此么？

李勇武1968年清华大学工程化学系毕业，从技术员到厂革委会副主任，年仅36岁就当了厂长，41岁时又成为天津市最年轻的区长。5年之后，他从汉沽区委书记的岗位上调至天津市化工局局长的任上，迈出了人生中短暂而重要的一步。

那是怎样一种局面呵。天津市成立了渤海化工集团,三大化工厂从天津市局划了出去,带走了全局产值的三分之一、利税的 80%。一时元气大伤。剩下的几十家企业,经济效益大半很低,自己称自己为"乞丐部落",人心浮动,士气低落。

要不要发展?能不能发展?如何发展?人的思想认识已经成为理顺各种关系、开展各项工作的关键。

一场空前热烈的大讨论开始了。从李勇武上任那天开始,1991 年的 5 月至 7 月,长达两个多月的大讨论就像渤海湾的潮水一样如沸如腾,而随着盛夏的到来,达到了一个空前的高度。

建设 6 个化工小区的规划出台了;

抓好十个"一点儿"的管理措施落实了;

班子配齐了;各项工作走上了正轨……当年全局扭亏为盈,第二年经济效益指标又大幅度攀升。

1994 年,李勇武以出色的领导才干和工作业绩被调至天津市经委当了主任。没想到时间不到两年,他又重回化工系统,而这次是到了全国化学工业的领导岗位上。

青藏高原,赋予了他第一次使命,他能为这片土地的兴旺发达多做一些工作么?

1995 年 3 月 28 日,一个隆重的开工典礼。

与自治区副主席江措、副书记郭金龙一起参加硼镁矿工程开工仪式,并初步交换了西藏化工发展的意见之后,从拉萨到日喀则,李勇武在克服高原反应引起的种种不适之中奔波了 7 天。

这真是一片富饶的高原。硼、盐、钾、镁、磷、硫、砷、天然碱、钠硝石、芒硝、碘溴、明矾石、地蜡……25 种化工原料矿产袒露着胸襟,渴盼化学工业的开拓。特大型的盐湖资源,尤为西藏发展盐化工提供了得天独厚的条件。"'九五'期间,应以开发硼矿、盐湖资源为主发展化学工业,形成规模经济;以矿产资源的开采业为主,逐步发展加工工业,建立国内基础化工原料生产基础……"他与自治区领导、有关主管部门,以及西藏矿业开发总公司的负责人达成了共识。

几个月后,1995年8月25日,顾秀莲部长进藏,参加了扎仓茶卡硼镁矿竣工剪彩。又一轮考察开始,化学工业部开发西藏化工的设想开始起步……。

北戴河海滩。

顾秀莲独立滩头。一任海风梳理着头发,海浪一波一波呼啸吼叫而来,舔着沙滩,把海那边的信息传递过来。看着大海,看着海面上的冲浪人,看着大海喧天动地的气势,顾秀莲胸中便涌起大海的波澜。今年58岁的她爱海,爱大海恢宏博大的气势;恋海,恋大海包容万象的品质。她这次是到北戴河疗养,可她把副部长贺国强及其整个"九五"规划班子全部带了来。大海的气息也许会熔铸进人的灵性之中?她利用7天时间第四次字斟句酌、反复推敲了"九五"计划。当大海舔着她的脚尖、带着不能登陆的叹息步步退却的时刻,她露出了满意的微笑:这个计划可以上报国务院了。

几个月后,1995年12月20日,李鹏总理在顾秀莲的一封信上批示:"化学工业是重要的原材料工业。化学工业战线上的同志们为国家的经济发展作出了很大的贡献,特别是支农产品,如化肥、薄膜、农药等,促进了农业的发展,是农业技术进步不可缺少的因素。希望化工战线上的同志们继续努力,为'九五'期间中国经济的发展作出更大的贡献。"

同日,全国化工厅局长会议召开,认真总结"八五"化学工业的发展,深入研究讨论"九五"计划和2010年规划,规划内容开始变成全国化学工业的实际行动……

顾秀莲部长在北戴河观海的前一个晚上,北京城的一个巷道里发生了一个与此有点儿联系的平常故事。

在一个普通人家,有一个焦虑的"盼夫归"的中年妇女:今天是丈夫

50 岁生日，亲朋纷纷前来祝贺，子女们也从大老远赶回家来为父亲庆寿，生日蛋糕已经备好，可丈夫就是久等不归。"不回来也该打个电话呀！"她不由得埋怨道。

此刻，她的丈夫正在北戴河和另一位处长一起在疗养院的房间里关"禁闭"。明天就要送第四稿终审了，他俩正钻在文字堆里出不来。历时 3 年、兵分 7 路、27 个省市的调查和上报来的 2500 个项目、几尺厚的文字材料全部汇集到这里。经过层层筛选，去粗取精，去伪存真，排列组合之后，形成的文字须过三关：王心芳司长为第一关，贺国强副部长为第二关，顾秀莲部长为第三关。意见次第返回，如是者三。期间，经过了与各省反复磋商，以及部务扩大会议上广泛征求意见。这是第四稿了，半点马虎不得。顾部长、贺副部长都在立等审改，两位处长只有继无数个不眠之夜继续挑灯夜战了。他俩已在此处"焖"了一个星期，服务员进来送开水，见到桌上椅上床上地上那山一样的资料堆，感慨地说："这哪是疗养啊，是著书立说来啦！"贺副部长评价说："化工'九五'计划的编制是群体智慧的结晶，非一人一地所能产出。"王心芳说："文字组合主要依赖潘、翁二位处长。"有此评价，足矣，足矣！

挑灯苦战到子夜一点半，第四稿终于脱手了。两人相视而笑，轻松、愉快与疲惫一齐跃上眉梢。

"笑什么？"王心芳司长破门而入："走，我给你们俩煮酒洗风尘。"

食堂大厅里灯火通明，一桌盛肴热气腾腾，十分醒目的是当中有一个生日蛋糕。环桌而坐的有疗养院的两位护士，规划院的尹院长和白助理。潘处长见到生日蛋糕才忽然想到：今夕何夕？自己的 50 岁生日，却忘记了给妻子打个电话。转而又想，王司长真是心细如发，连自己的生日都记得如此清楚，真令人感佩不已。翁处长则想起了自己与规划院白助理的陕甘宁调查今日才出结果，心境也就宽松了许多；尹院长在"九五"规划的绘制中付出了许多心血，立下了汗马功劳，大功告成，能不宽慰？"来！"王司长与尹院长几乎是同时举起酒杯："为'九五'计划的成功编制干杯！"

辛苦洒向了全国各地，欢乐则融进了北戴河的波涛里。

海纳百川而为海。"九五"计划的母本也是纳了百川，集化工战线群体智慧于一萃，委实是了不起的集体大创作。仅只 2.6 万字的规划，描述的是中国化学工业跨世纪发展的宏伟蓝图，一幅追赶国际一流的蓝图啊！

3 个发展重点：农用化学品、石油化工、精细化工。

6 项发展战略：以石油化工发展带动全行业结构调整；以规划建设化学工业园区为特色的区域经济布局；以发展外向型经济为重点的全方位对外开放；以搞好重点国有企业技术改造和发展高科技为内容的"科教兴化"；以保护环境为重点的资源节约型战略；以造就跨世纪人才为中心的人才培养战略。

7 项工程：化肥工程、农药工程、石油化工工程、精细化工工程、离子膜烧碱工程、子午线轮胎工程、化工装备工程。

15 个精细化工基地：苏州市——高档染料、合成香料及生物化工；无锡市——感光材料、电子化学品；台州市黄岩——医药、染料中间体及专用助剂；荆沙市——农药、苯酐系列产品及表面活性剂；抚顺市——表面活性剂及催化剂；辛集市——精细钡盐及医药中间体；泸州市——油脂精细化工、纤维素醚类、氰代系列产品；滨州市——油田化学品；南通市——高效农药、醋酸衍生产品和功能性高分子材料；芜湖市——氯化高聚物；湘潭市——高档颜料、染料及功能树脂；德阳市——精细磷酸盐及皮革化学品；开封市——皮革化学品及化工助剂；湖州市——生物化工；中山市——气雾剂。

18 个大型化工企业集团：吉林化工公司、大连化工公司、北京化工集团公司、天津渤海化工集团股份公司、南京化工集团公司、太原化工集团公司、巨化集团公司、上海氯碱化工股份有限公司、上海轮胎橡胶集团公司、四川化工集团公司、泸州天然气化工公司、上海太平洋化工（集团）公司、乐凯胶片集团公司、锦西化工总厂、盘锦乙烯工业公司、中国昊华化工（集团）总公司、汕头海洋（集团）公司、深圳石化总公司。

这些粗线条勾勒出的"九五"规划，顾秀莲、贺国强、王心芳、尹仪民们如数家珍，每一个具体项目的设置与敲定都倾注了他们深厚炽烈的感情。

看着海浪托起的一尺多高的红红的旭日，顾秀莲忽然觉得秦始皇派徐福出海寻仙却发现了日本那一跨世纪的时刻是这个早晨，三国时吴国大将航海发现台湾是这个早晨，郑和七下西洋是重叠了的这个早晨，……时空是弯曲的，历史与现实的重叠只在意识中的一瞬间便可完成，人类征服大海的渴望却是永远也不会枯竭。忽然间她产生了一个奇异的想法：营建中国化学工业的航空母舰。举目眺望，碧海尽头海之雄风鼓荡起一片硕大的白云在日光下飘飘欲舞，多像一只大船上的征帆啊！

　　是的，这就是中国化学工业出海的征帆，380万化工儿女的同心戮力便是鼓荡这片硕大征帆的雄风，旭日便是天地为这艘巨舰配备的探照灯，山呼海啸则是它发动机的轰鸣！

　　巨舰已经发动，征帆已经扬起，二十一世纪中国化学工业的辉煌还会远吗？

尾　　声

这是一首浑厚的歌!

五颜六色的音符跳荡着,回旋于华夏大地的每一个角落。人们听了便知:这是共和国化学工业蓬勃向上的进行曲。还没等它沉淀在心底的时候,就已漾动起一种骄傲。

历史已经喧然而去。化学工业确如巨人一般在这片古老的东方土地上走出了自己的声音,创下了历史从没有过的辉煌。四十多个春秋离我们远去了,回首如云如烟的日子,确是无憾无悔。

这歌声是力量。朝朝暮暮地催促着人们的脚步,从那阴霾密布凄冷的疆界走向阳光灿烂的旅程。信念就这样凝成了。

用脚步叩响更远的远方;

用思索编织畅想,那幅令人醉迷的蓝图离我们越来越近了;

举一面旌旗,以跑步的姿势向前,向前……

这歌声是激励。于是,在二十世纪最后的日子里,苦涩的思索终于凝成甜蜜。对未来的思考乃至于宏伟的远景规划就这样诞生了。

380万化工儿女的热情迅速地集合在一起了,铸就一座熔炉;

同心协力去锻造——一把开启二十一世纪大门的金钥匙!

这歌声是向往。人们蹙紧了眉头,又开心地笑了。使命感和紧迫感在化工行业每一名职工的身上同时驿动着。眼前旋即闪现出一幅幅壮美的画面:

——辽阔的原野上麦浪拍天,太阳都会惊愕那禾苗的苗壮。农用化工在为共和国创造着一个又一个丰硕的秋天。

尾 声

——日新月异的电子技术以其现代化的姿态走进了人们的生活。色彩斑斓的光泽刺破夜空，化学工业是它飞翔的翅膀。汽车制造、建筑业等等，都把化工当成至亲的朋友。

——高新技术革命掀起波澜，在东方大地上荡起旋风。伴着崭新的向往，我们会面对令人欣喜的陌生。那时，我们将更加骄傲。

机遇。挑战。较量。竞争。

按部就班循序渐进不行，仅仅吃苦耐劳像老黄牛一样辛勤地耕耘也不行。理解我们对发展和速度的焦灼吧，说到底这是一个民族的焦灼。每个人都该成为一匹剽悍的骏马去驰骋千里万里。发展规模经济，开拓新兴产业，建设精细化工。化学工业作为共和国的支柱产业已经站到了和太阳同等的高度去面对世界。

古长城的烽火台为我们作证吧！

听，这歌声的旋律骤然变得急切了。
同心戮力，向二十世纪末做最后的冲刺！
伸出我们的臂膀吧，承起历史的重托和时代的重荷……
看，二十一世纪的太阳就要升起来了。
跨入新世纪门槛之际，我们的思绪将呈现出透明而又迷离的色彩。
它能破译昨天的梦。
它能编织明天的彩霞。
它能摇起满天的虹霓。

那时我们会更加自信更加自豪，原本色彩斑斓的世界因为化学工业高科技的作用，将会变得越发地有趣和神秘；那时人们的生活会更加美好，幸福是令人心醉的香醪注满杯盏。广袤的大地到处轻扬着花的芬芳。

向往是一只振翅的大雁，雄心是一种行动。

二十一世纪的钟声即将敲响了。中国化学工业进行曲的旋律震颤着，它远比大海的涛声还要壮阔，那行色匆匆的脚步是对这涛声的注解……

再版补录

——补记于 2017 年 1 月

补录一

渤海湾畔的丰碑

——重读百年"永久黄"那段令人难忘的历史

> 丰碑，在大地；
> 丰碑，在心底。
> 大地的丰碑，价值可以衡量；
> 心底的丰碑，价值无法计量，
> 但却实实在在，口口相传……
>
> ——题记

在辽东半岛和山东半岛相对遥望的怀抱之中，湛蓝平静的渤海湾就像一颗明亮的宝石，镶嵌在两个半岛郁郁葱葱的海岸线上。日夜奔流不息的海水浪花，默默地记载着历史发展的荣辱和变迁，深情地预示着未来美好的追求与梦想……

在"十三五"规划刚刚起步的初夏，我又一次来到了天津碱厂（即现天津渤化永利化工股份有限公司）面积不大的企业发展历程展示厅。面对眼前一幅幅陈旧的历史老照片，一件件珍贵的斑驳老物件，一卷卷发黄的线装老资料，中国民族化学工业发展的历史足迹又一次在我眼前浮现，化工前辈百折不挠、实业报国的精神又一次给了我心灵的冲击震撼，民族化学工业先驱范旭东先生的追求、胸怀和远见又一次给了我了神圣的精神洗礼。站在历史和未来的交叉点上，面对新时期"京津冀"战略全面实施的冲锋号角，我浮想联翩、心潮澎湃、感动不已。

事业都是靠人干的，成功全靠"人助"。范旭东先生曾多次讲道：古今有力有心的人，只因生不逢时，厄于环境的，何可胜数？我们应当切记勿忘，莫忽略了"人助"这个因素，贪天之助是自取灭亡之道。"永久黄"

的成就得益于范旭东先生的用人，范旭东先生的用人显示了范旭东的胸怀。范旭东先生用人有许多生动的故事，最典型的莫过于对美籍工程师李佐华和大家熟知的侯德榜的使用。

1921年侯德榜在美国为永利碱厂设计图纸和采购设备时，认识了美国著名制碱厂的机械工程师李佐华。侯德榜回国后，推荐永利公司聘请李佐华为总工程师。1922年，李佐华来到了中国。当时中国的化学工业是一片空白，永利碱厂建设初期极缺工程技术人员和一线操作工人。李佐华到永利公司后，以他多年的技术和管理经验，给公司的机械、化工、电工等青年技术人员授课，指导现场操作训练，培养出永利碱厂以至中国化工界第一批专业技术人员和操作工人。

李佐华认真勤奋的工作态度和作风给永利公司上上下下都留下了深刻的印象。当时永利碱厂的现场主管对李佐华的评价是："永利制碱最后成功乃至增产扩建，为我化学工业树立基础，他虽客乡，应亦首功之利。"1924年第二个聘期内，李佐华将在美国的亲属全部接到中国，全身心地投入到永利碱厂的事业中。直到1928年，永利碱厂生产全部正常，李佐华聘期已满，永利碱厂决定不再续约。李佐华举家回美国时，范旭东先生携家眷及总公司同仁热情欢送李佐华全家，并在总公司门前合影留念。

1931年，永利碱厂又提出了增产纯碱、烧碱和小苏打的计划，范旭东先生亲笔给远在美国弗吉尼亚州的李佐华写信，再次聘请李佐华到永利公司工作。这一次，李佐华一直工作到1936年抗日战争爆发的前夕。在李佐华的主持下，很快就完成了日产纯碱200吨、小苏打20吨的增产设计，建设进度和质量也都收到了预期的效果。项目建成后，李佐华又按照范旭东先生的要求，进行了纯碱日产250吨扩建设计和重质碱改造的工程设计。

1935年，随着国民政府同意南京硫酸铔厂开工的进度，李佐华又被范旭东先生聘请为铔厂的总工程师、总监工前往南京工作。当时铔厂除了聘请李佐华先生外，还聘请了两位美籍氮气工程师。由于3位美籍工程师在一些工程技术方面的意见不一致，李佐华写信给范旭东请求调离，范旭东立即给两位美籍工程师发信调查具体原因。当他了解了真实的原因并作了具体调解后，范旭东亲自给李佐华写了一封信。他在信中写道："据我所知，氨厂和酸厂的每个人，不论是高级职员还是普通员工都非常赞同您的观点和决定，而且所有的人非常钦佩您的忠心和积极工作的态度。我真诚地希望您不要犹豫，同往常一样继续履行职责，如有不满意的地方，我希望您能坦率地告诉美国同仁，我相信他会尽可能使您满意。"对于范旭东的真诚态度和协调能力，李佐华非常钦佩。他立即给范旭东先生回信，表示收回离开铔厂和回美国的想法，继续为永利服务。直到中日战争一触即发之际，在美国政府通电所有美国侨民必须在1936年10月底之前回美国的决定后，李佐华才在11月初完成他手头工作离开永利碱厂回美国。

1945年3月，在中国抗日战争即将胜利的前夕，美国总统罗斯福根据中美双方协商的意见，派出一个由各行业专家组成的20人代表团，协助中方"战时生产局"指导后方工业，代表团中担任化工专家的就是李佐华。代表团一到中国，李佐华就同永利取得了联系。代表团在中国工作了两个月后回国，李佐华也一同回国。同年8月，在范旭东的授意下，永利公司再次聘请李佐华到中国为永利服务，从1945年11月1日开始，聘期3年，并任命其为建设、安装、设计工程师。

李佐华从1922年开始为永利公司整整工作了15年。1945年，当他最后一次来华时，他已是60多岁的老人了，他对中国充满了感情，他为永利起步建设并走向发展壮大贡献了毕生的精力。1948年10月，李佐华离开了他眷恋的永利回到美国。永利人是这样表示对这位美国朋友纪念的："在中国制碱历史上，他是一个出过大力的人，至今永利老同仁极为怀念，是铁的事实。"

在永利公司发展史上，范旭东先生用人还有一位值得大书特书的就是侯德榜。侯德榜对中国制碱业有两个重大贡献，一是打破了苏尔维制碱技术70年的垄断和封锁，揭开了纯碱制造技术的奥秘，使苏尔维制碱技术成为全人类的共同财富；二是创造了中国独居特色的"侯氏制碱法"，使全世界为之震惊。从1916年范旭东决心以盐制碱，到1926年永利生产出合格纯碱，经历了整整 10 年。这 10 年间，他们克服了制碱技术、设备、工艺等方面的诸多难题，敢于向垄断世界制碱业的卜内门公司挑战，他们坚持的唯一信念就是：一定要建成中国自己的化学工业！

1924 年 3 月，永利碱厂开始生产纯碱，由于生产运行不稳定，重碱不能及时干燥而不能连续生产，生产出的纯碱呈现红黄色或淡红色。为了解决这一难题，侯德榜在生产现场逐一工段、逐一设备进行分析研究，最终发现是碳化塔等设备腐蚀生锈的问题。经过一系列的设备改造和设备更换，1925 年的春天，色碱的原因被彻底找到并初步解决。但由于干燥锅自身的问题，生产一直无法正常进行。为了从根本上解决这一难题，侯德榜多次与范旭东协商后，决定到美国购买干燥锅，并进一步考察美国的制碱技术。侯德榜在美国采购了当时最先进、美国各制碱厂已广泛使用的圆筒回转型外热式干燥锅。这一重要设备的改进，在永利发展史上起到了关键的转折作用，从此生产进入了平稳有序的阶段。1926 年 6 月，永利碱厂生产出洁白合格的"红三角"牌纯碱后，在范旭东的授意下，侯德榜开始整理 10 年来永利公司在制碱过程中，特别是在工艺技术、化学反应、设备制造、生产控制、操作参数等方面的经验，进行了科学系统的归纳和总结。

1931 年 8 月 17 日，侯德榜带着基本写好的手稿离开塘沽来到美国。在美国，他进一步将手稿修改完善，并定名为《纯碱制造》。1933 年，凝结着侯德榜等创业先辈智慧和汗水的《纯碱制造》（英文版）由美国化学会正式出版。此书一经问世，立即受到世界化工界的广泛关注，美国《化学文摘》对此书全文登载并向全世界传播。侯德榜在书中将苏尔维制碱方法完整、系统、全面地介绍给世人，博得了世界学术界、工业界的尊敬，奠定了他作为世界著名化学家、世界制碱权威的崇高地位，也充分显示了中华民族兼善天下的传统美德。

抗日战争期间，"永久黄"西迁入川。在建设碱厂的过程中，遇到了意想不到的三大困难：一是四川当地井盐的价格昂贵，比塘沽海盐贵几十倍；二是苏尔维法制碱原盐利用率太低，仅为 70%～75%，成本压力巨大；三是大量生产废液处理的难题。当时世界上又出现了一个纯碱生产的新工艺——"察安法"，它的最大优点是原盐利用率高达 90%～95%，而且不产生废液。但这个方法仅在德国有小规模间断生产。为了解决当时生产的诸多难题，范旭东以常人所没有的胆量，决定放弃苏尔维法，采用"察安法"。他掷地有声地讲道："因此抱定宗旨，情肯不做，做就做好，做就做成。对于工程设计，一定不惜再付代价，力求上进。"1938 年，范旭东委派侯德榜到德国学习考察和设备采购，没想到德日两国早已暗中联盟，百般刁难，虚以应付，甚至提出丧权辱国的条件。侯德榜终止谈判，愤然回国，下决心自主研究新法制碱。

在当时的战争状态下，材料和仪器极度紧缺，范旭东先生决定将实验室迁到香港，侯德榜在纽约进行遥控指挥。侯德榜对试验要求十分严格，整个试验设定十几个条件，每个条件重复做 30 次，循环试验 500 次，分析了 2000 多个样品，研究人员每天工作 12 小时以上。在将近一年夜以继日的反复、扎实试验下，试验工作取得了重大突破。侯德榜的试验不仅发现了"察安法"的缺陷，修改了所谓的"定论"，而且还进行了不少重大的改进，通过侯德榜的自主研发，一个新的制碱方法已悄然形成。为了表彰侯德榜新法制碱的功绩，1941 年 3 月 15 日，在侯德榜不在场的情况下，范旭东亲自提议将新法命名为"侯氏碱法"，并在第二天同永利碱厂众多同仁联名致函，向太平洋彼岸的侯德榜表示祝贺！

1943 年秋天，范旭东和侯德榜在永利川厂进行了新法制碱连续性半工业化的试验，结果不足百天试验成功，证明了"侯氏碱法"的优越性。这一方法合理利用氨碱两厂的废料，既提高了原盐的利用率，降低了成本，又免除了排放废液的难题。它的设备比苏尔维法减少 1/3，纯碱成本降低 40%，一套工艺流程生产两种产品，投资和成本均大幅度降低。在全民抗战的极端困难时期，"侯氏碱法"的成功，不仅极大地振奋了民族的精神，而且还开创了制碱技术的新纪元，在世界制碱史上树立起了又一座丰碑！

由于侯德榜在制碱技术上的突出贡献，1943 年，英国皇家学会化工学会授予侯德榜博士名誉会员荣誉。这一天，永利公司在塘沽为侯德榜举行了盛大的庆祝会。范旭东发表了"中国化工界的伟人——侯博士"热情洋溢的讲演。他说道:"在战时后方,开这样一个盛会,祝贺他得到世界荣誉。这在中国化工史上,应该是最光荣的一个节日。"范旭东先生还特别强调:"侯先生谦虚自牧,绝不居功。去年3月厂务会议,全体同仁一致赞同命名为'侯氏碱法',纪念他的创作。在战时中国化工界,有这样成就,识者叹为奇迹。古人有言:得人者昌。永利之所以在化工界能够有些许成就,中国化工能够跻上世界舞台,侯先生之贡献,实当首屈一指。"

范旭东在永利事业的发展中,紧紧抓住"人助"这个根本,使用了一大批精英人才,包括"大管家"余啸秋、"黄海"掌门人孙学悟、为人师表的傅冰芝,还有一大批政府要员、文人学者、社会名流……"人助"既体现了范旭东先生的胸怀,也体现了范旭东先生的人格、智慧和魅力。

求贤若渴 成功全靠"人助"

自鸦片战争以来,清末政府腐败无能,中华民族积贫积弱,在帝国列强弱肉强食的宰割中,多少志士仁人发出了救国图强的呐喊:民主救国、文化救国、军事救国、政治救国……在众多的救国呐喊声中,中国民族化学工业的先驱范旭东先生发出了"实业救国"的呼喊,一穷二白,艰难起步。从此,范旭东先生就踏上了一条为民族化学工业奉献终身的创业之路!

范旭东先生是湖南湘阴人,1910年毕业于日本京都帝国大学,1912年归国,在当时的财政部任职。1913年范旭东先生到欧洲考察盐政时,看到国外盐业在自由贸易的前提下蓬勃发展和技术先进的制碱厂,就萌生了回国创办中国人自己制碱厂的宏愿。

制碱必须要有原料:盐。1914年7月20日,范旭东先生就在海盐丰盛、交通便利的天津塘沽创建了久大精盐公司。为了筹集建设资金,范旭东先生采用了西方现代企业的运作方式,将公司注册为"久大精盐股份有限公司"。中国民族工业的起步,得到了社会各界的广泛关注和支持。到

1915年4月18日召开久大第一届股东大会时,已经收到股本金41100银元。在这些股东中,有时任北洋政府财政总长的梁启超、参政院参政杨度、北洋陆军检阅使冯玉祥、北洋政府总统黎元洪、直系军阀首领曹锟、清华大学校长周寄梅、农商部长刘霖生等。鲜为人知的共产党早期政治活动家、革命烈士柳直荀的夫人李淑一也是久大精盐的股东之一。1925年底,久大精盐的年产量达到了62000吨。久大公司"海王星"牌精盐的市场影响力逐渐扩大。

办盐厂是为了办碱厂。在成功创建了久大精盐厂的基础上,范旭东先生又积极开始了筹建制碱厂的活动。创建碱厂的第一道难题,就是盐税太重。制碱如不免税,就难以起步。范旭东先生亲笔给政府致函,请求政府给予制碱用盐免税,同时又请久大股东、担任北洋政府参议院参议兼总统咨议、政府税务处帮办的黄锡铨,利用其在政府的地位和关系反复协商,几经周折,在1917年10月9日终于获得了盐务署批准工业用盐免税的新政。范旭东激动地称之为:"此为我国2000年盐史之第一次"。

第一道难题解决,第二道难题随之而来,制碱技术又成了拦路之虎。当时独霸世界的苏尔维制碱法,对外绝对保密,一点儿也不公开。为了解决制碱技术难题,范旭东亲自出资委托陈调甫先生,在美国学习制碱并在美国招揽技术人才,负责碱厂设计。陈调甫先生为了完成碱厂设计任务,在美国历尽了艰辛,吃尽了苦头。终于在1919年请到了一位美国顾问工程师窦凡尔博士,由他牵头负责并邀请了5名在美国留学的中国学生帮忙。

有了一个工作团队,设计很快完成。在聘请帮忙的5位留学生中,就有正在哥伦比亚大学攻读制革专业的侯德榜。陈调甫与侯德榜"交虽不久,相知甚深,有如昆弟",陈调甫热情邀请侯德榜加盟中国永利,并向范旭东先生举荐侯德榜担任永利碱厂的技术主任。范旭东对侯德榜的才华和学识倍加赞赏,当即决定邀请侯德榜先生为永利碱厂的总工程师。1920年秋天,陈调甫先生带着全套图纸回国,受命主持永利碱厂的施工和设备安装工作。1924年8月,中国第一个大型碱厂建成,陈调甫不仅在碱厂设计、建设上殚精竭虑，贡献卓著，更是在荐贤用人上以大局为重，高风亮节。范旭东曾称赞陈调甫："荐贤有功，应受上赏。"

在碱厂建设施工的过程中，范旭东先生深深地感到，苏尔维制碱理论上看似简单，实则步步艰辛困难，技术问题几乎成了道道关口。为了解决一道道技术难题，也为了解决长远发展的技术储备，1922年8月，范旭东先生又做出了一个重大决定：在永利碱厂实验室的基础上，成立黄海化学工业研究社，并聘请美国哈佛大学毕业的化学博士孙学悟为社长。这是我国化学工业发展史上第一个厂办科研机构。他在《创办黄海化学工业研究社缘起》一文中讲道："第近世工业，非学术无以立其基，而学术非研究无以探其由。"范旭东先生认为，要发展中国的化学工业，"无论如何，科学基础必得从切实研究，不计成败，不拘缓急，一步步前进才能建立。"范旭东先生在讲到研究社名称时曾深情地说道："我们把研究机构定名为'黄海'，表明了我们对海洋的深情，我们深信中国未来的命运在海洋。""黄海"研究社成立后，紧紧盯住久大、永利公司技术发展的需求，研究出了一大批有影响、有质量的研究成果，不仅对久大、永利的发展起到了重大推动作用，而且还在国内外学术界产生了极大地影响。

1942年8月15日，在"黄海"研究社成立20周年的庆祝活动时，范旭东在外地未能出席，但他给孙学悟社长发来了热情洋溢的贺电："记得当初扶起'黄海'这个小宝贝，老兄异常高兴，曾经说过，愿意拿守寡的心情替中国抚养他，这话一转眼20年了，我始终觉得太沉重。现在孩子大了，老兄平日教他有志趣，有骨头，有向学的恒心，有优良的技术，他一点点都做到了，丝毫没有使老兄失望，这绝不是偶然的。人生如其说应当有意义，这总算得了人生的意义，况且继往开来，还有多数志同道合的社员在。"

"黄海社"成立以来，不仅广揽贤士、培育人才，而且，在范旭东、孙学悟创造的这种宽松向上的研究环境中，涌现了一大批像方心芳、魏文德、王培德、赵博泉这样的年轻人才，后来都成为新中国化学工业管理部门和企业的负责人。就连周恩来总理都称赞说："永利是个技术篓子。"新中国成立后，看到新中国蓬勃发展的新气象，"黄海社"董事会申请加入中国科学院。中国科学院于1952年2月29日以（52）院调字第0680号公函同意接管"黄海社"，同时将"黄海社"改名为"中国科学院工业化学研究所"，任命孙学悟为所长。

从1914年久大精盐公司的成立，到1949年1月17日塘沽的解放，"永久黄"3个团体整整奋斗了35年。它的每一步发展都充满了奋斗的艰辛，同技术、装备和管理的探索，同政府官僚的博弈，同英商卜内门公司的竞争，"七七事变"后率众入川，艰难西迁……"永久黄"的横空出世、"永久黄"的顽强发展，不仅预示着中国制碱工业的起步，拉开了中国民族化学工业艰难发展的大幕，而且也为中国近代工业发展竖起一座永久的丰碑！它的意义，正如范旭东先生1928年在永利碱公司第五届股东会议上所讲：永利的事是"应当做"的，现在的国家，如果自己不能造酸制碱，就算没有办化学工业的资格；没有这个资格，就算不成其为国家。我们常说创办制碱工业，将近非有"超人的精神"是不能成功的。它的技术艰深，全世界不过42个厂，其中4/5是属于一个系统的，它们严守秘密，办事人都是终身服务，后起的工厂想要延聘真正有经验的人帮忙，是很不容易的。

在久大建厂第一个30年时，范旭东先生还十分动情地讲道："30年间久大的成就，在本身业务上的表现，还远不如间接的来得伟大。黄海化学工业研究社在化工学术上的贡献，永利化学工业公司在基本化工界的业绩，永裕盐业公司在国际经济战线的胜利，荦荦大端，足够惊人。这在国内都是创造，在当时没有一件不是国家所不理、社会所不谈的……就是我辈伙计，躬逢其盛，亲眼看到他们弟兄，个个头角峥嵘，又何尝不欢欣鼓舞，与有荣幸！"

"永久黄"的巨大成就，在当时的中国足以让每一个国人倍感自豪。1926年8月，在美国费城举办的万国博览会上，首次参展的"红三角"牌纯碱，一举夺魁，荣获博览会金质奖章，这是中国参加万国博览会的工业产品第一次获此殊荣。据史料记载，从清末到民国时期，以民商、公司及政府名义共参加了16届世博会。在16届博览会上，中国曾经获得过两次金奖：第一次是1851年"荣记湖丝"获博览会金奖，第二次是1915年"贵州茅台酒"获博览会金奖。这两个金奖都是手工艺品、农副产品。永利的"红三角"获得金奖，不仅填补了中国工业产品获得国际金奖的空白，而且更让世界刮目相看的是，博览会评委称"红三角"纯碱是"中国近代工业进步的象征"。

实业救国　创建"永久黄"

从1914年兴办久大精盐厂开始，到1926年生产出合格的优质纯碱，以至后来事业的鼎盛发展，一些不良情绪开始在公司蔓延。工作懈怠、铺张浪费、贪图安逸、索求待遇、争名夺利等问题时有发生。面对这些问题，范旭东先生和领导团队明察秋毫，多次商讨解决的办法。范旭东先生意识到，要实现发展中国实业、服务社会这一最终目的，要走的路还很长，面临的困难还很多，必须要凝聚团体的力量，抱有共同的信念，朝着共同的目标为之奋斗。

1934年3月20日，范旭东先生亲自在《海王》期刊上发表了《为征集团体信条请同仁发言》的文章。他在文章中写道："凡欲做番事业，必定要有一个组织健全的团体，因为团体行动的力量是很大的……要统一团体意志，必要有团体信条。"他还在文章的最后，殷切地写道："希望本篇发表之后，凡属本团体同仁，无论职员、工友都认真地看一遍，并请详加考虑，把各人所感到的，一条一条地写出来。"为了搞好信条征集工作，公司还成立了"征集信条联合委员会"。联合委员会提出了团体信条的两个原则：一要提纲挈领；二要简明切实。

范旭东的建议和文章得到了广大员工的积极响应，大家踊跃投稿。用《海王》编辑的话来形容："琳琅满纸美不胜收。其中有好些是关于个人修养的……然而都是聚精会神、严密思考的产物。"在广大员工集思广益的基础上，最后由范旭东先生亲自提炼制定了"永久黄"团体"四大信条"：

（一）我们在原则上绝对地相信科学；

（二）我们在事业上积极地发展实业；

（三）我们在行动上宁愿牺牲个人顾全团体；

（四）我们在精神上以能服务社会为最大光荣。

"四大信条"全面、精辟地概括了"永久黄"团体在长期实践中形成的思想、观念、作风、道德规范和行为准则，使"永久黄"团体同仁有了共同的价值观念和信念标准。"四大信条"公布后，《海王》期刊每期都有醒目的字体刊登，一直延续到1949年9月20日《海王》停刊，历时整整15年，在整个公司起到了潜移默化、深入人心的教育作用。

"四大信条"一经面世，也引起了社会各界的如潮好评。不少教育家、学者、新闻界人士不断来信赞扬，并在《海王》期刊撰稿。上海、杭州、南京、汉口、广州等地的工商企业、科学工作者、大学生等也纷纷来到永利、久大、黄海化学工业研究社参观学习，有的希望取得经营管理技术方面的经验，有的则希望参加团体的工作。

在"四大信条"讨论、提炼的过程中，范旭东先生有一个很值得我们称道和学习的做法，就是企业信条要让广大员工充分参与和讨论，他把这一过程当作每一个员工自我学习、自我总结和自我教育的过程。他认为，凡是员工自我参与的东西，贯彻起来一定自觉。范旭东先生在《讲话和听话》一文中这样写道："言者心之声，人既有感觉，叫他不说出来是不应该的，也是绝对不可能的，并且人一多了，一个说一句，就要庞杂起来，所以庞杂也是不能免的。最好是顺着本性，说者尽管说，听者尽管听，我们只把说和听的方法改善，使它归纳到利最大弊最小的境地。我想最简单可行的方法，就是到了应该说话的地方，如会议席上，就千万莫缄默不语；应该听的话，如多数有识者的意见，就千万莫随便忘记。讲话和听话虽说是一件极平常的事，然而其中大有方术和研究的必要！"

"四大信条" 培育企业文化

作为实业家，范旭东先生一刻都没有停止过发展实业的步子。从"永久黄"不间断地改造扩产，到天津至南京的工厂布局；从纯碱到硫酸的产品延伸，到抗战胜利后的"十厂计划"，充分彰显了范旭东先生的远大抱负和创业激情。

1943年9月26日，面对抗日战争即将结束的形势，范旭东又一次致函国民政府军事委员会："化工建设，直接关系国防农工，国人属望之深，殆无其比。"并极有远见地看到："窃维战后工业建设，经纬万端，为争取时机，必当及早准备，尤以国外设计采购部分为重要，一旦停战，各国势必倾全力于复兴，彼时器材之迫切需要更甚于现金。"在信中，范旭东提出了具体的"十厂计划"。同年10月7日，国民政府军事委员会委员长蒋介石亲自批复："原则可行，希先与孔副院长及翁部长切商具体办法呈核可也。"

范旭东先生提出"十厂计划"的具体设想是："第一厂塘沽碱厂，第二厂南京硫酸铔厂，第三厂五通桥深井与新法硝酸肥料厂，第四厂南京塑型品厂（电木厂），第五厂株洲水泥厂，第六厂青岛电解烧碱漂粉厂，第七厂株洲硫酸铔厂，第八厂南京新法碱厂，第九厂上海玻璃厂，第十厂株洲炼焦厂。"

1945年9月11日，永利公司迎着抗战胜利的喜讯，再次呈文战时生产局："现在抗战胜利结束，必当争取时机加紧建设，以符国策。公司原拟计划，拟即逐步进行，以树立中国化工之基础。"谁能料到，1945年10月4日，一次急性黄疸病无情地夺去了年仅62岁的范旭东先生的生命。伟人的不幸去世，给永利公司、给世人、给中国民族化学工业留下了无尽的遗憾！当时，正在重庆谈判的毛泽东主席得知范旭东先生的噩耗后，亲笔为范旭东先生书写了"工业先导，功在中华"的挽联。

据说，1949年8月5日，毛泽东主席邀请侯德榜先生到中南海促膝长谈。侯德榜给毛泽东主席详细汇报了范旭东先生的"十厂计划"，毛泽东对"十厂计划"表示高度赞赏。毛泽东在会见结束时对侯德榜亲切地说："革命是我们的事业，工业建设要看你们的了！希望共同努力建设一个繁荣富强的新中国。"

* * *

历史从来都是激励现实的一面镜子。只有经历过艰难困苦的民族，才会对民族复兴充满如此强烈的渴望；只有遭遇过列强凌辱的国家，才会对强国之路充满如此坚定的追求。今天，曾经创造过历史辉煌的渤海湾，又一次迎来了伟大复兴的历史机遇，大渤海湾经济圈、京津冀一体化发展、石油和化学工业强国跨越等一系列战略的推出，使安宁平静的渤海湾又一次掀起了生机勃发的春潮。

具有百年历史、拥有行业光荣传统的天津渤海化工集团，面临着整体搬迁和转型升级的历史任务。他们正在以敢为天下先的精神，在天津南港工业区305公顷和1300米的海岸线上（一期），规划着"十三五"期间"盘活两化、优化结构、开发南港、再创辉煌"的宏伟蓝图。全力实施"两化"搬迁暨渤化南港基地建设、优化提升渤海化工园区和精细化工基地、稳步推进内蒙古能源化工综合基地三大历史任务。

"两化"搬迁总投资将近300亿元，将建设四大产品链：一是甲醇制烯烃产品链，建设2套年产能180万吨甲醇制烯烃装置，每年产出62万吨乙烯和76万吨丙烯；二是乙烯下游产品链，建设年产80万吨乙烯法聚氯乙烯、30万吨聚乙烯、6万吨环氧乙烷和4万吨表面活性剂项目；三是丙烯下游产品链，建设2套年产30万吨聚丙烯、20万吨环氧丙烷和45万吨苯乙烯联产及10万吨聚醚项目；四是氢气综合利用产品链，建设年产10万吨双氧水项目，同时配套建设公用工程、码头罐区等辅助设施。整个工程建成后，可实现销售收入约230亿元，年均利润总额26亿元，年税金17亿元，项目建成后内部收益率可达10.42%。

这是一次脱胎换骨的转型，也是一次跨度巨大的升级。明日的天津渤海化工集团将告别昨日以传统基础化工原料为主导的陈旧面貌，走向一个以高端化、差别化、绿色发展、可持续发展为主要特征，以新材料和精细化工为核心产品的崭新集团。

历史绝不会在我们这一代人手里中断，传统也绝不会在我们这一代人手中失传！辉煌的历史将会在这里重现，光荣的传统将会在这里焕发，创业的精神将会在这里升腾，骄人的业绩将会在这里再谱新章！

渤海湾啊，渤海湾，历史的丰碑将会在我们这一代人的奋斗中高高耸立！

李寿生

2016年7月4日

继承优良传统　创新时代精神

在庆祝中国共产党建党95周年之际，在全党"两学一做"学习教育的热潮中，《渤海湾畔的丰碑》为石油和化工行业全体党员提供了富有行业特色的宝贵精神食粮。推动我国"十三五"时期由石化大国向强国跨越，实现中华民族伟大复兴的"中国梦"，离不开石化行业优良传统的继承和发扬光大，更离不开全体共产党员和广大干部职工的开拓创新。

重读百年"永久黄"的历史，那些实业报国、百折不挠、牺牲个人顾全团体、重视人才和创新等行业优良传统不仅不过时，而且在当前新的历史时期更显意义非凡。

——实业救国、百折不挠的奋斗精神。当年，先贤们从一穷二白艰难起步，至不守一隅提出"十厂计划"，终凭百折不挠之精神树起了中国民族化学工业的一座座丰碑。而今，中国石油和化学工业又站在了新的起点，虽有石油和化学工业主营业务收入世界第二、化学工业世界第一的坚实基础，但技术创新的空白尚须填补，产业结构的偏颇亟须调整，绿色发展的道路有待迈步。石化行业全体党员当以前辈为榜样，无惧困难，披荆斩棘，当好转型发展的排头兵。

——重视人才、勇于创新的发展理念。创新驱动，人才是根本。当前，原创性人才缺乏、高端人才稀少，无疑掣肘行业实现再跨越。石化行业若要把创新摆在核心位置，贯穿一切工作，让创新在行业内蔚成风气，必须如前辈般识人才、重人才。更重要的是，为人才创新创造宽松环境，扫除各种机制体制障碍。唯有如此，才能有更多的"李佐华""侯德榜"出现，才能在行业内真正实现大众创业、万众创新。

——重集体、顾大局的道德风范和行为准则。工作懈怠、贪图安逸、索求待遇等"永久黄"曾经遇到的问题，当前在行业党员队伍中也时有发生。范旭东前辈提炼的"四大信条"同样适用于当前，特别是其中强调的"行动上宁愿牺牲个人顾全团体，精神上以能服务社会为最大光荣"。苟利国家生死以,岂因祸福避趋之。石化行业同仁若没有这样的共同价值观念和信念标准,行业前行就会缺少合力。

伟大时代呼唤伟大精神。前辈们开创了中国化工行业的辉煌历史,"十三五"期间,石化行业也提出了比以往都更加宏伟的目标。从石化大国走向石化强国的任务艰巨,使命重大。只有将继承发扬行业优良传统与创新时代精神相结合,形成行业发展的强大动力,才能取得建设石化强国和实现"中国梦"的伟大胜利。

《中国化工报》评论员
2016年7月4日

补录二

大厂传奇

——范旭东等前辈在南京卸甲甸旁激荡的历史风云

毛主席在20世纪50年代谈到中国的民族工业时说四个人不能忘记：讲到重工业不能忘记张之洞；讲到轻工业不能忘记张謇；讲到化学工业不能忘记范旭东；讲到交通运输业不能忘记卢作孚。

今天让我们走近范旭东，范旭东何许人也？

80多年前，范旭东等前辈在南京卸甲甸旁建起了"远东第一大厂"，生产出了技术艰深具有世界先进水平的硫酸、硝酸、肥田粉等化工产品，书写了"大厂"传奇，为积贫积弱的中国增添了一抹亮色。"大厂"不仅留存于人们的记忆里，而且已经成为了当地的地名，在人民的心中永远耸立了一座不朽的丰碑。

范旭东先生仙逝时，正值毛主席和蒋介石在重庆举行国共谈判，国共双方决定终止谈判一天。毛主席亲笔题写了"工业先导，功在中华"挽联，委派周恩来前往范旭东先生寓所重庆沙坪坝参加追悼会，蒋介石亲笔题写了"力行致用"挽匾。共产党和国民党两位领袖同为一个人书写挽联（匾）十分罕见，可见，惟至真至善至美者才能打动不同政见者的心。

2016年7月4日，《中国化工报》以两个整版刊发了中国石化联合会会长李寿生先生的激情之作《渤海湾畔的丰碑—重读百年"永久黄"那段令人难忘的历史》，使读者了解了"工业先导"范旭东先生在渤海湾创办民族盐、碱两业的那段历史。令读者对范旭东等前辈肃然起敬、心灵震撼。范旭东先生是一座精神富矿，可为后人尤其是中国化工人提供精神滋养，是中华民族伟大复兴征程上不可或缺的深沉禀赋，值得我们深入挖掘。笔者根据在南京化学工业公司档案馆、陈列厅的历史史料和厂区文物以及人物采访资料，以南京永利铔厂为主要线索，拨开历史云烟，走近范旭东、侯德榜等先贤，讲述他们在南京卸甲甸激荡历史风云，实业救国、拓展视野、科学管理、率先垂范、忠贞爱国的动人故事。

双脚落地　阔步前行

在南京有一个长江拐弯的地方名叫"卸甲甸"。"卸甲甸"的来历有一个美丽的传说。相传楚汉相争时，楚霸王项羽率领江东子弟西征时，被这里的美丽风景和秦淮歌声所吸引，下令执坚披甲的士兵在此卸甲休整，"卸甲甸"因此得名并流传久远。

"卸甲甸"是一个不寻常的江甸，这里注定要激荡历史风云，要书写中华民族的苦难与辉煌，要成为鲲鹏展翅的灵秀宝地。

在项羽卸甲驻扎2000多年后的1934年，"工业先导"范旭东和化工专家侯德榜带领他们的团体在这块土地上再次激荡历史风云，使中国化工双脚落地阔步前行，振翼双飞气冲霄汉，在这里书写了中国化工史上的传奇。

范旭东和侯德榜实业救国的第一只脚踏在了天津的渤海湾畔，在那里奠定了我国盐、碱基业。

从日本学成归来，又经历欧洲考察后，更加坚定了范旭东实业救国的意志和决心。

1914年，满怀实业救国凌云壮志的范旭东，在经历了思想和物质准备后，与几位同人一起出资创建了久大精盐公司，构筑了实业救国的起点，然后顺势而为艰苦奋斗开创了纯碱和烧碱事业。

范旭东看着滚滚东去的长江，兴奋地说："我国有了纯碱、烧碱，还只能说有了一只脚；要等有了硫酸、硝酸，才算有了两只脚，我国化学工业才可以阔步前进了。"

酸，广泛应用于各个工业部门，被称之为"工业之母"，是国防军工和化肥的主要原料。对于贫穷落后的中国来说，如果不能生产硫酸和硝酸，将会与世界发达国家的差距越拉越大，民族危机会越来越深重。

20世纪30年代的中国，发生了空前严重的农业危机，民不果腹、饿殍遍地。仅靠施用畜禽粪便和草木灰农家肥料增长的粮食难以维持全国人的肚腹。在这样的背景下，外国人的肥田粉悄然进入中国，沿海一带的种植大户首先尝到了洋肥料的好处，于是价格昂贵的肥田粉进口量急剧增加，大量白银滚滚外流，每年多达 2000 万之巨。

为了解决国防和农业困境，国民政府实业部意识到必须发展自己的化学工业，非自行创设硫酸铔（"铔"即为"铵"之旧称）厂不可。同时实业部又顾虑此项工业技术艰深，及资金筹措不易，希望引进外资合作建设。政府成立筹备委员会专务此项事宜，筹备委员会委员中有永利制碱公司经理范旭东先生及海内专家、金融界领袖。筹委会先后与英国帝国化学工业有限公司、德国蔼奇染料公司等海外公司进行了多轮商洽。不料海外公司店大欺客、态度傲慢，所提条件十分苛刻，例如要求财政部对于进口原料给予减税，并且必须将硫酸铔厂出品交与外方在华经理代售，承诺 12 年内中国不得在长江以南再建新的硫酸厂，并且索要的工厂设计费用十分昂贵。时任政府实业部部长的陈果夫听取汇报后，情绪激动、气愤不已。认为海外公司欺人太甚，这种有损国格国力的合作无法接受。

在筹备委员会的一次汇报会上，气氛十分严肃，委员们一个个愁眉不展。陈果夫部长无奈地将目光投向了范旭东先生，希望能从他身上找到化解危机救国救民的良方。范旭东，这个身材不高、举止儒雅、满脸坚毅的湖南汉子认为硫酸铔厂生产的产品"平和时代为农田肥料之泉源，一旦国有缓急则改造军火以效力疆场，因此绝不能受制于外国，中国人完全有信心有能力建设硫酸铔厂。"其实，早在 1931 年 6 月，范旭东经人引荐在天津与美国氮气工程公司白斯脱和律杰森等有过会晤，探讨过创建硫酸铔厂有关事宜，给了范旭东足够的底气，因此，范旭东心中已有了底数。范旭东的一番慷慨激昂的陈述与建议，使愁眉不展的陈部长看到了民族化工的曙光，于是茅塞顿开、喜出望外。鉴于范旭东先生不仅有着忠心报国的意愿和担当振兴民族化工事业大任的气度，而且有着成功创办天津盐、碱两业的经验。陈果夫部长在会上毅然提议：中国的国营硫酸铔厂事业让归永利碱业公司承办，遂决定谢绝外人，由部呈请行政院批决。

由于民族硫酸铔厂事关重大，行政院也提高了运行效率，于是在不久的 1933 年 12 月 8 日，实业部转发行政院第 136 次会议审议公决，核准永利碱业公司经理范旭东先生承办硫酸铔厂事业,并限于动工后两年半建成。

1934年3月28日,永利制碱公司在天津召开临时股东会,通过永利制碱公司更名为永利化学工业公司的决议,组织力量着手筹建硫酸铔厂。

关于永利创办硫酸铔厂之事,当时有些与范旭东一起创业经历磨难的股东和挚友也有不少担忧,担心范旭东分心费力难以兼顾,担忧工程巨大资金难以筹集,担忧制酸工业技术艰深难以驾驭,担忧国字号项目耽误不起,甚至有请范旭东知难而退的声音。在盐、碱两业呕心沥血、摸爬滚打了20多年的范旭东先生深知创建硫酸铔厂事业之艰巨与困难。他曾发出"全然出自国家见地,真是拼命跳火坑"之感言;他把个人的生死名利置之度外。他不辞艰巨、欣然担当、昂首挺胸、一往无前。

以上就是为何要创建民族硫酸铔厂的动机。至于硫酸铔厂为何要选择在南京的卸甲甸,主要是出于以下考虑。

厂址的选择犹如一个人的先天基因,对一个人的一生都产生着重大影响。

关于硫酸铔厂厂址的选择,筹备组专家曾先后赴上海杨树浦、安徽马鞍山、湖南株洲、长沙、南京卸甲甸等处跋山涉水、实地勘察、专题讨论。《永利化学工业公司硫酸铔厂成立经过及概况》一文记载了最后定址南京卸甲甸的重要原因是:"因为此项工业之机器特别笨重,如合成器竟重达一百多吨一件,其他六七十吨一件者甚多,该公司为此笨重之机件,即在卸甲甸运输便利,如厂址设在内地,则搬运此类笨重机件,不但耗时伤财,上游水浅,海轮不能直达,几为不可能之事,同时卸甲甸为国都水上交通之门户,三面环山适于工业建设。"另外,卸甲甸离津浦路干线仅25公里,水陆交通均较便利;此地地价便宜,征购方便;还有一个重要因素是卸甲甸地处长江拐弯处,水流湍急,不易淤积,属于天然良港,不仅有利于水路运输,而且有利于降低码头管理及疏浚成本。

1934年4月5日,永利公司与六合县政府代表就土地价格、房屋拆迁、安置就业等问题达成协议,1934年6月下旬,厂址购妥,共计征购土地1277亩5分1厘6毫。80多年后的南化公司档案馆仍然保留着《永利化学工业公司迁移费领款存根》，记载着各搬迁户的土地面积和领款数额。这些村民为了硫酸铔厂建设恋恋不舍地离开了祖祖辈辈生活的家园，民族大计的实现蕴涵着广大民众的参与和付出。

1934 年 7 月起，基泰工程公司进入工地平整场地，开始建筑大码头，修筑纵横马路，浇灌基座，盖厂房、公用房等，永利铔厂建设序幕全面开启。

为了解决永利铔厂技术来源，1934 年 4 月 8 日，公司委派侯德榜先生率领塘沽娴熟技术专员张子丰、章怀西、许奎俊、杨运珊、侯敬思共 6 人远涉重洋赴美洽谈硫酸铔厂设计合同、设备采购及人员培训事宜，并赴相关硫酸铔厂实地考察，学习借鉴海外企业的成功经验。

侯德榜先后与美国氮气公司、法国克劳特公司、意大利福塞尔公司和意大利卡塞尔公司进行洽谈，价比多家，优中择优。经过几轮比较，美国氮气公司的优势明显，但达成最终协议是异常艰难的。侯德榜事前做足了功课，采用了投石问路、欲擒故纵的智慧，经过艰苦努力，多轮商谈，美国氮气公司在取消诸多专利限制的前提下，将该公司的设计费由 19 万美元降到 10.2 万美元，最终与美国氮气工业公司签订了采用当时世界最先进的哈伯法生产工艺设计合同，最大限度地维护永利铔厂的利益。美国氮气公司总经理蒲柏事后曾戏称："侯德榜真是不易与之交涉者也！"

在设计合同实施过程中，范旭东先生借鉴碱厂的教训，将准备使用的国内水、煤、硫黄等样品寄往美国，以做化验和实验之用，提醒设计方注意中国环境特点，要求设计方全部按照最差标准进行设计，不准套用美国厂家原有图纸，使设计方对 700 多份设计图全部重新绘制。当美国氮气公司完成初步设计任务后，侯德榜又组织技师赴美对图纸逐一进行严格的审查和核对，其中纠正了不少差误，1935 年春，永利铔厂设计任务基本完成。

1935 年 2 月，美国氮气公司指派 3 名技师来华，监督工程建设和机件安装。5 月，永利在外国订购的机器设备陆续运达，次第安装，9 月该厂两座大气柜装置完工，矗立云表，顿成壮观。同时在江边建起了双杆百吨起重机及趸船,用于起卸重型设备的全钢浮码头落成,可以吊卸百吨合成塔等重型设备。点睛之笔是1935年"双十节"由美运抵之百吨重铔气合成器,在技师的有序指挥下,经过员工的同心努力,仅用一小时就平安卸下海轮,接着顺利安装于厂内,铔厂员工士气大振。塘沽碱厂全力协作,制造机器设备,南运卸甲甸工地供给安装。各部门加班加点、克服困难、加快进度,至1936年春,厂房建设和机件安装任务过半。1936年9月,压缩部、合成部、精炼部等铔厂重要工程均已次第完成,至12月中旬,锅炉房、硝酸厂、硫酸铔厂、内外管线、冷水塔、江边深井等工程一一告成,永利铔厂基建工程至此全部竣工。

1937年2月南京永利铔厂的硫酸厂、氮气厂及硫酸铵厂试车投产,规模为年产合成氨3.3万吨、硫酸4万吨、硫酸铔5万吨和硝酸0.33万吨。建设者的心情无比激动,1月31日第一批合格液氨走出流水线,大家互相小心翼翼地传递着试管中的氨样,闻着从试管里散发出来的氨味觉得比世界上最醇美的酒还醉人;2月5日下午3时许,第一包"红三角"牌肥田粉从流水线上孕育而出。其时,正值春耕之季,"红三角"牌化肥销到江苏、浙江、福建、广东及东南亚一带极受农民欢迎,并可与英国卜内门"狮马"名牌化肥媲美,打破了英、德垄断中国化肥市场之局面,开启了中国化肥工业之先河。

在永利铔厂建成剪彩之日,范旭东和嘉宾们一起走上最高建筑,纵览全厂壮观景色,远眺滚滚长江,面对欢呼雀跃的同人,无比感慨地说:"中国基本化工的两翼——酸与碱已经长成,任凭中国化工翱翔,不再怕基本原料缺乏的恐慌了。"长期压在他心中的恐慌之石顿时落地成基,他为此兴奋不已。

随着永利铔厂如期南京卸甲甸建成投产,从此中国化工双脚落地,两翼奋飞。这段光荣的历史永远载入中华民族史册,范旭东、侯德榜等先贤的伟业镌刻在了"十朝都会"的大地上。

开拓视野　融入世界

范旭东、侯德榜等先贤能够在国弱民穷、列强欺凌的困境中发展中国化学工业,并且能够建成"远东第一大厂",在万国博览会上夺得金奖,给我们后人留下了许多有益的启迪。

通过查阅历史资料,追寻先贤足迹,让我们清晰地了解到范旭东、侯德榜等先贤的胸襟、卓识和眼界。他们的报国志向牢牢地建筑在世界前沿,远大目标紧紧地投向了世界高地。

我们从泛黄的《海王》旬刊上了解到,该旬刊每期都有翻译的世界化工发展前沿动态的文章。"永久黄"(久大精盐、永利铔厂、黄海研究社)员工通过《海王》旬刊可以及时获取世界前沿信息,感受世界风云,了解发展动态,调整前进方向。

范旭东先生在投身实业尤其在创设永利铔厂之时就志向远大、起点高新,要求设备先进、人才一流。硫酸、硝酸、肥田粉装置的关键设备都不惜成本从当时最先进的德国、美国、英国等海外公司购买。这些高质量的设备装置为成功投产,顺利运行发挥了重要作用。

产出中国第一袋肥田粉的关键设备,被工人称为"大车"的第一台循环压缩机于1936年自德国ABORSIG公司购得,这台压缩机正常运行长达52年,现作为历史文物永久保存在了今天的南化公司生产区,以供人们观瞻。这台孤品存世的压缩机见证了中国化肥的发展历史,与永利铔厂员工同悲同喜。前两年,德国厂家了解到这台80年前出售给中国的设备仍在珍藏,曾出价100万元想购回保存,但永利铔厂后人却说,这台设备已成为不可移动文件,出再多的钱也不会出售。

事业成败,关键在人。

永利铔厂之所以能够成为中国化学工业发展史上的一朵奇葩,是因为创办人范旭东先生具有天下英才皆为我用的胸襟与卓识。

当人们谈起中国化工历史时,自然也无法回避范旭东与侯德榜两人的友谊。他们志同道合、彼此信任、配合默契、感情笃深、称兄道弟,正是他们的伟大友谊成就了"永久黄"事业的辉煌,才赢得了中国化工事业旭日东升,中国化工道德标榜千秋。

范旭东先生本人曾毕业于日本西京帝大化学系,并且考察过日本称为老师的德国、英国等西方国家。这些海外阅历,扩大了他的视野,开拓了他的胸襟。

范旭东先生深知"事业的真正基础是人才",他要在全球范围招聘一流人才,打造世界一流的化工企业。他委托发起人之一的陈调甫找到美国纽约华昌贸易公司董事长李国钦,请他帮助在美国物色出色的化工技术人才。

1919年,刚刚获得博士学位的侯德榜便在李国钦的公司结识了陈调甫。陈调甫向侯德榜介绍了范旭东先生的为人及志向。侯德榜听完陈调甫的介绍后,这个未曾谋面的范旭东先生的形象在心目中逐渐高大,像一块磁铁一样深深地吸引着踌躇满志的福建闽侯青年。他认定这就是他人生中的贵人和事业的伙伴。陈调甫慧眼识珠,在与侯德榜交谈之后,早已兴奋不已,立即致信范旭东先生,他难以抑制激动之情,在信中写道:"我已在美物色到你所需要的人才,他的名字叫侯德榜。"并在信中对侯德榜做了简介,赞誉之辞溢满纸张。范旭东先生接到陈调甫漂洋过海的信件后十分高兴,也立即复信赞美道:"有了侯德榜,有了陈调甫,中国的化学工业敢不振兴吗?"振奋和喜悦之情跃然纸上。

侯德榜为范旭东先生的人格与事业所吸引,他归心似箭,迅速办理了相关手续穿越海洋回到了祖国,直接奔向了范旭东。他们彻夜长谈、相见恨晚。侯德榜从此与范旭东先生成为水乳交融患难与共的兄弟。他们携手开启了中国化工事业的奋斗之旅。

他们在取得渤海湾畔盐碱事业成功之后,当创建南京永利铔厂使命来临之时,范旭东毫不犹豫地把这副重担托付给了最为信任和欣赏的侯德榜,委任侯德榜为永利铔厂厂长兼技师长(即总工程师)。侯德榜一向奉行"受人之托,忠人之事"的传统文化。他的聪明才智与报国之志又在南京卸甲甸这片热土上得到了尽情发挥。正是因为他们的忠诚、敬业、胸襟与学识,才使得永利铔厂得以排难前行、如期建成、顺利投产、史册流芳。

侯德榜之所以能够获得万国博览会金奖,创造侯氏碱法,与他谦虚好学融入世界是密不可分的。

侯德榜犹如一棵小草在这片风侵雨袭、酷暑严寒的土地上顽强生长春华秋实。他将理论与实践相结合，吸取人类科学成果，不断开拓创新，突破理论禁区，创造了侯氏碱法。在侯氏碱法问世之前，世界碱业通常采用苏联人发明的苏尔维制碱法。苏尔维制碱法的盐转化率在75%左右，而侯氏碱法可使盐转化率达到95%以上，并且采用联合循环工艺，尽物之性、节能环保。侯氏碱法一经问世震惊寰宇，制碱业纷纷仿效，侯德榜先生成为世界制碱业公认的技术权威，为中华民族争得了无上荣耀。

有一位哲人曾经说过："比陆地宽阔的是海洋，比海洋宽阔的是天空，比天空更博大的是人的心胸。"范旭东先生就是一位有着博大心胸的人。他为了成就民族化工伟业，以博大的心胸借鉴全球最佳实践，不惜重金在全球范围招聘人才。人才是"永久黄"成功的关键因素。

在"永久黄"的团体中，除了侯德榜等有着海外留学经历的本土人才外，还有美国、英国、德国、瑞典等国家的外籍化工专业技术人员，他们为中国的化学工业的发展发挥了重要作用。其中有一位来自美国的中文名字叫"李佐华"的化工技术专家与中国结下了不解情缘。李佐华将宝贵的青春年华献给了中国的化工事业，在几个聘任期内帮助永利化学公司尤其是永利铔厂解决了许多设计、工艺、设备等技术难题，立下了汗马功劳。李佐华的工作得到了范旭东、侯德榜的高度信任和大力支持。李佐华不仅在化工专业技术方面辅助、帮助中国，而且成为传播中国文化，介绍真实中国的友好使者。招聘李佐华等外籍专家的成功案例可资后世借鉴，足可成为我们今天对外开放，积极走出去，实施"一带一路"发展战略的思想与文化资源。

在兴建永利铔厂的过程中，从塘沽碱厂抽调了大批技术骨干予以支援，永利铔厂一时人才济济，"具有大学毕业程度者共80余人，其曾经留学国外有高级工程学位者约20人。该厂容才之多，为国内各厂所仅见"。这座远东最大的化工厂，从1934年开始动工建厂到1937年2月正式投产，总共用了两年半的时间。一位曾代表美方，为日本、苏联和中国兴建相同规模的硫酸铔厂的美国工程师事后评论道："就进度快和质量好而言，中国稳居第一。"他还说永利技术人员及工人的艰苦奋斗精神尤其使他深为感动。能够赢得这个"稳居第一"美誉的因素很多，国际化一流人才无疑是其中重要因素。

范旭东先生虽然出生在经济比较落后的湖南乡村，但他却从小受到胸怀天下，放眼世界的滋养。当年范旭东先生奠基中国化工事业的天津、南京也是遭受列强蹂躏灾难深重的地方，但他们却将目光投向了世界，锁定了海洋。他预言："中国的生命在海洋"、"海洋化工，必然要形成民族的长城。"他有着比海洋更博大的心胸，比宇宙更宽广的视野，才与世界顶级人才结伴同舞，共同奏响了中国化工事业的辉煌乐章！

科学管理　规范运作

范旭东、侯德榜等先贤在 80 多年前创建企业时，就体现了"产权明晰、责任明确、政企分开、管理科学"的现代企业的真谛。

永利化学工业公司是一个股份制公司，有着明晰的产权股份。股东会为最高决策机构，董事会为最高权力机构，总经理在董事会领导下执行董事会决议，负责日常工作。监事会负责监督股东大会和董事会决议的执行。各项章程规范齐全，最值得一提的是公司决策、权力、执行、监督等职能运行规范、井然有序。即使在日寇侵略、战火连天，多次转移的艰难岁月中公司仍然不改初衷、不坏规矩、依规运作。

我们在南化公司档案室里查阅到了一份"永利化学工业公司第五届股东大会记录"，这份记录详细记载了此次会议的情况。从记录可以看出，股东会议充分发扬民主，作出决定不违定章，值得后人学习借鉴。

尊崇科学是范旭东先生为"永久黄"制定的"四大信条"之首。他认为一国富强，必须脱离闭塞愚昧，学习科学知识，提升国民素质。范旭东先生面对当时中国的时局，发出如下感叹："中国广土众民，本不应该患穷患弱，所以贫弱完全由于不学，这极微的病根易被人忽略，他却支配了中国的命运，可惜存亡分歧的关头，能够看得透彻的人，至今还是少数。"

范旭东先生不是怨天尤人的评论家，而是身体力行的先行者，即使在黑暗笼罩的长夜，他犹如一支蜡烛尽量发出光亮、照明前路、驱散黑暗。他说："中国如其没有一班人沉下心来，不趁热，不惮其烦，不为当世功名富贵所惑，至心皈命为中国创造新的学艺技术，中国决产不出新生命来，世论多嫌这看法为迂缓，十九口是心非，所以只有邀集几个志同道合的人关起门来静悄悄的自己去干，期以岁月，果能有些许成就，一切归之国家，决不自私。"

范旭东先生植入胸中的科学种子，得到阳光雨露后，终于生根发芽破土而出。他以革除民族资本企业旧式管理的种种陋习为己任，以崇尚科学的精神，大胆吸收西方先进的管理思想和方法，为永利公司制定了一套科学的会计制度、物料管理、选派人员出国学习等先进管理制度，尤其是人事管理制度，既有西方严格的考核体系，又有中国的浓厚人情。坚持以人为本的企业理念，通过关心和改善职工的福利生活，大力激发职工的爱厂之情。永利公司在几十年前就先后兴建起了工人食堂、宿舍、职工消费合作社、运动场、图书室、附属医院、幼稚园、明星小学校等福利设置。工厂实行职工三班工作制，成为中国企业界最早实行每日八小时工作制的工厂。使永利公司的企业管理逐步走上科学化、制度化的轨道，从而为其事业的长盛不衰提供了重要的组织保证。

由范旭东等股东出资创立并维持日常经费开支的中国第一个私立化工研究机关——黄海化工研究社于1922年8月在河北省的塘沽成立，聘请美国哈佛大学毕业的孙学悟（颖川）博士为社长，久大、永利的技师均为该社的当然研究员。从此，响起了中国化工科学的第一声春雷，惊醒了神州大地。

当时黄海化工研究社的目标为三项：即协助久大永利之技术；调查及分析资源；试验长芦盐卤的应用。后来增加了与国计民生紧密相关的项目：如轻重金属之于国防工业；肥料之于农作物；菌学之于农产制造；以及水溶性盐类之于化工医药等作为主要研究对象。

化工基础研究是一项投资巨大、周期很长、难见成效的事业。对于创立黄海化工研究社，当时也有不同的声音，有些人难以理解范旭东先生的所作所为甚至出现了反对声音。为此范旭东先生做了大量的解释与宣传工作。他说："现代化的新企业，都是在研究室中胎育的，哪个企业离开了研究，他本身便不能够生存。"范旭东先生的高瞻远瞩与真知灼见不仅成为孕育黄海化工研究社的胚胎，而且倾力呵护着黄海化工研究社的成长与发展。不遗余力地支持黄海研究社的发展。黄海化工研究社成为我国化学工业理论研究和科研成果的发祥地，是我国化工科技人才的摇篮。今天功勋卓著的化工界两院院士莫不对范旭东先生顶礼膜拜尊为先贤。黄海化工研究社功在当代，利在千秋，经历90多年的风雨洗礼，犹如一棵大树根深叶茂。尽管名称几经变更，但吃水不忘挖井人，源头之恩岂能忘怀。

在范旭东和侯德榜领导的"永久黄"团队中，形成了良好的学习风气，强化了科学的从业意识，培育了严谨的工作作风。这些科学信条和精神体现在每一张图纸的线条上，反映在每一道计算的数据上，记载在文稿的每一个符号上。

当我们在查阅历史档案资料时，可以看到永利铔厂的铅印刊物仍有更改的字迹。证明他们的校对流程延伸到正式出刊之后，体现了高度负责的精神。

还有一个案例值得一提。为了节省资金，创建永利铔厂时，采取了"不引进成套设备，只引进关键设备，自己能做的自力更生"的方略。侯德榜先生亲率5名技术娴熟人员赴美，从700多张全厂设计图样中一张张比对、审查，从来自美国、德国、英国、瑞典等国的3万余封关键设备报单中，一台台进行参数计算、校核，结果选购了多国设备，但在安装过程中，与本国制造的设备全部能够配套安装并且严丝合缝，未发现接口有任何问题。这是何等的精益！何等的严谨！何等的负责啊！这是永利铔厂人对科学信条和精神的生动诠释！

率先垂范　乐于奉献

率先垂范、乐于奉献贯穿了范旭东、侯德榜等前辈的一生。他们为"永久黄"团体和后人作出了榜样、昭示了典范。

"永久黄"团体之所以能在国家贫弱、困难重重的恶劣环境下，同心同德、开拓进取、创造辉煌，是因为他们有着崇拜和依赖的精神领袖，有着榜样的激励，有着人格的向往。

在《范旭东先生及所经营之三大事业》的册子中有这样一段记载："这一次欢迎会的结束时，范旭东先生仍然是这样说的：'我要马上开始工作，希望同人各守各的岗位，少谈方法，多做实事，向前努力，把我们工业做一颗民族复兴的种子。'那一天的'永久黄'同人非常欢欣，他们谢谢老天，不但为团体留下一位领袖，更为中国工业界得着一颗辉煌的巨星。白发苍苍的李烛尘站起来代表答辞，只有一句衷心吐出的表白：'我们都愿意跟随范先生！'"

李烛尘就是"红三角"牌商标中三角有其一的追随范旭东先生实业救国、开疆拓土的元老，是永利化学工业公司资深的副总经理。他的"11字"表白代表着全体"永久黄"人的心声，是对范旭东先生由衷的敬佩和褒奖。

范旭东先生所生活的晚清时代，在我国仍然盛行读书做官、光宗耀祖的风气。范旭东的兄长范源廉官至政府教育总长，可谓是位高权重。范旭东在兄长的庇护下，从日本留学归来后走上了仕途，在政府财政部作了一名官吏。如果他继续沿着仕途走下去，凭着他的聪明学识，加上兄长的关照，仕途应当会一片光明。然而，范旭东志向不在官场，而在于实业救国。

实业救国的种子一直在范旭东心中萌发。当他被派到欧洲考察实业，看到日本所模仿的国家是在怎样努力。在德国他受到了深深的感动，激起了无限思潮，认定了自己应当脚踏实地走出一条新路。他冲破世俗偏见，不顾家人的反对，毅然跳槽下海、弃官从商，走上了实业救国之路。他仰望星空、抛锚起航，凝聚一批志同道合的同人不畏激流险滩，向着既定目标义无反顾奋勇前行。

在永利公司成立不久，范旭东就创办了《海王》内部刊物。范旭东先生重视旬刊、钟爱旬刊。他尽管日理万机，却坚持亲自撰写稿件，据不完全统计，他先后在《海王》刊物上发表的文章达100多篇，这些文章产生了良好反响和重要作用。在他的感召下，许多社会名流积极为《海王》旬刊稿，如马寅初先生《中国工业进步迟滞之原因及救济方法》的文章及齐白石、徐悲鸿两位大师合画的《合作机遇图》在《海王》发表后，使《海王》旬刊名声大振。范旭东先生还强调："《海王》是团体最重要的分子，是团结这个团体的胶着力，我们有了错处，受他的潜移默化，自然悔改。

误入迷途,他像暗夜的灯塔般指点方向。"范旭东先生对企业文化的培育、对媒介的功能认识深刻,并且亲力亲为,值得后人学习借鉴。

范旭东先生亲自组织,发动员工制定了"永久黄"团体"四大信条",在广泛征求意见的基础上,范旭东先生煮海为盐、聚沙寻金,几上几下制定了"我们在原则上,绝对的相信科学;我们在事业上,积极的发展实业;我们在行动上,宁愿牺牲个人顾全团体;我们在精神上,以能服务社会为最大光荣"的"四大信条",并由侯德榜先生楷书书写。范旭东先生制定的"四大信条"成为"永久黄"团体的共同理念和行为准则,成为了企业发展的文化基因。随着岁月的洗礼,"四大信条"的光辉越来越耀眼。它岂止是"永久黄"人的信条,南化人的信条,而且是中国化工人的信条,也是中华民族深沉的民族禀赋。当我们许多所谓的文化专家热衷于到国外去寻找企业文化起源和案例的时候,却犯下了"灯下黑"和"妄自菲薄"的错误。我们应当增强中华民族的文化自信,到范旭东、侯德榜先贤的"四大信条"中去挖掘文化富矿,去汲取精神营养!

范旭东先生不仅实业救国勇于先导,文化建设亲自策划,而且在危险关头挺身而出不顾安危。永利铔厂同人记得,1937年,在日寇向永利铔厂狂轰滥炸的危急关头,范旭东先生亲临铔厂看望员工,救护伤员。侯德榜遵照范旭东指示,组织人员整理重要图纸、拆卸关键仪表机件西撤入川,最后一个撤离永利铔厂,把危险留给自己,令同人感动不已。

在日寇侵华的猖狂时期,沿海及越南的交通线路均被日寇控制,永利公司被迫西迁,为了尽快在华西建设永利川厂,在国外订购的设备只能通过山高壑深、险象环生的中缅线运输入境。永利公司将战时重心工作转入运输。范旭东亲自赴美国采购福特和司蒂倍克载重汽车各100辆及配件。因为事关重大,年过花甲的范旭东先生不顾同人的劝阻,坚持实地考察起点为缅甸仰光,终点为云南昆明的滇缅运输线,再接运到四川。他说:"运输线就是我们的生命线,生命线的争取,首先要拿生命去拼。"他甘冒风险,身先士卒,将生死置之度外。在他的率领和感召下,运输队员戮力同心、全力以赴,不仅要克服炸雷暴雨、山崩路滑、脚下绝壁、山雾弥漫、视线咫尺、左盘右旋的自然艰险,而且要与政府部门和军方周旋力争，历时 80 多天，终于开辟了一条滇缅生死线，运回了部分设备和配件。范旭东先生为此披肝沥胆、吃苦受累，经危历险，致使身体受到损害。有资料介绍，范旭东先生早逝与此次跋涉历险有关。

范旭东先生一生清贫，不治家产，将人个名下的久大、永利公司创业人的酬金永远捐给黄海研究社做日常经费。他当了 30 多年"大老板"，去世后竟然没有留下私产，身后连夫人的生活费、女儿留学的经费都没有保障。可以称得上是一个无私的人，一个纯粹的人。

中国人民经过长期抗战，终于打败了日本侵略者。范旭东先生对战后复兴化工事业充满了极高热情，即派先遣队前往南京接收永利铔厂，并组织修复、恢复生产。令人十分遗憾的是，正当他豪情满怀要在华夏大地上描绘宏图，实现"十厂计划"（即塘沽碱厂、南京硫酸铔厂、五通桥深井与新法硝酸肥料厂、南京塑性品厂、株洲水泥厂、青岛电解烧碱漂粉厂、株洲硫酸铔厂、南京新法碱厂、上海玻璃厂、株洲炼焦厂）之时，这位工业先导、民族英雄抱着未酬壮志的遗憾，于 1945 年 10 月 4 日在重庆沙坪坝寓所逝世，享年 62 岁。

范旭东先生在临终前留下了"齐心合德，努力前进"的遗言。当时在场的同人及家人为之动容、泣不成声。范旭东先生的英年早逝震惊中外，不仅是"永久黄"团体的重大损失，而且是中国人民的重大损失。先贤虽已乘鹤而去，伟业却永世长存，丹心会永照汗青。

伟哉，范旭东！

不用过多解读，一滴水可以折射太阳的光辉。范旭东、侯德榜等先贤的成功不在于只是自己高尚，而且影响带领更多的人高尚！

爱国情深　矢志不渝

爱国救国构成了范旭东先生生命的主线。他的爱国思想来源于湖南的文化基因，救国种子的萌芽基于使命担当。我们从历史档案中可以发现范旭东先生爱国救国思想的脉络，可以知其爱国救国所以然。

范旭东先生祖籍为湖南湘阴，这是一块神奇的土地。"惟楚有材，于斯为盛"被湖南人引以为骄傲。他们骄傲自有骄傲的理由。因为这里享有

"道南正脉"、"潇湘槐市"的历史美誉。朱熹、王夫之、张栻等理学名家纷纷聚集湖南岳麓书院传播中国传统文化。中国近当代叱咤风云的人物曾国藩、左宗棠、魏源、梁启超、陈佑铭、黄公度、谭嗣同、唐才常、熊希龄、毛泽东等都在岳麓书院求学受教、格物修身、健全人格、关注国运。尤其是岳麓书院兴办的时务学堂成为了新思想的策源地。深深地浸染着年幼的范旭东，在他的心田里种下了忧国忧民的种子。

范旭东和他的兄长范源廉先后离乡，以敬仰梁任先生，进了开风气之先的时务学堂。"他们在那里被新政主持者开亮了眼睛，改变了思想，从当时当官发财的旧套，立志要做救国救民的大事。后来慈禧太后干政，新政收场，这批新政人物全军覆没，谭嗣同、唐才常两公先后殉国，在他们死者自然是求仁得仁，壮烈千古，但在这时期的幼稚心灵中已经种下了时代的种子，都要做革命的继承人，为国家民族的再造，分一份艰辛的担子。"

范旭东先生自小深受当地新风气之熏陶，爱国救国思想的形成不是一时之冲动，心血之来潮，而是有着悠久的文化基因所然，有着先贤的榜样力量激励，他的血管里奔涌着爱国救国的血液。因此，当他走实业救国的道路之后，爱国救国宛若大海中的航标，始终照亮着他的前程。

范旭东先生在创建"永久黄"事业过程中坚持"引进外国技术、设备时，把国家的需要，人民的福利必须摆在首位"的原则。在建设永利铔厂时采用美国氮气工程公司最先进的工艺，第一流的技术装备和操作方法。在日寇侵略的非常时期，范旭东对外出采购设备的总工程师侯德榜说："设计和采购不仅要优质、快速、廉价，还要补充一句：日本帝国主义侵占我国东北已经三年了，现在热河又陷入敌手，华北也岌岌可危。大敌当前，我们即使遇到优质、快速、廉价的日本货也不应该要，决不能贪小利而失大义。"

这是何等的大义，何等的气节，这种大义与气节在今天仍然令我们高山仰止。中国人如果都像范旭东先生这样有大义有气节，同心协力支持民族工业发展，何愁中华民族不能复兴强盛！

国家的不幸，也是企业的不幸。因侵华战争的爆发，投产不到 8 个月的永利铔厂被迫停产。

日本侵略者对永利铔厂觊觎已久，为了扩大军工生产，曾企图直接利用永利铔厂硝酸设备生产火药原料。倭寇通过伪政府和汉奸等软硬兼施多种手段逼迫范旭东和侯德榜就范。在日本侵略者和汉奸走狗的威逼、利诱面前，范旭东、侯德榜毅然发出了"宁举丧，不受奠仪"的民族最强音。义正辞严地告诉倭寇和汉奸：头可断，血可流，想用永利铔厂为侵略者生产军火杀害中国人万无可能。倭寇见收买不成便于1937年8月21日、9月27日、10月21日对永利铔厂进行了三轮轰炸，共投下87枚罪恶的炸弹，造成员工伤亡，使永利铔厂的厂房、设备遭到严重摧毁。

1942年倭寇又强行将生产硝酸的全套设备暴虐拆卸，包括8座吸收塔、1座氧化塔、1座浓硝酸塔等，28套设备，1482件，总重量550吨，全为高级合金钢板制成。日寇将这些设备运往日本九州，安装在大牟田"东洋高压株式会社横须工厂"用于军工生产。

抗战胜利后，永利铔厂立即启动了向倭寇索要硝酸装置的程序，侯德榜向国民政府申请要求日本归还被劫设备，并在《大公报》撰文："要日本赔偿，一定要日本归还与赔偿，即使是破铜烂铁也是有价值的，要注意这些赔偿来的东西是我们八年流血换来的结果。"在索要硝酸塔期间几经周折，阻力重重。1947年7月7日，侯德榜亲赴日本，与盟军总司令麦克阿瑟和远东经济委员会进行交涉、据理力争、寸步不让。经过两年零八个月的艰难努力，盟军总部于1947年9月18日复文，同意将现有全套硝酸设备归还原主。1948年3月27日，拆卸的硝酸塔设备由"海鄂"号轮船装载回国。4月11日抵达南京永利铔厂码头。历经磨难的硝酸塔终于回归家园，重新站立在了扬子江畔。这套硝酸塔从1952年恢复生产以来，一直运行到2011年，这座不朽的丰碑才光荣退役。如今这座承载传奇爱国故事的硝酸塔被南京市确定为不可移动文物永久保存，成为爱国主义教育的生动教材。

永利铔厂从他诞生的第一天，就种下了爱国的优良传统。1937年8月13日，日本侵占上海，揭开淞沪会战序幕，富有爱国精神的永利铔厂职工在范旭东先生的带领下，为抗战将士日夜生产浓硝酸等军需产品，并利用铁工房赶制地雷壳，军用铁锹、飞机尾翼部件送入金陵兵工厂，支援抗日战争。

我们在档案馆查阅到了一份用毛笔工整书写的由工厂技师和部队军工专家联合参与的炸药试验原始记录，诠释了永利铔厂人贡献国防、抗日救国的积极行动。

回到人民手中的永利铔厂，广大员工热情高涨、加班加点多产产品。当工厂遇到资金困难时，永利铔厂2248名职工同意从1951年1月起减去四分之一工资为国分忧。减薪延续至1952年6月，总金额为120多万元。至1985年6月12日才全部归还员工所减工资。

1951年6月1日，中国人民抗美援朝总会向全国人民发出了捐献飞机、大炮、坦克的号召，顿时一场全国的捐献武器运动由此展开。曾经饱经战争创伤的永利铔厂工人纷纷投入到增产节约、捐献武器活动中，大伙儿积极签订《爱国公约》，用实际行动抗美援朝，经过广大职工的共同努力，1951年12月31日，永利铔厂实现增产节约26亿元（旧币），为抗美援朝战争捐献飞机1架、大炮1门，并将捐献的飞机大炮骄傲地命名为"铔厂工人号"。

薪火相传　再谱新篇

范旭东、侯德榜等先贤在卸甲甸旁建立的伟业，培育的文化成为中华民族的深沉禀赋，是中国化工人的精神宝藏。永利铔厂后人及中国化工人极为珍视，正在薪火相传、弘扬光大。

据老红军、解放南京时任104师参谋长张绍安回忆：毛主席对永利铔厂十分看重，亲自对解放军下达命令"对付永利铔厂守敌，只能诱至野外歼灭，不能强攻，不能打炮，如果毁坏了永利铔厂，就毁灭了半个南京城。"

永利铔厂等于半个南京城，可见永利铔厂在领袖的心目中是何等的分量啊！共产党和人民政府对永利铔厂给予了高度关怀和大力支持。

今天的南化人以永利铔传人为荣耀。以范旭东、侯德榜前辈为榜样，视他们为精神偶像，在卸甲甸旁传递薪火，谱写新的篇章。

南化职工永远怀念范旭东、侯德榜等前辈。

2003年10月24日，在范旭东先生诞辰120周年之际，一座精心塑造的10.24米高的范旭东铜像在南京市六合区市民广场揭幕，并将该广场命名为"范旭东广场"。范旭东先生的长女，88岁的范果恒女士偕亲属前来参加了揭幕仪式。这座广场已经成为市民瞻仰先贤、锻炼身体的好去处。范旭东先生将永远活在南京人民的心里。

1990年8月7日，在侯德榜先生诞辰100周年之际，南化公司为侯德榜先生立了半身汉白玉塑像，永远纪念这位中国化工先驱和世界级化工专家。

展示范旭东、侯德榜等先贤生平业绩及薪火相传的"南化公司厂史陈列馆"于2003年建成开馆。陈列馆已成为江苏省爱国主义教育基地。这座庄重典雅的陈列馆宛若陈酿散发着醇香，犹如清风吹除尘埃使心灵得到净化。前来参观瞻仰的观众川流不息、络绎不绝。

地处首都北京的中国化工博物馆用了大量篇幅介绍范旭东和侯德榜先贤对中国化工事业的贡献和事迹，并安置了侯德榜先生的半身铜像以供瞻仰。

科学信条早已成为南化人的文化基因。永利铔传人不断攀登科学高峰，占领着一个又一个科技高地，为国民经济和人民生活做出了巨大贡献。在卸甲甸这片土地上，涌现了侯德榜、姜圣阶、赵仁恺、楼南泉等多名院士。

南化公司是我国气体净化、硫酸及催化剂研究中心，先后获得全国科学大会奖60余项，省级科技进步奖80余项，部级科技进步奖90余项。南化公司在钒催化剂、橡胶助剂、化肥、化工机械制造、精细化工等领域，贡献了数十项中国化工之最。

在共和国的化工史册上有许多科技创新的案例让永利铔厂传人引以为荣，尤其是跨越40多年的历程，受到三位共和国总理的嘉奖表扬。

南化公司被誉为中国化工的摇篮。为国民经济和人民生活作出了重大贡献。从上世纪50年代开始，南化公司为27个省市区的70多家企业培养输送各类专业人才13000多人。为国家培养了侯德榜、李承干、冯伯华、靳崇智、姜圣阶、吴锡军等一批省部和国家级领导，成为我国名副其实的人才摇篮。

南化公司在继承光荣传统的同时，不断开拓创新，与时俱进，调整产品结构，淘汰落后产能，循环经济、绿色发展、生态文明已经成为南化公司发展的主旋律。

范旭东、侯德榜等先贤思想深邃、人格高尚、业绩伟大、事迹感人。值得我们继续研究、不断弘扬。

化工国之柱。化工的使命是尽物之性、化育天下。一个国家要想成为世界强国，必须成为化工强国。中国化工人的使命光荣、任务艰巨、责任重大。我们不仅要改革开放、创新科技、精益管理强化硬实力，而且要培育文化、塑造精神、锤炼作风打造软实力。

范旭东、侯德榜等先贤立志报国、崇尚科学、勇攀高峰、淡泊名利、乐于奉献、不畏艰险、扎实工作的思想、精神、操守、信条、作风、学识是一座文化富矿，不仅滋养着积贫积弱的过去中国，而且将会穿越时空，照亮了中华民族的未来，对我们实现伟大的中国梦具有重要的现实意义，他们的精神资源值得我们挖掘、弘扬、光大！

（作者为中国化工博物馆研究馆员）
叶建华
2016年7月

补录三

实业救国　蕴志兴华

——缅怀吴蕴初先生（代序）

吴蕴初先生名葆元，是我国著名的爱国实业家，味精工业和氯碱工业的创始人。他出生于国难深重的清朝末年，不幸逝世于旭日初升的新中国建立之初，一生活动主要在新旧交替、风云动荡的中华民国时期，为中国民族资本主义工业和中国化工业的发展做出了重要贡献。

崭露头角

吴蕴初于1891年9月29日，诞生在上海嘉定城内一个贫困的教师家庭。父亲吴萧舫是晚清秀才，给他取名吴蕴初，即蕴者，才能蓄积而未显露；初者，长子也。他从小聪明好学，10岁时就进学考童生。14岁独自一人离开嘉定到上海进广方言馆。一年后因学校停办辍学回家。1907年，他再次到上海兵工学堂化学科半工半读求学。由于刻苦努力，得到德籍教师杜博的赏识。1911年毕业后，先在本校任助教，后通过杜博的关系到汉阳铁厂任化验师。这一时期，他曾尝试过和人合作办厂的计划，但因股东变计未成。后到汉阳铁厂承制耐火锰砖获得成功，被聘为砖厂厂长和汉阳兵工厂制药课长。时值第一次世界大战爆发，西方列强无暇东顾，中国市场化工原料奇缺，燮昌火柴厂在汉口筹办氯酸钾公司，聘吴蕴初为工程师兼厂长。无奈好景不长，大战稍歇，国产氯酸钾又受外货冲击，燮昌被迫停产。吴蕴初返回上海后，又与人合办炽昌新牛皮胶厂糊口。经过这番周折，他虽感到一事无成，但在国内工业界也崭露了头角。

味精大王

这时，他最为注目的是日货"味之素"。它味道鲜美，颇受国内消费者的青睐。吴蕴初经过分析研究，发现它就是谷氨酸钠，可以从植物蛋白中提取。于是，他在自家小亭子间里试验起来。经过一年多努力，他终于取得了成功。而如何把试验成果转化为工业产品又带给他无限惆怅。在这种情况下，他幸遇了上海酱业巨商张逸云。两人经过协商一拍即合，由张出资本，吴蕴初出技术，合作生产味精。他们定品名为味精，取"佛手"为商标，以"天上庖厨"——天厨为厂名，向政府正式注册获得批准。1923年8月，天厨味精公司正式成立，由张逸云任总经理，吴蕴初任经理兼技师。筹集股本5万元，张逸云占4股，吴蕴初占1股，其余5股由张的亲友认领。公司规定：一次性偿付吴蕴初研究费2000元，每生产一磅味精吴蕴初可提取发明费一角。公司租用上海新桥路寄枢所10间房子为粗制工场，租用劝工银行在菜市路的房屋为精制工场和办公室。这是中国第一家味精厂。天厨味精很快以其产品的价廉物美形成了与日货"味之素"的抗衡之势。特别是1925年"五卅运动"兴起，全国人民一致抵制日货，天厨味精几乎完全取代了日本的"味之素"。"味之素"受打击后，日本铃木株式会社通过日本驻华使馆，以"味精"是从日商广告中"调味精粉"四字取来为由，向我商标局提出抗议，要求取消天厨厂味精商标的注册。但经吴蕴初等人据理力争，这棵民族工业的幼芽竟未被摧残。由于味精生产本轻利厚，国内同行竞争激烈。为保持优势，吴蕴初不断改进生产工艺，提高产品质量，先后在美国费城和芝加哥两次国际博览大会上获奖，声誉大振，不仅畅销国内，并远销南洋各地，产量扶摇直上。1923年年产为3000公斤，到1928年达到51000公斤。吴蕴初还具有相当的国际战略眼光，为保障"味精"的产销，他于1926年到1927年间，先后将天厨味精制造技术向英美法等国申请专利并获批准，开创了中国轻化工产品在国际上获得专利之先声。吴蕴初亦成为闻名遐迩的"味精大王"。

天原诞生

天厨味精盛极一时，使吴蕴初异常兴奋。但他又不无忧虑。因为生产味精的主要原料盐酸国内不能生产，完全依靠日商供应。味精与日货"味之素"是劲敌，日本人完全可以通过控制盐酸来压制天厨，况且日本盐酸很贵，如自己能生产就要便宜得多。

吴蕴初是化工出身，他懂得酸碱"工业之母"的道理，又有从电解槽生产氯酸钾的经验。从 1927 年起，他就收集世界上各种电解槽、发电机、变流机的资料，想创办中国自己的氯碱工业。1928 年秋，越南海防的法国远东化学公司，因经营不善，急待出售生产盐酸的全套设备，吴闻讯即前往洽购，以 80000 元买进了远东厂的全部设备，包括 120 只爱伦摩尔式电解槽和蒸发器、氢气燃烧器、滚动式漂粉机等。1929 年 10 月，天原电化厂股份有限公司成立，吴蕴初任总经理，取名天原，即为天厨提供原料的意思。公司设厂于上海周家桥，次年 11 月 10 日，天原正式开工，国民政府实业部长孔祥熙到会并致词，他说："在中国，则除电镀外，如电解、电冶等业绝无所闻，而吴先生能独创此厂，开中国电化工业之新纪元，其精神可钦佩。"至此，中国有了自己的氯碱工业，也标志着吴蕴初开始由味精工业而步入了化学工业的道路。

天原电化厂开创之初，日产烧碱 2 吨，盐酸 4 吨，漂白粉 2 吨。产品采用"太极"商标。由于吴蕴初重视提高产品质量，一时间，太极牌产品风靡市场。这就影响了英日商的既得利益，它们联手竞相压价倾销。对此，吴蕴初顽强抗争。经过几个回合苦斗，天原小战初胜，总算在市场上站稳了脚跟。为了增加对国外氯碱工业的了解，1932 年吴蕴初赴美国杜邦公司考察。归国之后，天原公司开始第一次增资，对厂内一部分生产工艺进行改造，还扩建了第二列电解槽和连续设备。以后，他还派遣专人赴美国学习，回国后将国外的技术消化吸收，逐渐改进技术和扩大规模，至 1937 年电解槽从建厂初期的一列增至六列、资本增加到 105 万元，成为当时上海资本实力雄厚的少数几家厂之一。

黄金时代

随着天原的成功，吴蕴初的事业亦步入黄金时代。他开始建立自成体系的天字号化工集团。1932 年，吴蕴初在美国考察时，详细了解了美国通用陶瓷公司及厂家。他觉得耐酸陶器可以而且必须自给，因进口的法国货价格奇贵。1935 年，吴蕴初在上海龙华镇筹建设立了天盛陶器厂。取名"天盛"意为天原解决盛器，也含有祝天原昌盛的意思。开工后生产出多种耐酸陶管、瓷板、陶缸等器皿，填补了中国化学陶器的空白。吴蕴初认为："办工业必须走在别人前面，要办别人没有办过的厂才有意思。"1932 年吴去美国杜邦公司考察，了解到该公司有一座中型合成氨试验工厂的成套设备停业待售。他十分动心。他一直想利用天原放空的氢气做合成氨，再从氨做硝酸。但因氨厂和硝酸厂投资大，技术难度高，产品销路难以把握而很感踌躇。这家美国公司开价 18 万美元，吴蕴初还价一半，不料对方也一口同意。于是，吴蕴初便与张逸云协商，集资 100 万元，在与天原厂一河之隔的对岸购买了地皮，开办了天利氮气厂。取名"天利"意为利用天原氢气。1935 年秋，天利正式投产，隆重的开工典礼在国内外引人注目。蒋介石、蔡元培等要人名流都题词祝贺，实业部长吴鼎昌、上海市长吴铁城等亲临现场讲话。中国第一家固定氮厂诞生了。吴蕴初考虑到天利投产后，液氨销路不会很好，又抓紧筹建硝酸厂。1934 年春，他赴德、法等国物色先进设备。当时，在财政部的支持下，得到 10 万元贷款做项目资金，经与外商洽谈，最后向法国引进生产硝酸的全套设备。吴亲自到法国学习硝酸生产技术。回国后，他又亲自主持安装，开工试车。1936 年硝酸正式出货，中日客商竞相购买，生意兴隆。

天利的投产，增强了中国民族化工业的阵容。同时，也引起了与范旭东的南京永利硫酸铵厂的竞争。吴、范两位都是有抱负、有见识的爱国实业家，他们互相坦率地通函协商后，划定各自经营范围，永利力求在长江以北发展，天利在长江以南活动。从而形成了我国化工界"南吴北范"的格局。

1933 年，天厨一度不景气。吴蕴初为维持既成局面，于 1935 年改组了天厨。改组后的公司资本为 220 万元，吴拥有股本 1/4 以上，成为主要股东。至此，吴蕴初已掌握天厨、天原、天利、天盛四家厂组成的实力雄厚的"天字号"化工企业集团，成为中国工业界新兴的巨头之一。

重视教育

吴蕴初认为：发展我国化学工业，应有大量的化学人才。1928 年，他在上海创办中华工业化学研究所，开展化学科技研究。该所后与南迁的中华化学工业会合址办公，改选大同大学校长曹惠群为理事长，吴蕴初任副理事长。吴还捐赠南昌路房屋一所，作为该会长久的会址，该会出版《化学世界》杂志。

吴蕴初自己出身清寒，对于没有钱而想读书者的心情有切身感受。于是在1931年，他出资5万元为基金，聘请曹惠群、徐新六等学界名流为委员，成立了"清寒教育基金会"。基金会每年经过考试，选拔国内清华、交通、复旦、同济、浙江等10所名牌大学化学系一年级学生各一名；又选拔上海市内上海、爱国等10所名牌中学高中化学科成绩优异者学生各一名，发给奖学金维持一年的读书膳宿之用。同时，在上海沪江大学化学系，他又设立了专项奖学金。吴蕴初还重视对公司员工的科技文化教育。在他的提议下，天原董事会从1932年6月起，每月拨款800元，作为厂内技术人员出国考察进修经费。

吴蕴初认为他的财产是"取之于社会，应用之于社会"，只有把财产集中起来发展事业，培养化工人才，对国家对社会才会有好处。他非常羡慕美国杜邦公司一套保持股权不分散的办法。1945年，他决定组织"蕴初资产公益基金会"，将他全部工业投资股票拿出来，交给基金会统一保管，他自任主任委员。抗战胜利后，他又将味精发明权收益归入基金会。基金会规定，他每年投资所得，除50%用于本企业发展外，50%用于扶持以化学为主的教育事业。后裔在生活教育费用无力维持时可酌提。1953年他去世后，其家属根据吴的遗愿，将他生前所有股票一并归入公益基金会，并向政府提出交公处理的申请。1956年遵照中共中央有关部门的建议，交由上海图书馆代为保管。

投身抗战

1937年，正是吴蕴初踌躇满志，想大干一番的时候，他受资源委员会委派，赴英国、德国考察。并与德方签订协议，购买整套人造石油设备及技术。但这时中国抗日战争全面爆发了，他匆匆回国效力。吴蕴初是个有强烈爱国心的实业家，他常说："做一个中国人，总要对得起自己的国家。"早在抗战之前，他参与发起的"天厨号"飞机捐献，就轰动了举国上下。抗战全面爆发，他在沪的几家工厂都面临日军炮火的威胁。为保存民族抗战实力，他积极响应政府内迁的号召，亲自组织天原、天利、天厨、天盛四厂内迁。在敌机的盘旋扫射轰炸下，吴蕴初亲自组织员工昼夜拆运设备。经过艰苦的长途跋涉和千辛万苦，天原电化厂重庆厂终于在1940年6月建成投产，以氯碱产品供应抗战后方的化工需要。几乎与此同时，天盛陶器厂、天厨味精厂也先后在重庆天原旁建成投产。由于重庆电力供应不足，1943年他又在宜宾长江下游北岸筹建了天原电化厂宜宾分厂，于1946年12月建成投产。抓住战争的间隙，1939年他又在香港重建了天厨厂。香港天厨还附设盐酸部，生产战时非常紧缺的氯碱产品。同时，味精产量也达到10多万公斤以上，远销南洋和美国等地。天原、天厨相继在重庆、香港开工后，吴蕴初又致力于天利氮气厂的复建。1943年3月，他再度远洋去美国，与美国一家厂谈妥买一套硝酸厂的设备，拟运至重庆重建，后因太平洋战争爆发，只得束之高阁。

抗战期间，国土沦亡，人民受难，这深深敲击着吴蕴初的心。当他第一个孙子出世时，吴重新排行家谱："蕴志兴华，家同国永。"以此作为全家人的奋斗目标，也体现了他实业救国的愿望。他积极参加各种爱国民主活动，先后担任了迁川工厂联合会理事长、中国全国工业协会理事长、国民参政会参政员等职务。这一期间，他和中共领导人周恩来、董必武等以及黄炎培、章乃器、胡厥文等民主人士多次交往。1945年，毛泽东率中共代表团赴重庆与蒋介石谈判，他曾与王若飞共同署名发送请帖邀请毛泽东和工商界人士座谈。事后，王若飞、邓颖超专程往猫儿石吴蕴初寓所访问致谢。王若飞代表毛泽东赠送吴蕴初一条延安产的毛毯、一袋小米、一包红枣。王若飞说，中国经济建设的发展，还需要吴先生那样的实业家振兴工业。这大大鼓舞了吴蕴初向往和平民主的热情。

壮志未酬

1945年8月15日，日本宣布无条件投降。吴蕴初怀着一腔热忱返回上海，以图再展振兴民族工业的宏图。然而，诸事难遂心愿，经过一番周折，天厨、天原、天利等厂于1947年下半年才陆陆续续开工，情景十分黯淡。上海解放前夕，吴蕴初在国民党政府压迫之下，于1948年年底避往香港，次年春又转往欧美考察。1949年10月，吴蕴初接到钱昌照转达的中共领导人的口信邀他回国，他来到新中国的首都北京，受到周恩来总理的亲自接见。一见面，周恩来就说："味精大王回来了，欢迎！欢迎！"还设便宴招待。他对吴蕴初说："中国化学工业将会有很大发展，希望吴先生能够为化工事业继续努力。"周恩来的话深深温暖了吴蕴初的心。同年11月25日，他愉快地返回上海，又受到上海市市长陈毅热情的接见和宴请。此后，吴蕴初先后担任了华东军政委员会委员、上海市人民政府委员、上海市各界人民代表会议协商委员会常委、上海市文史研究馆馆务委员、民主建国会中央委员和市分会副主任委员、全国工商联筹备委员会委员和市工商联监察委员会副主任委员等职务。1952年，他作为中国国际贸易促进会代表团成员之一去苏联访问。回国后，国家准备调他去北京工作，发挥他办工业的经验。而正当他准备赴京为发展新中国化学工业担当重任时，他的夫人吴戴仪不幸病故了，他不禁悲痛欲绝。不久，他也因常年积劳成疾倒了下来。同年秋天，他住进华东医院，确诊为糖尿病复发危及心脏。陈毅等往医院探望，鼓励他战胜病魔，进京工作。无奈病情恶化，他于1953年10月15日与世长辞，终年62岁。临终前他面嘱长子吴志超："你们今后总要依照国家指引的道路走下去。"这就是这位化工巨子留给人间的最后一句话。10月18日，上海市各界人士在万国殡仪馆举行公祭仪式。周恩来送了花圈。陈毅等出席，潘汉年致悼词，悼词高度评价了他为发展民族工业和支持爱国民主运动所作的重要贡献。

近年来，随着改革开放事业的逐步深入，反映和记载吴蕴初生平的文章、书籍以及影视剧相继面世。这说明对他的研究已引起了国内学界人士的重视。钱伟长等前辈学者也对他作了重要评价："忠诚爱国，艰辛创业，是我国二十年代以自己的科技创造建立民族工业的佼佼者。重视教育，在全国范围内设立清寒奖学金为我国培养出一批优秀科技人才，其功绩应予崇仰。"纵观吴蕴初一生，这一评价可谓当之无愧。

上海市档案馆陈正卿同志在编辑出版了天厨、天原史料之后，又继续挖掘档案资料，撰写了这本吴蕴初传记。相信它对促进吴蕴初这一民国时期工业界重要人物研究，发扬他的爱国创业精神，推动国内企业界重教扶教的有益活动，教育青年科技人员和企业领导人如何为国家民族的振兴而奋斗，都不失启迪作用。我谨将这篇缅怀文章移为代序，以就教于各位专家和读者。

符卫国
1995年12月15日于上海
（摘自符卫国先生为《吴蕴初传记》所作代序）

第一版编后记

没想到会有《中国化工风云录》这本书，也没想到编写一本书竟有如此令人难忘的经历。

去年大约也是这个时候，泥土中虽已隐隐散发出春的气息，室内却仍旧冰冷一片。我们几个人下班后仍旧围坐在办公桌前，被一本普普通通的大型报告文学《地质拓荒录》吸引着。

这本书是化工部政策法规司李寿生司长带回来的。他的一个朋友，中国工人出版社副总编南云瑞同志偶然提及，他便像发现新大陆似的，把它捧了回来，也捧给我们几个——对文学创作情有独钟的机关干部，捧给了顾秀莲部长和李士忠副部长。

"读了很激动人呢，"他说，"多么生动的一部创业史，化工也应该有这么一本。"

"以文学样式记述一部活生生的化工史，这应当说是一项很有意义的探索，一项前无古人的事业。"我们亦很激动。

如果没有顾秀莲部长和部党组的支持，我们的这一"冲动"便会如过眼云烟一般，也许永不会再有人提起。

恰逢中华人民共和国化学工业部成立40周年，"爱我化工"这一主旋律在机关和行业上下产生了强烈的共鸣。

于是，便有了以化工部办公厅名义颁发的组织编写这样一本书的计划。

计划与现实着实有好大一段距离。

第一版编后记

当我们被正式委派于正常工作之外兼职搞这本书的编写任务时，时令已近初冬。一无资金，二无人手，编写大纲亦为一张白纸，而距付印日期却只有半年了。

我们都习惯于按组织要求无论有多大困难也必须完成任务，而编写这本书在我们看来又是一项很有价值的工作，接踵而来的便必然是一幅幅凝结着心血、征尘和汗水的画面——

1995年10月20日，一个似乎没有多少色彩的星期五下午，一辆破旧的黄色"面的"把我们载送到位于北京西郊的中央党校，在"高级班"学员居住的简朴而又舒适的宿舍里，我们向李士忠副部长汇报了编写方案。经过长时间的讨论研究，"以时间为经，以事件为纬，以人物为主线，描写建国以来化学工业发展史上反映时代精神的重大典型事件"，这一设想便初步被确定了。那时我们已经知道，我们选择的是一个"高难度动作"，但却无论怎样也没有想到，其"难"绝不仅仅在于撰写内容和形式本身。

两天之后，在满街灯火寂然，行人车辆已很稀少的夜晚，我们登上了北上的列车，赶赴我国最大的化工基地——吉林化学工业公司。

穿城而过的松花江和遥相呼应的长白山每日都尽情地施展着魅力，我们却自我"禁闭"在城郊的铁东招待所里，每天对着四处寻觅得来少得可怜的资料，苦苦地"炮制"着撰写大纲。唯一能够让人感到安慰的是，吉化公司刘树林总经理慷慨地满足了我们所有要求：抽调四位"骨干"作者参加写作队伍并提供他们所需的全部差旅费；铁东招待所为我们讨论大纲提供一切食宿和办公方便……于是，《中国化工风云录》便从这里开始起步了。

江城十月，颇有些凉意。在烟雾蒸腾的招待所房间里苦思冥想几日，收效仍旧甚微，有人索性抛开笔墨，饭后走上街头"换换脑子"。几百米外，一直无心"光顾"的龙潭山可巧有一件新鲜事情：新落成的关公庙举行"开光"仪式。信步走去看看，也没觉得有什么稀奇。谁料，回到招待所里再次坐下，几个人竟都思路大开。书稿大纲由此一气呵成，大家便打趣说是沾了龙潭山的"仙气"。更为有趣的是，似乎由于关公是一位民族之神的缘故，我们的思路竟也在民族特色之中打旋，从盘古开天到老君炼丹，从《大风歌》到"神农氏"……中华民族的化学工业虽然还算不上巨人，我们却依旧为她在短短的四十几年中取得的成就，特别是为她艰难奋进的精神而感到自豪。

携带一份仅仅五、六页纸的提纲回到京城，已经是11月初了，出发之前发出的抽调作者的通知，回音仍是寥寥无几。几乎全部作者都要从基层抽调，困难是多方面的。然而，"事业"的呼唤还是有号召力的。从巴山蜀水、秦淮河畔、内蒙古草原、长江之滨、楚湘大地……陆续走来了15位作者。年长的54岁，年轻的刚刚28龄。阅历不同，性情各异，多数彼此素不相识，却劈头迎来这样一个要求：摒弃写作个性，全书风格一致；采访时间只有一个月，必须昼夜兼程；集中写作只有20天，却要完成四、五十万字；基层来的作者，大部分不熟悉化工全史……难么？真的是好难为人呵！

我们也许是幸运的。一项有意义的事业，必定会使许多人伸出援助之手。原中共中央党校常务副校长、化工部老部长高扬同志，全国人大常委、环境保护委员会副主任委员、化工部原部长秦仲达同志，原副部长陶涛同志，以及化工司老司长王宗杰同志，政策法规司历任老司长施增琦、李名益和信息刊物处原处长曲华真同志，在我们理清历史脉络、选取重大典型事件的最初阶段给予了很大的帮助。顾秀莲部长在百忙之中接见全体作者，不仅鼓舞了"士"气，而且提出的原则意见，为书稿的撰写廓清了雾障。当5个昼夜开会的日子过去，到1995年11月17日出发采访之前，全体作者头脑中的一团烟雾便已变成了一幅"写意山水"的框架。

也有人退缩过，也有人发怨言。但是，仅仅十几个人的小队伍，一个月时间采访近百个企业，召集几千人座谈，有的人竟横跨十省市、行程几万里，工作状况是可想而知的。没有星期礼拜之分，没有白天黑夜之别，不仅没有时间游览沿途山水，而且连睡眠时间都得利用起来行路，甚至没有座位便在火车上站几个小时，辛苦程度也是可想而知的。而当12月17日以后，各路精兵云集河北涿州化工部矿山局，征尘未拂便进入创作，才知道采访时的艰辛其实还算不了什么。

矿山人是质朴而又热诚的，最好的房间和最好的饭菜提供出来，而作者们却食不甘味寝不安枕。喜欢神侃的文人们此时一个个"呆瓜"似的，每天闭门锁户，足不染尘，连续写作十七八个小时，一直劳作到深夜二、三点钟。就连仅有的三顿饭见面时间也少却了许多调侃。面颊上的肌肉似乎僵硬了许多，连句玩笑话都没有力气也没有兴致出口。而直到元旦前夕，当第一批书稿的最后一页完成，全体作者、编辑以及矿山局领导及一众打字、服务人员都没有讲过一个"不行"，没有一天按点下班，没有一个星期天休息，也没有领取一分钱应有的补助费。

是全书随处可见的创业和奉献精神注入了他们的魂魄？还是他们本就为380万化工人奋斗精神之一部？

我们至少深深地知道一点：除却部党组的决策与支持之外，没有这样一批"知难而上"的埋头苦干者，没有这么一群热诚无私、鼎力相助的人们，则这本书的创作与出版是不可能的。

1996年的元旦，包括节日放假时间，有关编写人员都是在补充采访和改写之中度过的。而日历刚刚翻到2月2日，温洪、于万夫、朱建华、潘烽四人就"二进涿州"，开始了第一次通稿。10天之中有5天，于万夫同志是半躺在扶手椅甚至平卧在床上审阅稿件、讨论修改的，因为一段时间以来的疲劳，他的心脏又开始早搏，每天却仍坚持讨论到深夜。而在此期间的一个早晨，一百多个高度紧张的昼夜之后，温洪同志咯了血。奉命编书而至于呕心沥血，个中曲折却难于一一尽诉了。

令人欣慰的是，50套清样终于在1996年的春节过后送审了。尽管整个春节放假期间我们都在为书稿的编辑润色和校对所苦，尽管纷至沓来的各类意见使全体作者不得不再次重整精神"披挂上阵"，但我们的心血和艰辛的结晶还是得到了比较充分的肯定。

当全体作者再次云集京华，借驻东风轮胎厂驻京办事处，进行第二次通稿和大幅度修改的时候，已经是农历丙子年的"早春二月"了。杨柳尚未吐绿，桃杏仍待含苞，但春之气息已经四面泛起。料峭春寒之中，我们翘首企盼着风和日丽、万紫千红的明天。

二

　　以文学样式反映四十多年的化学工业发展历史，这在化工界是首次尝试，在其他行业亦不多见。

　　要在短短的几十万字之中囊括长达几十年的历史进程，既要有时代背景，又要有典型环境，既要有历史脉络，又要有人物活动，实在不是一件很容易的事。

　　内容的取舍是我们创作中难度最大的一项工作。

　　我们选取了重大典型历史事件这一角度。这样沿着历史的轨迹，选取重大典型事件，塑造各类人物的群体形象，反映一种行业的奋斗精神，似乎是把历史与文学结合起来的最好也是唯一的途径。

　　这便是"以时间为经，以事件为纬"和"人随事出"这一基本构想的由来。

　　"以时间为经"，是从写史这一基本点出发，按自然进展的时间顺序，确定全书为五部分。第一部写二十世纪五十年代，第二部写六十年代……依此类推，一直到第五部写九十年代。每一部分所有的章节，我们都按这个时间的概念切断，一般最多延伸到上一年代末和下一年代初，这似乎是依了"断代史"的惯例。

　　"以事件为纬"，是把文学写作的特殊要求同写史的惯例结合起来，按照以年代划分的前提，选取某一年代有重大影响或有代表性的重大事件，划分各个章节。目前五部21章的安排是：

　　第一部（五十年代）计三章。《黎明，有群星在闪烁》写建国之前民族化学工业的崛起，以及建国初期对旧中国遗留下来的原有化工企业的恢复利用和改造，这是我国化学工业重要的基础；《大地，编织自己的梦》写新中国化学工业基地的兴建，即苏联援建的156项大型项目中化工的11项，这是新中国化学工业壮观的一幕；《旗帜，飘起共和国的理想》写化学工业部的成立及运作，以第一任部长彭涛同志为主线，记录了共和国化工主管部门的建设及贡献。

第二部（六十年代）计四章。《走向希望的田野》写新中国氮肥工业的起步，包括大型压缩机、高压容器的试制，小氮肥试验厂的攻关及广氮、巨化、吴泾等中型氮肥厂的建设；《为生命装点亮丽》写医药工业的发展，攻克治疗肺结核的特效药雷米封原料国产化技术，研制防治血吸虫病的特效药品，都曾是六十年代化工医药史上极其光辉的一笔；《负起特殊的使命》写军工生产的贡献，中国从第一架军用飞机的研制到第一颗原子弹的爆炸，无不浸透着化工人的智慧与血汗；《不息的黑色旋风》写橡胶工业的发展，特别是"托拉斯"的运作至今还让人们津津乐道。

第三部（七十年代）计三章，主要写文革之中饱经劫难的化工仍在前进。《当代"神农氏"的壮歌》写小化肥突破层层困难，攻克原料关、技术关、经济关的历程；《东方"得墨忒"的传说》写引进大化肥装置在国内的生根开花结果；《点燃"亚速尔"的火炬》写引进石油化工装置在曲折中为我国石化工业奠定了飞跃的基础。

第四部和第五部为全书的重点。因为1979年党的十一届三中全会提出改革开放方针以来，化学工业迎来了迅速发展的新时期。八十年代、九十年代化工发展很快，距离现实也近，我们花费的笔墨亦最多。

第四部（八十年代）计五章。《来自峡谷的回声》记录了化工矿山如何在艰难中崛起；《谁持彩练当空舞》抒发了自力更生发展民族感光材料工业的凯歌；《盐城滩上的崛起》描写烧碱和纯碱行业奋起直追国际先进水平的探索和开拓；《聚合裂变的结晶》写农药、染料、涂料行业产品结构的调整；《青山绿水的呼唤》写化工环境保护取得的重要成就。

第五部（九十年代）共六章。《拉启"新长征"的大幕》、《插上腾飞的翅膀》和《弹奏五大洲的乐章》分别记述了九十年代化学工业"三件大事"，即学吉化、科技兴化和对外开放；《巨舰驶向海洋》写大型化工企业集团的改革；《托举起明天的钢铁林莽》写一批代表九十年代化工生产建设水平的"希望工程"；《扬起跨世纪的征帆》记录了化工"九五"规划的编制和下一世纪的展望。

这样每个年代只取三、四件或至多五、六件大事的写法，肯定不能完整无遗地记录一部化工发展历史的全貌；而在化工发展的历史中作过贡献的无数领导干部、技术人员和普通工人，亦不可能在短短的几十万字报告文学中尽数囊括。

因此，我们确定了"人随事出"这一原则。我们只是沿着历史的轨迹，选取几个典型侧面和一些代表人物，反映一种历史进程，一种时代风貌和一种行业精神。写进书中的人物，并不是"独胆英雄"。在一项成功的背后，凝结着不知多少人的智慧和心血，而没有众多的领导者、并肩奋斗者和大力支持者，任何个人也许都会一事无成；没有写进书中的人物，也许比写进来的事迹更为突出，却由于采访和写作范围所限，与本书"失之交臂"了。

"挂一漏万"是遗憾的，却也是难免的，否则要写成一部化学工业的《史记》，恐怕是几百万字甚至几千万字的篇幅亦难包容的，那便不是本书的任务，亦不是我们这些人力所能及的了。当然，如果条件具备，以后或许会有本书的修订本。我们亦希望"抛砖引玉"，期待不远的将来，更多更好的以文学样式反映化工史实的新书出版。以少数人的艰难尝试而引发化学工业纪实文学的繁荣，则我们的艰辛便可得到双倍的补偿了。

本书在编写过程中，得到了部党组的高度重视和各级领导的大力支持。编委会主任顾秀莲部长不仅于去年 11 月中旬亲切接见了全体编写人员，而且于今年除夕亲自慰问编校人员，并于今年 3 月初主持部党组会议，正式听取汇报，给予充分肯定和热情鼓励，并作了重要指示。编委会副主任李士忠副部长受部党组委派，在编写过程中多次听取汇报、研究各类问题，对编写大纲及重大疑难问题提出了重要的指导性意见，并于今年 3 月底至 4 月初，亲自带领全体编写人员进行了第二次通稿，认真讨论各方面的审阅意见，对全书逐篇进行了认真修改。创作人员所在企业及采访所到各单位的领导，都提供了大量帮助，这是编写成功的一个重要前提。

《中国化工风云录》是集体智慧的结晶。编写大纲和 21 章内容的具体安排，是由几十人反复讨论多次才最终确定的。每一章在创作之前和创作之中，又无一例外地进行了"说稿"，当故事、结构及撰写方式大致通过之后，才正式进入写作。创作的具体分工是：引言及第一章、第二章由潘烽执笔；第三章由于万夫执笔；第四章由麻贵云执笔；第五、第六、第七章由王葆林执笔；第八、第九章由张定国执笔；第十章由李慧海执笔；第十一章由李慧海、李春华执笔；第十二章由朱建华、李春华执笔；第十三章由丁维忠执笔；第十四章由李明月执笔；第十五章由王文辉执笔；第十六章由于万夫执笔；第十七章由赵晏彪执笔；第十八章由钱玉贵执笔；第十九章由朱建华执笔，第二十、二十一章由刘必奎执笔，尾声由潘烽执笔。顾秀莲部长为本书写了序，后记由温洪同志执笔。

　　在本书修改过程中，曲华真、潘文海、杜晓枫等一些同志参与了补写、改写和编辑工作，有些章节是经过多人补写或改写才最后定型的。此前还有许多同志在创作过程中提供了大量原始资料或初稿。

　　采访过程中，中国石油化工总公司总经理盛华仁同志、中信公司副董事长杨光启同志，中央党校办公厅主任白树林同志，以及许许多多在职或退休的老同志给予了大量实际有效的帮助，我们在这里一并表示感谢。

温　洪
1996 年 4 月，记于北京亚运村